H. Uhlendorff · H. Oswald

Wege zum Selbst

Wege zum Selbst
Soziale Herausforderungen für Kinder und Jugendliche

Herausgegeben von
Harald Uhlendorff und Hans Oswald

Mit Beiträgen von

M. Azmitia, R. Benkmann, M. Brendgen, W. M. Bukowski,
P. Fauser, M. Grundmann, M.-S. Honig, A. Ittel, H. R. Leu,
L. Liegle, K. Lüscher, C. Oppl, F. Oser, H. Oswald, O. Reis,
M. von Salisch, G. E. Schäfer, B. Schuster, H. Uhlendorff,
J. Vogelgesang, B. Wanner, J. Youniss

 Lucius & Lucius · Stuttgart

Anschrift der Herausgeber:

PD Dr. Harald Uhlendorff
Prof. Dr. Hans Oswald
Universität Potsdam
Institut für Pädagogik
Postfach 60 15 53
14415 Potsdam

Die Deutsche Bibliothek – CIP-Einheitsaufnahme

Wege zum Selbst : soziale Herausforderungen für Kinder und Jugendliche / hrsg. von Harald Uhlendorff und Hans Oswald. Mit Beitr. von M. Azmitia .... – Stuttgart : Lucius und Lucius, 2002

ISBN 3-8282-0205-5

© Lucius & Lucius Verlagsgesellschaft mbH, Stuttgart 2002
Gerokstr. 51, D-70184 Stuttgart
www.luciusverlag.com

Das Werk einschließlich aller seiner Teile ist urheberrechtlich geschützt. Jede Verwertung außerhalb der engen Grenzen des Urheberrechtsgesetzes ist ohne Zustimmung des Verlages unzulässig und strafbar. Das gilt insbesondere für Vervielfältigung, Übersetzungen, Mikroverfilmungen und die Einspeicherung, Verarbeitung und Übermittlung in elektronischen Systemen.

Druck und Einband: F. Spiegel, Ulm

Printed in Germany

Inhaltsverzeichnis

Widmung 1

Vorwort 3

I. Theoretische Beiträge zur Genese des Selbst

Konzeptuelle Emanzipation? Systematische Probleme der Kindheitssoziologie
Michael-Sebastian Honig 13

Sozialisation und die Genese von Handlungsbefähigung
Matthias Grundmann 37

Anfänge der (pädagogischen) Kinderforschung
Ludwig Liegle 57

Selbst-Bildung in der frühen Kindheit als Verkörperung von Erkenntnistheorie
Gerd E. Schäfer 75

II. Entwicklungsanstöße und Risiken in Gleichaltrigenbeziehungen: Empirische Befunde

Die Konstruktion von Freundschaft und Identität in der frühen Adoleszens
Margarita Azmitia & Angela Ittel 101

Problematische Gleichaltrigenbeziehungen und Selbstwahrnehmungen während Kindheit und Adoleszenz
Mara Brendgen, William M. Bukowski & Brigitte Wanner 117

Am selbstwertdienlichsten ist es, über das zu reden, was ist. Ärger in der Freundschaft und Selbstwert-Entwicklung im Jugendalter
Maria von Salisch, Caroline Oppl & Jens Vogelgesang 135

Selbstdarstellung und Weinen in Interaktion mit Gleichaltrigen
Hans Oswald 157

Hilfe unter Kindern mit und ohne besonderen Förderbedarf
Rainer Benkmann 181

III. Autonomie und Verbundenheit im Übergang zur Jugendphase: Empirische Befunde

Beziehungen zwischen Pubertät und Induviduation in der Präadoleszens
Beate Schuster 203

Alleinsein als mehrdeutige Erfahrung für Kinder im Grundschulalter
Harald Uhlendorff 225

Identitätsentwicklung und soziales Engagement bei amerikanischen Jugendlichen
James Youniss & Olaf Reis 249

Kinder haben keine Zukunft
Fritz Oser 261

IV. Pädagogische und politische Bezüge

Verantwortung und Identität. Bemerkungen zu einem pädagogischen Problem
Peter Fauser 283

Tageseinrichtungen für Kinder - Wege zur Institutionalisierung von Kindheit
Hans Rudolf Leu 301

Kinderpolitik: Mit Ambivalenzen verantwortungsbewusst umgehen
Kurt Lüscher 321

Autorinnen und Autoren 345

Foto: Waltraut Kerber-Ganse

Lothar Krappmann

Widmung

Im November 2001 feierte Lothar Krappmann seinen 65. Geburtstag. Dieses Ereignis nehmen wir, die Autoren und Herausgeber des vorliegenden Buches, zum Anlass, ihm für seine Freundschaft, Kollegialität und Förderung zu danken. Lothar Krappmann ist ein vorbildlicher Hochschullehrer, der Studenten und Doktoranden anleitet, fordert, und sich immer wieder selbst als ein Diskussionspartner anbietet, der weite wissenschaftliche Felder überblickt. Er versteht es wie kaum ein anderer, junge Wissenschaftler zu ermutigen, ihre Arbeiten zu einem guten Ende zu führen und sie in mancher Schaffenskrise zu stärken. Als Kollege wird Lothar Krappmann ein Ausmaß an Respekt, Wertschätzung und Sympathie entgegengebracht, das kaum zu übertreffen ist. Sein Rat ist im nationalen und internationalen Rahmen gefragt und hat Gewicht. Seine Verwurzelung in der wissenschaftlichen Gemeinschaft und seine beeindruckende Unabhängigkeit und Unvoreingenommenheit im Urteil erklären, warum so viele wissenschaftliche Beiräte und Gremien auf Lothar Krappmann und seinen warmherzigen Scharfblick bauen.

Nach dem in Kiel abgelegten Abitur studierte Lothar Krappmann zunächst Philosophie und Theologie an der Philosophisch-Theologischen Hochschule Frankfurt/Main und anschließend Soziologie und Neuere Geschichte in Köln und an der Freien Universität Berlin. Er promovierte 1969 mit der Arbeit „Soziologische Dimensionen der Identität". Seit 1967 ist Lothar Krappmann wissenschaftlicher Mitarbeiter am Max-Planck-Institut für Bildungsforschung in Berlin und seit 1982 Honorarprofessor für Soziologie der Erziehung am Fachbereich Erziehungs- und Unterrichtswissenschaften an der Freien Universität Berlin. Einem Ruf auf einen Lehrstuhl für Sozialpsychologie an der Ruhr-Universität Bochum ist er nicht gefolgt. Lothar Krappmann wirkt im Beirat und als Herausgeber bei wissenschaftlichen Zeitschriften und Buchreihen mit. Von 1995 bis 1998 war er Vorsitzender der Sachverständigenkommission zur Erarbeitung des 10. Kinder- und Jugendberichts der Bundesregierung. Die Diskussionen zu den Themen Kinderarmut und gesellschaftliche Beteiligung von Kindern, die der „Kinderbericht" in Politik und Medien auslöste, sind noch in lebendiger Erinnerung.

Lothar Krappmann hat Soziologie, Entwicklungspsychologie und Erziehungswissenschaft immer wieder in produktiver Weise miteinander verknüpft. Zu Beginn seiner wissenschaftlichen Karriere hat er, aufbauend auf den Forschungen von Erving Goffman und George Herbert Mead, die soziologischen Aspekte der menschlichen Identitätsentwicklung in so gewinnbringender Weise untersucht, dass seine Dissertation immer wieder aufgelegt wurde und heute in ihrer 9. Auflage (2000) bei Klett-Cotta, Stuttgart, zu erwerben ist. Seine Arbeiten zur Sozialisationstheorie, z.B. zur Symmetrie und Asymmetrie von zwischenmenschlichen Beziehungen und zur sozialen Ungleichheit unter Kindern, ziehen sich wie ein roter Faden durch sein Schaffen. In einer langen Phase der Zusammenarbeit mit Hans Oswald hat er eine qualitative Forschungsmethodik zur Untersuchung von Gleichaltrigenbeziehungen im Schulkontext entwickelt, die beispielhaft für viele weitere Forschungsprojekte war und die heute in Lehrbüchern zu qualitativen Methoden besprochen wird. Die Verknüpfung von qualitativer, lebendiger Fülle mit quantitativer Exaktheit ist ihm vorbildlich gelungen. Seine Forschungsergebnisse zum Miteinander in der Kinderwelt und zu den familialen Einflüssen auf Kinderfreundschaften finden starke Beachtung. Lothar Krappmann war immer daran gelegen, wissenschaftliche Erkenntnisse für Politik und Praxis zugänglich und verständlich zu machen. Eine Fülle von Gutachten und Aufsätzen, die sich direkt an Politiker, Lehrer und Erzieher in Kindertageseinrichtungen wenden, weisen ihn als besonders praxisnahen Wissenschaftler aus. Immer wieder findet er eine Sprache, die seinem Gegenüber gerecht wird.

Lothar Krappmann hat Brücken zwischen wissenschaftlichen Teildisziplinen und zwischen Wissenschaft und gesellschaftlicher Praxis gebaut, ohne dabei seine eindeutige Position und Identität als Soziologe zu verlieren. Auf höchstem wissenschaftlichen Niveau hat er seinen Weg gefunden, der Frage nach persönlicher Identität zu begegnen, welche er bereits in seiner Dissertation aufdeckte: Wie soll das Individuum „sich den anderen präsentieren, wenn es einerseits auf seine verschiedenartigen Partner eingehen muß, um mit ihnen kommunizieren und handeln zu können, andererseits sich in seiner Besonderheit darzustellen hat, um als dasselbe auch in verschiedenen Situationen erkennbar zu sein?" (Krappmann, 1969: 7). Ich danke Lothar Krappmann im Namen seiner Schüler und Kollegen für die Orientierung, die er uns und anderen dabei gibt, für seine Freundschaft und auch für seinen respektvollen und wertschätzenden Widerstand, der die wissenschaftliche Auseinandersetzung mit ihm so fruchtbar macht.

Potsdam, im November 2001   *Harald Uhlendorff*

Vorwort

Hans Oswald und Harald Uhlendorff

In diesem interdisziplinären Buch über Kinder und Jugendliche liegt der inhaltliche Schwerpunkt auf der Entwicklung der Identität. Die beteiligten Soziologen, Psychologen und Erziehungswissenschaftler betonen die Eigenaktivität der Heranwachsenden, die Eigenständigkeit der Kinderwelt und berücksichtigen gleichzeitig, dass diese in soziale Kontexte eingebettet sind und dadurch begrenzt werden. Grundmann hat dieses Paradigma „konstruktivistische Sozialisationsforschung" (1999) genannt.

Im Zentrum des Buches stehen neun empirische Originalbeiträge, die in unterschiedlicher Akzentuierung den drei Gesichtspunkten Eigenaktivität, gemeinsamer Konstruktion und sozialer Kontextuierung verpflichtet sind. Eingeleitet werden diese empirischen Studien durch vier theoretische Beiträge – je einer aus soziologischer, psychologischer, pädagogischer und erkenntnistheoretischer Sicht –, die den die moderne Diskussion beherrschenden Gesichtspunkt des aktiven Individuums entfalten. Abgeschlossen wird das Buch durch drei Beiträge zu pädagogischen und politischen Bezügen des Themas.

Dieses Buch ist auf das wissenschaftliche Lebenswerk von Lothar Krappmann bezogen, das mit seiner schulemachenden Dissertation über „Soziologische Dimensionen der Identität" (1969) begann, sich mit zahlreichen Veröffentlichungen zur sozialisatorischen Bedeutung der Gleichaltrigen in einer als eigenständig aufgefassten und doch sozial kontextualisierten Kinderwelt fortsetzte und immer praktisch-pädagogische und kinderpolitische Bezüge aufwies. Die Herausgeber des vorliegenden Buches haben die engsten wissenschaftlichen Weggefährten und Schüler von Lothar Krappmann gebeten, Beiträge zu diesen von ihm bearbeiteten Themen für das vorliegende Buch zu schreiben.

Wir haben im Titel des Buches den Begriff Identität vermieden, um dem Missverständnis vorzubeugen, dass es sich um Beiträge zur Identitätsbildung in der Adoleszenz im Sinne Eriksons (1973) oder zu den Identitätsleistungen Erwachsener im Sinne der Dissertation von Krappmann handle. Wir haben stattdessen den neutraleren Begriff des Selbst gewählt, der in unserer Referenzliteratur teilweise Identität meint – so an vielen Stellen bei den Pragmatisten unterschiedlicher Fachrichtung wie George Herbert Mead (Sozialphilosophie), Charles Horton Cooley (Soziologie), William James (Psychologie) oder John Dewey (Pädagogik) –, der aber auch ein Oberbegriff ist für Konzepte wie Selbstbild, Selbstkonzept oder Selbstwert. Der in der Tradition der Pragmatisten forschende Erving Goffman spricht in seinem Buch Stigma (1967) ausdrücklich von persönlicher, sozialer und Ich-Identität, in anderen zentralen Werken spricht er vom Selbst, wie es im Alltag dargestellt wird (1969) oder sich in der Abhängigkeit von einer totalen Institution behauptet (1972). Susan Harter knüpft in ihrem neuen entwicklungspsychologischen Buch (1999) ausdrücklich an Cooleys Metapher vom „looking glass self" und damit an den Konstruktivismus der Pragmatisten an, eine entscheidende Rolle spielt aber das Selbstwertgefühl in Kindheit und Jugend, zu dem sie eigene Instrumente entwickelt hat, die in mehreren empirischen Studien, aus denen in diesem Buch berichtet wird, verwendet werden (Azmitia & Ittel; Brendgen, Bukowski & Wanner; von Salisch, Oppl & Vogelgesang; Schuster; Uhlendorff).

In Bezug auf die eigenständige Gleichaltrigenwelt sprach Youniss vom Piaget-Sullivan-Paradigma (1980; 1982) und entwickelte die Vorstellung von den Ko-Konstruktionsprozessen unter gleichaltrigen Kindern und besonders unter Freunden. Piaget hat schon früh die Bedeutung der Auseinandersetzung mit Gleichaltrigen für die Entwicklung eines autonomen moralischen Urteilens herausgestellt (1932/1986). Sullivan hat als Kinderpsychiater die Heilkräfte der Kinderwelt für in der Familienerziehung empfangene Verletzungen betont (1953/1983). Youniss hat auf dieser Grundlage die Vorstellung der unterschiedlichen Struktur der Eltern-Kind-Beziehung (unilateral-komplementär) im Vergleich zur Kind-Kind-Beziehung (symmetrisch-komplementär) entwickelt (1982). Auf dieses Paradigma haben sich die Kinderweltanalysen von Krappmann und Oswald (1995) explizit bezogen und dieses Paradigma hat direkt oder indirekt und in unterschiedlicher Akzentuierung alle empirischen Beiträge dieses Buches beeinflusst.

Theoretische Beiträge zur Genese des Selbst

Die vier theoretischen Aufsätze beziehen sich alle auf den Gesichtspunkt der Eigenaktivität des kindlichen Subjekts, indem sie entweder direkt auf die aktuelle Diskussion um eine Soziologie der Kindheit (Honig) und die Genese der Handlungsbefähigung (Grundmann) eingehen oder indem sie zeigen, dass die moderne Konzeptualisierung der Eigenaktivität der Kinder als Konzept der Selbstbildung bereits in den Anfängen der pädagogischen Kinderforschung einen Vorläufer hat, an den die moderne pädagogische Diskussion mit Gewinn anknüpfen kann (Liegle). Im letzten Beitrag wird dieses Konzept der Selbstbildung auf die frühesten Entwicklungsstufen des Kleinkindes bezogen (Schäfer).

Der Beitrag von *Honig* hat das Verdienst, in die teilweise aufgeregte, mit ideologischen Argumenten angereicherte und unterschiedliche Zielsetzungen verfolgende Diskussion um die Soziologie der Kindheit, um das Kind als kompetenten Akteur und um die scheinbar abgelebte Sozialisationsperspektive Ordnung und damit Klärung gebracht zu haben. Sein Vorschlag, die unterschiedlichen Aspekte von „Agency" von der Frage des Generationentransfers („generationing") zu trennen und das letztere als „doing generation" in Anlehnung an das „doing gender" in der Geschlechterforschung zu konzeptualisieren, eröffnet einen vielversprechenden Weg. Die langjährige empirische Forschungserfahrung von *Grundmann* auf dem Gebiet der psychologischen und soziologischen Handlungstheorien führt in seinem Beitrag zu einer Strukturierung dieses Forschungsfeldes, in der das Konzept Handlungsbefähigung differenziert, mit dem Konzept Handlungswirksamkeit in Beziehung gesetzt und auf die Kontexte Eltern-Kind-Beziehung, Gleichaltrigenbeziehung und Schule als Institution der Leistungszuschreibung bezogen wird. Damit ist wie bei Honig ein theoretischer Rahmen aufgespannt, der die weitere Forschung zu „Agency" jenseits ideologischer Argumentationen anleiten kann.

Liegle bezieht sich in seinem historischen Beitrag zu den Anfängen der Kinderforschung auf frühe Untersuchungen zum Kinderspiel, die zeigen, dass Fähigkeiten und Fertigkeiten auch ohne das Zutun von Erwachsenen erworben werden. Karl Groos hat dies als „Selbstausbildung" konzeptualisiert und in einer die zentrale Problematik pädagogischer Lehre und Forschung auch heute gültig darstellenden Graphik, die hier abgedruckt ist, der Fremdausbildung gegenübergestellt. Der Aufsatz zeigt, wie diese klassische pädagogische Konzeption mit der modernen Auseinandersetzung um das Kind als Akteur in Beziehung gesetzt werden kann. *Schäfer* wendet den Begriff der Selbst-Bildung auf die frühe Kindheit an und entwickelt unter Verwendung moderner Kleinkind-Forschung die Idee einer präreflexiven Erkenntnistheorie in den ersten beiden Lebensjahren, die in der Ausbildung eines sinnlichen, eines szenischen, eines sozialen und eines imaginären Körpers realisiert wird. Die Grundidee besteht darin, dass sich eine verkörperte Erkenntnistheorie entwickelt und dass dies als Selbst-Ausbildung geschieht. Damit ist auch dieser vierte Beitrag des theoretischen Teils auf die Thematik der Eigenaktivität, auf das Kind als Akteur, bezogen.

Empirische Befunde

Das Zentrum dieses Buches bilden zwei miteinander verbundene Blöcke empirischer Studien. Der erste Block (Teil II) enthält Ergebnisse aus Untersuchungen zur Bedeutung von Gleichaltrigenbeziehungen für die Genese des Selbst. Zentral sind dabei die Bedeutung von Freunden und Klassenkameraden für das Selbstwertgefühl und die Bedrohung der Selbstauffassung durch Gleichaltrige. Im zweiten Block ist der Fokus auf das Individuum gerichtet, das einerseits um Autonomie und andererseits um gesellschaftliches Engagement ringt, sich mit sich selbst auseinandersetzt und einen Zukunftsbezug entwickelt.

Die Aufsätze des ersten Blockes stehen in Fragestellung und Konzeptualisierung in enger Verbindung zueinander. In allen werden die Kinder als Akteure aufgefasst, die ihre soziale Welt mit Gleichaltrigen zusammen konstruieren und dabei selbstwertdienliche oder -schädliche Erfahrungen machen. *Azmitia & Ittel* arbeiten die Bedeutung von Freunden für amerikanische Kinder beim Übergang in die weiterführende Schule heraus. Sie zeigen, dass sich Freundschaft positiv auf das Selbstwertgefühl auswirkt. *Brendgen, Bukowski & Wanner* präsentieren in der äußeren Form eines Literaturberichtes ihre eigenen Forschungen über Kinder, die in der Gleichaltrigenwelt nicht akzeptiert sind, problematische Freunde haben oder deren Freundschaftsbeziehungen von minderer Qualität sind. Dabei zeigt sich, dass diese drei Formen einer mangelhaften sozialen Integration negative Folgen für die Selbstwerteinschätzung und die Ausbildung sozialer Kompetenzen haben. Damit wird ein helles Licht auf die positiven Funktionen einer geglückten Integration in Gleichaltrigenbeziehungen geworfen. *Von Salisch, Oppl & Vogelgesang* berichten aus einer quasi-experimentellen Längsschnittstudie. Ihre Ergebnisse zeigen, dass die Art, wie Kinder mit Gleichaltrigen in Konfliktsituationen umgehen, wie sie ihren Ärger regulieren, sich mittelfristig auf ihr Selbst auswirkt. Während es in den ersten beiden Aufsätzen um die Wirkung der Beziehungen zu Gleichaltrigen auf das Selbst geht, fokussieren von Salisch et al. auf die Interaktionserfahrungen, die in Gleichaltrigenbeziehungen gemacht werden, und bieten damit einen Beitrag zur Aufklärung der Mechanismen, die für den Zusammenhang zwischen Integration in Gleichaltrigenbeziehungen und Identitätsentwicklung sorgen.

Auch die beiden nächsten Aufsätze berichten über die Interaktionserfahrungen von Kindern mit anderen Kindern. Die Daten beider Studien beruhen auf teilnehmender Beobachtung der Kinder in Schulen. *Oswald* schlägt vor, die Selbstdarstellungsstrategien von Kindern unter dem Aspekt der Bedrohung des Selbst im Sinne Erving Goffmans zu analysieren und dabei dem Weinen besondere Aufmerksamkeit zu schenken. Im empirischen Teil analysiert er, in welchem Zusammenhang das Weinen mit Angriffen auf das Selbst steht und wie die Selbstdarstellung und der geregelte Ablauf der Interaktion durch das Weinen zusammenbrechen. *Benkmann* untersucht das Hilfeverhalten von Kindern in Schulen, in denen Kinder mit und ohne besonderen Förderbedarf gemeinsam unterrichtet werden. Die Ergebnisse zeigen, dass sich das Hilfeverhalten von leistungsschwachen und leistungsstarken Schülern beträchtlich unterscheidet und dass die Kinder mit erhöhtem Förderbedarf, die ein prekäres Selbstwertgefühl haben, von den Hilfen der leistungsstärkeren Schüler in Integrationsschulen profitieren. In diesem letzten Beitrag liegt der Akzent außer auf dem Gleichaltrigenkontext auf dem schulischen Kontext der Leistungszumessung im Sinne des Aufsatzes von Grundmann im theoretischen Teil dieses Buches.

Im zweiten Block empirischer Aufsätze (Teil III) wird der in den bisherigen Arbeiten beherrschende Kontext der Gleichaltrigen, Freunde und Klassenkameraden verlassen. *Schuster* wendet sich dem Identitätsthema der Individuation zu, die den Eltern abgerungen werden muss. Sie zeigt in einer Längsschnittstudie über die körperliche Entwicklung, dass sich nicht nur das „pubertal timing" positiv auf den Prozess der Individuation auswirkt, sondern dass umgekehrt die Ablösung von den Eltern die körperlichen Prozesse der Pubertät beschleunigt. Damit ist ein aufschlussreiches Beispiel einer Gen-Umwelt-Interaktion nachgewiesen. *Uhlendorff* wendet sich dem vernachlässigten Gebiet des Alleinseins und der Einsamkeit von Kindern zu. Die Ergebnisse zeigen, dass die meisten Kinder gerne ab und zu allein sind. Der Wunsch, sehr oft allein zu sein, hängt aber mit einer schwachen sozialen Integration und einem niedrigen Selbstwertgefühl zusammen. Der für Jugendliche nachgewiesene U-förmige Zusammenhang, nach dem sich ein mittleres Ausmaß an Alleinsein positiv auswirkt, läßt sich indessen für Präadoleszente kaum zeigen.

Youniss & Reis beziehen sich in ihrem Beitrag explizit auf Krappmanns Identitätsvorstellung. Sie können nachweisen, dass die Mitarbeit von Schülern in sozial-karitativen Einrichtungen, wie sie an amerikanischen Schulen im Rahmen extracurricularer Aktivitäten erbracht werden kann, aber nicht erbracht werden muss, mit ihrer Identitätsentwicklung zusammenhängt. Das Engagement für andere stärkt die Verbundenheit mit dem Gemeinwesen und bereitet den Einsatz für die Bürgergesellschaft vor. Unter provokantem Titel macht *Oser* den interessanten Versuch, das Denken von Kindern und Jugendlichen über Religion – als Beispiel aus einer längeren Themenliste seines Forschungsprojektes – in der Gegenwart und in ihrer Vorstellung von der Zukunft darzustellen. Auf der Grundlage von klinischen Interviews in der Tradition Piagets kann er zeigen, dass den Kindern dieser Zukunftsbezug nicht gelingt und dass sie in diesem Sinne gegenwartsverhaftet sind.

Pädagogische und politische Bezüge

Die Beiträge dieses Teils beziehen sich auf die Praxisorientierung, die die wissenschaftliche Tätigkeit Krappmanns hat. Hierzu gehört sein Insistieren auf der Verantwortung, die Kinder und Jugendliche für ihr Handeln tragen, sein Engagement für die Verbesserung der Kindertagesstätten und seine Sorge um eine Politik für Kinder, der er als langjähriges Mitglied des Beirates des einschlägigen Bundesministeriums nachging und die in seiner Arbeit als Vorsitzender der Kommission gipfelte, die den 10. Kinder- und Jugendbericht der Bundesregierung erstellte.

In einem philosophisch-pädagogischen Essay entfaltet *Fauser* die vielschichtige Problematik der Verantwortlichkeit und stellt einen Bezug zur Identitätsentwicklung her. Verantwortlichkeit betrifft menschliche Identität unter dem Aspekt der Verbindlichkeit. Steht bei Youniss & Reis die Frage, wie Kinder und Jugendliche zur Übernahme von Verantwortung für andere gewonnen werden können, im Hintergrund ihrer entwicklungspsychologischen Analyse, so wird von Fauser das pädagogische Problem explizit gestellt. Während hier die Antworten eher für Kinder und Jugendliche im Schulalter gesucht werden, beschäftigt sich *Leu* mit der entwicklungsfördernden Umgestaltung der Institution Kindergarten. Auf dem Hintergrund einer Darstellung der veränderten Funktionen dieser Einrichtung seit dem 19. Jahrhundert in Deutschland setzt er sich mit einer modernen Sichtweise auseinander. Er teilt deren skeptische Beurteilung der „Institutionalisierung" von Kindheit und die Forderung einer Öffnung des Kindergartens hin zum kommunalen Umfeld. Er diskutiert diese Umgestaltung eines Kontextes kindlicher Entwicklung unter dem Gesichtspunkt, dass die Kompetenzen der Kinder als Akteure und Gestalter ihrer eigenen Entwicklung in Alltagssituationen gefördert werden. Damit schließt er eine historisch beginnende Betrachtung unmittelbar an die von Honig im ersten Teil dieses Buches explizierte Theoriediskussion an. Sein langjähriges wissenschaftliches und politikberatendes Engagement hat *Lüscher* eine Sichtweise gewinnen lassen, die er unter die Überschrift Ambivalenz stellt und auf die sich bereits Honig in seinem Einleitungskapitel als Teil der modernen Diskussion bezogen hat. Unter Ambivalenz versteht er polare Gegensätze, die in sozialen Beziehungen nicht aufgelöst werden können und in ihrer Unauflösbarkeit relevant für die Konstitution von Identität sind. Und er interpretiert unterschiedliche Typen von Kinderpolitiken als Strategien des Umganges mit mikro- und makrosozialen Ambivalenzen.

Als Herausgeber danken wir allen, die zu diesem Buch beigetragen haben und unseren Vorschlägen geduldig und kreativ, wenn auch gelegentlich murrend, gefolgt sind. Unser herzlicher Dank gilt auch denjenigen, ohne die wir dieses Buch nicht hätten leisten können. Den Verantwortlichen der humanwissenschaftlichen Fakultät und des Institutes für Pädagogik der Universität Potsdam danken wir für die großzügige Nutzungserlaubnis der technischen und personellen Infrastruktur. Brigitte Hänsch und Joachim Scholz haben mehrfach alle Manuskripte durchgearbeitet, korrigiert und viele wertvolle Vorschläge zur Überarbeitung gemacht. Wiltrud Weber hat sie dabei zeitweise unterstützt. Volker Knecht hat in gewohnter Könnerschaft das Typoskript erstellt.

Literatur

Erikson, E.H.: Identität und Lebenszyklus. Frankfurt am Main: Suhrkamp, 1973

Grundmann, M. (Hrsg.): Konstruktivistische Sozialisationsforschung. Frankfurt am Main: Suhrkamp, 1999

Goffman, E.: Wir alle spielen Theater. München: Pieper, 1969

Goffman, E.: Stigma. Über Techniken der Bewältigung beschädigter Identität. Frankfurt am Main: Suhrkamp, 1967

Goffman, E: Asyle. Über die Situation psychiatrischer Patienten und anderer Insassen. Frankfurt am Main: Suhrkamp, 1972

Harter, S.: The construction of the self. A developmental perspective. New York, London: Guilford, 1999

Krappmann, L.: Soziologische Dimensionen der Identität. Stuttgart: Klett, 1969

Krappmann, L./Oswald, H.: Alltag der Schulkinder. Weinheim, München: Juventa, 1995

Piaget, J.: Das moralische Urteil beim Kinde. Frankfurt am Main: Suhrkamp, 1986 (zuerst 1932)

Sullivan, H. S.: Die interpersonale Theorie der Psychiatrie. Frankfurt am Main: Fischer, 1983 (zuerst 1953)

Youniss, J.: Parents and peers in social development. A Sullivan-Piaget perspective. Chicago: The University of Chicago Press, 1980

Youniss, J.: Die Entwicklung und Funktion von Freundschaftsbeziehungen. In: Edelstein, W./Keller, M. (Hrsg.): Perspektivität und Interpretation. Frankfurt am Main: Suhrkamp, 1982, S.78-109

I. Theoretische Beiträge zur Genese des Selbst

Konzeptuelle Emanzipation?
Systematische Probleme der Kindheitssoziologie

Michael-Sebastian Honig

Die internationale Kindheitssoziologie hat so etwas wie ein Erkennungszeichen – es ist das *Kind als kompetenter sozialer Akteur*. Diese Figur soll die Kindheits- von der Sozialisationsforschung abgrenzen. Es ist allerdings eher eine programmatische als eine systematische Abgrenzung: Kinder sollen nicht mehr nur unter dem Gesichtspunkt des Erwachsenwerdens betrachtet, sondern als Personen aus eigenem Recht anerkannt werden, die ihre vielfältigen, sich verändernden Lebenskontexte nutzen, um ein Selbst zu entwerfen.

Die deutschsprachige Kindheitsforschung hat diese pathetische Tonart indes nur selten angeschlagen, denn sie kennt die reformpädagogische Tradition, in der „Erwachsenwerden" und „Person aus eigenem Recht sein" keine Gegensätze sind, und sie weiß, dass die Kritik an der funktionalistischen Sozialisationsforschung und transaktionale Ansätze in der Entwicklungspsychologie die einschlägigen Debatten hierzulande schon lange bestimmen. Klaus Hurrelmanns „Modell der produktiven Realitätsverarbeitung" darf getrost ein Leitmotiv der deutschsprachigen Sozialisationsdebatte genannt werden.

Die Frage danach, was die Rede vom Kind als Akteur für die Begründung einer Kindheitssoziologie bedeutet, lenkt die Aufmerksamkeit auch auf die Arbeiten von Lothar Krappmann. Seit seinem Buch „Soziologische Dimensionen der Identität" von 1969 (Krappmann, 1969) gehört er zu den Protagonisten einer „kritischen Sozialisationsforschung". Er würde sich aber vermutlich nie als „Kindheitsforscher" bezeichnen; mehr als einmal hat er seine Nähe zur Entwicklungspsychologie betont. Trotzdem gehören die Forschungen zur sozialen Kinderwelt, die er überwiegend gemeinsam mit Hans Oswald publiziert hat (u.a. Krappmann & Oswald, 1995), zum Besten, was die deutschsprachige Kindheitssoziologie zu bieten hat; und seit er (von Herbst 1995 bis Frühjahr 1998) Vorsitzender der Kommission zur Erarbeitung des Zehnten Kinder- und Jugendberichts (des ersten Nationalen Kinderberichts in Deutschland) war, ist er auch in der Kinderpolitik eine zentrale Figur. Diese Situation lädt dazu ein, die systematische Relevanz des Arguments vom *Kind als Akteur* für die Begründung einer eigenständigen Kindheitssoziologie auszuloten. Es geht dabei um nichts weniger als die Frage, wozu es eine Kindheitssoziologie geben muss. Was leistet sie, das Entwicklungspsychologie oder Sozialisationsforschung, Familien- oder Jugendsoziologie nicht auch leisten können? Ich möchte im folgenden einige Überlegungen zu dieser Frage anstellen.

Mein Grundgedanke lautet: Die Beschleunigung des ökonomischen Wandels, die Krise der sozialstaatlichen Sicherungssysteme, die Fragilität des Geschlechterarrangements und die Medialisierung von Bildungs- und Sozialisationsprozessen verändern die „Architektur" des vertrauten Erziehungsmoratoriums. Dieser Wandel der Kindheit kann m.E. nur mit einem revidierten Kindheitsbegriff beschrieben werden; daher muss die Kindheitssoziologie den theoretischen Status der Kategorie „Kind" problematisieren. Dazu reicht es indes nicht aus, „Kinder sichtbar" zu machen oder ihnen „eine Stimme zu geben"; die Kindheitsforschung muss vielmehr der *Unterscheidung von Kindern und Erwachsenen* nachgehen. Ich plädiere für einen theoretischen Ansatz, der Prozesse der Institutionalisierung von Kindheit im Kontext des Wandels generationaler Ordnungen untersucht. Abgekürzt gesprochen: Nicht die Kinder verändern sich (die gewiss auch), sondern die Beziehungen zwischen Altersgruppen, die Unterschiede zwischen „Kindern" und „Erwachsenen".

1. Kinder/Erwachsene, Kinder/Kindheit

Die „Kindheitsfrage" (Alanen, 1992), mit der sich die neue Kindheitssoziologie zu Wort meldete[1] war streng genommen eine Frage der Wissenschaftssoziologie: Warum nimmt die Soziologie Kinder kaum zur Kenntnis – und wenn, dann nur als Sozialisanden (Ambert, 1986)? Die Antwort, mit der sich das multidisziplinäre Feld der internationalen Kindheitsforschung konstituierte, war eine wissenschaftstheoretische Antwort; sie lautete: Weil sie die gesellschaftliche Stellung der Kinder in ihren Prioritäten und in ihrem Begriffsapparat reproduziert, statt sie zu analysieren. „Die begrifflichen Praktiken der Soziologie sind adultistisch", formulierte etwa Leena Alanen, eine der wichtigsten Stimmen der internationalen Kindheitssoziologie (Alanen, 1994b). Der *adult ideological viewpoint*, so Matthew Speier in einem klassischen Aufsatz (Speier, 1976), äußert sich darin, dass die humanwissenschaftliche Kinderforschung Kinder lediglich als Novizen der Erwachsenenkultur, als „Lernende", oder als ihre Opfer (Thorne, 1987) betrachtet, denen ein geschützter Ort in den Sonderwelten der Betreuung, Erziehung und Bildung zugewiesen ist (Alanen, 1990). Die Rede von „Erwachsenen" und „Kindern" verweist nicht lediglich auf eine temporalisierte Komplementarität, auf das „Aufwachsen", sondern verbirgt auch eine Hierarchie. Die Selbstverständlichkeit, mit der das Entwicklungsparadigma (Honig, 1999a: 59ff.) Kinder als „Erwachsene in Vorbereitung" und Erwachsene damit unausgesprochen als voll

---

[1] In einem schulebildenden Aufsatz haben James Prout und Allison James die komplexe, ebenso wissenschaftstheoretische wie politische Genealogie der Kindheitsforschung nachgezeichnet (Prout & James, 1990: 14-22).

entwickelte Menschen darstellt, wird in Frage gestellt.² Dies ist der Ausgangspunkt: Die neue Kindheitssoziologie beginnt mit einer Kritik der Unterschiede zwischen Erwachsenen und Kindern (Nemitz, 1996). Sie problematisiert den Universalitätsanspruch des modernen Kindheitsmoratoriums; zugleich ist sie eine Selbstkritik der Soziologie.

Um den kindlichen Sonderstatus einer quasi-vorgesellschaftlichen Welt des Spielens und Lernens durchschauen zu können, müssen Kinder „konzeptuell emanzipiert" (Thorne, 1987), das heißt: muss ihre Aura des Natürlichen entmystifiziert werden. *Rethinking Childhood* lautete der Titel eines frühen Sammelbandes (Skolnick, 1976; später Alanen, 1988). Kindheit wird als *institutionalisierte Unterscheidung zwischen Kindern und Erwachsenen* begriffen. Die Unterscheidung zwischen „kindlich" und „erwachsen" wird nicht mehr als anthropologische Konstante anerkannt. „Kinder" und „Kindheit" sind Kategorien des Wissens, der Sozialstruktur und des sozialen Handelns. Chris Jenks etwa geht – an Foucault orientiert – konsequent der Konstituierung des Kindes in der Erwachsenen-Kind-Differenz nach (Jenks, 1992, zuerst 1982). „Childhood is to be understood as a social construct, it makes reference to a social status delineated by boundaries incorporated within the social structure and manifested through certain typical forms of conduct, all of which are essentially related to a particular cultural setting" (Jenks, 1992: 12).

Wie denkt die neue Kindheitssoziologie diese institutionalisierte Differenz von Kindern und Erwachsenen? Typisierend gesprochen, lassen sich zwei Pfade unterscheiden:

- Der eine Pfad begreift *Kindheit als Minderjährigkeit*. Das *rethinking* der Kindheit folgt dabei dem feministischen *rethinking* der Familie (Thorne & Yalom, 1982; Hood-Williams & Fitz, 1985; Leonard, 1990).³ Das Lebensalter wird

---

2 Die Sensibilität für die verborgene Hierarchie zwischen „Kindern" und „Menschen" im Entwicklungsparadigma entspringt übrigens nicht erst einem kinderrechtlichen oder antipädagogischen Affekt, sondern ist ein Motiv der Pädagogik nach Rousseau und nach Kant. Die Kindheitssoziologie bestreitet also nicht den Sachverhalt des Aufwachsens, sondern kritisiert, Kinder auf das „Groß-Werden" zu reduzieren, unter Verweis auf „Entwicklungsprozesse" die Marginalisierung von Kindern mit ihren „Defiziten" und „Inkompetenzen" zu rechtfertigen, sie zu „Entwicklungswesen" zu ontologisieren (Alanen, 1994b: 28). Es ist denn auch ein – freilich nicht grundloses: sonst müsste dieser Beitrag nicht geschrieben werden – Missverständnis, die Kindheitsforschung verstehe sich als Alternative zur Sozialisationsforschung (vgl. Oswald, 2000). Vielmehr müsste auf der Grundlage des „neuen Paradigmas" (Prout & James) der Entwicklungsgedanke bildungstheoretisch neu entfaltet werden (Anknüpfungspunkte bieten Grundmann und Schäfer in diesem Band); dies wäre genuine Aufgabe einer erziehungswissenschaftlichen Kindheitsforschung.

3 Wichtige Autorinnen der ersten Phase der neuen Kindheitssoziologie argumentieren von den Erfahrungen und Ansätzen der *Gender Studies* her (vgl. Thorne, 1987; Alanen, 1988; Oakley, 1993). Leena Alanen hat die Entwicklung der Childhood Studies mit der Geschichte der Frauenforschung parallelisiert: von der „Ergänzung" durch die Belange der

– wie Rasse und Geschlecht – als eine Strukturkategorie hierarchischer Sozialität gefasst. Kinder gewinnen „konzeptuelle Autonomie" (Qvortrup et al., 1994: XI) als eigenständige, durch institutionalisierte Alterszugehörigkeit bestimmte Bevölkerungskategorie. Die Institutionen des Schutzes, der Förderung und der Kontrolle werden so als Dispositive der gesellschaftlichen Marginalisierung von Kindern im System der gesellschaftlichen Arbeitsteilung beschreibbar (Qvortrup, 1985). „Arbeit" ist dabei durchaus wörtlich zu nehmen, denn dieser neue Blick auf Kinder und Kindheit lässt auch ihren Beitrag zur gesellschaftlichen Reproduktion in einem neuen Licht erscheinen (Qvortrup, 1995).

- Der zweite Pfad hat einen sozialanthropologischen Hintergrund und begreift *Kinder als Herausforderung sozialer Ordnung*. Kindheitssoziologie knüpft damit an die Frage an, die das Konstrukt „Sozialisation" nur noch implizit stellt (Jenks, 1992, zuerst 1982; vgl. Geulen, 1991). Weil Kinder „Neulinge" sind, bleibt die Frage aber virulent. Die „konzeptuelle Emanzipation" der Kinder besteht hier darin, dass die Kindheitssoziologie die Herausforderung durch die Kinder gleichsam begrifflich simuliert und das Konstrukt „Sozialisation" bzw. Enkulturation vom Kopf auf die Füße stellt. Dann beschreibt es nicht das „Groß-Werden" der Kinder, sondern die Generierung bzw. Reproduktion einer gesellschaftlichen Ordnung (James et al., 1998: 198).

Beide theoretischen Ansätze kritisieren die Ontologisierung der Erwachsenen-Kind-Differenz, indem sie „Kinder" und „Kindheit" zueinander in ein Verhältnis setzen. Der Ausdruck „Kind" ist eine kontextuelle Bezeichnung für ein konkretes Individuum und die begriffliche Repräsentanz einer Position in einer generationalen Struktur; „Kindheit" bezieht sich auf ein konkretes, eigenständiges soziales Phänomen und ist zugleich ein theoretisches Konzept für spezifische generationelle Verhältnisse (Alanen, 1999: 5). Beide Ansätze fassen „Kinder" als Akteure – im Kontext von *Minderjährigkeit*, allerdings im Sinne von *Außenseitern*, deren Stimme kein Gehör findet; im Kontext der *Figurationen sozialer Ordnung* im Sinne von *Fremden*, die unter den Bedingungen einer hegemonialen Kultur ein Eigenleben führen. Beide Ansätze fassen „Kindheit" als institutionalisiertes Konstrukt: im Sinne eines *sozialstrukturellen Elements* im einen, im Sinne einer *diskursiven Repräsentation* im anderen Fall.

Kinder werden zum einen als *Individuen* betrachtet, die aktiven Anteil an der Gestaltung ihres Lebens und der sozialen Verhältnisse nehmen, in denen sie leben *(Children as actors in their social worlds)*. Kinder sind daher keine außergesellschaftlichen Wesen, die in die Gesellschaft „hineinwachsen". Kinder machen Erfahrungen mit Kindheit als symbolischem Kontext ihres Alltagslebens *(Children's Childhoods*, vgl. Mayall, 1994) und wirken an deren Konstituierung mit. Zum

---

Kinder zur Berücksichtigung ihres situierten Wissens, des „Standpunkts" von Kindern (Alanen, 1994b: 29ff.).

anderen werden Kinder als eine *Altersgruppe* der Bevölkerung betrachtet, die in spezifischer Weise sozial positioniert ist. „Kindheit" ist insofern ein strukturelles und kulturelles Element jeder Gesellschaft *(Childhood as a permanent element of social structure,* vgl. Qvortrup, 1987), beispielsweise als Phase eines institutionalisierten Lebenslaufs. Es lassen sich interkulturell unterschiedliche und intrakulturell vielfältige Kindheiten denken.

Kinder als Individuen und Altersgruppe, ihr Alltag und ihre sozialen Beziehungen einerseits, Kindheit als differenzielle Soziallage, institutionalisierte Lebensphase oder als kulturelles Muster andererseits lassen sich unabhängig voneinander untersuchen; theoretisch und methodologisch bleiben sie jedoch aufeinander verwiesen. Kinder sind als Individuen zugleich Abkömmlinge und Novizen (und in diesem Sinne Personen, Menschen in Beziehungen); die Kindheit ist nicht lediglich Lebensphase und Strukturmuster sozialer Beziehungen, sondern zugleich eine Semantik, welche die Kindheit *als* eigenständige Lebensphase und *als* spezifische Konfiguration sozialer Beziehungen codiert. In diesem Sinne entsprechen den beiden idealtypischen theoretischen Ansätzen in der empirischen Kindheitsforschung drei generelle Strategien (vgl. Alanen, 1999: 2f.):[4]

- Eine Diskursanalyse der Kindheit dekonstruiert Kindheitssemantik und Kindheitsrhetorik (exemplarisch: Jenks, 1995; in Deutschland u.a.: Bühler-Niederberger et al., 1999);
- eine Ethnographie der Kindheit beschreibt Kinder als Akteure in ihrer Lebenswelt (exemplarisch: Waksler, 1991; in Deutschland u.a.: Breidenstein & Kelle, 1998);
- eine Sozialstrukturanalyse der Kindheit untersucht soziale Lagen von Kindern (exemplarisch: Qvortrup, 1991; in Deutschland u.a.: Joos, 2001).

„Kinder" sind also nicht als „Menschen" zu denken, die vom institutionellen Kontext der Kindheit zu trennen wären; vielmehr sind „Kinder" und „Kindheit" immer schon über die Unterscheidung Kinder/Erwachsene und Kinder/Eltern miteinander verknüpft, ja: sie macht anders gar keinen Sinn. Die Aufgabe besteht darin, Differenz und Verschränkung von „Kindern" und „Kindheit" theoretisch zu explizieren und empirisch greifbar werden zu lassen. Die Bedeutung der Rede vom kindlichen Akteur bemisst sich daran, wie „Kinder" und „Kindheit" aufeinander bezogen werden (Alanen, 1997a; Honig et al., 1996; Honig, 1999b).

---

4   Diese Typisierung verdeckt notgedrungen die zahlreichen Querverbindungen zwischen den drei Hauptsträngen der Forschung. James, Jenks und Prout (James et al., 1998: 26ff.) unterscheiden nicht drei, sondern vier Forschungsstrategien, indem sie innerhalb sozialstruktureller Ansätze die Studien zu Machtverhältnissen zwischen Erwachsenen und Kindern ausdifferenzieren.

2. Der „kompetente Akteur" als relationales Konstrukt

In der Kindheitsforschung wurden zwei Konzepte entwickelt, um diese Frage zu beantworten; sie haben deutlich unterscheidbare Implikationen für die Schlüsselfigur des kindlichen Akteurs. Das *erste Konzept*, mit dem „Kinder" und „Kindheit" in ein theoretisch gehaltvolles Verhältnis zueinander gebracht werden, ist das Konzept der *Agency*.

Als *competence paradigm* (Hutchby & Moran-Ellis, 1998: 5) ist *agency* ein integraler Bestandteil – Alanen spricht sogar von *„the basic premiss"* (Alanen, 2001: 17) – dessen, was Prout/James (Prout & James, 1990) das „entstehende neue Paradigma der Kindheitsforschung" genannt haben und lässt sich seit den phänomenologischen Anfängen (Waksler, 1991) nachweisen. Das Konzept markiert zunächst eine Gegenposition zu einem Verständnis von Kindheit als Lebensphase der Vorbereitung: Kinder sind nicht nur Schüler (Büchner, 1996), nicht nur Humankapital (Markefka & Nauck, 1993), sondern „Kinder", Personen aus *eigenem* Recht. Der Ausdruck *agency* wird jedoch in mindestens vier weiteren Kontexten verwendet, in denen von Kindern als Akteuren gesprochen wird:

- Die Betonung der *agency* von Kindern drückt zunächst eine normative, eine kinderpolitische Option aus; sie hat im Diskurs um die *Rechte* von Kindern seinen gesellschaftspolitischen Kontext und gewinnt ihre Pointe in einem menschenrechtlichen, egalitären Individualismus (Therborn, 1993).
- *Agency* ist sodann – zunächst überraschend – ein *sozialisationstheoretischer* Ausdruck für die aktive Rolle von Kindern bei der Aneignung von Welt, der Gestaltung ihrer sozialen Beziehungen und der Bewältigung ihres Alltagslebens (Corsaro, 1997).[5]
- Schließlich ist *agency* ein Ausdruck der ambivalenten *Individualisierung* moderner Kindheit, die eine Freisetzung aus den traditionalen Sozialisationsinstanzen mit einer neuerlichen Einbindung durch sozialstaatliche, marktförmige und mediale Instanzen der Regulierung verbindet (Näsman, 1994; Sünker, 1993).
- Nicht zuletzt betrifft *agency* die Methodik empirischer Forschung: Kinder fungieren als Informanten und „Wissende", als Zeugen ihrer Lebenssituation (Zinnecker, 1996). Als „Perspektive der Kinder" (Honig, 1999b) konstituiert *agency* Bedeutungen, Sinn und Identität.

Diese Verwendungsweisen – die sich gewiss ergänzen ließen – demonstrieren die Kontextualität der Rede vom „Kind als Akteur"; zugleich verschmelzen darin normative und analytische Elemente. Daraus resultiert eine Zwiespältigkeit des

---

5 „Without denying that human beings develop over time and in describable ways, nor that appropriate social behaviors als learned and not natural, the competence paradigm seeks to take children seriously as social agents in their own right" (Hutchby & Moran-Ellis, 1998: 8).

Konzepts *agency*, die in eine empiristische Falle führen kann: Kinder *werden* nicht, sie *sind* kompetente soziale Akteure (vgl. auch Alanen, 1998: 29). Karl-Franz Kaltenborn übersetzt entsprechend *agency* als „das Vermögen des Kindes, als sozialer Akteur gestaltend zu wirken" (Kaltenborn, 2000: 2). Dieser Kompetenzbegriff legt essentialistische Konnotationen nahe, die der Kindheitsforschung einen Ideologieverdacht eingebracht und sie in die Nähe der Kinderrechtsbewegung gerückt haben.

Die Zwiespältigkeit hat ihre Ursache in der Einbindung der Kinder/Kindheit-Differenz in die Kinder/Erwachsenen-Differenz. Weil Aussagen über Kinder immer auch Aussagen über Erwachsene sind, „lässt sich eine objektivierende Einstellung zu beiden Oppositionspaaren nur schwer durchhalten" (Kaltenborn, 2000: 186) und schwankt zwischen konstruktivistischer Perspektivität und Ontologisierung als ein Vermögen. In ihrer Kritik der adultistischen Soziologie ist sich die Kindheitsforschung dieser Gefahr bewusst; sie ist aber selbst nicht etwa deswegen frei davon, weil sie die „konzeptuelle Emanzipation" der Kinder für sich beansprucht. Solange die Unterscheidung von Kindern und Erwachsenen nicht selbst zum Thema wird, wenn Kindern also lediglich andere Eigenschaften zugeschrieben werden und die Hierarchie der Erwachsenen-Kind-Differenz lediglich umgewertet wird, die binäre Schematisierung von Kindern und Erwachsenen aber erhalten bleibt (Nemitz, 2001: 191f.), ist das Konzept der agency in Gefahr, die Kindheit unter dem Vorzeichen einer „konzeptuellen Emanzipation" erneut zu ontologisieren.

Agency kann daher kein Ausdruck für Eigenschaften und Fähigkeiten von Kindern sein, sondern steht für eine „Dualität von Struktur" (Giddens), für eine kontextuelle Subjektivität, für ein „Bezugnehmen" auf Handlungsbedingungen. *Agency* markiert eher eine Grenze der Verfügbarkeit als ein „Vermögen" von Kindern (Alanen, 1997b: 254f., vgl. bereits Flitner, 1987), weil sie sich als Normierung der Selbst-Bestimmung von Kindern nur in Widersprüche verwickeln könnte (vgl. in der bundesdeutschen Kindheitssoziologie Preuss-Lausitz et al., 1990).[6]

Verfolgt man diesen Gedanken weiter, gelangt man zu der Überlegung, die *agency* im Kontext einer sozialen Organisation der Erwachsenen-Kind-Differenz zu bestimmen. Das *zweite Konzept* für ein theoretisch gehaltvolles Verhältnis von „Kindern" und „Kindheit" ist denn auch das Konzept der *Generation*.

Allison James und Alan Prout erwähnen in ihrem schulebildenden Aufsatz über das neue Paradigma der Kindheitssoziologie (Prout & James, 1990) den

---

[6] Auch dies übrigens ist ein Umstand, dessen sich die Pädagogik bereits lange bewusst ist und in der erziehungswissenschaftlichen Kindheitsforschung beispielsweise von Gerd Schäfer (vgl. in diesem Band) in der Formel pointiert wird, man könne nicht gebildet werden, bilden könne man sich nur selbst.

Generationenbegriff nicht.[7] Das ist kein Zufall. Wenn der *mainstream* der angelsächsischen Kindheitssoziologie Kinder als Waisen konzeptualisiert, kontert er die Hierarchie von „Kindern" und „Menschen" mit der Umwertung der „Kinder" zu „Menschen", stellt sie so begrifflich den anderen Menschen – den Erwachsenen – gleich und emanzipiert sie damit konzeptuell von ihrer Herkunft.[8] In der bundesdeutschen Kindheitsforschung dagegen war der Generationenbegriff für den neuen Blick auf Kinder und Kindheit von Beginn an grundlegend. Der Akteursbegriff wird erst später wichtig und verweist dann auf die Handlungskomponente einer gesellschaftlichen Lebensform (Zeiher & Zeiher, 1994) bzw. auf einen Modus der Lebensführung (Lange, 1996; Lange, 2000).

Hinter der vordergründigen Einheitlichkeit des sprachlichen Ausdrucks verbergen sich in der deutschen Diskussion jedoch von Beginn an zwei unterschiedliche Konzepte:

- Das eine Konzept basiert auf dem Mannheim'schen Generationenbegriff eines historisch situierten Erfahrungszusammenhangs und auf der lebenslauftheoretischen Wendung der Sozialisationsforschung (Preuss-Lausitz et al., 1983). Es knüpft an die historische Sozialisationsforschung an, die sich die Geschichtlichkeit der Kindheit u.a. in der Varianz synchroner und diachroner Generationsgestalten klarmachte (Fend, 1988).

- Das zweite Konzept knüpft dagegen nicht an dem Gedanken eines Generationenzusammenhangs an, sondern an den Beziehungen *zwischen* den Generationen. Es bestreitet mit empirischen Argumenten, dass die moderne Kindheit als Bildungsmoratorium begriffen werden kann (Hengst, 1981). Das Kind, so könnte man diesen Ansatz pointieren, ist kein „Medium der Erziehung", sondern Akteur (sic!) einer eigenständigen und eigendynamischen, durch Markt und Medien vermittelten Kinderkultur.

Bernhard Nauck hat einen systematischen Vorschlag für die Einbeziehung des Generationenaspekts in die Kindheitsforschung gemacht. Er bestimmt Kindheitsbegriffe unter einem institutionellen und einem interaktionellen Gesichtspunkt einerseits, einem (individuumsbezogenen) Lebenslaufaspekt und einem (relationalen) Generationenaspekt andererseits (Nauck, 1995: 13ff.). Dies erlaubt ihm eine Generierung von vier systematischen Verknüpfungen von „Kindern" und „Kindheit":

---

[7] Leena Alanen attestiert der angelsächsisch-skandinavischen Kindheitsforschung, dass sie die Kindheit zwar als soziales Phänomen analysiert habe, aber ihren genuin generationalen Charakter übersehen habe (Alanen, 2001: 11).

[8] Auch dies ist nicht neu, sondern seit Rousseaus Emile ein Grundzug von pädagogischen Entwürfen moderner Kindheit; sie basiert auf der Emanzipation von der Überlieferung: Kindheit ist Zukunft (vgl. Wünsche, 1985).

- die Altersgruppe der *Kinder*, die sich in ihren soziale Beziehungen zu ihrer Umwelt als Element der Sozialstruktur einer Gesellschaft konstituiert,
- *Kindheit* als Institution, als institutionalisiertes Konstrukt und kulturelles Muster,
- *Kindschaft* als Generationenbezug, in dem die Beziehungen zwischen den (Familien-) Generationen normiert sind und reguliert werden,
- *Kindsein* als Begriff für die dyadischen Interaktionsbeziehungen zwischen Kindern und Eltern.

Hier fällt auf, dass das Verhältnis von Kindern und Eltern mit dem Verhältnis von Kindern und Erwachsenen unter dem Aspekt des Verhältnisses von Altersgruppen gleichgesetzt wird. Der Generationenbezug ist als *familialer* Generationenbezug, nicht als Strukturkategorie des Sozialen – vergleichbar den Kategorien Geschlecht, Ethnizität oder Raum – gedacht. Daher teilt dieser Ansatz nicht die angelsächsisch-skandinavische Strategie der „konzeptuellen Emanzipation" (was einer pointierten Parteilichkeit des Autors für die Interessen der Kinder übrigens nicht widerspricht). Weiterhin wirkt sich diese Variante des Generationenbezugs dergestalt aus, dass die Kultur der Kinder als konstitutives Bestimmungsmerkmal für das Verhältnis von „Kindern" und „Kindheit" keine Rolle spielt (vgl. dagegen Krappmann, 1993).

Legt man die drei unterschiedlichen Fassungen des Generationenbezugs von Kindheit gleichsam aufeinander, so kristallisiert sich die Problemstellung der neuen *Childhood Studies*, die in der Figur des kindlichen Akteurs ihren rhetorischen Ausdruck findet, deutlich heraus: Sie steht im Schnittpunkt der generationalen Strukturierung der Kindheit und der Autonomie der kindlichen Sozialwelt, der „Kinderkultur". Auch der eigenständige Beitrag der bundesdeutschen Kindheitssoziologie zur internationalen Debatte lässt sich hier lokalisieren. Er besteht in dem Gedanken, dass es einen inneren Zusammenhang gibt zwischen dem säkularen Wandel des modernen Kindheitsmoratoriums und seiner generational verfassten Entwicklungs- und Sozialisationsprozesse einerseits und der inhaltlichen Ausdifferenzierung selbstorganisierter Bildungsprozesse von Kindern andererseits. Kinder spielen eine aktive Rolle bei der Transformation von einem Bildungs- zu einem kulturellen Moratorium (Zinnecker, 1997). Im Doppelprozess von Expansion und Erosion des modernen Bildungsmoratoriums wächst den Kindern zum einen eine eigenständige Rolle zu: Sie müssen gleichsam zu Unternehmern ihrer Entwicklung und ihrer Lebenschancen werden (Zinnecker, 1990; Zeiher, 1996); zum anderen wird die Kindheit zu einer riskanten, u.a. überproportional stark von Armut bedrohten Soziallage (Olk & Mierendorff, 1998).

Die Arbeiten von Lothar Krappmann (gemeinsam mit Hans Oswald) lassen sich dieser Problemstellung ebenfalls zuordnen, obwohl sie sich nicht in diesem Zusammenhang verstehen. Sie gelten der interaktionellen und sozialmoralischen Binnenstruktur der Kinderkultur als sozialer Kinderwelt (Krappmann & Oswald, 1995) und weisen darauf hin, dass Kinder ihr Selbst in einer „interpretativen Reproduktion" der kulturellen Überlieferung bilden und dabei als „Ko-Konstrukteure" der eigenen Entwicklungsprozesse fungieren (Krappmann, 1993; Corsaro, 1997; vgl. auch Grundmann in diesem Band).

3. Generationing – Institutionalisierung von Lebensformen

Agency und Generation sind Elemente eines relationalen Kindheitsbegriffs. Sie bieten Ansatzpunkte, so lässt sich daher in einer Zwischenbilanz festhalten, das Konzept des kompetenten kindlichen Akteurs in einer Kritik der Unterschiede zwischen Erwachsenen und Kindern zu entfalten; damit bleibt es auch an sie gebunden, jede Hypostasierung verbietet sich.

Aber wie relevant ist der Generationenbezug für die heutige Kindheit, oder spezifischer gefragt: Lässt sich die generationale Strukturierung der Kindheit noch nach dem Modell der familialen Abstammung und Sorge modellieren? Veränderungen der Generationsfigurationen werden nicht lediglich von Kulturkritikern beschworen, und sie sind auch nicht neu. Zu erinnern ist beispielsweise an Margaret Mead, die schon in den 70er Jahren mit der Unterscheidung von post-, ko- und präfigurativen Gesellschaften auf grundlegende Veränderungen in der kulturellen Reproduktion hingewiesen hat (Mead, 2000). Zu erinnern ist auch daran, dass der „Rückzug vom Kindheitsprojekt der Moderne" (Hengst, 1996) von Markt und Medien, also Schlüsselkräften zeitgenössischer Modernisierungsprozesse, vollzogen wird. Schließlich ist an die Analysen von Dieter Lenzen zu erinnern, der die Nivellierung der Erwachsenen-Kind-Differenz als Diffundierung der Strukturen des Lebensverlaufs beschreibt (Lenzen, 1985).

Vor diesem Hintergrund muss der Generationenbegriff als Begriff für die soziale Organisation der Erwachsenen-Kind-Differenz neu bedacht werden.[9] Anfang der 90er Jahre hat Leena Alanen den Begriff der generationalen Ordnung (in Anlehnung an das *gender*-Konzept) als Bezeichnung für die soziale Organisation der Erwachsenen-Kind-Differenz in die internationale Debatte der Kindheitssoziologie eingeführt (Alanen, 1992; Alanen, 1994a).[10] Sie macht mit diesem

---

9 Nachdem der Generationenbegriff in den 80er Jahren in der Jugendforschung (Stichwort „Entstrukturierung der Jugendphase") ausdrücklich beiseite gelegt worden war, ist in den 90er Jahren in Familiensoziologie und Erziehungswissenschaft eine Diskussion über seine Neu-Konzeptionierung in Gang gekommen (Lüscher & Schultheis, 1993; Liebau & Wulf, 1996; Mansel et al., 1997; Ecarius, 1998; Kohli & Szydlik, 2000; für den Kontext der internationalen Kindheitssoziologie Alanen & Mayall, 2001). Ich verzichte an dieser Stelle darauf diese Debatte aufzurollen.

10 In der strukturellen Kindheitssoziologie Jens Qvortrups spielt der Generationenbegriff jedoch eine zentrale Rolle. Qvortrup verwendet den Begriff zur Charakterisierung des (hierarchischen) Verhältnisses von Alterskategorien der Bevölkerung, die er unter dem Gesichtspunkt der Verteilungsgerechtigkeit von Wohlfahrtsgütern untersucht (Qvortrup, 1994; Alanen, 2001: 13f.). Qvortrup argumentiert mit einem kategorialen Kindheitsbe-

Begriff einen Vorschlag, wie „Kinder" und „Kindheit" unter Rückbezug auf die Unterscheidung von Kindern und Erwachsenen miteinander verknüpft werden können (zuletzt Alanen, 2001). „Generation" ist bei Alanen kein Begriff für historisch positionierte Altersgruppen, die ein Erfahrungszusammenhang verbindet, wie bei Mannheim; sie beschränkt sich auch nicht auf familiale Generationenbeziehungen zwischen Eltern, vielleicht sogar noch Großeltern, und Kindern. „Generation" ist bei Alanen vielmehr eine Strukturkategorie des Sozialen. „Die machtvolle, asymmetrische Konfiguration Kindheit/Erwachsenheit kann als generelles Prinzip sozialer Organisation betrachtet werden, vergleichbar der Geschlechterdifferenz" (Alanen, 1992: 65).[11]

Genau das aber ist unklar: Handelt es sich um *ein* Prinzip? Oder müssen nicht zwei Prinzipien angenommen werden, um der Differenz zwischen den Differenzen von Kindern und Eltern bzw. von Kindern und Erwachsenen zu entsprechen? Und was ist mit „Prinzip" gemeint – eine Norm, eine apriorische Struktur?[12] Zu fragen wäre, welchen Status die Unterschiede zwischen Kindern und Erwachsenen haben. Die Kritik an der Ontologie der Erwachsenen-Kind-Differenz kann jedoch in einen Kulturalismus umschlagen, wenn nicht zugleich an einer Spezifik der Unterscheidung von Erwachsenen und Kindern festgehalten wird. Wie aber lässt sich diese Spezifik begründen? Worauf basiert sie, wenn die Unterschiede sich vervielfältigen – und dies ist ja ein viel beachtetes Merkmal des Wandels sozialer Kindheit (vgl. etwa Lenzen, 1985)?

Es könnte der Klärung dienen, zum einen zwei Generationenbegriffe zu unterscheiden – einen, der sich auf das Verhältnis von Kindern und Eltern bezieht, einen anderen, der sich auf das Verhältnis von Kindern und Erwachsenen bezieht – und zum anderen die Unterscheidung zwischen Kindern und Eltern/Erwachsenen von den empirischen Unterschieden zwischen ihnen zu differenzieren. Unterschiede zwischen Kindern und Eltern sind binär, soweit sie auf Filialität beruhen; sie heben sie auch nicht auf: Jeder bleibt zeitlebens Kind. Das Verhältnis von Kindern und Erwachsenen ist jedoch lediglich als kategoriale Unterscheidung binär: Es lässt sich kein Kriterium angeben, mit dem sich diese binäre Struktur in der Realität von Kindern und Erwachsenen verankern ließe. Die Unterscheidung bezieht sich auf eine *pädagogische* Differenz, deren Semantik

---

griff, der auf einem Begriff chronologischen Lebensalters basiert und daher in Gefahr ist, Kindheit als soziales Phänomen zu re-ontologisieren (vgl. Alanen, 2001: 20).

11 Alanen (2001: 21) bindet konsequent auch ihren Begriff kindlicher agency an dieses Strukturmuster: „the source of their (der Kinder, MSH) agency (...) is to be found in the social organization of generational relations"; sie ist „inherently linked to the ‚powers' (or lack of them) of those positioned as children, to influence, organize, coordinate and control events taking place in their everyday worlds."

12 Ohne den Begriff der Strukturkategorie aufzugreifen, erörtert Alanen in ihrer jüngsten Publikation zur Generationenanalyse Varianten des Strukturbegriffs, ohne allerdings dabei zu einer überzeugenden Position zu gelangen (Alanen, 2001: 19).

als Regulierung des Lebenslaufs mit seinen vielen Übergängen funktioniert (vgl. Nemitz, 1996; zu den Differenzen zwischen der Generationen- und der Geschlechterdifferenz vgl. Nemitz, 2001).

Das Problem der Rede von „dem" strukturbildenden Prinzip besteht offenbar darin, dass kategoriale Differenz und empirisch-historische Unterschiede zwischen Kindern und Eltern/Erwachsenen (und damit deren historische Wandelbarkeit) konfundiert werden. Wenn zwischen Eltern und Erwachsenen nicht unterschieden wird, wird der Generationenbegriff unklar und das Konzept des kindlichen Akteurs rhetorisch. Der Hinweis auf das Machtverhältnis zwischen Kindern und Eltern/Erwachsenen legt nahe, die Unterscheidung zwischen Eltern und Kindern als Inbegriff der Unterschiede zwischen Erwachsenen und Kindern zu verstehen. Diese Strategie „konzeptueller Emanzipation" schreibt dem familialen „Alterspatriarchat" (Hood-Williams) ein Gewicht zu, das zwischen einer Ent-Traditionalisierung der Kindheit und einer Vergesellschaftung der Kindheit durch Markt und Staat nicht mehr unterscheiden kann, oder anders gesagt: das die Ambivalenzen von Modernisierungsprozessen nicht im Blick hat.

Andere Aspekte dieses Konzepts sind indes geeignet, aus dieser Verengung hinauszuführen. Als Macht-Wissens-Komplex im Sinne Foucaults bringt die „generationale Ordnung" die Unterschiede zwischen Erwachsenen und Kindern *hervor*. Alanen fasst also *Praktiken der Unterscheidung* von „Kindern" und „Nicht-Kindern" ins Auge und spricht in diesem Sinne von *generationing, doing generation*. Sie verwandelt die begriffliche Differenzierung von „Unterscheidung" und „Unterschieden" in eine empirische Wechselbeziehung, wenn sie *generationing* erläutert als „Prozesse, in denen Individuen zu ‚Kindern' werden bzw. als Kinder konstruiert werden, während andere zu ‚Erwachsenen' werden bzw. als Erwachsene konstruiert werden mit den entsprechenden Konsequenzen für Aktivitäten und Identitäten der Vertreter der jeweiligen Kategorie und ihre sozialen Beziehungen" (Alanen, 1994a: 4). In dieser Lesart verweist das Konzept der generationalen Ordnung nicht auf einen gegenständlichen Kontext, in den Kinder und Kindheit eingebettet wären (z.B. „Sozialisationsbedingungen"), sondern auf eine *soziale Logik der Hervorbringung von Kindheit*. Sie wäre der adäquate Begriff von *agency*. Er erlaubt, die Praktiken der Hervorbringung von Differenzen über die Erosion der vertrauten Erwachsenen-Kind-Unterschiede hinaus zu identifizieren. Sie sprengen den Rahmen der modernen Erziehungskindheit, ohne die Unterscheidung von Kindern und Erwachsenen selbst in Frage zu stellen (Honig, 1999a). *Generationing* vermag den Wandel von Kindheit nicht lediglich als Erosion vertrauter Kindheitsmuster – als De-Institutionalisierung von Kindheit gleichsam –, sondern als einen Prozess der Neu-Bildung, der Re-Kontextualisierung (vgl. Brannen & O'Brien, 1996) zu beschreiben. Das Konzept der generationalen Ordnung gibt damit auch dem kindheitssoziologischen Konzept des institutionalisierten Konstrukts eine prozessorientierte Wendung; der soziale und kulturelle Wandel der Kindheit rückt als Ordnungs*bildung* (*generational ordering*, vgl. Alanen, 1992; *policing childhood*, vgl. Therborn, 1993; *negotiating childhood*, vgl. Solberg, 1994) in den Kontext von Prozessen der Institutionalisierung.

In diesem Zusammenhang lässt sich auch das Sozialisationsproblem wieder aufnehmen. Die Untersuchungen zur Medialisierung bzw. Kulturalisierung (Lange, 2000) und zur Ökonomie der Kindheit (vgl. Feil, 2000) haben deutlich gemacht, dass die zeitgenössischen Modi der Institutionalisierung von Kindheit nicht als Internalisierung einer sozialen Ordnung beschrieben werden können. Es sind eher Praktiken der Hervorbringung von Kindheit – des *generationing* –, die eine Sozialisationsaufgabe nicht voraussetzen, sondern formulieren. Auch die Kinder sind an dieser Formulierung aktiv beteiligt. In diesem Sinne ist *doing generation* ein strukturtheoretischer Begriff von *agency* als Handlungsbefähigung im Sinne von Grundmann (in diesem Band).

Was aber ist mit „Institutionalisierung" gemeint? Auf welchen Ebenen lässt sich *generationing* als Institutionalisierung von Kindheit explizieren? Ich lehne mich in den folgenden Überlegungen an Gedanken von Wolfgang Walter zur Institutionalisierung von Lebensformen an (Walter, 1999). Der Begriff der Institutionalisierung ist zunächst abzugrenzen von dem der Institution. „Institution" ist ein traditionsreiches soziologisches Konzept; aber es steht in der Gefahr, als Formel einer konservativen Deutung des sozialen Wandels zu fungieren. Institutionalisierung ist ein kultursoziologischer Begriff, der „Prozesse der Ordnungsbildung, d.h. der Ausrichtung von sozialen Beziehungen auf Maximen" bezeichnet. Er drückt den „dynamischen Prozeß der Schöpfung, Gestaltung und Weiterentwicklung" (Walter, 1999: 5) sozialer Ordnungen aus. Es geht um die Aufklärung des Wandels von Lebensformen, d.h. um die Prozesse, in denen Akteure bzw. Dritte sozialen Beziehungen handlungsorientierende Bedeutungsgehalte zuschreiben. Die kindheitssoziologische Adaptation dieses Ansatzes kann davon ausgehen, dass die zeitgenössische Kindheit in westlichen Gesellschaften eine eigenständige Lebensform repräsentiert.

Die drei Elemente von Institutionalisierungsprozessen, die Walter nennt (Walter, 1999: 6), lassen sich unter Bezug auf diese Lebensform formulieren. Sie umfassen

- die Definition der Beziehungen, die legitimerweise als „Kindheit" bezeichnet werden dürfen, also eine *Abgrenzung des Handlungskontexts*. Die Frage, wann die Kindheit beginnt und endet bzw. der Gradierungen des Lebensalters ist hier u.a. angesprochen,
- die Ausarbeitung eines *Rationalitätskriteriums* bzw. eines Leitbilds für die Gestaltung von Kindheit; sie wird rhetorisch vollzogen, im Medium von Diskursen. Diesen Bedeutungszuschreibungen lässt sich auch das Leitbild des Kindes als kompetenter Akteur zuordnen,
- die Entwicklung sozialer Praktiken, mittels derer die *Normierung* von Kindheit vollzogen wird. Prozesse des *generationing* im Sinne von Alanen wären im Rahmen der Analyse von Institutionalisierungsprozessen als Prozesse der Normierung des Sozialen anzusehen.

Die Prozesse der Ordnungsbildung entstehen und verlaufen nach Walter in den grundlegenden *Formen der Beziehungsorganisation* moderner Gesellschaften; dies sind der Nationalstaat, die soziale Schichtung und die Individualisierung (Walter, 1999: 12). Institutionalisierungsprozesse haben entsprechend die Form

- von wohlfahrtsstaatlichen Regulativen der Lebensführung,
- der Differenzierung von Lebensstilen auf der Basis ungleicher Ressourcen und
- der selbstverantwortlichen Wahl von Lebensweisen durch die Einzelnen.

Diesen Formen der Institutionalisierungsprozesse lassen sich – immer noch Walter folgend – entsprechende *soziale Ebenen* zuordnen, nämlich

- die politisch-rechtliche,
- die strategische und
- die interaktive Ebene der Institutionalisierungsprozesse.[13]

Prozesselemente, Formen und Ebenen der Ordnungsbildung knüpfen jeweils unterschiedlich an der Unterscheidung von Kindern und Eltern bzw. Kindern und Erwachsenen an, substituieren sie z.T. gegenseitig oder geben mit unterschiedlichem Gewicht anderen Vergesellschaftungsagenturen Raum. Generationing beschreibt, wie die Kindheit „umgebaut" oder gar „neu erfunden" wird.[14]

4. Generationierende Praktiken: Vorschlag für eine Forschungsstrategie

Die Leitfrage einer Kindheitssoziologie, die sich der Analyse von Institutionalisierungsprozessen widmet, ließe sich entsprechend etwa folgendermaßen formulieren: *Wie vollzieht sich die generationale Ordnung des Sozialen bzw. wie wird die Unterscheidung zwischen Kindheit und Erwachsenheit in sozialen Beziehungen zwischen „Kindern" und „Erwachsenen" organisiert?* Im folgenden werde ich das Potential eines solchen Ansatzes in Anknüpfung an den Stand der Forschung auf den drei genannten Ebenen exemplarisch verdeutlichen.

---

13 Der klassische Ansatz einer Analyse von Prozessen der Ordnungsbildung auf der Ebene sozialer Beziehungen ist die Ethnomethodologie bzw. eine kulturanalytisch ansetzende Ethnographie (für die Kindheitsforschung vgl. Breidenstein & Kelle, 1998).

14 Hier ist der Anknüpfungspunkt für Kinderpolitik. Rhetorisch rekurriert sie indes primär auf kindliche Bedürfnisse und stellt damit unter Beweis, wie sehr sie – obwohl Akteur eines „Umbaus von Kindheit" – einem naturalistischen, scheinbar vor-gesellschaftlichen Begriff der Kindheit verpflichtet ist (vgl. Honig, 2001).

Die politisch-rechtliche Ebene: Re-Kontextualisierung der Kindheit – Das Beispiel Armut

Armutsbegriffe verweisen auf ein uneindeutiges Geflecht armutsrelevanter Faktoren. Aber es ist deutlich, dass unterschiedliche Kindheitsbegriffe Implikationen für das Verständnis von Armut haben (vgl. zum folgenden Honig, 2000; Honig & Ostner, 2001). Die Armut der Kinder ist nicht eine Armut Erwerbsfähiger, sondern die Armut auf familiale Alimentierung Angewiesener. Weil der „Generationenvertrag" die nachwachsende Generation nicht einschließt, sind Kinder überdurchschnittlich stark von Armut betroffen (vgl. Olk & Mierendorff, 1998). Moderne Kindheit ist genuiner Adressat sozialstaatlicher Leistungen, weil sie per definitionem von der Existenzsicherung durch Erwerbsarbeit freigestellt ist; die Erziehungskindheit des 20. Jahrhunderts ist die „versozialstaatlichte" Kindheit per se. Daher vermag Sozial- und Familienpolitik durch rechtliche Regelungen sowie durch Transfers und Dienstleistungsangebote bzw. dadurch, dass sie kein Geld gewähren und keine Dienste bereitstellen, eine relationale, an die familiale Wohlfahrtsproduktion rückgebundene Kindheit zu konstruieren; dabei kann sie an einer Ethik der Generationenbeziehungen anknüpfen.

Die maßgeblichen Dokumente der Europäischen Union begreifen Armut als mangelnde Fähigkeit und damit Chance, für den eigenen Unterhalt und den der eigenen Familie aufzukommen. Kinderarmut ist danach ein anderer Begriff dafür, dass Kinder Eltern arm machen können, wenn sie deren Chancen zur Existenzsicherung einschränken. Die neue Armutspolitik konzentriert sich entsprechend darauf, für Frauen und Männer gleiche Chancen zur Erwerbsarbeit zu schaffen. Eine Politik der Mobilisierung von Erwerbspotentialen scheint angesichts globaler ökonomischer Konkurrenzverhältnisse geboten; sie läuft indes einer Politik zuwider, die eine nicht-monetäre Wohlfahrtsproduktion der Familien durch Freistellung von Erwerbsarbeit unterstützt. Familienpolitische Leistungen werden heute daraufhin abgeklopft, inwieweit sie mütterliche Erwerbsarbeit begünstigen oder behindern. Was heißt das für die „armen" Kinder? Zum einen rückt ihre Betreuung und Erziehung näher an den Markt (vgl. Recht auf einen Kindergartenplatz), zum anderen wird die Elternpflicht, ihren Unterhalt zu sichern, von dem Vorbehalt einer spezifischen familialen Lebensform gelöst (vgl. neues Kindschaftsrecht).

Die Ebene der Lebensstile und Milieus: Neue Strategien familialer Reproduktion – Das Beispiel des Kindheitsmoratoriums

Nach dem Zweiten Weltkrieg ist das Ideal einer Kindheit, die von Lernen und Spielen bestimmt ist, zu einer kulturellen Norm geworden (vgl. zum folgenden Zinnecker, 1995). Ihr gegenüber wurden andere Kindheitsmuster – das arbeitende bzw. mithelfende Kind, das Straßenkind – zu illegitimen Abweichungen. Diese Generalisierung eines ehedem partikularen Kindheitsideals hängt in erster Linie mit der ökonomischen Prosperität nach dem Zweiten Weltkrieg zusammen und mit einer Urbanisierung, die eine Kultur der Vorstädte hervorgebracht hat. Dort blüht eine Kindheit, die nicht mehr durch ein lokales Milieu, durch Nachbarschaft und Bedingungen der Knappheit, sondern durch Freizeitindustrien reguliert und geformt wird, die Kindern eine frühe Selbständigkeit ermöglichen. Sie kontrollieren Kindheit durch Marktmechanismen und fördern dadurch das Ende einer pädagogisch definierten Kindheitsphase (Hengst, 1996).

Einerseits hat die Vorbereitung auf ein Leben als Erwachsener ein stetig zunehmendes Gewicht im Leben der Kinder, weil die Lebensphase der Bildung und Ausbildung sich stetig verlängert – neuerdings auch in die ehedem vorschulische Kindheit hinein – und weil das Bildungswesen eine zentrale Rolle für die späteren Lebenschancen der Kinder spielt. Andererseits wird die Bedeutung formeller Bildung relativiert durch die wachsende Bedeutung, welche die außerschulische Freizeit für den Erwerb „kulturellen Kapitals" (Bourdieu, 1983) gewinnt (Büchner & Fuhs, 1994). Ihre eigenen Interessen und Ziele rücken ins Rampenlicht; sie verfügen über eigene kinderkulturelle Traditionen; sie entwickeln einen altersspezifischen Habitus. In diesem Zusammenhang unterstützen bestimmte Fraktionen von Eltern die kulturelle Praxis ihrer Kinder, weil sie in der Entfaltung eines kulturellen Moratoriums (Zinnecker, 1995) eine Strategie zum Erwerb kulturellen Kapitals erkennen, sie also für eine Reproduktionsstrategie (Bourdieu) nutzen. In diesem Wandel von familialen Strategien kultureller Transmission hat die Kultur der Kinder ein eigenständiges Gewicht (Zinnecker, 1995: 92).

Die interaktive Ebene: Soziale Logik von Generationenbeziehungen – Das Beispiel der Ambivalenz

Kurt Lüscher hat mit seinen kultur- bzw. wissenssoziologischen Analysen zur genuinen Ambivalenz von familialen Generationenbeziehungen die Möglichkeit eröffnet, die Dynamik des Wandels von Kindheit an die soziale Logik von Generationenbeziehungen zu binden. „Ambivalenz" bezieht sich auf „Gegensätze ... , die sich in der Regel aus Vieldeutigkeiten und Polarisierungen ergeben und als letztlich nie völlig auflösbar gesehen und verstanden werden" (Lüscher, 1997: 71). Es geht um den Gegensatz zwischen Reproduktion und Innovation im Eltern-Kind-Verhältnis, um ‚gleich sein' und ‚anders, verpflichtet und getrennt sein', ‚loyal sein' und ‚eigene Interessen verfolgen', um die Bindung an die Eltern und Bindungen an andere Personen, um den Gegensatz von Unterstützung und Unabhängigkeit. Ambivalenz ist „ ... das allgemeinste Prinzip, das der Beziehungslogik zwischen den Generationen zugrunde liegt und das durch diese zu interpretieren und zu gestalten ist" (Lüscher, 1997: 70). Die Rede von der Logik meint in diesem Zusammenhang Prinzipien (Regeln), „gemäß denen in Sozietäten Sinngebungen und Bedeutungen für soziale Beziehungen konstituiert werden" (ebda). In diesem Sinne ist die soziale Logik der Generationenambivalenz als sozial-moralische und sozial-ökonomische Normierung und Strukturierung des Zusammenlebens aufzufassen.

Aus der Perspektive der Akteure stellt sich Generationenambivalenz als Erfahrung der Generationendifferenz, als Erfahrung von Verschiedenheit, von Andersheit, von Fremdheit dar. Den Kern dieser Generationendifferenz, so Luise Winterhager-Schmid (Winterhager-Schmid, 2000), bilden Lebensalter (als individuelle und gesellschaftliche Zeitlichkeit) und Leiblichkeit (als Angewiesenheit und Bezogenheit). Zugleich erinnert sie daran, dass die generationale Differenz die generative Differenz zur Voraussetzung hat. Diese macht die Unterscheidung von „Kind" und „Erwachsenem" zu einer sich wechselseitig voraussetzenden Komplementarität und bindet sie an das Geschlechterverhältnis. Beides macht die Differenzerfahrung zu einer Erfahrung von Andersheit und Ähnlichkeit, von Abhängigkeit und Fürsorglichkeit zugleich.

5. Zusammenfassung

Das Feld der sozialwissenschaftlichen *Childhood Studies* thematisiert einen sozialen Wandel, der die Einheit der modernen Kindheit auflöst und die gesellschaftliche Positionierung der Kinder problematisch werden lässt. Die Kindheitsforschung sucht das spezifisch Neue dieser Entwicklung darzustellen, indem sie Kinder *als kompetente soziale Akteure* konzeptualisiert. Diese „begriffliche Emanzipation" rückt die *agency* der Kinder in den Mittelpunkt; sie ist mithin so etwas wie das Erkennungszeichen des neuen Forschungsfeldes.

Der Beitrag schlägt vor, den Wandel der Kindheit nicht lediglich als Freisetzung kindlicher Akteure zu beschreiben, sondern als Institutionalisierungsprozess von Kindheit, in der die Subjektivität der Kinder und die Formen sozialer Kindheit neue Verbindungen eingehen. Er vertritt die These, dass erst die Unterscheidung von Kindern und Erwachsenen der Unterscheidung von Kindern und Kindheit jene Spezifität verleiht, die es erlaubt, die *agency* der Kinder zu konkretisieren. Nur dann lässt sich die Einbettung moderner Kindheit in familial und schulisch bestimmte Generationenverhältnisse von solchen Kindheitsverhältnissen unterscheiden, in denen Markt und Medien – aber auch die Verrechtlichung der Kindheit – auf die soziale Organisation der Kindheit Einfluss nehmen. *Agency* lässt sich dann bestimmen als neue „Rolle des Kindes" (Lüscher in diesem Band) in post-modernen generationalen Ordnungen.

Der Beitrag stellt eingangs die provokative Frage, warum es eine Kindheitssoziologie geben muss, warum nicht Sozialisationsforschung, Familien- und Jugendsoziologie ihre Aufgaben erfüllen können. Als Soziologie generationaler Ordnungen untersucht sie die Prozesse der Institutionalisierung von Erwachsenen-Kind-Differenzen angesichts der offenkundigen Grenzen des modernen Kindheitsprojekts. Gegenstand der Forschung sind die Praktiken der Unterscheidung: die Regulative, Strategien und Beziehungslogiken, mittels derer sich „Kindheit" und „Erwachsenheit" herstellen und Personen in die Lage versetzen, als *kompetente soziale Akteure* zu handeln.

Literatur

Alanen, L.: Rethinking Childhood. In: Acta Sociologica 31(1988)1, pp. 53-67

Alanen, L.: Rethinking Socialization, the Family and Childhood. (Vol. 3). Greenwich, London: JAI Press, 1990, pp. 13-28

Alanen, L.: Modern Childhood? Exploring the ‚Child Question' in Sociology (Vol. 50). Jyväskylä, 1992

Alanen, L.: The Family Phenomenon. Considerations from a Children's Standpoint. Paper presented at the XXXIth ISA/CFR Seminar: Children and Families: Research and Policy, 28-30th April 1994, London, 1994a

Alanen, L.: Gender and Generation. Feminism and the ‚Child Question'. In: Qvortrup, J. et al. (Eds.): Childhood Matters. Social Theory, Practice and Politics. Aldershot a.o.: Avebury, 1994b, pp. 27-42

Alanen, L.: Soziologie der Kindheit als Projekt: Perspektiven für die Forschung. In: Zeitschrift für Sozialisationsforschung und Erziehungssoziologie 17(1997a)2, S. 162-177

Alanen, L.: Über: Mayall, B. (ed.): Children's Childhoods, London 1994 und Honig, M.-S. u.a. (Hrsg.): Kinder und Kindheit. Weinheim und München 1996. In: Childhood, 4(1997b)2, pp. 251-256

Alanen, L.: Children and the Family Order: Constraints and Competencies. In: Hutchby, I./Moran-Ellis, J. (Eds.): Children and Social Competence. Arenas of Action. London/Bristol: Falmer Press, 1998, pp. 29-45

Alanen, L.: Childhood as a Generational Condition. Towards a Relational Theory of Childhood. Ms., University of Jyväskylä, 1999

Alanen, L.: Explorations in Generational Analysis. In: Alanen, L./Mayall, B. (Eds.): Conceptualizing Child-Adult Relations. London and New York: Routledge/Falmer, 2001, pp. 11-22

Alanen, L./Mayall, B. (Eds.): Conceptualizing Child-Adult Relations. London and New York: Routledge/Falmer, 2001

Ambert, A.-M.: Sociology of Sociology: The Place of Children in North American Sociology. In: Adler, P.A./Adler, P. (Eds.): Sociological Studies of Child Development, Vol. 1. Greenwich, Conn./London: JAI Press, 1986, pp. 11-31

Bourdieu, P.: Ökonomisches Kapital, kulturelles Kapital, soziales Kapital. In: Soziale Welt, Sonderband 2, 1983, S. 183-198

Brannen, J./O'Brien, M.: Introduction. In: Brannen, J./O'Brien, M. (Eds.): Children in Families. Research and Policy. London, Washington, D.C.: Falmer Press, 1996, pp. 1-12

Breidenstein, G./Kelle, H.: Geschlechteralltag in der Schulklasse. Ethnographische Studien zur Gleichaltrigenkultur. Weinheim und München: Juventa, 1998

Büchner, P.: Das Kind als Schülerin oder Schüler. Über die gesellschaftliche Wahrnehmung der Kindheit als Schulkindheit und damit verbundene Forschungsprobleme. In: Zeiher, H./Büchner, P./Zinnecker, J. (Hrsg.): Kinder als Außenseiter?

Umbrüche in der gesellschaftlichen Wahrnehmung von Kindern und Kindheit. Weinheim und München: Juventa, 1996

Büchner, P./Fuhs, B.: Kinderkulturelle Praxis: Kindliche Handlungskontexte und Aktivitätsprofile im außerschulischen Lebensalltag. In: DuBois-Reymond, M. et al. (Hrsg.): Kinderleben. Modernisierung von Kindheit im interkulturellen Vergleich. Opladen: Leske + Budrich, 1994

Bühler-Niederberger, D./Hungerland, B./Bader, A.: Minorität und moralische Instanz – der öffentliche Entwurf von Kindern. In: Zeitschrift für Soziologie der Erziehung und Sozialisation 19(1999)2, S. 128-150

Corsaro, W.A.: The Sociology of Childhood. Thousand Oaks, Cal. a.o.: Pine Forge Press, 1997

Ecarius, J. (Hrsg.): Was will die jüngere mit der älteren Generation? Generationenbeziehungen in der Erziehungswissenschaft. Opladen: Leske+Budrich, 1998

Feil, C.: Kinder und Geld: Eine unbekannte Beziehung. Ms., Deutsches Jugendinstitut e.V., München, 2000

Fend, H.: Sozialgeschichte des Aufwachsens. Bedingungen des Aufwachsens und Jugendgestalten im zwanzigsten Jahrhundert. Frankfurt am Main: Suhrkamp, 1988

Flitner, A.: Kindheit. In: Eyferth, H./Otto, H.-U./Thiersch, H. (Hrsg.): Handbuch zur Sozialarbeit/Sozialpädagogik. Eine systematische Darstellung für Wissenschaft, Studium und Praxis. Neuwied und Darmstadt: Luchterhand, 1987, S. 624-635

Geulen, D.: Die historische Entwicklung sozialisationstheoretischer Ansätze. In: Hurrelmann, K./Ulich, K. (Hrsg.): Neues Handbuch der Sozialisationsforschung. Weinheim: Beltz, 1991, S. 21-54

Hengst, H.: Tendenzen der Liquidierung von Kindheit. In: Hengst, H. et al. (Hrsg.): Kindheit als Fiktion. Frankfurt am Main: Suhrkamp, 1981, S. 11-72

Hengst, H.: Kinder an die Macht! Der Rückzug des Marktes aus dem Kindheitsprojekt der Moderne. In: Zeiher, H./Büchner, P./Zinnecker, J. (Hrsg.): Kinder als Außenseiter? Umbrüche in der gesellschaftlichen Wahrnehmung von Kindern und Kindheit. Weinheim und München: Juventa, 1996, S. 117-134

Honig, M.-S.: Entwurf einer Theorie der Kindheit. Frankfurt am Main: Suhrkamp, 1999a

Honig, M.-S.: Forschung „vom Kinde aus"? Perspektivität in der Kindheitsforschung. In: Honig, M.-S./Lange, A./Leu, H.R. (Hrsg.): Aus der Perspektive von Kindern? Zur Methodologie der Kindheitsforschung. Weinheim und München: Juventa, 1999b, S. 33-50

Honig, M.-S.: Müssen Kinder vor Arbeit geschützt werden? In: PÄDForum 28/13(2000)6, S. 455-460

Honig, M.-S.: Soziale Frage, Frauenfrage – Kinderfrage? In: Sozialwissenschaftliche Literatur Rundschau 24(2001)42, S. 59-83

Honig, M.-S./Leu, H. R./Nissen, U. (Hrsg.): Kinder und Kindheit. Soziokulturelle Muster – sozialisationstheoretische Perspektiven. Weinheim und München: Juventa, 1996

Honig, M.-S./Ostner, I.: Das Ende der fordistischen Kindheit. In: Klocke, A./ Hurrelmann, K. (Hrsg.): Kinder und Jugendliche in Armut. Umfang, Auswirkungen und Konsequenzen. 2., vollst. überarb. Aufl. Opladen: Westdeutscher Verlag, S. 293-310

Hood-Williams, J./Fitz, J.: Minderjährig in Großbritannien. In: Hengst, H. (Hrsg.): Kindheit in Europa. Zwischen Spielplatz und Computer. Frankfurt am Main: Suhrkamp, 1985, S. 89-137

Hutchby, I./Moran-Ellis, J. (Eds.): Children and Social Competence. Arenas of Action. London/Washington, D.C.: Falmer Press, 1998

James, A./Jenks, C./Prout, A.: Theorizing Childhood. Cambridge: Polity Press, 1998

Jenks, C. (Ed.): The Sociology of Childhood. Essential Readings. Aldershot: Gregg Revivals, 1992, zuerst 1982

Jenks, C.: Decoding Childhood. In: Atkinson, P./Davies, B./Delamont, S. (Hrsg.): Discourse and Reproduction: Essays in Honor of Basil Bernstein. Cresskill: Hampton Press, 1995, pp. 173-190

Joos, M.: Die soziale Lage der Kinder. Sozialberichterstattung über die Lebensverhältnisse von Kindern in Deutschland. Weinheim und München: Juventa, 2001

Kaltenborn, K.-F.: „Ich versuchte, so ungezogen wie möglich zu sein." Fallgeschichten mit autobiographischen Niederschriften: die Beziehung zum umgangsberechtigten Elternteil während der Kindheit in der Rückerinnerung von jungen Erwachsenen. MS (unveröff.), Marburg, 2000

Kohli, M./Szydlik, M. (Hrsg.): Generationen in Familie und Gesellschaft. Opladen: Leske+Budrich, 2000

Krappmann, L.: Soziologische Dimensionen der Identität. Stuttgart: Klett, 1969

Krappmann, L.: Kinderkultur als institutionalisierte Entwicklungsaufgabe. In: Markefka, M./Nauck, B. (Hrsg.): Handbuch der Kindheitsforschung. Neuwied u.a.: Luchterhand, 1993, S. 365-376

Krappmann, L./Oswald, H.: Alltag der Schulkinder. Beobachtungen und Analysen von Interaktionen und Sozialbeziehungen. Weinheim und München: Juventa, 1995

Lange, A.: Kinderalltag in einer modernisierten Landgemeinde. Befunde und weiterführende Überlegungen zur Untersuchung der Lebensführung von Kindern. In: Honig, M.-S./Leu, H.R./Nissen, U. (Hrsg.): Kinder und Kindheit. Soziokulturelle Muster – sozialisationstheoretische Perspektiven. Weinheim und München: Juventa, 1996, S. 77-97

Lange, A.: Aufwachsen in Zeiten der Unsicherheit. Kultur und Alltag im postmodernen Kinderleben. In: Lange, A./Lauterbach, W. (Hrsg.): Kinder in Familie und Gesellschaft zu Beginn des 21sten Jahrhunderts. Stuttgart: Lucius und Lucius, 2000, S. 209-240

Lenzen, D.: Mythologie der Kindheit. Die Verewigung des Kindlichen in der Erwachsenenkultur. Versteckte Bilder und vergessene Geschichten. Reinbek: Rowohlt, 1985

Leonard, D.: Entwicklungstendenzen der Soziologie der Kindheit in Großbritannien. In: Büchner, P./Krüger, H.-H./Chisholm, L. (Hrsg.): Kindheit und Jugend im interkulturellen Vergleich. Opladen: Leske + Budrich, 1990, S. 37-52

Liebau, E./Wulf, C. (Hrsg.): Generation. Versuche über eine pädagogisch-anthropologische Grundbedingung. Weinheim: Deutscher Studien Verlag, 1996

Lüscher, K.: Solidarische Beziehungen: das „neue" Problem der Generationen. In: Gabriel, K./Herlth, A./Strohmeier, K.P. (Hrsg.): Modernität und Solidarität: Konsequenzen gesellschaftlicher Modernisierung. Freiburg: Herder, 1997, S. 59-77

Lüscher, K./Schultheis, F. (Hrsg.): Generationenbeziehungen in „postmodernen" Gesellschaften. Konstanz: Universitätsverlag, 1993

Mansel, J./Rosenthal, G./Tölke, A. (Hrsg.): Generationen-Beziehungen, Austausch und Tradierung. Opladen: Westdeutscher Verlag, 1997

Markefka, M./Nauck, B.: Vorwort. In: Markefka, M./Nauck, B. (Hrsg.): Handbuch der Kindheitsforschung. Neuwied u.a.: Luchterhand, 1993, S. IX-XIII

Mayall, B.: (Hrsg.): Children's Childhoods. Observed and Experienced. London/Washington, D.C.: Falmer Press, 1994

Mead, M.: Der Konflikt der Generationen. Jugend ohne Vorbild. Stuttgart: Klotz, 2000, orig. 1977

Näsman, E.: Individualization and Institutionalization of Childhood in Today's Europe. In: Qvortrup, J. et al. (Eds.): Childhood Matters. Social Theory, Practice and Politics. Aldershot a.o.: Avebury, 1994, pp. 165-187

Nauck, B.: Kinder als Gegenstand der Sozialberichterstattung – Konzepte, Methoden und Befunde im Überblick. In: Bertram, H./Nauck, B. (Hrsg.): Kinder in Deutschland. Lebensverhältnisse von Kindern im Regionalvergleich. DJI Familiensurvey 5. Opladen: Leske + Budrich, 1995, S. 11-87

Nemitz, R.: Kinder und Erwachsene. Zur Kritik der pädagogischen Differenz. Berlin, Hamburg: Argument-Verlag, 1996

Nemitz, R.: Frauen/Männer, Kinder/Erwachsene. In: Lutz, H./Wenning, N. (Hrsg.): Unterschiedlich verschieden. Differenz in der Erziehungswissenschaft. Opladen: Leske + Budrich, 2001, S. 179-196

Oakley, A.: Women and Children First and Last: Parallels and Differences Between Children's and Women's Studies. In: Qvortrup, J. (Ed.): Childhood as a social phenomenon: Lessons from an international project. Wien: European Centre, 1993, pp. 51-69

Olk, T./Mierendorff, J.: Existenzsicherung für Kinder – Zur sozialpolitischen Regulierung von Kindheit im bundesdeutschen Sozialstaat. In: Zeitschrift für Soziologie der Erziehung und Sozialisation 18(1998)1, S. 38-52

Oswald, H.: Geleitwort. In: Heinzel, F. (Hrsg.): Methoden der Kindheitsforschung. Weinheim und München: Juventa, 2000, S. 9-15

Preuss-Lausitz, U. et al.: Kriegskinder, Konsumkinder, Krisenkinder. Zur Sozialisationsgeschichte seit dem Zweiten Weltkrieg. Weinheim und Basel: Beltz, 1983

Preuss-Lausitz, U./Rülcker, T./Zeiher, H. (Hrsg.): Selbständigkeit für Kinder – die Große Freiheit? Weinheim: Beltz, 1990

Prout, A./James, A.: A New Paradigm for the Sociology of Childhood? Provenance, Promise and Problems. In: James, A./Prout, A. (Eds.): Constructing and Reconstructing Childhood. London/New York/Philadelphia: Falmer Press, 1990, pp. 7-34

Qvortrup, J.: Placing Children in the Division of Labour. In: Close, P./Collins, R. (Eds.): Family and Economy in Modern Society. London: Houndmills, 1985, pp. 129-145

Qvortrup, J.: Introduction. In: International Journal of Sociology, 17(1987)(3, The Sociology of Childhood), pp. 3-37

Qvortrup, J.: Childhood as a social phenomenon – An introduction to a series of national reports. Wien: European Centre, 1991

Qvortrup, J.: A new solidarity contract? The significance of a demographic balance for the welfare of both children and the elderly. In: Qvortrup, J. et al. (Eds.): Childhood matters. Social theory, practice and politics. Aldershot a.o.: Avebury, 1994, pp. 319-334

Qvortrup, J.: From useful to useful: The historical continuity of children's constructive participation. In: Mandell, N. (Ed.): Sociological Studies of Children. Vol. 7. Greenwich/London: JAI Press, 1995, pp. 29-76

Qvortrup, J. et al.: Preface. In: dies. (Eds.): Childhood Matters. Social Theory, Practice and Politics. Aldershot a.o.: Avebury, 1994, pp. IX-XIV

Skolnick, A. (Ed.): Rethinking Childhood. Perspectives on Development and Society. Boston/Toronto: Little, Brown and Company, 1976

Solberg, A.: Negotiating Childhood. Empirical Investigations and Textual Representations of Children's Work and Everyday Life. Stockholm: Nordic Institute for Studies in Urban and Regional Planning, 1994

Speier, M.: The adult ideological viewpoint in studies of childhood. In: Skolnick, A. (Ed.): Rethinking Childhood. Perspectives on Development and Society. Boston/Toronto: Little, Brown and Co, 1976, pp. 168-186

Sünker, H.: Kindheit zwischen Individualisierung und Institutionalisierung. In: Zentrum für Kinder- und Jugendforschung (Hrsg.): Wandlungen der Kindheit. Opladen: Leske+Budrich, 1993, S. 15-31

Therborn, G.: The Politics of Childhood: The Rights of Children in Modern Times. A Comparative Study of Western Nations. In: Castles, F.G. (Ed.): Families of Nations. Patterns of Public Policy in Western Democracies. Dartmouth: Aldershot, 1993, pp. 241-291

Thorne, B.: Re-Visioning Women and Social Change: Where are the Children? In: Gender and Society 1(1987)1, pp. 85-109

Thorne, B./Yalom, M. (Eds.): Rethinking the Family. Some Feminist Questions. New York/London: Longman, 1982

Waksler, F.C.: (Ed.): Studying the Social Worlds of Children. Sociological Readings. London, New York, Philadelphia: The Falmer Press, 1991

Walter, W.: Die drei Ordnungen der Familie. Zur Institutionalisierung von Lebensformen. Ms., Universität Konstanz, 1999

Winterhager-Schmid, L.: „Groß" und „Klein" – Zur Bedeutung der Erfahrung mit Generationendifferenz im Prozeß des Heranwachsens. In: Winterhager-Schmid, L. (Hrsg.): Erfahrung mit Generationendifferenz. Weinheim: Deutscher Studien Verlag, 2000

Wünsche, K.: Die Endlichkeit der pädagogischen Bewegung. In: Neue Sammlung 25(1985), S. 433-449

Zeiher, H.: Kinder in der Gesellschaft und Kindheit in der Soziologie. In: Zeitschrift für Sozialisationsforschung und Erziehungssoziologie 16(1996)1, S. 26-46

Zeiher, H./Zeiher, H.: Orte und Zeiten der Kinder. Soziales Leben im Alltag von Großstadtkindern. Weinheim und München: Beltz, 1994

Zinnecker, J.: Kindheit, Jugend und soziokultureller Wandel in der Bundesrepublik Deutschland – Forschungsstand und begründete Annahmen über die Zukunft von Kindheit und Jugend. In: Büchner, P./Krüger, H.-H./Chisholm, L. (Hrsg.): Kindheit und Jugend im interkulturellen Vergleich. Opladen: Leske+Budrich, 1990, S. 17-36

Zinnecker, J.: The Cultural Modernization of Childhood. In: Chisholm, L./Büchner, P./Krüger, H.-H./DuBois-Reymond, M. (Eds.): Growing Up in Europe. Contemporary Horizons in Childhood and Youth Studies. Berlin a.o.: DeGruyter, 1995

Zinnecker, J.: Kinder im Übergang. Ein wissenschaftlicher Essay. In: Aus Politik und Zeitgeschichte B 11(1996), S. 3-10

Zinnecker, J.: Children as Agents. The Changing Process of (Re)producing Culture and Society Between Generations. Paper presented at the Conference on Childhood and Children's Culture. Esbjerg, Denmark, May 31, 1997

Sozialisation und die Genese von Handlungsbefähigung

Matthias Grundmann

Dass die Wirkungen von Handlungen weitgehend davon abhängen, wie die Handlungen von anderen verstanden und bewertet werden, ist seit Georg Herbert Meads Studien zur Identitätsentwicklung zentrale Ausgangsthese sozialkonstruktivistischer Forschungsansätze, in denen das Wechselspiel zwischen Individualentwicklung und sozialer Integration im Sozialisationsgeschehen untersucht wird. In vielen Studien über Eltern-Kind-Beziehungen und Interaktionen zwischen Gleichaltrigen konnte detailliert beschrieben werden, wie sich durch die Artikulation von Interessen und Bedürfnissen und die ko-konstruktive Gestaltung sozialer Beziehungen und gemeinsamer Handlungsfelder soziale und individuelle Handlungsperspektiven und Fähigkeiten der Handlungskoordination herausbilden (Schneewind, 1989; Maccoby, 1992; Krappmann & Oswald, 1990; 1995; Keller, 1996). Die sozialen Differenzierungen von Handlungsperspektiven, das reziproke Aufeinander-Bezogensein in Interaktionen und die Koordination unterschiedlicher Handlungsinteressen, wie sie in Generationen- und Gleichaltrigenbeziehungen vermittelt und eingeübt werden, eröffnet Heranwachsenden Einsichten in das soziale Beziehungsgefüge mit seinen spezifischen Regeln und Gestaltungsmöglichkeiten. Gleichzeitig bildet sich aber auch ein Verstehen der persönlichen Handlungsdispositionen (Identität) aus, das maßgeblich durch das Aushandeln von Handlungsperspektiven und Interessen, aber auch durch die Wirksamkeit des eigenen Handelns in Beziehungen beeinflusst wird. Die Frage, wer ich bin, was ich will und wie ich meine Handlungsinteressen umsetzen kann, setzt eben auch die Einschätzung voraus, wie ich auf andere wirke und wie ich sie von meiner Sicht der Dinge überzeugen kann. Erst das Zusammenwirken von Selbsteinschätzung und Deutung der Fremdwahrnehmung bestimmt demnach die Befähigung, das Handeln an den Perspektiven auszurichten, die mir von den Bezugspersonen vermittelt werden.

In meinem Beitrag möchte ich die Genese solcher Wirksamkeitserfahrungen beschreiben und verdeutlichen, wie sich die Befähigung Heranwachsender ausbildet, die eigene Handlungswirksamkeit im Rahmen vorgegebener sozialer Bedingungen des Aufwachsens einzuschätzen. Dazu liegen mittlerweile eine Reihe theoretischer, konzeptioneller und empirischer Arbeiten zur Bestimmung von Handlungsbefähigung vor (zur Übersicht siehe Flammer, 1990; Perrig &

Grob, 2000). Trotz disziplinspezifischer (psychologischer, soziologischer und erziehungswissenschaftlicher) Gewichtungen der in den Studien angesprochenen Aspekte sozialen Handelns gibt es einen gemeinsamen definitorischen Kern. In allen Arbeiten wird Handlungsbefähigung als situations- bzw. kontextspezifische Einschätzung der Handlungsoptionen und deren Realisierungsmöglichkeiten definiert. Strittig ist lediglich, wie die Situations- bzw. Kontextvariabilität, wie die lebensweltlich-sozialstrukturellen Bedingungen des Handelns mit der Wahrnehmung der eigenen Handlungsfähigkeit verbunden sind. Damit steht ein zentrales sozialisationstheoretisches Problem im Zentrum der Bestimmung von Handlungsbefähigung, nämlich die Frage, wie Heranwachsende zum selbstständigen und verantwortungsbewussten Handeln, d.h. zur Gestaltung ihrer konkreten Lebensverhältnisse befähigt werden (Grundmann, 1999a).

In den folgenden Ausführungen werde ich den sozialisationstheoretischen Gehalt einer solchen generalisierten Handlungsbefähigung herausarbeiten, die sich aus konkretem lebensbereichs- und kontextspezifischen Erfahrungswissen (z.B. über kognitive und sozialkognitive Kompetenzen und über Erfahrungen der Handlungswirksamkeit) herleiten lässt. Anhand vorliegender Forschungsbefunde über die Reziprozität von Eltern-Kind-Beziehungen und über Aushandlungsprozesse bei Gleichaltrigen werde ich begründen, wie sich die Erfahrung von Handlungswirksamkeit konstituiert und sich so eine lebensweltlich gebundene, d.h. pragmatische Handlungsbefähigung herausbildet. Dabei beziehe ich mich auf Überlegungen über die Erfahrungen der Gleichheit und der Differenz in den Interaktionen mit Eltern und Gleichaltrigen, die begründen, wie sich lebensbereichsspezifische Handlungsstrategien ausbilden, die sich erst im Laufe der Sozialisation zu einer generalisierten Einschätzung der Handlungsbefähigung der Person verdichten.[1] Am Beispiel der Leistungszuschreibung und -bewertung im Bildungssystem wird darüber hinaus diskutiert, wie die in der Familie und Gleichaltrigengruppe erworbenen Handlungsbefähigungen durch kulturspezifische Bewertungsmaßstäbe sozialstrukturell gebrochen werden. Schließlich weise ich auf die sozialisationstheoretischen Implikationen des Konzepts der Handlungsbefähigung hin, die sich aus der Einsicht herleiten, dass Sozialisation auf die Ausbildung eines pragmatisch orientierten Handlungspotentials – mithin die Genese von Handlungsbefähigung – abzielt.

Was ist Handlungsbefähigung?

Auf der Basis vorliegender Forschungsbefunde erscheint das gegenwärtig viel diskutierte Konzept der Handlungsbefähigung als zentrales sozialwissenschaftliches Handlungsmodell, das sich sowohl in psychologischen als auch soziologischen Handlungstheorien findet (Bandura, 1995; Emirbayer & Mische, 1998).

---

[1] Hier schließen meine Überlegungen an identitätstheoretische Überlegungen an, wie sie Lothar Krappmann herausgearbeitet hat.

Aus psychologischer Perspektive wird Handlungsbefähigung als generalisiertes Handlungsmodell der Person definiert, in das kognitive und sozialkognitive Kompetenzen sowie motivationale und affektive Handlungsdispositionen der Person eingehen (Flammer, 1990). Aus soziologischer Sicht begründet sich Handlungsbefähigung aus sozialen Handlungsmöglichkeiten, die für die Realisierung individueller Handlungsziele zur Verfügung stehen (Elder, 1995). Fasst man beide Theoriestränge zusammen, dann ergibt sich ein überraschend gemeinsames Verständnis von Handlungsbefähigung als ein Prozess, in dem Handlungsroutinen, -absichten und -begründungen gleichermaßen die *pragmatische* Deutung von Handlungssituation bzw. -kontext bestimmen (Emirbayer & Mische 1998). Handlungsfähigkeit impliziert demnach eine Balancierung von Handlungserfahrungen (Handlungsroutinen), der Bedeutungszuschreibung dieser Erfahrungen für zukünftiges Handeln und den tatsächlichen Handlungsweisen (Begründungen) sowie sozialstrukturell vorgegebenen Handlungsmöglichkeiten der Person. Damit wird zugleich eine primär subjektive Erfahrung der Handlungswirksamkeit *und* eine lebensweltliche, sozialstrukturell differenzierte Prägung von Handlungsbefähigung unterstellt. Demnach setzt Handlungsbefähigung ein soziales Handlungswissen voraus, welches sich im Laufe der Individualentwicklung erst ausbildet und jeweils spezifische Einsichten in verfügbare Handlungsressourcen und -optionen ermöglicht.

Die anfänglich noch stark an lerntheoretische und strukturfunktionale Annahmen der Handlungsregulation gebundenen Vorstellungen von Handlungsbefähigung wurden nach und nach inhaltlich konkretisiert und durch sozialkonstruktivistische Einsichten in die Ontogenese ergänzt. Die Befähigung Heranwachsender, aus biographisch bedingten und entwicklungsabhängigen Beziehungs- und Wirksamkeitserfahrungen Strategien für zukünftiges Handeln abzuleiten, setzt u.a. das Verstehen von Handlungszusammenhängen (die Genese kognitiver Kompetenzen), von sozialen Beziehungen (die Genese sozialkognitiver Kompetenzen und der Beziehungsfähigkeit) voraus. Zu den lerntheoretischen und strukturfunktionalen Begründungen der Handlungsbefähigung gesellten sich also strukturelle Theorien der Handlungsgenese. Das sich daraus ableitende breite Verständnis von Entwicklungs- und Sozialisationsprozessen als „gelingende" Lebensbewältigung wurde in unterschiedlichen Längsschnittstudien empirisch beschrieben (Fend & Berger, 2001) und fand seine idealtypische empirische Bestätigung z.B. in der Erhebung generalisierter Handlungserwartungen (Rotter, 1982) und Selbstwirksamkeitsüberzeugungen (Bandura, 1997). Das damit korrespondierende generalisierte Handlungsmodell erwies sich als kompatibel zu einer Vielzahl von Einzelbefunden über Identitätsformationen, Beziehungskompetenzen, Bindungs- und Leistungsverhalten und deren entwicklungsförderlichen bzw. -hemmenden Einflussfaktoren (Bandura, 2000).

Mit Handlungsbefähigung werden demnach generalisierbare Fähigkeiten der Person definiert, die weder lerntheoretisch noch individualgenetisch angemessen beschrieben werden können. Handlungsbefähigung basiert nämlich auf Erfahrungen einer ko-konstruktiven Beziehungsgestaltung in Eltern-Kind- und

Gleichaltrigenbeziehungen sowie auf kommunikativ vermittelten Einsichten in verfügbare Handlungsressourcen und -optionen. Erst diese bestimmen gemeinsam die Perspektivendifferenzierung und -koordination, die Handlungsorientierung (z.b. Rollenübernahme, personen- oder statusorientierte Werthaltungen) und die Einschätzungen von Handlungsmöglichkeiten (z.B. Legitimität und Erreichbarkeit gesetzter Ziele). Kurzum: Die Einschätzung und Bewertung von Handlungsbefähigungen ergibt sich erst aus den lebensweltlich-vorgegebenen Handlungsbezügen, mithin aus der Sozialökologie des Aufwachsens (Grundmann et al., 2000). Sozialisationstheoretisch ist für die Genese der Handlungsbefähigung vor allem die Erfahrung der Handlungswirksamkeit bedeutsam, da sich durch diese Erfahrungen ein konkretes Handlungswissen verfestigt, das über die Qualität der Sozialbeziehungen, über Formen der Kommunikation und das Maß des Aufeinander-Bezogenseins sozial vermittelt ist. Zugleich ist die Erfahrung der Handlungswirksamkeit eine zutiefst individuelle Erfahrung der Bedürfnisbefriedigung, der Einflussnahme auf Sozialbeziehungen und der erfolgreichen Realisierung von Interessen. Schließlich sind Wirksamkeitserfahrungen funktional an konkrete Lebensverhältnisse gebunden, die es den Handelnden auf unterschiedliche Art und Weise ermöglichen, eigene Interessen und Bedürfnisse zu artikulieren und durchzusetzen.

Im Konzept der Handlungsbefähigung verbinden sich demnach psychologische Erkenntnisse über die Genese von Wissens- und Handlungsstrukturen (Bandura, 2000) mit soziologischen Erkenntnissen über die sozialhistorische Entstehung spezifischer Wissens- und Handlungsstrukturen (z.B. Berger & Luckmann, 1969; Habermas, 1976) und über Prozesse der sozialen Differenzierung von Handlungsressourcen und Opportunitätsstrukturen (Coleman, 1990). Für meine Ausführungen ergibt sich aus diesen Überlegungen, dass sich die Genese von Handlungsbefähigung vor allem auf der Folie vorgelebter Erfahrungen in Generationenbeziehungen, anhand konkreter Aushandlungsprozesse zwischen Gleichaltrigen und differentieller Handlungsmöglichkeiten in leistungs- und statusbezogenen Lebensbereichen (z.B. Schule) beschreiben lässt. Im Kontext der Familie ist die Erfahrung von Handlungswirksamkeit an das Maß der Reziprozität in der Eltern-Kind-Beziehung gebunden (wer wirkt wie auf wen?), in der Gleichaltrigenbeziehung an die Möglichkeiten der ko-konstruktiven Gestaltung einer Beziehung unter Gleichen (wer trägt was zum Gelingen der gemeinsamen Interaktion bei?) und im Leistungskontext der Schule an die Fähigkeit, den Leistungserwartungen zu entsprechen (was wird von mir als Person verlangt?). An diesen Sozialisationsagenten kann demnach illustriert werden, wie sich aus der spezifischen Bewertung des Handelns Einschätzungen der persönlichen Handlungswirksamkeit und der sie rahmenden Umweltbedingungen durch signifikante Bezugspersonen konstituieren.

Die Genese von Handlungsbefähigung in der Herkunftsfamilie

Die Genese von Handlungsbefähigung konstituiert sich wie bereits erwähnt durch die Erfahrung der Handlungswirksamkeit in lebensweltlichen Kontexten (vgl. Flammer, 1990; Perrig & Grob, 2000). Handlungswirksamkeit wird durch das Aufeinander-Bezogensein in sozialen Interaktionen bzw. sozialen Beziehungen erfahrbar (Schneewind et al., 1999). Geht man von der generativen Ordnung in der Eltern-Kind-Beziehung aus, dann resultieren die basalen Reziprozitätserfahrungen in der Eltern-Kind-Beziehung primär aus dem wohlwollenden Bestreben der Eltern, Kontakt mit dem Neugeborenen aufzunehmen und eine kontinuierliche Bindung aufzubauen. So verdichten sich Befunde, die zeigen, dass die Eltern-Kind-Bindung nicht nur für das Neugeborene, sondern auch für die Eltern selbst wichtig ist, denn es gilt ein Muster von Signalen, von kommunikativen Mitteln zu etablieren, die es Eltern erlaubt zu deuten, wessen das Kind bedarf. Zugleich ermöglichen diese Muster dem Kind, die überkomplexe Umwelt nach und nach zu strukturieren (vgl. dazu Nicolaisen, 1999) und die Wirksamkeit seines Handelns an den Reaktionen der Bezugspersonen zu erschließen. Die Bedeutung der sich wiederholenden spiralförmigen Wechselwirkungen zwischen Familienmitgliedern (Reziprozität) für den Aufbau von Wirksamkeitserfahrungen Heranwachsender ergibt sich aus der gemeinsamen Teilhabe an Interaktionen und den sie begleitenden Kommunikationen zwischen Eltern und Kind (Belsky, 1984; Nicolaisen, 1999). Diese wird durch das sozialökologische Umfeld bestimmt, in das die Beziehung eingebunden ist.

Die frühe „Als-Ob-Reziprozität" in der Beziehung zwischen Eltern und Kind ermöglicht Heranwachsenden demnach erst das Verstehen einer gemeinten Bedeutung von Signalen, die Entwicklung eines gehaltvollen Beziehungsverständnisses, ein Nachzeichnen der Wertigkeiten und Handlungsstrategien, die in der konkreten Lebenswelt vorherrschen. Voraussetzung für diese Entwicklung ist die wechselseitige Anerkennung der Interaktionspartner, ist das Aufeinander-Eingehen und das Aufrechterhalten von Interaktionen. Dazu bedarf es einer Koordination der eigenen und fremden Handlungsperspektiven, die nachweislich auf dem Abwiegen von eigenen Werten und Interessen, also auf Strategien beruht, die darauf abzielen, dem anderen eigene Interessen und Bedürfnisse verständlich zu machen und ihn zu bewegen, diese in das eigene Handeln einfließen zu lassen (Keller, 1996). Zugleich ermöglicht die reziproke Handlungskoordination eine Regulation der unterschiedlichen Handlungsinteressen und damit Verbundenheitserfahrungen.[2] Erst durch die grundsätzliche Bereitschaft zur Kommunikation kann sich ein wechselseitiges Aufeinander-Bezogensein etablieren. Dafür finden sich in der familialen Sozialisationsforschung deutliche Belege:

---

[2] Diese Fähigkeit zur Handlungskoordination ist auch für Austauschbeziehungen konstitutiv (Coleman, 1990), die ebenso wie Aushandlungsprozesse auf gegenseitigem Verstehen basieren, welches sich erst nach und nach entwickelt.

Weigern sich Eltern z.B. dem Kind zuzuhören, kann das Kind keine Wirksamkeitserfahrung aufbauen oder nur eine, die mit einem hohen Maß an Anpassung und Restriktionen verbunden ist (Schneewind et al., 1999). Gleiches gilt für Eltern-Kind-Konflikte in der Adoleszenz, wenn sich Heranwachsende einer Auseinandersetzung mit den Eltern verweigern oder gegen diese opponieren, um ihre Handlungsautonomie gegenüber den Eltern zu begründen (Kreppner, 1999). Schließlich können aber auch Schwierigkeiten im Umgang mit schüchternen, introvertierten Kindern auf eingeschränkte Reziprozität zurückgeführt werden, die sich im Lebensverlauf zu sozialer Isolation auswachsen kann (Caspi et al., 1988).

Erfahrungen des Aufeinander-Bezogenseins verfestigen sich im Laufe der Sozialisation demnach zu allgemeinen Einschätzungen einseitiger oder wechselseitiger Gestaltbarkeit von Sozialbeziehungen. Dafür finden sich deutliche empirische Belege. Mies (1997) konnte nachweisen, dass die bereichsspezifische Entwicklung von Kontrollüberzeugungen in der Eltern-Kind-Beziehung kontinuierlich von einer fremdbestimmten externalen hin zu einer selbstbezogenen internalen Kontrollerfahrung verläuft. Man kann nun annehmen, dass die kindlichen Handlungsstrategien und die Einschätzung ihres Erfolgs davon abhängen, ob sich Heranwachsende als Mitgestalter von oder als bloße Teilhaber an Interaktion wahrnehmen und ob sie von den Bezugspersonen als handlungsmächtig eingeschätzt werden. Die Einschätzung, ob es sich lohnt, sich für eigene Interessen einzusetzen, impliziert die Bewertung der Erfolgsaussichten, d.h. vor allem die Einschätzung, ob die anderen grundsätzlich bereit sind, das Handeln zu unterstützen. In der Eltern-Kind-Interaktion tragen daher vor allem Zu- oder Abwendung, Anerkennung oder Ablehnung, Bestärkung oder Negation sowie Kontrollmechanismen zur Erfahrung von Handlungswirksamkeit bei (Schneewind, 1989). Dieser Zusammenhang konnte auch in vielfältigen Studien über Erziehungspraktiken nachgewiesen werden, nach denen vor allem unterstützende, auf wechselseitiger Anerkennung basierende Erziehungsstile zu einer erhöhten Wahrnehmung positiver Handlungskontrolle, von Handlungsmächtigkeit, sozialer Anerkennung sowie zur Ausbildung protektiver Faktoren zur Abwehr „abweichenden" Verhaltens beitragen (Maccoby, 1992). Schließlich beeinflussen aber auch die Kindheits-, Persönlichkeits- und Erziehungsvorstellungen der Eltern das Wirksamkeitserleben Heranwachsender (Schneewind et al., 1999). Erfahrungen der Handlungswirksamkeit bei Kindern hängen u.a. davon ab, ob Eltern sich eher ein gehorsames oder selbstständiges Kind wünschen, ob sie autoritär-restriktiven oder unterstützenden Erziehungsvorstellungen folgen und ob sie dem Kind eine status- oder personorientierte Stellung in der Familie einräumen. Von diesen Vorstellungen hängt sowohl das Selbstverständnis des Kindes als auch die kindliche Strategie ab, welche Erlebnisse es den Eltern mitteilen kann, wann und auf welche Art es sich um Anerkennung bemühen, wann es nachgeben oder fordern muss. Diese Strategien repräsentieren quasi die kindlichen Beziehungserfahrungen und verweisen auf die kindliche Einschätzung ihrer

Handlungspragmatik: Was ist ihnen möglich und erstrebenswert und was lässt sich davon im Rahmen vorgegebener Handlungsspielräume realisieren?

So gesehen wird die Grundlage einer pragmatisch orientierten Handlungsbefähigung bereits in der familialen Sozialisation gelegt. Entgegen gängigen Sozialisationstheorien ist dabei jedoch nicht entscheidend, ob und inwieweit Heranwachsende die ihnen zugeschriebene Rolle oder die Erwartungshaltungen der Erwachsenen übernehmen. Vielmehr spielen Erfahrungen der Handlungsexploration, individuelle Gestaltungsmöglichkeiten, mithin die Erfahrung der Handlungswirksamkeit eine Rolle. Über diese erschließen sich Heranwachsende die Pragmatik der konkreten Lebenswelt. Kriterium dafür ist das Maß der sozialen Anerkennung, die erfahrene Unterstützung bei den Versuchen, sich die Welt anzueignen, aufeinander zuzugehen, Kontakte aufzubauen und aufrechtzuerhalten. Darin liegt auch das sozialisatorische und entwicklungsförderliche Potential unterstützender Erziehungspraktiken begründet, denn diese ermöglichen dem Kind, sich als selbstwirksam zu erfahren. Und umgekehrt: autoritär-restriktive Erziehungspraktiken wie z.B. das Einfordern von Gehorsam erschweren dem Kind eine konstruktive Erfahrung der persönlichen Handlungswirksamkeit. Aber selbst in diesen Fällen spielt die Reziprozität der Beziehung eine entscheidende Rolle für die kindliche Erfahrung der persönlichen Handlungswirksamkeit. Beleg dafür ist die Beobachtung, das selbst bei Ablehnung oder schmerzlichen Erfahrungen in der Eltern-Kind-Interaktion (z.B. Prügel und Unterdrückung) Heranwachsende versuchen, an der Beziehung zu den Eltern festzuhalten und nachzuvollziehen, wie die Reaktion der Eltern zu verstehen ist und wie diese mit ihrem kindlichen Handeln zusammenhängt (Grundmann, 1992).

Die Genese von Handlungsbefähigung in Gleichaltrigenbeziehungen

Für die Genese der Handlungsbefähigung als generalisiertes Handlungsmodell ist nicht nur das Erleben der Handlungsmächtigkeit in der Eltern-Kind-Interaktion bedeutsam, sondern auch der Umstand, ob die in der Familie erworbenen Strategien der Unterordnung unter die Autorität der Eltern, die Strategien des Behauptens gegenüber den Interessen der Eltern oder des Argumentierens auch außerhalb der familialen Lebenswelt erfolgreich sind. Daher sind auch Beziehungserfahrungen unter Gleichaltrigen ein wesentlicher Motor für die Genese der Handlungsbefähigung, denn auch dort verfestigen sich Strategien, über die sich die Heranwachsenden Gehör verschaffen oder die soziale Position in der Gruppe der Gleichaltrigen festigen. Solche Strategien sind systematisch von Lothar Krappmann und Hans Oswald untersucht worden (Krappmann & Oswald, 1995), auf deren Studien sich auch die folgenden Überlegungen beziehen. Ihnen zufolge basieren Aushandlungsprozesse unter Gleichaltrigen ähnlich wie Eltern-Kind-Beziehungen auf einem reziproken Beziehungsverständnis, das die Erfahrung von Differenzen und Gleichheiten erfahrbar macht. Im Gegensatz zu Aushandlungsprozessen in asymmetrischen Generationenbeziehungen, in denen unterschiedliche alters- und lebensphasenspezifische Handlungsinteressen und -möglichkeiten aufeinander prallen, die quasi naturwüchsig zu einer differenziellen Bewertung bzw. Einschätzung der Handlungsbefähigung bei Heranwachsenden und Erwachsenen führen, ermöglichen Gleichaltrigenbeziehungen das Erproben einer gleichberechtigten Gestaltung von Sozialbeziehungen (Krappmann & Oswald, 1990). Dabei werden wirkungsvolle Argumentations- und Handlungsstrategien eingeübt, die es ermöglichen, eigene Interessen einzubringen, ohne den Abbruch der Interaktion herbeizuführen. Gleichaltrige sind gezwungen miteinander zu kooperieren und unterschiedliche Ansichten zu koordinieren. Dabei erlernen sie auch Strategien, wie man sich durchsetzen oder wann man besser nachgeben muss, wie man persönliche Vorteile nutzt, Ressourcen in Verhandlungen einsetzen oder aber jegliche Kooperation verweigern kann bzw. muss. Für eine gelingende Interaktion zwischen Gleichaltrigen ist demnach sowohl die Fähigkeit zur Perspektivendifferenzierung und -koordination als auch die situationsangemessene Einschätzung verfügbarer Mittel zur Erreichung eigener Ziele erforderlich. Sich im Beziehungsgeflecht der Gleichaltrigen Gehör und Anerkennung zu verschaffen, setzt die sensible Klärung strittiger Angelegenheiten ebenso voraus wie die grundsätzliche Bereitschaft, miteinander zu kommunizieren, sich auszutauschen und unterschiedliche Interessen auszuhandeln. Darüber etabliert sich bei Heranwachsenden eben auch ein Handlungswissen darüber, was auf welche Weise in der Gleichaltrigengruppe erfolgsversprechend eingebracht, eingesetzt oder erstritten werden kann.

Krappmann (1999) weist darauf hin, dass nicht nur Aushandlungen, sondern auch Austauschbeziehungen das Verhältnis der Kinder zueinander bestimmen;[3] denn die Kinder sind in ihren Interaktionen aufeinander angewiesen und können daher Strategien entwickeln, die den gezielten Einsatz von Mitteln zur Durchsetzung eigener Interessen ermöglichen: Sie können sich verweigern, wenn sie gefragt werden, müssen zuweilen spezifische Kompetenzen einbringen oder reizvolle Angebote machen, um Gehör und Anerkennung zu finden. Die Gemeinsamkeit, die Kinder in Freundschaft aneinander bindet, erschließt sich letztlich aber erst durch geteilte Erfahrungen und ein gemeinsames Verstehen – d.h. die Kommunikation über Erfahrungen, durch die Ko-Konstruktion einer gemeinsamen Welt, in der jeder potenziell die gleichen Chancen hat, seine Interessen einzubringen und sich darzustellen und in der ähnliche Interessen und Ansichten darüber bestimmen, wen man zum Freund oder zur Freundin hat. Kinder setzen eigene Ressourcen und Meinungen strategisch ein, um sich Vortei-

---

3 Ein Aspekt, der bisher kaum berücksichtigt wurde und für eine sozialisationstheoretische Herleitung von Handlungsbefähigung bedeutsam ist. Hier kann z.B. die Entstehung sozialer Ungleichheit in der Gleichaltrigenbeziehung genannt werden. Zudem ist anzumerken, dass zwischen den rationalen Austauschtheorien (z.B. Coleman, 1990) und kommunikationstheoretischen Theorien der Aushandlung (Habermas, 1981) deutliche Überschneidungen existieren, die einer systematischen Aufarbeitung harren.

le zu verschaffen und sich durchzusetzen oder um Nachteile bzw. Niederlagen zu vermeiden (Krappmann, 1999). Dabei nehmen sie offensichtlich sensibel die Rahmenbedingungen wahr, suchen nach Unterstützungen, bilden Koalitionen, schätzen die Argumente der Gegenseite ab und verurteilen zugleich den Einsatz fragwürdiger Mittel zur Durchsetzung eigener Interessen. Damit erproben sie immer wieder ihre Handlungswirksamkeit, lernen eigene und fremde Interessen und Handlungsoptionen aufeinander zu beziehen, kurzum: ihre Handlungsbefähigung zu erproben. Dafür sprechen auch bereichspezifische Einschätzungen der Handlungskontrolle in Freundschaftsbeziehungen (Mies, 1997). Bis zum 12. Lebensjahr dominiert die Vorstellung, dass man auf die Gestaltung von Freundschaften nur geringen Einfluss hat. Ab dem 12. Lebensjahr ändert sich diese Meinung in Richtung einer zunehmenden selbstbestimmten Wahl und wechselseitigen Beeinflussbarkeit von Freunden.

In Interaktionen mit Gleichaltrigen erschließen sich Kinder demnach ein Handlungswissen darüber, wie sie handlungswirksam agieren können. Krappmann und Kleineidam (1999) weisen das anhand von interaktionspragmatischen Herausforderungen nach, die Kinder in besonderer Weise befähigen, Aushandlungsprozesse mit Gleichaltrigen wirkungsvoll zu steuern. Sie illustrieren, dass Kinder deutliche Prioritäten und Signale setzen, um ihre Handlungspragmatik zu begründen. Dabei zeigt sich, dass vor allem Kinder, die ihrem Gegenüber unmissverständlich klar machen, was sie wollen, ihre Interessen durchsetzen und sich im Beziehungsgeflecht der Kinder behaupten können. Auch hierbei spielen also deutliche Signale und eindeutige Kommunikationsstrukturen für die Qualität der Beziehung und das Erleben der Handlungswirksamkeit in Interaktionen eine entscheidende Rolle. Das wird insbesondere in Freundschaftsbeziehungen deutlich, die auf eine gemeinsame Geschichte des Aushandelns und Austausches, mithin auf eine generalisierte Wirksamkeitserfahrung verweisen; denn Kinder schließen Gleichaltrige, die nicht zum engen Freundeskreis gehören, nicht selten durch schlichtes Verweigern oder offene Ablehnung systematisch von gemeinsamen Interaktionen aus. Krappmann (1999) führt aus, dass Kinder dazu neigen, systematischen Ungleichheitserfahrungen zwischen Gleichaltrigen aus dem Weg zu gehen und sich Freundeskreise zu suchen, die der Erfahrung und dem Wunsch nach Gleichheit entsprechen. Die Gruppierungen von Gleichen, die sich über wahrgenommene Ähnlichkeiten zwischen Kindern vollziehen, dürften auch mit der Erfahrung zusammenhängen, dass eigene Interessen in einem solchen Freundeskreis leichter und mit größerer Übereinstimmung aller durchgesetzt werden können, mithin die Erfahrung eigener Handlungswirksamkeit ausgeprägter ist als in heterogenen Kindergruppen.

Die Befunde verdeutlichen, dass die Befähigung zum pragmatischen Handeln maßgeblich von der Verbundenheit mit den Bezugspersonen, seien es Eltern, Geschwister oder Gleichaltrige, abhängt. Denn diese Verbundenheit bestimmt das Gewicht eines Arguments (z.B. geht der andere darauf ein oder nicht) und die Relevanz des eigenen Handelns im gemeinsamen Beziehungsgefüge (z.B. fühlt der andere sich aufgefordert mitzumachen). So gesehen ist auch plausibel anzunehmen, dass die Reziprozitätsehrfahrungen in der Familie ihre Bedeutung für Heranwachsende vor allem in der Sozialwelt der Kinder entfalten. Welche Optionen oder Barrieren sie in der Kinderwelt erleben und welche Strategien sie anwenden können, um in das Netzwerk der Kindergruppe eingebunden zu werden, um sich Gehör und Anerkennung zu schaffen, hängt auch von den erlernten Strategien in der Herkunftsfamilie ab. Die Erfahrungen des Zuhörens, Aufeinander-Eingehens und gemeinsamen Aushandelns erleichtern Heranwachsenden die Interaktion unter Gleichaltrigen, während das gewaltsame Durchsetzen oder bloße Verweigerung von Hilfe oder Anerkennung sehr bald auf Ablehnung und Ausgrenzung stößt. Auch die Erfahrungen, dass man sich nicht den Regeln des Zusammenlebens einfach unterzuordnen hat, sondern eine gemeinsame Kultur des Zusammenlebens (z.B. Freundschaft) selbst gestalten kann, gehört zu den zentralen Sozialisationseinflüssen von Gleichaltrigenbeziehungen, aber auch von Familienbeziehungen, die sich im Laufe der Sozialisation immer mehr einer Beziehung unter Gleichen annähern.

Insgesamt legen die bisherigen Überlegungen die Annahme nahe, dass sich die Sozialisation in der Gleichaltrigengruppe ebenso wie die Sozialisation in der Familie primär über das Erproben von Wirkungen vollzieht, ein Erproben allerdings, das erst durch Aushandlungs- und Austauschprozesse möglich wird. Den vorliegenden Studien zufolge ist es nicht verwunderlich, dass Kinder, die aufgrund verfügbarer Ressourcen viele Alternativen erproben können, sich in der Regel als handlungswirksamer erleben als Kinder, die in ihren Handlungsspielräumen (sei es durch die Bedingungen des Aufwachsens zu Hause oder durch persönliche Handicaps) eingeschränkt sind. Auch diese Befunde sprechen für die Annahme, dass Sozialisation entgegen gängiger Vorstellungen nicht primär auf das Erlernen von Handlungsregeln und die Übernahme von Rollen zielt, sondern auf den Erwerb eines pragmatischen Handlungswissens, mit dem eigene Ziele erfolgreich umgesetzt werden können.[4] Bemerkenswert ist aber auch, dass dieses Handlungswissen situations- und kontextspezifisch variiert und daher eine Balance zwischen Fremd- und Selbstwahrnehmung hergestellt werden muss. Eine pragmatische Handlungsorientierung bedeutet demnach, auch zu klären, was mein Gegenüber will bzw. erwartet und inwieweit ich auf seine Unterstützung bauen bzw. wie ich diese erreichen kann. Schließlich bemisst sich pragmatisches Handeln auch an den Handlungskontexten selbst, ein Umstand, auf den im folgenden eingegangen werden soll.

---

4 Zur Diskussion rollentheoretischer Modelle in der Sozialisationsforschung siehe Krappmann, 1971; 2000 und Joas, 1991.

Die Bedeutung schulischer Leistungszuschreibungen für die Genese der Handlungsbefähigung

Dass Erfahrungen der Handlungswirksamkeit durch die strukturellen Optionen des Aufwachsens geprägt sind, ist aus sozialisationstheoretischer Sicht von entscheidender Bedeutung. Handlungsbefähigung, so haben wir eingangs definiert, kann nicht als ein universelles Handlungswissen oder selbstbezogener Prozess der Internalisierung von Handlungswissen gefasst werden, da sie auf einer pragmatischen, an konkrete Lebensverhältnisse gebundenen Einschätzung der Handlungswirksamkeit beruht. Die vorherrschende Fokussierung der Sozialisationsforschung auf die Entwicklung der Person verhinderte bisher eine systematische Beschäftigung mit der Frage, wie die soziokulturellen, lebensweltlichen Bedingungen des Aufwachsens die Wirksamkeitserfahrung Heranwachsender beeinflussen und damit maßgeblich die Genese der Handlungsbefähigung prägen (Oser, 1995; 2000). Am Beispiel der Leistungszuschreibung im Kontext der Schule kann dieser Einfluss anschaulich illustriert werden, da mit ihr einerseits ein standardisiertes Leistungskriterium vorgegeben ist, dieses andererseits herkunftsspezifischen (subkulturellen) Erfahrungen der Handlungswirksamkeit widersprechen kann. Schließlich ist zu zeigen, dass sich die Bewertung der Handlungsbefähigung im Leistungskontext der Schule nicht durch konkrete Interaktions- und Beziehungserfahrungen wie in Familie und Gleichaltrigengruppe herleiten lässt.

Zunächst ist festzuhalten, dass die Selbstwirksamkeitserfahrung und die Einschätzung der eigenen Handlungskontrolle durchweg positiv mit schulischen Leistungen und dem Schulerfolg korrespondieren (Bandura, 1995; Bandura et al., 1996; Zimmerman, 1995). Der Grund dafür ist, dass schulische Leistungen dem einzelnen Schüler zugeschrieben werden. Bildung muss individuell angeeignet werden. Folglich lässt sich die eigene Handlungswirksamkeit – zumindest im schulischen Leistungskontext – an den eigenen Leistungen ablesen. Eine ausgeprägte Selbstwirksamkeitserfahrung erleichtert es Kindern daher auch, sich den Schulerfolg selbst zuzuschreiben und sich im Schulalltag als handlungswirksam zu erleben. Diese Erfahrungen werden noch durch den Umstand verstärkt, dass auch Lehrer Schüler nach ihren Leistungen bewerten und ihre Leistungsfähigkeit danach einschätzen, ob und inwieweit sie in der Lage sind, die schulischen Leistungsanforderungen potenziell zu erfüllen. Da Kinder aus bildungsnahen Herkunftsmilieus in höherem Maße den Leistungserwartungen (z.B. Kommunikationsfähigkeit) der Lehrer entsprechen, dürften sie sich im schulischen Leistungskontext auch als handlungswirksamer erleben als Kinder aus bildungsfernen Milieus. Bei all dem ist zu berücksichtigen, dass sich die Wirksamkeitserfahrungen in der Schule nicht wie in Familie und insbesondere Gleichaltrigenbeziehungen aus einer gemeinsamen Beziehungserfahrung herleiten. Die Bewertung der Leistungsfähigkeit – und damit die Erfahrung der Handlungswirksamkeit – ergibt sich im wesentlichen aus der system-funktionalen Bindung des Bildungssystems an das System sozialer Ungleichheit. Schulische Leistungskriterien können vom Klassenverband nicht selbstständig geändert werden, was Oser (1995) zu Recht als Tyrannei des Status Quo eines Systems bezeichnet hat.

Vernachlässigt wird bei den meisten Forschungen über Kontrollerleben und Selbstwirksamkeitsüberzeugungen im Kontext der Schule, dass schulische Bewertungsmaßstäbe der Handlungsbefähigung (gemessen an den schulischen Leistungen) sozialstrukturell gebrochen sind. In die Einschätzung der Lehrer fließen latent herkunftsspezifische Kriterien der Schülerpersönlichkeit mit ein (Grundmann, 1999b). Diese Kriterien leiten sich primär aus kulturspezifischen, standardisierten Vorstellungen schulischer Leistungsfähigkeit ab, die an eine strukturfunktionale Bewertung von Bildungswissen als Verwertungswissen gebunden sind. So gesehen basieren die Erfahrung von Handlungswirksamkeit und die Bewertung der Handlungsbefähigung im Kontext der Schule nicht – wie in den meisten Studien implizit unterstellt – aus gemeinsamen Interaktions- und Beziehungserfahrungen, sondern aus der (herkunftsabhängigen) Fähigkeit der Schüler, die Leistungserwartungen der Lehrer zu antizipieren, zu verstehen wie eine Schulaufgabe gemeint ist und welche spezifischen Lösungswege erwartet werden (Oser, 2000). Besonders anschaulich wird dieser Zusammenhang in der Fehlbewertung schulischer Leistungsfähigkeit bei hoch begabten Schülern, die gerade wegen ihrer unkonventionellen Lösungswege nicht die Anerkennung bei den Lehrern und Mitschülern erfahren, die ihnen eigentlich zukommt (Wild, 1991; Rost & Hanses, 1997). Aus solchen Fehlbewertungen leiten sich mit hoher Wahrscheinlichkeit Schwierigkeiten der Heranwachsenden bei der Einschätzung der persönlichen Handlungsbefähigung ab. Denn zum einen wird die Angemessenheit von Lösungswegen und Leistungen nicht oder nur unzureichend vom Lehrer vermittelt, zudem wissen hoch begabte Kinder in der Regel, dass sie mit ihrer Antwort richtig liegen.

Am Beispiel potenziell handlungsbefähigter Kinder lässt sich demnach illustrieren, wie wichtig die soziale Angemessenheit des Handelns für die Erfahrung von Handlungswirksamkeit ist. Handlungsbefähigung leitet sich nämlich nicht – wie psychologische Studien suggerieren – von der Selbstwirksamkeitserfahrung allein ab, sondern im wesentlichen davon, ob das eigene Handeln den Erwartungen der Bezugspersonen entspricht. Ähnlich verhält es sich mit den Bildungserfahrungen von Kindern aus bildungsfernen Milieus. So konnte vielfach nachgewiesen werden, dass selbst hoch begabte Kinder aus unteren sozialen Milieus sich in schulischen Leistungskontexten gegen eine systematische Fehlbewertung ihrer schulischen Leistungen behaupten müssen, während wenig begabte Kinder aus oberen Bildungsmilieus wie selbstverständlich bessere Schulnoten bekommen (Grundmann, 1999b). Auch diese Fehlbewertungen können sich nachhaltig auf die generalisierte Einschätzung der Handlungsbefähigung auswirken. Das dürfte vor allem dann zutreffen, wenn die Kinder aufgrund ungewöhnlicher Verhaltensweisen im Herkunftsmilieu bzw. der Gleichaltrigengruppe wenig Anerkennung erfahren. Aber selbst wenn die befähigten Kinder im Geflecht der Kindergruppe anerkannt werden und sich in der Herkunftsfamilie als handlungswirksam erleben, ist zu erwarten, dass fehlgeleitete Leistungszuschreibungen im hohen Maße die weitere Genese der Handlungsbefähigung bestimmen. Geringe Erfolgsaussichten bei der Umsetzung eigener Bildungsziele trotz potenzieller Handlungskompetenz dürften zu Frustrationen und einer negativen Selbstzuschreibung eigener Handlungsbefähigung führen. Mehr noch, der Leistungsvergleich in der Schulklasse wirkt sich auch auf den sozialen Status der Kinder aus und führt nicht selten zur Ausgrenzung der schlechten und zudem „verhaltensauffälligen" Schüler. Somit kumulieren widersprüchliche Erfahrungen der Handlungswirksamkeit im Kontext der Familie (in die sie sich erfolgreich integriert haben), der Gleichaltrigengruppe (in der sie sich behaupten müssen) und der Schule (in der die herkunftsspezifischen Erfahrungen nicht erfolgreich verwertbar sind). Zusammengenommen führt das mit großer Wahrscheinlichkeit zu einer bescheidenen generalisierten Einschätzung der Handlungsbefähigung. Der frühzeitige Abbruch der schulischen Laufbahn, der geringe berufliche Bildungserfolg bei hochbefähigten Kindern aus Armutsmilieus (Grundmann, 2000a), aber auch das hohe Risiko für Drogenkonsum und abweichendes Verhalten bei nicht erkannten Hochbegabten zeugen davon.

Diese Beispiele sollten verdeutlichen, dass sich die pragmatische Einschätzung der Handlungsoptionen zwischen sozialen Lebensbereichen (Familie, Gleichaltrigengruppe und Schule) und sozialen Kontexten (Herkunftsmilieus) unterscheiden und sich erst durch das Zusammenspiel aller Wirksamkeitserfahrungen eine angemessene Einschätzung der Handlungsbefähigung (als lebenswelt- und kontextspezifische pragmatische Einschätzung der Handlungsoptionen) ergibt. Für eine soziologisch gehaltvolle Analyse der Handlungsbefähigung folgt daraus, dass generalisierte Handlungsbefähigungen von kontextspezifischen Handlungsbefähigungen getrennt und in ihrem Wirkungszusammenhang untersucht werden müssen (Lüthi et al., 1989). Diese Einsicht findet erste empirische Bestätigungen durch die bereits angedeuteten lebensbereichspezifischen Analysen internaler und externaler Kontrollüberzeugungen in Kindheit und Jugend (Mies, 1997; Edelstein et al., 2000). Im Kontext der Familie lässt sich eine kontinuierliche Zunahme selbstbezogener internaler Kontrollerfahrungen zwischen dem 9. und 15. Lebensjahr nachweisen, eine Entwicklung, die in der Gleichaltrigenbeziehung erst ab dem 12. Lebensjahr einsetzt. Bemerkenswert ist ein dazu gegenläufiger Trend bei den leistungsbezogenen Kontrollüberzeugungen im Kontext der Schule. Während zwischen dem 9. und 12. Lebensjahr selbstbezogene, internale Kontrollüberzeugungen zunehmen, wie die Einschätzungen, dass schulische Leistungen auf individuelle Kompetenzen zurückzuführen sind, ändert sich diese Sicht später wieder. Ab dem 12. Lebensjahr werden schulische Leistungen differenziert danach bewertet, ob sie durch Zuschreibungen (z.B. Lob), durch das Erfüllen von Leistungserwartungen (Hausaufgaben machen, Lernen) oder durch eigene Motivationen bedingt sind. Diese Befunde kann man auch so interpretieren, dass die im Kontext der Herkunftsfamilie erworbene Handlungsbefähigung, die auf milieuspezifischen Erfahrungen der Reziprozität basiert und die in der Gleichaltrigengruppe gemachten Erfahrungen der eigenen Handlungswirksamkeit im Kreis von Gleichen auf partiellen Interaktionserfahrungen beruhen, in denen eine gemeinsame, ko-konstruktive Gestaltung der Beziehung im Zentrum steht. Handlungsbefähigung im Bildungssystem leitet sich hingegen aus einer kulturellen – universalisierten – Bewertung individueller Leistungsfähigkeit durch die Lehrer ab, wobei Heranwachsende sehr wohl danach differenzieren, ob die Leistungszuschreibungen mit ihren tatsächlichen Fähigkeiten korrespondieren oder externen Gründen wie z.B. den Leistungskriterien des Lehrers zuzuschreiben sind, auf die sie keinen Einfluss haben. Zusammengenommen münden diese bereichspezifischen Kontrollüberzeugungen in eine generalisierte Kontrollmeinung, die in sich widersprüchlich sein kann. Inwieweit sich solche widersprüchlichen Erfahrungen von Handlungskontrolle bzw. von Handlungswirksamkeit zu einem psychosozialen Risiko der Persönlichkeitsentwicklung ausbilden können, ist bis heute nicht hinreichend untersucht worden. Zu vermuten ist aber, dass extrem widersprüchliche Erfahrungen mit sozialem Rückzug, sozialer Ängstlichkeit und Leistungsverweigerung einhergehen können (vgl. Schellhas, 1993). Und umgekehrt, die Kumulation positiver Wirksamkeitserfahrungen kann sich auch zu einem protektiven Persönlichkeitsmerkmal ausbilden. Das zumindest legen Beobachtungen nahe, die zeigen, dass Heranwachsende auch gegen sozialstrukturelle Widerstände und trotz psychosozialer Risiken die Hürden des Bildungssystems meistern. Bei diesen verdichten sich offensichtlich potenzielle Befähigungen, Selbstwirksamkeitserfahrungen und Bewertungen durch andere auf spezifische Weise zu einem einheitlichen, generalisierten Handlungsmodell, das die Heranwachsenden befähigt, soziale Anerkennung und Handlungserfolge biographisch zu verfestigen (vgl. Elder, 1995; Werner & Smith, 1982; 1992). Es hat den Anschein, als ob basale Erfahrungen der Handlungsbefähigung in Familie und Gleichaltrigengruppe als Schutzschild gegen die Zumutungen des Bildungssystems wirken und im Erwachsenenalter z.B. in den Partnerschafts- und Familienbeziehungen positive Wirkungen entfalten (Grundmann, 2000b). Dennoch, selbst wenn sich der Bildungserfolg über Bildungsanstrengungen in der Erwachsenenbildung (z.B. zweiter Bildungsweg) einstellt, bleiben systematische Benachteiligungen deshalb bestehen, weil das generalisierte Handlungsmodell in sich widersprüchlich bleibt, weil sich zu den sozialstrukturellen Barrieren des Bildungssystems Erfahrungswidersprüche gesellen, die einer angemessenen Verwertbarkeit des Bildungsabschlusses im Wege stehen (Bourdieu, 1981). Unabhängig davon versuchen Heranwachsende immer wieder, eigene Erfahrungen mit den Bewertungen durch Lehrer und Mitschüler in Einklang zu bringen und daraus Hinweise für weitere Handlungsoptionen abzuleiten. Heranwachsende lernen in erster Linie, mit den eigenen Handlungsressourcen umzugehen. Sie versuchen strukturelle bzw. systematische Benachteiligungen zu kompensieren, z.B. als Klassenclown, durch besondere Fähigkeiten oder aber – wenn möglich – durch attraktives Spielzeug etc. Sie bemühen sich, den unterschiedlichsten Ansprüchen gerecht zu werden und dabei ihr eigenes „Gesicht", ihre Identität, zu wahren. Auch dabei ist die Erfahrung ähnlicher bzw. differenzieller Voraussetzungen bei der Zuschreibung zum „wir" von entscheidender Bedeutung.

Sozialisationstheoretische Implikationen

Die Ausführungen haben verdeutlicht, dass die Genese der Handlungsbefähigung ein Verstehen sozialer Beziehungen, von Reziprozitätserfahrungen und Aushandlungsprozessen in Generationen- und Gleichaltrigenbeziehungen und eine Zuwendung zu lebensbereichs- und kontextspezifischen Handlungserwartungen bzw. -möglichkeiten voraussetzt. Es zeigte sich, dass sowohl das Verstehen sozialer Beziehungen als auch die angemessene Einschätzung von Handlungsmöglichkeiten (Realisierungschancen individueller und gemeinsamer Interessen; Krappmann & Oswald, 1990) davon abhängen, wie die Wirkung des eigenen Handelns und die Handlungswirksamkeit der anderen bewertet wird. Diese Wirksamkeitserfahrung unterscheidet sich jedoch deutlich in Familie, Gleichaltrigengruppe und Schule sowie zwischen sozialen Milieus. Während in der Familie triadische und in der Gleichaltrigengruppe ko-konstruktive Erfahrungen der Beziehungsgestaltung vorherrschen, mit denen ein pragmatisches Handlungswissen und die eigene Handlungswirksamkeit erprobt wird, zeigt sich im Kontext der Schule, ob und inwieweit sich dieses Handlungswissen gesellschaftlich bewährt. So gesehen handelt es sich bei der Genese von Handlungsbefähigung um einen multiplen Erfahrungsprozess, der sich aus der pragmatischen Einschätzung von Handlungssituationen und Handlungswirksamkeiten ergibt. Dazu ist der Erwerb unterschiedlichster Fähigkeiten erforderlich: die Fähigkeit, Bedingungen und Optionen des eigenen Handelns angemessen (situations- und kontextspezifisch) zu deuten, die Rationalität von Handlungsentscheidungen (z.B. wann bestehe ich auf eigenen Ansichten, wann beuge ich mich den Erwartungen anderer) und die Fähigkeit, lebensweltliche Einschränkungen der Handlungsressourcen zu berücksichtigen. All das verdichtet sich zu einem soziologisch gehaltvollen Handlungsmodell einer zwar generalisierten, dennoch differenziellen Handlungsbefähigung: generalisiert deshalb, weil mit Handlungsbefähigung ganz allgemein die Fähigkeit angesprochen wird, sich innerhalb vorgegebener sozialer Strukturen persönlich zu verorten. Zugleich können jedoch auch lebensbereichs- und kontextspezifische Befähigungen benannt werden, die sich nur differentiell auf die Lebensgestaltung und Lebensführung in Beruf, Familie oder Freizeit auswirken (z.B. arbeitslos und trotzdem glückliches Familienleben).

Im Gegensatz zu gängigen Vorstellungen, nach denen sich Sozialisationsprozesse aus der Übernahme sozialer Rollen, von Handlungsperspektiven und Wertorientierungen bzw. der Transmission von Opportunitätsstrukturen herleitet, weisen die vorliegenden Befunde zur Genese der Handlungsbefähigung auf eine eher pragmatisch orientierte Bestimmung von Sozialisation: Sozialisiert wird der Einblick in situations-, kontext- und lebensbereichsspezifische Handlungsoptionen, wird die pragmatische Einschätzung der Handlungswirksamkeit und damit ein pragmatisches Handlungswissen, das sich in der Befähigung Heranwachsender manifestiert, im Rahmen konkreter Lebensverhältnisse realisierbare Ziele zu formulieren und zu verfolgen. Eine solche Pragmatik setzt die Balancierung von Selbst- und Fremdwahrnehmungen des Handelns voraus, bedeutet eine realistische Einschätzung der Lebensverhältnisse und ein wechselseitiges

Erproben von Handlungsspielräumen, von wechselseitiger Anerkennung und Unterstützung. Kurzum: Die Bewertung von Sozialisationserfahrungen für das gegenwärtige Handeln und für die Einschätzung situationaler Handlungsbefähigung ist ein primär intersubjektives Geschehen, ist an Reziprozitätserfahrungen und Kommunikationsprozesse gebunden, über die sich das Verstehen des Handelns erst vollzieht. Die Genese der Handlungsbefähigung mündet demnach in ein generalisiertes Handlungsmodell (Fend & Berger, 2001), das sowohl der normativen Bewertung einer „gelungenen" Sozialisation entspricht, zugleich aber auch die individuellen Handlungsdispositionen eines aktiv realitätsverarbeitenden Subjekts (Hurrelmann, 1983) in Rechnung stellt. Handlungsbefähigung bemisst sich demnach an der Wahrnehmung und Bewertung individueller und sozial verfügbarer Handlungsoptionen bzw. Handlungsbarrieren. Dabei fließen primär die Erfahrungen eigener Handlungswirksamkeit in sozialen Beziehungen und die sozialen Zuschreibungen in Leistungskontexten in die Genese einer generalisierten Handlungsbefähigung ein. Die sozialisationstheoretisch relevante Frage lautet daher also, wie Individuen dazu befähigt werden, die äußeren (sozialen) und inneren (individuellen) Bedingungen ihres Lebens nachzuvollziehen und zu modifizieren (Emirbayer & Mische, 1998). Inwieweit können Individuen in konkreten Handlungssituationen auf vergangene Erfahrungen, situationsspezifische Handlungsoptionen und Handlungsziele zurückgreifen und wie wirken sich diese Erfahrungen auf die weitere Lebensführung aus?

Zur Beantwortung solcher Fragen ist eine sozialisationstheoretische Herleitung des Konzepts der Handlungsbefähigung hilfreich, wie sie ansatzweise im vorliegenden Beitrag versucht wurde. Der Mangel an sozialisationstheoretischen Beschreibungen über die Genese generalisierter Handlungsbefähigungen und differentieller milieu- und kulturübergreifender Bedingungen des Erwerbs von Handlungsbefähigungen überrascht, weil mit dem Konzept ein lebensweltlich differenziertes soziales Persönlichkeitsmerkmal vorliegt. Es misst ein verallgemeinertes Handlungswissen über die potenzielle Verfügbarkeit und Verwertbarkeit von sozialen und individuellen Handlungsressourcen. Handlungsbefähigung bedeutet dann auch die Fähigkeit des Individuums, sich sozial zu verorten und zwar in Hinblick auf eigene biographische Erfahrungen und normative Erwartungen (Vergangenheitsbezug), die Deutung praxisrelevanter Handlungsweisen (Gegenwartsbezug) und den Entwurf von Handlungsstrategien, die auf Lebensgestaltung gerichtet sind (Zukunftsbezug).

Literatur

Bandura, A.: Exercise of personal and collective efficacy in changing societies. In: Bandura, A. (Ed.). Self-Efficacy in Changing Societies. Cambridge, Cambridge: University Press, 1995, pp. 1-45

Bandura, A.: Self-efficacy: The exercise of control. New York: Freeman, 1997

Bandura, A.: Self-efficacy: The foundation of agency. In: Perrig, W.J./Grob, A. (Eds.): Control of human behavior, mental processes, and consciousness. London: Lawrence Erlbaum Ass., 2000, pp. 17-33

Bandura, A./Barbaranelli, C./Caprara, G.V./Pastorelli, C.: Multifaceted impact of self-efficacy beliefs on academic functioning. In: Child Development 67(1996), pp. 1206-1222

Belsky, J.: The determinants of parenting: A process model. In: Child Development 55(1984), pp. 83-96

Berger, P.L./Luckmann, T.: Die gesellschaftliche Konstruktion der Wirklichkeit. Eine Theorie der Wissenssoziologie. Frankfurt am Main: Fischer, 1969

Bourdieu, P.: Titel und Stelle: Über die Reproduktion sozialer Macht. Frankfurt am Main: Europäische Verlagsanstalt, 1981

Caspi, A./Elder, G.H. Jr./Bem, D.J.: Moving away from the World: Life course Patterns of shy Children. In: Developmental Psychology 24(1988), pp. 824-831

Coleman, J.S.: Foundations of Social Theory. Cambridge/Mass.: The Belknap Press of Harvard University Press, 1990

Edelstein, W./Grundmann, M./Mies, A.: The development of internal versus external control beliefs in developmentally relevant contexts of children's and adolescents' lifeworld. In: Perrig, W.J. & Grob, A. (Eds.): Control of human behavior, mental processes, and consciousness. London: Lawrence Erlbaum Ass., 2000, pp. 17-33

Elder, G.H. Jr.: The life course paradigm: Social change and individual development. In: Moen, G.H./Elder, G.H. Jr./Lüscher, K. (Eds.): Examing lives in context: Perspectives on the ecology of human development. Washington: APA, 1995, pp. 101-140

Emirbayer, M./Mische A.: What is agency? In: American Journal of Sociology 103(1998), pp. 962-1023

Fend, H./Berger, F.: Einführung: Längsschnittuntersuchungen zum Übergang vom Jugendalter ins Erwachsenenalter. In: Zeitschrift für Soziologie der Erziehung und Sozialisation, 21(2001), S. 3-22

Flammer, A.: Erfahrung der eigenen Wirksamkeit. Einführung in die Psychologie der Kontrollmeinung. Bern: Hans Huber, 1990

Grundmann, M.: Familienstruktur und Lebensverlauf. Historische und gesellschaftliche Bedingungen individueller Entwicklung. Frankfurt am Main: Campus, 1992

Grundmann, M.: Dimensionen einer konstruktivistischen Sozialisationsforschung. In: Grundmann M. (Hrsg.): Konstruktivistische Sozialisationsforschung. Frankfurt am Main: Suhrkamp, 1999a, S. 20-34

Grundmann, M.: Bildungserfahrung, Bildungsselektion und schulische Leistungsbewertung. In: Zeitschrift für Soziologie der Erziehung und Sozialisation, 19(1999b), S. 339-353

Grundmann, M.: Milieuspezifische Einflüsse familialer Sozialisation auf die kognitive Entwicklung und den Bildungserfolg. In: Klocke, A./Hurrelmann, K.(Hrsg.): Aufwachsen in Armut. Umfang, Auswirkungen und Konsequenzen. Opladen: Westdeutscher Verlag, 2. überarbeitete Auflage, 2000a, S. 209-229

Grundmann, M.: Kindheit, Identitätsentwicklung und Generativität. In: Lauterbach, W./Lange, A. (Hrsg.): Kinder in Familie und Gesellschaft zu Beginn des 21sten Jahrhunderts. Stuttgart: Enke, 2000b, S. 87-104

Grundmann, M./Fuss, D./Suckow, J.: Sozialökologische Sozialisationsforschung. Entwicklung, Gegenstand und Anwendungsbereiche. In: Grundmann, M./Lüscher, K. (Hrsg.): Sozialökologische Sozialisationsforschung. Konstanz: UVK, 2000, S. 17-78

Habermas, J.: Zur Rekonstruktion des Historischen Materialismus. Frankfurt am Main: Suhrkamp, 1976

Habermas, J.: Theorie des kommunikativen Handelns. Frankfurt am Main: Suhrkamp, 1981

Hurrelmann, K.: Das Modell des produktiv-realitätsverarbeitenden Subjekts in der Sozialisationsforschung. In: Zeitschrift für Sozialisationsforschung und Erziehungssoziologie 3(1983), S. 91-103

Joas, H.: Rollen- und Interaktionstheorien in der Sozialisationsforschung. In: Hurrelmann, K./Ulich, D. (Hrsg.): Neues Handbuch der Sozialisationsforschung. Weinheim: Beltz, 1991, S. 137-152

Keller, M.: Moralische Sensibilität: Entwicklung in Freundschaft und Familie. München: Beltz, 1996

Krappmann, L.: Neue Rollenkonzepte als Erklärungsmöglichkeit für Sozialisationsprozesse. Betrifft: Erziehung 4(1971)3, S. 27-34

Krappmann, L.: Die Reproduktion des Systems gesellschaftlicher Ungleichheit in der Kinderwelt. In: Grundmann, M. (Hrsg.): Konstruktivistische Sozialisationsforschung. Frankfurt am Main: Suhrkamp, 1999, S. 228-239

Krappmann, L./Kleineidam, V.: Kompetenz und Autonomie in alltäglichen Interaktionen unter Schulkindern. In: Leu, R./Krappmann, L. (Hrsg.): Zwischen Autonomie und Verbundenheit – Bedingungen und Formen der Behauptung von Subjektivität. Frankfurt am Main: Suhrkamp, 1999, S. 241-265

Krappmann, L./Oswald, H.: Sozialisation in Familie und Gleichaltrigenwelt. Zur Sozialökologie der Entwicklung in der mittleren Kindheit. In: Zeitschrift für Sozialisationsforschung und Erziehungssoziologie 10(1990), S. 147-162

Krappmann, L./Oswald, H.: Alltag der Schulkinder. Weinheim: Juventa, 1995

Kreppner, K.: Beziehung und Entwicklung in der Familie: Kontinuität und Diskontinuität bei der Konstruktion von Erfahrungswelten. In: Grundmann, M. (Hrsg.): Konstruktivistische Sozialisationsforschung. Frankfurt am Main: Suhrkamp, 1999

Lüthi, R./Grob, A./Flammer A.: Differenzierte Erfassung bereichsspezifischer Kontrollmeinungen bei Jugendlichen. In: Krampen, G. (Hrsg.): Diagnostik von

Attributionen und Kontrollüberzeugungen. Göttingen: Verlag für Psychologie, 1989, S. 134-145

Maccoby, E.E.: The Role of Parents in the Socialization of Children: A Historical Overview. In: Developmental Psychology 28(1992), pp. 1006-1017

Mies, A.: Longitudinale Entwicklungsmuster internaler und externaler Kontrollüberzeugungen bei isländischen Kindern. Diplomarbeit (unveröff.), Freie Universität Berlin, 1997

Nicolaisen, B.: Zwischen Konstruktion und Interaktion. Zur Rekonstruktion der Genese sozialer Handlungsfähigkeit. In: Grundmann, M. (Hrsg.): Konstruktivistische Sozialisationsforschung. Frankfurt am Main: Suhrkamp, 1999, S. 101-117

Oser, F.: Selbstwirksamkeit und Bildungsinstitution. In: Edelstein, W. (Hrsg.): Entwicklungskrisen kompetent meistern. Heidelberg: Asanger, 1995, S. 63-73

Oser, F.: Self-efficacy and the school system. In: Perrig, W.J./Grob, A. (Eds.): Control of human behavior, mental processes, and consciousness. London: Lawrence Erlbaum Ass., 2000, pp. 541-554

Perrig, W.J./Grob, A. (Eds.): Control of human behavior, mental processes, and consciousness. London: Lawrence Erlbaum Ass., 2000

Rost, D.H./Hanses, P.: Wer nichts leistet, ist nicht begabt? Zur Identifikation hochbegabter Underachiever durch Lehrkräfte. In: Zeitschrift für Entwicklungspsychologie und Pädagogische Psychologie 29(1997), S. 167-177

Rotter, J.B.: Generalized expectancies for internal vs. external control of reinforcement. In: The development and application of social learning theory. Selected papers, praeger, 1982, pp. 169-214. (originally in: Psychological Monographs: General and Applied, 1966, pp. 80)

Schellhas, B.: Struktur und Entwicklung von Ängstlichkeit in Kindheit und Jugend. Befunde einer Längsschnittstudie zur Ängstlichkeit und ihrer Bedeutung für die Entwicklung der Kognition und des Schulerfolgs. Max-Planck-Institut für Bildungsforschung. Studien und Berichte Bd. 55. Berlin: Sigma, 1993

Schneewind, K.A.: Personale Kontrolle, Sozialisation und Familie in psychologischer Sicht. In: Weymann, A. (Hrsg.): Handlungsspielräume. Stuttgart: Enke, 1989, S. 199-210

Schneewind, K.A./Ruppert, S./Schmid, U./Splete, R./Wendel, C.: Kontrollüberzeugungen im Kontext von Autonomie und Verbundenheit. Befunde einer 16jährigen Längsschnittstudie. In: Leu, R./Krappmann, L. (Hrsg.): Zwischen Autonomie und Verbundenheit – Bedingungen und Formen der Behauptung von Subjektivität. Frankfurt am Main: Suhrkamp, 1999, S. 357-391

Werner, E.E./Smith, R.S.: Vulnerable but invincible: A longitudinal study of resilient children and youth. New York: McGraw-Hill, 1982

Werner, E.E. & Smith, R.S.: Overcoming the odds. High risk children from birth to adulthood. Ithaca: Cornell University Press, 1992

Wild, K.P.: Identifikation hochbegabter Schüler. Heidelberg: Asanger, 1991

Youniss, J.: Soziale Konstruktion und psychische Entwicklung. Frankfurt am Main: Suhrkamp, 1994

Zimmerman, B.J.: Self-efficacy and educational development. In: Bandura A. (Ed.): Self-efficacy in changing societies. Cambridge: Cambridge University Press, 1995, S. 202-231

Anfänge der (pädagogischen) Kinderforschung

Ludwig Liegle

Pädagogische Kinderforschung kann beginnen – so ließe sich in einem ersten Anlauf sagen –, sobald es alle drei Bestandteile dieses *mixtum compositum* gibt: Pädagogik, Kinder und Forschung. Das klingt ein wenig absurd, vor allem was Kinder betrifft. Denn die hat es doch wohl gegeben, solange es die Menschheit gibt. Im Zusammenhang mit Pädagogik und Forschung ist jedoch nicht die biologische Tatsache bedeutsam, dass immer wieder eine neue Generation geboren wird und sich entwickelt. Von Interesse ist vielmehr, seit wann es Kinder als Bevölkerungsgruppe eigener Art und Kindheit als Lebensphase eigener Art gibt, die mit bestimmten Vorstellungen und Maßnahmen bedacht werden, die nur ihnen gelten und eben nicht Jugendlichen und schon gar nicht Erwachsenen: Kinderkleidung, Kinderspielzeug, Kinderbücher, Kinderzimmer, Kindergärten, Schulen. Eine Bevölkerungsgruppe und eine Lebensphase, für deren Belange die Mütter in die Pflicht genommen, für deren gezielte Beachtung und Förderung aber auch eigene Berufe geschaffen und ausgebildet werden: Kinderärzte, Kinderpsychologen, Erzieherinnen, Lehrer. Kinder und Kindheit in diesem Sinne – so lehrt uns die historische Forschung – sind „entdeckt" worden im Übergang vom 18. zum 19. Jahrhundert im Zusammenhang mit gesellschaftlichen Umbrüchen wie der Entstehung der industriellen Produktionsweise, der Auflösung des *Ganzen Hauses*, dem Zerfall der ständischen Gesellschaft und dem säkularen Fortschrittsdenken im Projekt der Aufklärung. Erst im 19. Jahrhundert (und insbesondere in Europa) haben durch das Verbot der Kinderarbeit und die Einführung der Schulpflicht Kinder allgemeine Beachtung als Bevölkerungsgruppe eigener Art gefunden. Dass sich schon vor dieser Zeitenwende Spuren einer sozial verfassten Kindheit bis zurück in die antiken Hochkulturen verfolgen lassen, stellt eine Relativierung, aber keine Widerlegung dieses Befundes dar.

Zweitens: Forschung; sie bezeichnet, in Abgrenzung zum Alltagswissen und zur Spekulation, die Gewinnung überprüfbarer Erkenntnisse über bestimmte Phänomene und regelhafte Zusammenhänge mithilfe wissenschaftlicher Methoden, von welchen Beobachtung und Experiment eine herausragende Bedeutung gewonnen haben. Forschung in diesem Sinne hat sich in erster Linie als naturwissenschaftliche Forschung entwickelt, und diese hat eine lange Geschichte, die in die antiken Hochkulturen zurückreicht. Dennoch kann das 19. Jahrhundert als eine Zeit gelten, in der Forschung diejenige Gestalt angenommen hat, welche den Beginn der wissenschaftlich-technischen Revolution geprägt hat und bis auf unsere Tage bestimmend geblieben ist.

Schließlich: Pädagogik, das meint die Wissenschaft von der Erziehung. Ihre geschichtlichen Anfänge liegen im gleichen Jahrhundert, in welchem die naturwissenschaftliche Forschung und die Entdeckung der Kindheit einen ersten Höhepunkt erreicht haben. Pädagogik begleitet die Entdeckung der Kindheit und sie leistet einen wesentlichen Beitrag zur Kultivierung und Kolonialisierung dieses neu entdeckten Kontinents. Pädagogik als Wissenschaft reflektiert und untersucht die Praxis der Pädagogisierung der Kindheit, deren Instanzen, Akteure, Methoden, Prozesse und Resultate. Gegen Ende des 19. Jahrhunderts hat die Pädagogik als Wissenschaft angefangen, sich jener Forschungsmethoden zu bedienen, die in anderen Disziplinen – in den Naturwissenschaften sowie in der von diesen beeinflussten Medizin und Psychologie – entwickelt worden sind.

Die Anfänge der Kinderforschung liegen in der Psychologie

Der Hinweis auf die Rezeption von Methoden aus anderen Wissenschaftsdisziplinen führt zu der Frage, warum im Titel dieses Aufsatzes „pädagogisch" in Klammern steht, und weiter zur Frage, was denn – unabhängig von dieser Einklammerung – eine „pädagogische" Kinderforschung ausmachen könnte. Die Anfänge der Kinderforschung liegen zweifellos außerhalb der Pädagogik, sie sind von der Psychologie und Medizin bestimmt worden. Dies gilt nicht nur für Deutschland, sondern ebenso für ganz Europa und für die USA (vgl. Depaepe, 1993). Das bekannteste Beispiel dafür ist in Deutschland das Werk von Wilhelm Preyer „Die Seele des Kindes", das 1882 erschienen ist und bis weit ins 20. Jahrhundert hinein zahlreiche Auflagen erlebt hat. Über dieses Beispiel und auch über den besonderen Zweig der Kinderforschung hinaus lässt sich sagen, dass die Psychologie für die Begründung des Wissenschaftscharakters der Pädagogik im 19. Jahrhundert den Status einer Leitwissenschaft gewonnen hat, der ihr auch von maßgeblichen Vertretern der Pädagogik zugeschrieben worden ist. „Pädagogik als Wissenschaft", so Herbart 1835 in seinem „Umriß pädagogischer Vorlesungen", „hängt ab von der praktischen Philosophie und Psychologie. Jene zeigt das Ziel der Bildung, diese den Weg, die Mittel und die Hindernisse" (Herbart, 1997: 186). Entsprechend lesen wir am Ende des 19. Jahrhunderts bei Wilhelm Dilthey, dem Begründer der geisteswissenschaftlichen Pädagogik:

> „Die planmäßige Tätigkeit des Erziehers ist auf den Zögling gerichtet. Sie setzt voraus, daß dieser bildsam sei und daß der Plan der Erziehung auf Gesetze des inneren Lebens rechnen könne. Die Wissenschaft von dem inneren oder Seelenleben enthält daher die Grundlage für die Kunst der Erziehung und die Theorie dieser Kunst oder Pädagogik. Erziehung ist die beständige Anwendung der Seelenkenntnis, Pädagogik als *angewandte* Psychologie" (Dilthey, 1971: 112).

Was für die Rezeption von Forschungsmethoden und Wissen aus der Psychologie und anderen Disziplinen gilt, trifft auch für den Begriff der Kinderforschung selbst zu. Er ist innerhalb der Psychologie entstanden und aus der Teildisziplin der „Kinderpsychologie" hervorgegangen. In der Pädagogik hat der Begriff demgegenüber bis vor kurzem keine Rolle gespielt. Es gibt in keinem der repräsentativen Nachschlagewerke zur Pädagogik – im ausgehenden 19. Jahrhundert die Rein'sche „Realenzyklopädie", in der Periode der sog. Reformpädagogik das Nohl/Pallat'sche „Handbuch der Pädagogik" oder im ausgehenden 20. Jahrhundert die „Enzyklopädie Erziehungswissenschaft" – das Stichwort „Kinderforschung".

Anfänge der Kinderforschung in der (medizinisch orientierten) Heil- und Sonderpädagogik

Das bedeutet nicht, dass es keine pädagogische bzw. erziehungswissenschaftliche Kinderforschung gegeben hat oder gibt, es bedeutet lediglich, dass der Begriff „Kinderforschung" in der Pädagogik bis zum Ende des 20. Jahrhunderts nicht heimisch geworden ist. Bis dahin war er von anderen Wissenschaftsdisziplinen – der Psychologie und Pädiatrie – besetzt. Allerdings hat es seit 1896 eine heilpädagogische Zeitschrift gegeben, an der sich die allmähliche Einbürgerung des Begriffs „Kinderforschung" ablesen lässt. Zunächst trug sie den Titel „Die Kinderfehler. Zeitschrift für Pädagogische Pathologie und Therapie in Haus, Schule und sozialem Leben". Seit dem 5. Jahrgang (1900) lautete der Titel „Die Kinderfehler. Zeitschrift für Kinderforschung mit besonderer Berücksichtigung der pädagogischen Pathologie". Schließlich, seit dem 29. Jahrgang (1924), hieß sie einfach „Zeitschrift für Kinderforschung" mit dem Hinweis „Organ der Gesellschaft für Heilpädagogik e.V. und des Deutschen Vereins zur Fürsorge für jugendliche Psychopathen". Parallel zur Entwicklung dieser Zeitschrift sind seit der Jahrhundertwende zahlreich lokale, regionale und internationale wissenschaftliche Vereinigungen für Kinderforschung entstanden, die der wissenschaftlichen Orientierung der erwähnten Zeitschrift nahe standen.

Es zeigt sich an diesem Beispiel, dass die Anfänge der Kinderforschung, wenn sie denn ausnahmsweise innerhalb der Pädagogik angesiedelt waren, einen Bereich betrafen, in welchem es um die Begründung therapeutischer, der Psychologie und Medizin verpflichteter Hilfen für entwicklungsgefährdete oder entwicklungsgestörte Kinder und Jugendliche ging.

Ein erstes Modell „pädagogischer" Kinderforschung: Die Experimentelle Pädagogik (Ernst Meumann)

„Pädagogische" Kinderforschung konstituiert sich offensichtlich nicht in spezifischen „einheimischen" Methoden. Konstituiert sie sich statt dessen in einem spezifischen Gegenstandsbezug? Dabei könnte man ja vermuten, dass alle pädagogische Forschung Kinderforschung ist, denn im Begriff „Pädagogik" steckt das Wort Kind (griech. paidos). Es steckt darin aber noch ein weiteres Wort: Führung (griech. agogia). Insofern erscheint als der spezifische Gegenstand aller pädagogischen Forschung die Pädagogisierung der Kindheit, die Ziele und Inhalte, Handlungsfelder und Handlungsformen der Kinderführung, der Erziehung. Entsprechend wäre das Besondere einer pädagogischen *Kinder*forschung darin zu erblicken, dass sie die pädagogisierte Kindheit, das erzogene Kind, das unter dem Einfluss der Erziehung stehende und sich entwickelnde Kind zum Gegenstand macht. Genau in diesem Sinne ist in der Tat die Autonomie der pädagogischen (Kinder-)Forschung bestimmt und gegenüber anderen Wissenschaftsdisziplinen verteidigt worden, z.B. von Ernst Meumann, einem der Begründer einer sich „experimentell" nennenden Pädagogik, einer Pädagogik also, die ihre Forschung auf dem methodischen Fundament einer naturwissenschaftlich orientierten Psychologie aufgebaut hat (vgl. Meumann, 1907). Zur Einführung in das erste Heft der Zeitschrift „Die experimentelle Pädagogik" hat Meumann im Jahre 1905 geschrieben:

> „Nach meiner Ansicht kann kein Zweifel darüber herrschen, daß die Pädagogik eine selbständige Wissenschaft ist, weil sie ihren eigentümlichen Gesichtspunkt hat, unter dem sie alle Gegenstände ihrer Forschung betrachtet: den Gesichtspunkt der Erziehung und Bildung. Sie kann eben darum auch nicht als angewandte Psychologie oder Ethik bezeichnet werden, denn der Psychologe oder Ethiker als solcher hat es mit den Tatsachen des geistigen und sittlichen Lebens zu tun, nicht mit den Tatsachen der erzieherischen Einwirkung auf dasselbe. Der Psychologe mag noch so wertvolle Beiträge für die Pädagogik liefern, indem er uns einen Einblick verschafft in die psychische Entwicklung des Kindes, wir haben es in der Pädagogik nicht in erster Linie mit der natürlichen Entwicklung des Kindes zu tun, sondern mit dem Eingreifen des Erziehers in diese Entwicklung – die Kenntnis der natürlichen Entwicklungsfaktoren können wir von dem Psychologen entlehnen, gerade jenes pädagogische Problem wie die von dem Erwachsenen beeinflußte Entwicklung vonstatten geht, greift über das Gebiet der Psychologie hinaus" (Meumann, 1905: 7).

Ernst Meumann hat damit eine wichtige und folgenreiche Definition eines bestimmten Modells von pädagogischer Kinderforschung vorgeschlagen. Es gibt aber daneben einen anderen, weniger erfolgreichen Typus, den ich ausführlicher darstellen will, weil er mir hinsichtlich seiner Auffassungen von „Erziehung" und vom Kind besser begründet erscheint. Zunächst aber widmet sich ein Exkurs der Frage, zu welchem Zweck pädagogische Kinderforschung betrieben wird.

Anfänge der (pädagogischen) Kinderforschung 61

Exkurs: Zu welchem Zweck wird pädagogische Kinderforschung betrieben?

Pädagogisches Wissen will zum Verstehen des Kindes beitragen, wie naturwissenschaftliches Wissen zum Verstehen der Natur beiträgt. Soll es aber darüber hinaus auch zur Beherrschung des Kindes beitragen, wie naturwissenschaftliches Wissen zur Beherrschung der Natur beiträgt – von der Genforschung zur Genmanipulation – oder auch zu ihrer möglichen Zerstörung – von der Atomforschung zur Atombombe? Interessanterweise hat in der Epoche der Anfänge der Kinderforschung ein Psychologe die Hoffnung zum Ausdruck gebracht, die Kinderforschung möge doch bitte nicht den Weg der (damals) modernen Naturwissenschaft gehen, und er hat in diesem Zusammenhang auf die Anfänge der Botanik verwiesen. In der ersten Sitzung des Berliner Vereins für Kinderpsychologie sagte Carl Stumpf:

> „Linné hat bekanntlich die Botanik die scientia amabilis genannt, die liebenswürdige Wissenschaft. Dies paßt auf die heutige Botanik weniger, deren Vertreter nicht mehr mit der Trommel aufs Feld spazieren, Herbarien anlegen und Staubfäden zählen, sondern ‚die Kinder des Feldes' mit dem Rasiermesser zerschneiden, bis man nichts mehr sieht als Zellgewebe, oder sie mit Rotations- und Schüttelmaschinen, verkehrter Aufhängung, Erhitzung und Erkältung, Dunkelarrest oder elektrischem Licht statt des lieben Sonnenlichts bearbeiten. Dergleichen tun wir bei unseren Kindern nicht. ... Wir werden daher wahrscheinlich nicht so weit kommen wie die Botaniker – aber soviel ist gewiß: wenn heut irgendeine Wissenschaft den Namen der ‚liebenswürdigen' vor anderen verdient, so ist es die Kinderpsychologie, die Wissenschaft vom Teuersten, Liebsten und Liebenswürdigsten, was wir auf der Welt haben, was wir hegen und pflegen, eben darum aber auch studieren und verstehen müssen" (Zit. in Groos, 1913: 1 f.).

Aus heutiger Sicht hat sich die Kinderforschung nicht, jedenfalls nicht nur im Sinne einer *scientia amabilis* entwickelt, nicht nur als verstehende, sondern auch als zerlegende und auch als manipulative. Was Andreas Flitner für die widersprüchliche Gestalt der Erziehung gesagt hat, das gilt annäherungsweise auch für Ansätze der Kinderforschung:

> „Die sogenannte Entdeckung und Konstituierung der neuzeitlichen Kindheit ist von diesen beiden sozial- und geisteswissenschaftlichen Momenten bestimmt:
> Einerseits von der Entdeckung der Eigenart und Eigenwelt des Kindes, der Kinderpsychologie. Erziehung ist dabei der Versuch, Kinder immer besser zu verstehen, auf sie einzugehen, ihnen bei ihren Entwicklungsschwierigkeiten zu helfen, ihren Weg durch persönliche Hilfe und durch pädagogische Verbesserung ihres Lernens zu erleichtern.
> Die andere Seite dieses selben Vorgangs ist aber die Abtrennung, die soziale und geistige Ausgrenzung des Kindes, seine Vergegenständlichung, an der sich die Pädagogik fleißig beteiligt hat (was ihr heute als ‚schwarze' Überlieferung oder als ‚Kolonialisierung des Kindes' vorgehalten wird). Es ist der Ver-

such, mit Mitteln der modernen Wissenschaft das Kind auf den rechten Weg zu bringen; zu sichern, daß es ein solcher Erwachsener wird, wie die bisherigen Erwachsenen es für richtig halten. Das ‚Verstehen' des Kindes, wenn wir es denn überhaupt so nennen dürfen, wird hier in den Dienst des Lenkens, des listigen Führens und der technischen Bearbeitung des Kindes genommen.

In den selben historischen Bewegungen, in denen uns Kindheit bewußt geworden ist, ist Kindheit auch zugleich bedroht worden. Das neue Wissen vom Kind, das wachsende Verständnis des Kindes hat zugleich auch immer neue Verfügungswünsche in Gang gesetzt" (Flitner, 1984: 124f.).

Die widersprüchlichen Auffassungen von Erziehung – einmal Lenkung und listige Führung, das andere Mal Hilfe – setzt widersprüchliche Bilder vom Kind und von Kindheit voraus: einmal Mangel an Kultur, Wildheit, das andere Mal Eigenwelt und Eigenwert. Diese widersprüchlichen Positionen spiegeln sich auch in Ansätzen der Kinderforschung, allerdings mit Einschränkungen. Denn man kann beispielsweise der experimentellen Pädagogik eines Ernst Meumann nicht vorwerfen, dass sie das Kind vergegenständliche und einer listigen Führung Material und Argumente liefere; das hierdurch erzeugte Wissen dient zweifellos auch dem besseren Verstehen des Kindes, freilich mit der klaren Einschränkung – darin liegt die Abgrenzung gegenüber der Kinder*psychologie* –, dass das Kind im Hinblick auf seine durch erzieherische Einwirkung gelenkte Entwicklung untersucht wird und das hier erzeugte Wissen will auch der Hilfe dienen, einer Hilfe allerdings, die allemal als erzieherische Einwirkung auf das Kind vorgestellt wird.

Ein zweites Modell: Formen und Prozesse der „Selbstausbildung" des Kindes als Gegenstand einer pädagogischen Kinderforschung

Indem die experimentelle Pädagogik dem Bannkreis der Intentionalität im Umgang mit Kindern verhaftet bleibt, transportiert sie Vorstellungen über Entwicklung, Kinder und Erziehung, die schon in ihrer Zeit umstritten waren und die aus heutiger Sicht nicht tragfähig sind. „Entwicklung" wird nämlich nur im Spannungsverhältnis von „natürlicher" und „beeinflusster" (gelenkter) Entwicklung betrachtet; es fehlt die dritte Kraft in diesem Spannungsfeld: die selbstorganisierte, selbstgestaltete Entwicklung des Kindes. Das Kind wird als Objekt der in ihm ablaufenden natürlichen Entwicklungsprozesse sowie als Objekt erzieherischer Einflussnahme betrachtet; es fehlt das Kind als Subjekt, als Akteur, als Mitgestalter seiner Entwicklung; es fehlt die Beachtung der Kraft der Selbsterziehung und Selbstbildung des Kindes.

In der Verbindung dieser in der experimentellen Pädagogik fehlenden Vorstellungen – Entwicklung als Selbstgestaltung, das Kind als Subjekt und Akteur, Erziehung als Selbsterziehung – liegt das Profil eines zweiten Typus der pädagogischen Kinderforschung, deren Anfänge am Beispiel eines einzigen Forschers in Erinnerung gerufen werden soll, der noch dazu kein Pädagoge war. Es gibt indes einige Gründe dafür, dass die Wahl auf Karl Groos, Psychologe und Philosoph (1861-1946) gefallen ist:

- Er hat den anvisierten anderen Typus von (pädagogischer) Kinderforschung mitbegründet, erprobt und auch auf tragfähige Begriffe gebracht.
- Seine Arbeiten, insbesondere seine „Ausgewählten Vorlesungen" über „Das Seelenleben des Kindes", in erster Auflage 1904 veröffentlicht, fallen in die Anfänge der Kinderforschung, die anzusetzen sind im ausgehenden 19. und im beginnenden 20. Jahrhundert.
- Karl Groos hat in seinen Arbeiten an die Traditionen der jungen Wissenschaft der Kinderforschung ausdrücklich angeknüpft, er gehört aber auch zu den wenigen Pionieren in diesem Feld, die bis heute rezipiert werden; insbesondere gilt dies für seine Beiträge zur Erforschung des Spiels.
- Karl Groos hat Wissensbestände und Forschungsperspektiven verschiedener Disziplinen miteinander verbunden, insbesondere der Biologie, Psychologie, Philosophie und Pädagogik, ein fächerübergreifender Zugang, der sich für das Verstehen der kindlichen Entwicklung und Bildung als fruchtbar, wenn nicht unabdingbar erwiesen hat.
- Schließlich lässt sich ein lokaler Bezug geltend machen: Karl Groos war seit 1911 und bis zu seiner Emeritierung (1929) Professor für Philosophie an der Universität Tübingen und hat in Tübingen auch seinen Lebensabend verbracht.

Es ist kein Zufall, dass die wichtigsten Beiträge von Groos zur Kinderforschung das Spiel betreffen. Das Spiel, in der ganzen Vielfalt seiner Formen, stellt diejenige Ausdrucksform des Kinderlebens dar, die in allen Kulturen und Epochen am weitesten verbreitet war und ist und die größte Beachtung erfahren hat. Damit ist freilich noch nichts darüber gesagt, wie Spiel und Pädagogik zusammenhängen und was das Spiel zu einem hervorgehobenen Gegenstand einer *pädagogischen* Kinderforschung werden lässt. Auch Tiere spielen – darüber hat Karl Groos 1896 ein Buch veröffentlicht. Menschen spielen – dazu gibt es ein Buch von Groos aus dem Jahre 1899. Und kleine Menschen, Kinder, spielen. Mit dem Kinderspiel hat Pädagogik viel zu tun, fast zu viel, könnte man argumentieren. Denn mit der Pädagogisierung der Kindheit ist das Spiel immer mehr zu einem Erziehungsmittel bzw. zu einem Medium der Bildung geworden. Das bekannteste Beispiel ist Fröbels Kindergarten mit seinen Spielgaben: Ball, Kugel, Würfel, Walze, Kegel, Legetäfelchen, Stäbchen etc. Es gibt also eine weit entwickelte und verbreitete Spielpädagogik. Aber diese begründet noch lange keine pädagogische Kinderforschung. Im Gegenteil: Wenn Absicht und Einflussnahme ins Spiel kommen, besteht die Gefahr, dass das Spiel seinen Charakter als Eigenwelt und Eigenaktivität des Kindes verliert. Den pädagogischen Kinderforscher – in diesem Fall Karl Groos – interessiert aber gerade die Eigenwelt und Eigenaktivität des Kindes, die in seinem nicht beeinflussten Spiel zum Ausdruck kommt. Karl Groos hat zahlreiche solche freien und spontanen Kinderspiele beobachtet und sie mit verschiedenen theoretischen Deutungsmustern interpretiert. Eines dieser Deutungsmuster, dem er in der Tierpsychologie begegnet ist, hat er besonders herausgearbeitet: die Einübungstheorie. Sie besagt, dass im Spiel sowohl spontan bzw. instinktiv als auch mittels Nachahmung Fertigkeiten und Fähigkeiten eingeübt werden, die für die zukünftige Lebensbewältigung nützlich oder sogar notwendig sind; Bewegungsspiele und Sprachspiele sind Beispiele dafür. Dem Zukunftsbezug des Übungsspiels liegt indes nach Auffassung von Groos keine entsprechende Absicht und kein entsprechendes Bewusstsein beim Kinde zugrunde.

Das Kinderspiel wird also daraufhin untersucht, ob und wie es das Kind zum unbeabsichtigten Erwerb von Fähigkeiten und Fertigkeiten gelangen lässt. Ein Beispiel also für das zweite Modell einer *pädagogischen Kinder*forschung des anderen Typs, für die ich hier eine Lanze breche. *Pädagogische* Forschung, ja, denn der Erwerb von Fertigkeiten und Fähigkeiten wird zum Thema gemacht. Aber eben pädagogische Kinderforschung, denn dieser Erwerb wird als unbeabsichtigtes Nebenresultat der ungelenkten Selbsttätigkeit des Kindes und nicht als beabsichtigtes Resultat erzieherischer Einwirkung vonseiten der Erwachsenen interpretiert. Im Spiel (und in anderen Lebensäußerungen) – so wird hier argumentiert – bringt das Kind selber seine Entwicklung voran; übrigens schließt diese Betrachtungsweise nicht aus, dass im Spiel auch Lust, Kraftüberschuss, Erholung, Katharsis erlebt werden.

Die Mitgestaltung seiner Entwicklung, die das Kind im Spiel (und in anderen Ausdrucksformen des Kinderlebens) vollbringt, hat Karl Groos auf den Begriff „Selbstausbildung" gebracht. Nachdem er im Spiel das wichtigste Medium der Selbstausbildung des Kindes erkannt hatte, hat er die Phänomene und Prozesse der Selbstausbildung in den Gesamtzusammenhang der menschlichen Entwicklung eingeordnet und dazu eine schematische Übersicht vorgelegt (siehe Abbildung).

Auf den ersten Blick wird hier die alte Zweipoligkeit wiederholt: Entwicklung vollzieht sich im Zusammenwirken von natürlicher, biologisch angelegter Entwicklung (bei Groos heißt sie „spontanes Wachstum") einerseits und beeinflusster Entwicklung (Groos bezeichnet sie als „Ausbildung") andererseits. An der Zweiteilung des Pols „Ausbildung" wird jedoch ersichtlich, dass ganz andere Modellvorstellungen zugrundegelegt werden: „Ausbildung" meint nicht Einflussnahme, vielmehr wird sie vom Subjekt her verstanden; Entwicklung geht entweder vom Subjekt selber aus – dieser Teil der Ausbildung heißt „Selbstausbildung" – oder sie geht von der Erfahrung von Einflussfaktoren aus, die außerhalb des Subjektes angesiedelt sind – dieser zweite Teil von Ausbildung heißt daher „Fremdausbildung", aber diese wird eben von ihm, dem Kind, erfahren und aus seiner, aus der Subjekt-Perspektive wird sie betrachtet und untersucht. In seinem Kommentar zum Schema hat Groos diese subjektbezogene Auffassung erläutert: „Ausbildung" sei dasjenige, „was durch individuelle Erfahrung erworben wird". Es ist bemerkenswert, dass im Schema „Selbstausbildung" und „Fremdausbildung" gleichrangig nebeneinander stehen; erst ihr Zusammenwirken begründet alles Erwerben, alles Lernen, und beide zusammen werden dadurch wirksam, dass sie zur Erfahrung des Subjekts werden. Das ist der psycho-

Anfänge der (pädagogischen) Kinderforschung

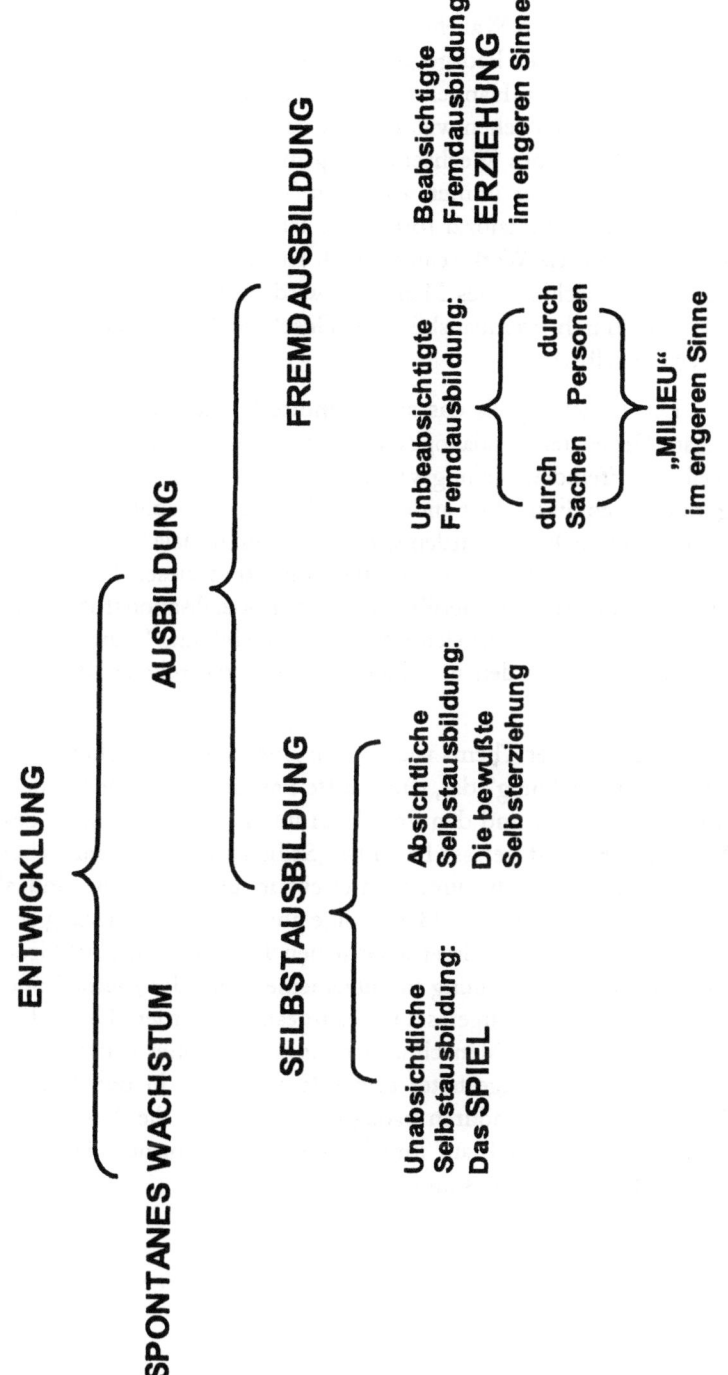

(Karl Groos: Das Seelenleben des Kindes. Berlin 1904, S. 72

logische Blick, könnten wir sagen; denn die Psychologie ist schon immer von sich entwickelnden Individuen ausgegangen, die Pädagogik dagegen vom erzieherischen Handeln. In Wahrheit ist dieser Blick auch im besten Sinne pädagogisch zu nennen, einer Pädagogik angemessen, die sich der Grenzen der Wirksamkeit erzieherischen Handelns bewusst ist und sie als dialogisches Geschehen versteht und gestaltet sehen will. Denn aufs Ganze gesehen hat Groos in seinem Schema ein dreipoliges Wechselwirkungsmodell entworfen, das der Pädagogik wohl vertraut ist, aber immer wieder in Vergessenheit zu geraten droht. Der Mensch, so hat es Pestalozzi formuliert, ist das Werk der Natur, das Werk der Gesellschaft und das Werk seiner selbst. In der Begrifflichkeit von Karl Groos: Die Gesamtentwicklung des Menschen wird bestimmt durch spontanes Wachstum (Natur), durch Fremdausbildung (Gesellschaft) und durch Selbstausbildung (Werk seiner selbst).

Die Erziehung als das angestammte Gebiet der Pädagogik und als der wichtigste Gegenstand pädagogischer Forschung wird im Schema von Groos als ein Teil der Fremdausbildung verortet: Beabsichtigte Fremdausbildung, Erziehung im engeren Sinne. Der andere Teil der Fremdausbildung betrifft Erziehung im weiteren Sinne, heute würden wir sagen „funktionale" Erziehung oder „strukturelle Erziehung" oder auch „Sozialisation", und dieser Teil der Erziehung ist zum Gegenstand einer fächerübergreifenden Sozialisationsforschung geworden; Groos spricht von „unbeabsichtigter Fremdausbildung" durch Sachen und Personen und verwendet den in seiner Zeit sehr verbreiteten Begriff des Milieus (vgl. Busemann, 1927).

Den für unser Thema wichtigsten Ausschnitt des Schemas stellt aber der Faktor „Selbstausbildung" dar, jener dritte Faktor, der im Modell der experimentellen Pädagogik fehlt und den Pestalozzi unter der Bestimmung des Menschen als Werk seiner selbst gefasst hat. Die „Selbstausbildung" wird ebenso wie die „Fremdausbildung" noch einmal unterteilt in unabsichtliche und absichtliche. Die unabsichtliche Selbstausbildung sollte aber – diese Forderung ergibt sich aus einer Radikalisierung der wissenschaftlichen Position von Karl Groos – als das Zentrum der Kinderforschung im allgemeinen und der *pädagogischen* Kinderforschung im besonderen aufgefasst und ausgestaltet werden. Denn damit wird der Mensch – und auch der Mensch in den Anfängen seiner Entwicklung – als Subjekt, als Akteur, als Mitgestalter seiner Entwicklung in den Blick genommen. Kinderforschung wird dadurch pädagogisch, dass sie die Ausdrucksformen des Kinderlebens im Hinblick auf ihre Bedeutung als Formen der unabsichtlichen Selbstausbildung des Kindes untersucht.

Einwände gegen die Zentrierung der pädagogischen Kinderforschung auf Formen und Prozesse der Selbstausbildung des Kindes

Die Forderung, den Gegenstand einer pädagogischen Kinderforschung auf Phänomene und Prozesse der Selbstausbildung zu zentrieren, kann zumindest nach zwei Seiten auf Kritik stoßen: Es lässt sich einwenden, dass damit der typische pädagogische Blick beibehalten wird, der immer auch die Zukunft des Kindes und die Kindheit als Vorstufe des Erwachsenseins ins Auge fasst; die Einübungstheorie des Kinderspiels lässt grüßen. Es ist einzuräumen, dass die sensible und respektvolle Beschreibung der Phänomene des Kinderlebens um ihrer selbst willen, also ohne Versuche ihrer Einordnung in ein Stufen- oder Phasenmodell des Lebenslaufs, die Grundlage aller Kinderforschung bilden sollte. Wollte man aber die Kinderforschung in einem strikten Sinne auf Phänomenologie beschränken und damit folgerichtig auf eine Interpretation kindlicher Lebensäußerungen als Formen der Selbstausbildung verzichten, so wäre eine disziplinäre Zuordnung zur Pädagogik nicht mehr zwingend; sie könnte auch in anderen Wissenschaftsdisziplinen beheimatet sein. Ein zweiter Einwand gegenüber der Zentrierung auf den Aspekt der Selbstausbildung könnte darin bestehen, dass damit die Fremdausbildung des Kindes (Erziehung im engeren Sinne) aus der pädagogischen Kinderforschung ausgeklammert und dadurch das Besondere der Pädagogik, die Reflexion erzieherischen Handelns, verfehlt wird. Hierzu wäre einerseits auf jenen ersten Typus einer pädagogischen Kinderforschung zu verweisen, der am Beispiel der „experimentellen Pädagogik" Ernst Meumanns illustriert wurde: das Kind in der Perspektive seiner beeinflussten Entwicklung. Andererseits könnte die Zentrierung auf Aspekte der Selbstausbildung des Kindes dahingehend ergänzt werden, dass das Zusammenspiel von Fremdausbildung und Selbstausbildung zum Gegenstand gemacht wird, dies jedoch mit dem Interesse an den Formen des Erlebens und Verarbeitens von Fremdausbildung beim Kind. Wir wissen, dass Kinder in ihren Rollenspielen, Zeichnungen und Phantasiegeschichten auch ihre Beziehungen zu Erwachsenen und erlebte Erziehungssituationen symbolisch darstellen. Die Ausdrucksformen des Kinderlebens können in diesem Sinne zu einem Spiegel werden, in welchem Erwachsene die Wirkung ihres erzieherischen Handelns auf das Kind erkennen können. Hier könnte eine pädagogische Kinderforschung ansetzen, die erzieherisches Handeln in der Perspektive des Kindes zum Gegenstand macht (vgl. Liegle, 2000). Das würde dem Ansatz von Karl Groos entsprechen: „Fremdausbildung" als Erfahrung des Kindes.

Ob allerdings die Forderung nach Zentrierung pädagogischer Kinderforschung auf Phänomene und Prozesse der Selbstausbildung des Kindes mit der Auffassung von Karl Groos über das Verhältnis von Kinderpsychologie und Pädagogik übereinstimmt, ist fraglich. Denn als Psychologe hat er den Standpunkt vertreten, die „wissenschaftliche Seelenlehre" liefere „das Material für den Aufbau der Pädagogik" (Groos, 1904: 11). Hier wird also – übrigens ganz im Sinne des Pädagogen Herbart – die Psychologie als Grundlagenwissenschaft für die als Handlungswissenschaft (und Praxis) gekennzeichnete Pädagogik reklamiert. Offensichtlich gilt diese Relationierung auch für das Thema der unabsichtlichen Selbstausbildung des Kindes: Da sie nicht im Zusammenhang mit erzieherischem Handeln steht, gilt sie auch nicht als Gegenstand der Pädagogik, es sei denn im Sinne der Reflexion und Berücksichtigung von Voraussetzungen der Erziehung. Nach Auffassung von Groos (siehe Abbildung), die er vor allem in seiner Spielforschung umgesetzt hat, wird unabsichtliche Selbstausbildung durch zwei Faktoren bestimmt: das „natürliche Wachstum" (dafür stehen zum Beispiel Instinkte bzw. Triebe) und individuelle Erfahrung (z.B. durch Nachahmung). Beide Faktoren ordnet Groos der Entwicklung zu und betrachtet sie dementsprechend als Gegenstand der (Entwicklungs-)Psychologie. „Erziehung" dagegen und „Selbsterziehung" werden als *absichtliche* Fremdausbildung und *absichtliche* Selbstausbildung kategorisiert, und nur diese bewussten und intentionalen Prozesse werden als Gegenstand der Pädagogik betrachtet. Der Unterschied zu meinem Plädoyer für die Zentrierung der pädagogischen Kinderforschung auf Formen und Prozesse der unabsichtlichen Selbstausbildung des Kindes liegt darin, dass bei diesem Plädoyer von einem – im Vergleich zu Karl Groos – weiter gefassten Verständnis von „Erziehung" ausgegangen wird. Danach gilt Erziehung als ein interaktiver und wechselseitiger Prozess, zu welchem das Kind (durch seine Lernfähigkeit, -bereitschaft und -tätigkeit) ebenso aktiv beiträgt wie der Erwachsene (durch sein Verhalten und Handeln). Nach dieser Auffassung von Erziehung wird das, was Groos unabsichtliche Selbstausbildung genannt hat, zu einem wichtigen Gegenstand der Wissenschaft von der Erziehung, freilich mit der Einschränkung, dass sie das Wissen über den einen der beiden Faktoren der unabsichtlichen Selbstausbildung: das natürliche Wachstum, aus anderen Disziplinen (insbesondere Psychologie und Biologie) rezipieren muss.

Exkurs: Selbstausbildung – „natürliche" Entwicklung – Evolution als selbstorganisierter Prozess

In einer Schlussbemerkung zum Schema „Die Gesamtentwicklung eines Menschen" schreibt Karl Groos:

> „Das Leben des Menschen beginnt mit der unabsichtlichen Selbstausbildung, an die sich während der Jugend die Fremdausbildung anschließt, und aus dieser hat die absichtliche Selbstausbildung herauszuwachsen, die für den Weiterstrebenden erst in dem Tode ihren irdischen Abschluß finden kann. Der Lehrer, der sich diese Zusammenhänge vergegenwärtigt, wird das Treiben der Jugend nicht nur mit Interesse, sondern auch mit Ehrfurcht betrachten; denn in dem kindlichen Spiele tritt ihm die große Mutter Natur als Kollegin an die Seite" (Groos, 1913: 85).

Hier ist zwar nicht von Forschung die Rede, sondern von Entwicklung und Erziehung, aber es wird damit eben doch ein Blick eröffnet, mit dem Forschung an die Arbeit gehen könnte und sollte, um sich als pädagogische Kinderforschung zu konstituieren. Das von Groos vorgelegte Entwicklungsmodell kommt der heutzutage vorherrschenden Auffassung über Entwicklung sehr nahe, nicht nur, weil es die Zusammenhänge zwischen ererbten und erworbenen Verhaltensweisen hervorhebt (diesen Zusammenhängen hat Groos im übrigen ein eigenes Kapitel gewidmet) und nicht nur durch seine besondere Beachtung der Rolle der Selbstausbildung, sondern auch darin, dass es den Zusammenhang des ganzen Lebenslaufs ins Auge fasst.

Für heutige Ohren befremdlich mag die Verwendung des Begriffs der Natur im letzten Zitat klingen: „die große Mutter Natur" als „Kollegin" des Lehrers. Daraus, dass der Lehrer der sogenannten „Natur" im kindlichen Spiel begegnet, das Spiel aber im Schema (Abbildung) dem Faktor „Selbstausbildung" zugeordnet wird, lässt sich schließen, dass Groos „Natur" nicht mit „spontanem Wachstum", d.h. ererbten Verhaltensweisen gleichsetzen möchte; vielmehr wirken im Spiel ererbte und erworbene Verhaltensweisen zusammen. Bezogen auf den Naturbegriff legt dies den Gedanken nahe, dass sich die Entwicklung der Natur – auch die Entwicklung der Menschennatur im Kinde – selber hervorbringt, Hervorbringung verstanden als ein aktiver Prozess der Selbstgestaltung, der allerdings an angeborene, also von der Gattung Mensch ererbte Verhaltensschemata anschließen kann. Dass Groos solchen Erwägungen nahegestanden ist, ergibt sich aus seiner Bestimmung der Aufgaben der Kinderpsychologie bzw. der Kinderforschung. Zunächst wird der selbständige deskriptive Wert dieser Forschung hervorgehoben, die Untersuchung von Phänomenen des Seelenlebens der Kinder um ihrer selbst willen. An zweiter Stelle steht eine vergleichende Betrachtung, der an der Erklärung von Unterschieden und Gemeinsamkeiten im Seelenleben des Kindes und des Erwachsenen gelegen ist. Als Drittes aber betont Groos im Anschluss an seine intensive Beschäftigung mit dem Evolutionsdenken seit Darwin die Aufgabe einer „genetisch erklärenden Wissenschaft". Ausgangspunkt für diese Perspektive ist die Feststellung, dass sich aus dem „in mancher Hinsicht so verschiedenen kindlichen Seelenleben ... das Seelenleben des Erwachsenen (entwickelt)" (Groos, 1913: 8). Die geforderte genetische Erklärung wird sodann nach zwei Seiten bestimmt:

„Wir können nämlich durch das Studium der Kinderseele erstens zu erfahren hoffen, wie sich jetzt der erwachsene Kulturmensch entwickelt; und zwar einerseits, wie er sich durchschnittlich und im allgemeinen entwickelt (generell psychologische Betrachtung), andererseits, wie sich im einzelnen die so mannigfaltigen menschlichen Typen und Individualitäten ausbilden (differentiellpsychologische Betrachtung). Insofern haben wir es mit einer ontogenetischen Erklärung zu tun.
Wir können aber auch zweitens die Hoffnung hegen, durch unser Studium mancherlei verbindende Fäden zwischen dem Wachstum der einzelnen Seele und den ersten Anfängen der menschlichen Gattung aufzudecken. Die Annahme, daß eine gewisse Ähnlichkeit zwischen der Einzelentwicklung (Ontogenese) und der Stammesentwicklung (Phylogenese) bestehe, bildete ja schon die Grundlage für die ‚Kulturstufentheorie' der Herbartianer, die den Gang

der Erziehung nach dem Gang der Kulturgeschichte einrichtete. ... (Die Kinderpsychologie) sollte neben der Tier- und Völkerpsychologie dazu berufen sein, die Geheimnisse der geistigen Entwicklung der Menschheit zu ergründen, und umgekehrt sollte das, was wir von jener Gattungsentwicklung wissen, ein helles Licht auf viele Erscheinungen des kindlichen Lebens werfen" (Groos, 1913: 8).

In dieser Perspektive eines Evolutionsdenkens hat Karl Groos seine Einübungstheorie des Spiels entwickelt – gerade hier konnte er die Zusammenhänge zwischen ererbten und erworbenen Reaktionen überzeugend aufzeigen. In dieser Perspektive hat er aber in seinem Buch „Das Seelenleben des Kindes" und in weiteren Schriften auch andere Aspekte der menschlichen Entwicklung untersucht, zum Beispiel die Phantasie, das Urteil und Gefühle.

In der Rede von der „Natur" als Kollegin des erziehenden Erwachsenen bezeichnet diese also Entwicklung im Modus der Selbstorganisation des Lebewesens Mensch, des Kindes; „Natur" verweist auf die Kräfte der Selbstgestaltung, die in der Evolution der Menschengattung ebenso wie in der Ontogenese des einzelnen Menschen angelegt sind. An diese Kräfte hat Erziehung als beabsichtigte Fremdausbildung anzuschließen.

Weitere Themen einer pädagogischen Kinderforschung

Mein Plädoyer dafür, die Formen und Prozesse der unabsichtlichen Selbstausbildung des Kindes ins Zentrum der pädagogischen Kinderforschung zu rücken, soll nicht ausschließend gemeint sein. Dies würde nämlich zur Folge haben, dass die tatsächliche Vielfalt der historischen Anfänge der pädagogischen Kinderforschung (vgl. dazu insbesondere Depaepe, 1993), aber auch die prinzipielle Vieldimensionalität des Phänomens der Erziehung unberücksichtigt bleiben würden. Demgegenüber können und sollten, bezogen auf das Schema von Karl Groos (Abbildung), neben dem Faktor der „unabsichtlichen Selbstausbildung" beide Faktoren der „Fremdausbildung" – die unbeabsichtigte und die beabsichtigte – zum Gegenstand einer pädagogischen Kinderforschung gemacht werden; andererseits kann der Faktor des „spontanen Wachstums" einer *psychologischen* Kinderforschung vorbehalten bleiben, während der Faktor der „absichtlichen Selbstausbildung" nicht mehr dem Bereich der *Kinder*forschung, sondern einer pädagogischen *Jugend*forschung bzw. der *erwachsenen*pädagogischen Forschung zugehört. Entsprechend lässt sich mit Bezug auf die Anthropologie Pestalozzis argumentieren: Pädagogische Kinderforschung kann und sollte nicht allein den Menschen als „Werk seiner selbst", sondern auch den Menschen als „Werk der Gesellschaft" zum Thema machen; denn Erziehung im Sinne sowohl der unabsichtlichen Selbstausbildung als auch der unbeabsichtigten Fremdausbildung ist als ein wesentliches Medium der „Vergesellschaftung" des Menschen zu betrachten.

Mit Blick auf die historischen Anfänge der Kinderforschung lässt sich zeigen, dass die unabsichtliche Selbstausbildung des Kindes keineswegs den Schwerpunkt dargestellt hat. Mein diesbezügliches Plädoyer hat daher nicht mit der tatsächlichen Forschungsentwicklung, sondern mit persönlichen Präferenzen bezüglich der Ausrichtung der pädagogischen Kinderforschung zu tun. Einen gewichtigen Schwerpunkt hat, wie bereits erwähnt, eine pädagogische Kinderforschung gebildet, die den Faktor der „beabsichtigten Fremdausbildung" zum Thema macht; hierzu zählt die „experimentelle Pädagogik" (Meumann); hierzu sind aber auch die Anfänge einer von der *Kinder*-forschung unterschiedenen *Kindheits*forschung zu rechnen, die Kinder als Bevölkerungsgruppe eigener Art und in der Perspektive gesellschaftlicher Maßnahmen für Kinder untersucht (vgl. z.B. Bernfeld, 1925). Ein weiterer Schwerpunkt der pädagogischen Kinderforschung hat in Untersuchungen zum Faktor der „unbeabsichtigten Fremdausbildung" gelegen; hierzu gehören beispielsweise Adolf Busemanns „Pädagogische Milieukunde" (1927), aber auch die von politischer Parteilichkeit inspirierte Studie von Otto Rühle (1911) über das proletarische Kind. Schließlich hat es Beiträge zur pädagogischen bzw. – in ihrem Selbstverständnis – psychologischen Kinderforschung gegeben, deren Themenstellung im Überschneidungsbereich zweier Faktoren, hier: der unbeabsichtigten Fremdausbildung und der unabsichtlichen Selbstausbildung gelegen haben; Beispiele hierfür sind die vorbildlichen Studien von Martha (und Hans) Muchow (1935) über die Großstadt als Lebensraum des Kindes und von Hildegard Hetzer (1929) über Kindheit und Armut; in beiden Studien werden „Milieus" in der Perspektive kindlicher Erlebens-, Lebens- und Verarbeitungsprozesse untersucht.

Ausblick

Die Beschäftigung mit den Anfängen, der historische Rückblick, kann kein Selbstzweck sein. An der Vergangenheit wollen wir die Genese der Gegenwart studieren, wir fragen, wo die pädagogische Kinderforschung fast 100 Jahre nach dem Erscheinen des Buches „Das Seelenleben des Kindes" von Karl Groos steht. Die Wissenschaften (einschließlich der zur Erziehungswissenschaft gewordenen Pädagogik) haben sich seitdem enorm entwickelt, das Wissen über Kinder und die Methoden der Hervorbringung dieses Wissens sind von einem einzelnen nicht mehr zu überschauen. Bei all dem ist die besorgte Feststellung und Frage von Andreas Flitner, die er am Ende der 70er Jahre anlässlich eines Kongresses der Deutschen Gesellschaft für Erziehungswissenschaft in Tübingen vorgebracht hat, aktuell geblieben: „Ein wissenschaftliches Vexierbild ist entstanden mit der Suchaufgabe ‚Wo bleibt das Kind?', nämlich das Kind in seinen alltäglichen, wahrnehmbaren Äußerungen, das Kind als Gegenüber des Erziehers" (Flitner, 1978: 185f.). Die Hoffnung auf eine *scientia amabilis* hatte sich demnach nicht erfüllt. Andererseits haben Andreas Flitner und andere damals, in den 70er und 80er Jahren, an die Anfänge der Kinderforschung ausdrücklich angeknüpft und die vielen Lebensäußerungen des Kindes zum Gegenstand einfühlsamer Untersuchungen gemacht, die dem hier vertretenen Anspruch an eine pädagogische Kinderforschung gerecht werden (vgl. z.B. Fatke, 1983; Fatke & Flitner, 1983; Lippitz & Meyer-Drawe, 1984). In den letzten Jahren ist es zu einem weiteren Neuanfang gekommen; eine jüngere Generation von Forscherinnen und Forschern hat sich daran gemacht, die „Perspektive" des Kindes im Hinblick auf seine Erfahrung der Welt zu untersuchen. Es ist noch einmal eine pädagogische Kinderforschung im Entstehen begriffen, die die Erziehungswissenschaft als liebenswert erscheinen lässt (vgl. z.B. DuBois-Reymond et al., 1994; Krappmann & Oswald, 1995; Leu & Krappmann, 1999; Wilk & Bacher, 1994; Zeiher & Zeiher, 1994; Zinnecker, 1997). Sie bildet ebenso wenig wie ihre Vorgängerinnen am Anfang des 20. Jahrhunderts und in den 70er und 80er Jahren den Hauptstrom der Erziehungswissenschaft. Sie hat aber vielleicht eine größere Chance, Gehör und Verbreitung zu finden. Denn heute wird die Auffassung von Entwicklung als Selbstgestaltung des Kindes und von Erziehung als Selbstausbildung des Kindes gestützt und bereichert durch die Erkenntnisse vieler Wissenschaften, nicht zuletzt der Biologie. Und dennoch: Wir stecken immer noch in den Anfängen einer pädagogischen Kinderforschung.

Literatur

Bernfeld, S.: Sisyphos oder die Grenzen der Erziehung. Leipzig, Wien, Zürich: Internationaler Psychoanalytischer Verlag, 1925

Busemann, A.: Pädagogische Milieukunde. Halle an der Saale: Schroedel, 1927

Depaepe, M.: Zum Wohl des Kindes? Pädologie, pädagogische Psychologie und experimentelle Pädagogik in Europa und den USA, 1890-1940. Weinheim und Leuven: Deutscher Studienverlag, 1993

Dilthey, W.: Fragmente. In: Dilthey, W.: Schriften zur Pädagogik, hrsg. von U. Herrmann. Paderborn: Schöningh, 1971

DuBois-Reymond, M. et al. (Hrsg.): Kinderleben. Modernisierung von Kindheit im interkulturellen Vergleich. Opladen: Leske + Budrich, 1994

Fatke, R.: Die Phantasie beim Kinde. Theoretische Studien und eine Pilot-Untersuchung. Habilitationsschrift Tübingen, 1983

Fatke, R./Flitner, A.: Was Kinder sammeln. Beobachtungen und Überlegungen aus pädagogischer Sicht. In: Neue Sammlung 29(1983), S. 600-611

Flitner, A.: Eine Wissenschaft für die Praxis? In: Zeitschrift für Pädagogik, 24(1978), S. 183-193

Flitner, A.: Über die Schwierigkeit und das Bedürfnis, Kinder zu verstehen. In: Schwartländer, J. (Hrsg.): Die Verantwortung der Vernunft in einer friedlosen Welt. Tübingen: Attempo-Verlag, 1984, S. 123-129

Groos, K.: Die Spiele der Thiere. Jena: Fischer, 1896

Groos, K.: Die Spiele der Menschen. Jena: Fischer, 1899

Groos, K.: Das Seelenleben des Kindes. Ausgewählte Vorlesungen. Berlin: Reuther & Reichard, 1904 (4. durchgesehene und ergänzte Auflage 1913)

Herbart, J.F.: Umriß pädagogischer Vorlesungen. In: Herbart, J.F.: Systematische Pädagogik, hrsg. von D. Benner. Weinheim: Deutscher Studien Verlag, 1997, S. 185-196

Hetzer, H.: Kindheit und Armut. Psychologische Methoden in Armutsforschung und Armuts-Bekämpfung. Leipzig: Hirzel, 1929

Krappmann, L./Oswald, H.: Alltag der Schulkinder. Beobachtungen und Analysen von Interaktionen und Sozialbeziehungen. Weinheim und München: Juventa Verlag, 1995

Leu, H.R./Krappmann, L. (Hrsg.): Zwischen Autonomie und Verbundenheit. Bedingungen und Formen der Behauptung von Subjektivität. Frankfurt am Main: Suhrkamp, 1999

Liegle, L.: Erziehungs- und Lebenssituationen im Erleben des Kindes. In: Neue Praxis 30(2000), S. 92-102

Lippitz, W./Meyer-Drawe, K. (Hrsg.): Kind und Welt. Phänomenologische Studien zur Pädagogik. Königstein/Ts.: Forum Acid. In der Verl.-Gruppe Athenäum, Hain, Hanstein, 1984

Meumann, E.: Zur Einführung. In: Experimentelle Pädagogik 1(1905)

Meumann, E.: Vorlesungen zur Einführung in die experimentelle Pädagogik. Leipzig: Engelmann, 1907

Muchow, M./Muchow, H.H.: Der Lebensraum des Großstadtkindes. Hamburg: Riegel, 1935

Preyer, W.: Die Seele des Kindes. Beobachtungen über die geistige Entwicklung des Menschen in den ersten Lebensjahren. Leipzig: Grieben, 1882

Wilk, L./Bacher, J. (Hrsg.): Kindliche Lebenswelten. Eine sozialwissenschaftliche Annäherung. Opladen: Leske + Budrich, 1994

Zeiher, H.J./Zeiher, H.: Orte und Zeiten der Kinder. Soziales Leben im Alltag von Großstadt-Kindern. Weinheim und München: Juventa Verlag, 1994

Zinnecker, J.: „Stresskinder" und „Glückskinder". Eltern als soziale Umwelt von Kindern. In: Zeitschrift für Pädagogik 43(1997), S. 7-34

Selbst-Bildung in der frühen Kindheit als Verkörperung von Erkenntnistheorie[1]

Gerd E. Schäfer

„Menschliches Leben ist eine philosophische Anstrengung. Jeder Gedanke, den wir haben, jede Entscheidung, die wir fällen, jede Handlung, die wir ausführen, ruht auf so zahllosen philosophischen Annahmen, dass man sie kaum aufzählen kann. Wir bewegen uns in unserer Welt, ausgerüstet mit einer Vielzahl von Vorannahmen über die Frage, was wirklich ist, welches Wissen zählt, wie der Geist arbeitet, wer wir sind und wie wir handeln sollten. Solche Fragen, die aus unseren Alltagstätigkeiten erwachsen, bilden die Grundlage der Philosophie: Metaphysik, Erkenntnistheorie, Philosophie des Geistes, Ethik usw" (Lakoff & Johnson, 1999:9, eigene, freie Übersetzung).

1. Begriffliche Klärungen

Die folgenden Überlegungen gehen davon aus, dass in der Entwicklung eines frühkindlichen Selbst nicht zwischen sozialen und sachlichen Bezügen unterschieden werden kann. Das frühe Selbst entsteht aus Sach- und Sozialbezügen gleichermaßen. Eine Trennung in eine soziale Entwicklung einerseits und in kognitive Entwicklung andererseits, sowie die Verknüpfung der Selbstentwicklung mit der sozialen, ist zwar aus analytischen und forschungsmethodischen Gesichtspunkten möglich und teilweise auch sinnvoll. Doch darf man eine solche Trennung, die dem wissenschaftlichen Interesse entspringt, der frühkindli-

---

[1] Dieser Beitrag ist für mich in wenigstens vierfacher Weise mit Lothar Krappmann verbunden. Zum einen versuche ich – auf meine Weise – eines seiner zentralen Themen für den Bereich der frühesten Kindheit zu denken. Zum Zweiten stellt dieser Beitrag eine bessere Verbindung zwischen einer subjektorientierten und einer sozial orientierten Perspektive her, als es mir in Gesprächen im Rahmen mehrerer Treffen am DJI möglich war. Insofern verstehe ich ihn als einen etwas spät gereiften Nachtrag zu diesen Diskussionen. Zum Dritten greift er ein Thema wieder auf, das in meiner Expertise zum 10. Kinder- und Jugendbericht bereits enthalten war, wenn auch noch unklar und missverständlich formuliert (vgl. Schäfer 1999). Zum Vierten verstehe ich ihn als einen Beitrag zur gegenwärtigen Bildungsdiskussion für den Bereich der frühen Kindheit und damit zu Gesprächen, die wir auf verschiedenen Veranstaltungen in einem kleineren Kreis zu diesem Thema geführt haben.

chen Selbst- und Weltsicht nicht als faktisch unterlegen. Die Ergebnisse einer Säuglingsforschung, welche das kleine Kind in ihren Alltagszusammenhängen beobachtet, legen nahe, dass die Trennung in sachliche und soziale Welt sowie die Entwicklung eines frühkindlichen Selbst erst als das Ergebnis eines Prozesses angesehen werden kann, in dem der Säugling Fähigkeiten erwirbt, die es ihm erlauben, solche Unterscheidungen – bezogen auf unseren Kulturkreis – zu treffen.

Der hier verwendete Selbst-Begriff ist abgeleitet von den Vorstellungen eines Selbst, wie sie bei älteren Kindern und bei Erwachsenen vorhanden sind und unterstellt, dass es so etwas wie Vorläufer dieses Selbst gibt, Prozesse, welche die Entstehung eines Selbstbildes ermöglichen und ihm vorausgehen. Deshalb verwende ich den Begriff des Selbst auch nur als einen Näherungsbegriff.

Die Vorläufer eines sich bildenden Selbst werde ich als einen sich bildenden Körper beschreiben. Damit berücksichtige ich, dass die Selbst-Bildung, von der hier die Rede sein wird, noch nicht die Bildung eines mentalen Selbst-Bildes betrifft, sondern eine individuelle Strukturierung des Körpers ausdrückt, noch bevor dieser Körper Repräsentationen im Sinne von Bildern und Gedanken entwickeln kann.

Wenn man begrifflich davon ausgeht, dass Identität ein reflexives Selbstbild in Verbindung mit sozialen Identitätsentwürfen widerspiegelt, kann auch nicht von einer frühkindlichen Identität gesprochen werden.

In einem weiten Sinn kann man von Selbst-Bildung sprechen, wenn man damit alle Tätigkeiten meint, mit welchen das kleine Kind sich selbst hervorbringt. Spezifischer und enger soll dieser Begriff Prozesse fassen, die dazu beitragen, dass – etwa Ende des zweiten Lebensjahres – das Kleinkind ein Bild von sich selbst entwirft, zu dem es einmal „ich" sagen wird. Da aber alle Weisen, durch welche sich ein kleines Kind mit seiner Welt in Beziehung setzt, letztlich dieses Selbst-Bild mitgestalten, bleibt diese Trennung der beiden Begriffsauffassungen unscharf.

Der Begriff der Selbst-Bildung weist ferner darauf hin, dass ohne die aktive oder wenigstens passiv-reagierende Tätigkeit des Subjekts weder Selbstbilder noch Weltbilder zustande kommen. Er soll jedoch nicht suggerieren, dass Selbstbildung, weder im engeren noch im weiteren Sinn, eine autonome Tätigkeit des Subjekts aus sich selbst heraus sei. Vielmehr dienen die folgenden Überlegungen dazu, deutlich zu machen, dass Selbst- und Welt-Bild bis in körperliche Strukturen durch die biographisch erfahrenen Beziehungen mit strukturiert werden, und zwar im Sinne einer sozialen und kulturellen Ausdifferenzierung, aber auch Einschränkung von Möglichkeiten, die dem Säugling als allgemein menschlichem Wesen, wie auch als spezifischem Individuum mitgegeben sind.

Damit ein Neugeborenes ein Selbst-Bild verbunden mit einem Welt-Bild entwerfen kann, braucht es eine Art Theorie des Erkennens, eine präreflexive Erkenntnistheorie, die bereits in den Körper, sein Wahrnehmen und Handeln eingebaut ist, noch bevor es beginnt, (in einem strengen Sinn) zu denken.[2] Diese verkörperte Erkenntnistheorie geht sicherlich von basalen Mustern aus, die von Geburt an gegeben sind. Diese müssen aber differenziert, weiterentwickelt und erweitert werden, um für den Gebrauch in einem bestimmten soziokulturellen Umfeld zu taugen. Eine präreflexive Erkenntnistheorie wird in dieser differenzierenden Form zu einem Großteil in der Zeit der frühen Kindheit erworben, in der Zeit bevor und in der das Sprechen beginnt, und zwar im dialogischen Austausch zwischen dem Kind und seiner Umwelt. Es sind die subjektiven und zwischenmenschlichen Erfahrungen, welche den Grund für diese, dem Körper einverleibte Erkenntnistheorie bilden. Ich werde im Folgenden einige Überlegungen zu ihrer Entwicklung skizzieren.

Wenn ich den Überlegungen hier einen zeitlichen Entwicklungsablauf unterlege, so suche ich nach einer inneren Logik des Zusammenhangs. Diese muss sich nicht unbedingt an einem klar abgrenzbaren, phasenhaften Entwicklungsablauf ablesen lassen. Sie ist vielmehr ein idealtypisches Konstrukt, welches demjenigen, der sich mit kleinen Kindern beschäftigt, eine Orientierung geben kann. Im Groben stimmt meine phasische Einteilung mit denen von Stern (1992; 1998) und Greenspan (2001) überein, wählt aber einen bildungstheoretischen und keinen entwicklungspsychologischen Fokus als Bezugspunkt. Die zeitliche Linie kann sich im einzelnen Fall möglicherweise anders entwickeln. Überschneidungen im zeitlichen Ablauf, Rückgriffe oder Diskontinuitäten im Einzelfall sollten den Gesamtzusammenhang nicht irritieren. Ich behaupte nicht, so entwickle sich der frühkindliche Selbstbildungsprozess, sondern, so erscheint er als sinnvoll zu ordnender Zusammenhang, der auf wesentliche Aspekte aufmerksam macht, die nach meiner Überzeugung in der frühkindlichen Bildung nicht außer Acht gelassen werden dürfen.

Um die Entwicklung einer präreflexiven Erkenntnistheorie zu beschreiben, orientiere ich mich am Modell der Organisatoren (vgl. Spitz, 1972: 135ff.). Der Stand der Säuglings- und Kleinkindforschung erlaubt gegenüber Spitz eine wesentliche Differenzierung solcher Organisatoren. Für die ersten beiden Lebensjahre werde ich fünf solcher Organisatoren beschreiben: den sinnlichen, den szenischen, den sozialen, den imaginären und den sprachlichen Körper. Eine solche Beschreibung der Entwicklung trägt auch zeitlichen Diskontinuitäten und Ungleichgewichtigkeiten der Entwicklung Rechnung. Zudem erlaubt sie spätere Rückgriffe auf diese Organisatoren der Erfahrung, ohne dass dabei die (vermutliche) Reihenfolge ihrer Entwicklung berücksichtigt werden muss. D.h., wenn die Umstände es erfordern, kann im späteren Leben z.B. auf den Organisator des szenischen oder des imaginären Körpers zurückgegriffen werden, ohne dass dieser Rückgriff in eine bestimmte zeitliche Ordnung mit den anderen Organisa-

---

2 In ähnlicher Weise „enthält" der Körper eines Fisches eine Theorie der Strömungsdynamik, die ihm seine Bewegung im Wasser ermöglicht. Näher begründe ich dies im folgenden zweiten Teil dieser Arbeit.

toren gebracht werden muss; oder, bestimmte Organisatoren können auch als Begabungsschwerpunkte individuell in besonderer Weise ausdifferenziert werden.

In der Beschreibung dieser Organisatoren werde ich vier Aspekte unterscheiden: Objektbeziehungen, welche gleichermaßen Beziehungen zu sachlichen wie sozialen „Objekten" umfassen, Gefühlserfahrungen und Selbsterleben. Viertens werde ich dann den Beitrag dieser Erfahrungen zur Entwicklung einer präreflexiven Erkenntnistheorie zusammenfassen.

Zunächst jedoch werde ich im ersten Teil einige systematische Überlegungen anstellen, welche die Notwendigkeit der Entwicklung einer solchen Erkenntnistheorie genauer begründen können.

2. Systematische Überlegungen zur Notwendigkeit der Entwicklung einer präreflexiven Erkenntnistheorie in der frühen Kindheit

Die Notwendigkeit von Repräsentation

Wir handeln, erkennen, denken auf der Grundlage von Repräsentationen der Wirklichkeit, die wir in und mit unserem Gehirn erzeugen. Zeichen, Symbole, Bilder, Szenen, Geschichten, Handlungsmuster usw. sind solche Repräsentationen. Alles, was wir über die Wirklichkeit erfahren, wird durch das zentrale Nervensystem (ZNS) und seine verschiedenen Leistungen vermittelt. Wir nehmen also Wirklichkeit so wahr, wie sie mit Hilfe des ZNS wahrgenommen werden kann. Außerhalb dieser Möglichkeiten und Begrenzungen wissen wir nicht, was Wirklichkeit ist. Damit wir handeln und denken können, brauchen wir so etwas wie eine zweite Wirklichkeit in uns.

Soll der Begriff des Selbst für die früheste Kindheit einen Sinn enthalten, so muss man unterstellen, dass es auch eine Repräsentation des Subjekts von sich selbst gibt. Meine These wird sein: Bevor das Selbst durch Bilder und Begriffe repräsentiert werden kann, prägt es sich als Körper aus.

Die Strukturierung des Gehirn-Körpers

Das Gehirn bekommen wir nicht ausgebildet mit auf den Weg. Es reift auch nicht einfach selbstständig heran. Ausgehend von basalen, biologisch vorgegebenen Mustern, strukturiert es sich dadurch selbst, dass es in Austausch mit der Wirklichkeit tritt.[3] Was das Gehirn kann, wie es denkt, wie es arbeitet, ist das

---

3   Vgl. Singers Beschreibung einer epigenetischen Entwicklung der sinnlichen Wahrnehmung (1991).

Ergebnis von Lernprozessen: dem Lernprozess der Evolution, den epigenetischen Lernprozessen, dem Lernen in Alltagssituationen und dem bewussten Lernen. Das in diesem Beitrag angesprochene Lernen meint kein Lernen über uns und unsere Welt. Auch die Programme, mit welchen wir „denken", werden von den Erfahrungen mitgeschrieben, die Individuen machen und gemacht haben.[4]

Auch Neugeborene leben ein philosophisches Leben

Es ist die frühe Kindheit, in der die grundlegenden Verfahren erworben werden, mit deren Hilfe ein Mensch die Welt um sich herum wahrnimmt und verarbeitet. In den ersten Lebensjahren erarbeitet sich das Kind die grundlegenden Erkenntnistheorien, die als unbewusste Struktur in das Denken eingebaut werden: Was ist ein Objekt, wie wird es von anderen abgegrenzt? Wie geht man mit Dingen oder Menschen um? Welche Bedeutung haben Emotionen für den Umgang mit Wirklichkeit? Wie unterscheiden sich Gegenstände von lebenden Wesen? Stimmen die subjektiven Wahrnehmungen mit denen der anderen Menschen überein? Oder – auf das Selbsterleben bezogen – was bedeuten die zwischenmenschlichen Erfahrungen eines Kindes für sein basales Erleben von sich selbst? Das sind nur einige der Fragen, auf die kleine Kinder eine Antwort finden müssen, damit sie sich in ihrer Umwelt zurechtfinden können. So gesehen müssen schon die kleinsten Kinder philosophische Fragen lösen, um überhaupt handlungsfähig zu werden. Aber sie lösen diese Fragen nicht durch Nachdenken, sondern auf präreflexive Weise.

Damit man lernen kann, braucht man eine präreflexive Erkenntnistheorie

Was kleine Kinder also lernen müssen, sind nicht nur und nicht in erster Linie Inhalte oder Lernstrategien. Vielmehr müssen sie – darüber hinaus – lernen, ihren Körper und Geist so zu strukturieren, dass sie etwas erkennen und darüber nachdenken können. Sie müssen Verfahren der Umwandlung körperlich-sinnlicher Erfahrung in gedachte Erfahrung entwickeln, Verfahren also, wie man aus Wahrnehmen Denken macht. Dazu brauchen sie in erster Linie keine Lerntheorien, sondern Erkenntnistheorien. Der frühkindlichen Bildung geht es mehr um die Verfahren des Erkennens, also um die Programme, mit denen wir denken und lernen, und erst in zweiter Linie darum, was mit diesen Verfahren und Programmen alles zu lernen wäre. Folglich handelt es sich bei der Bildung eines Selbst um die Bildung von Erkenntnistheorie, mit der man so etwas wie ein Bild von sich selbst entwerfen kann.

---

4   Vgl. Gopnik et al. (1999: 143): „Children reprogram themselves."

Kulturabhängigkeit des präreflexiven Körpers

Die jeweilige Kultur, in der jemand aufwächst, bestimmt mit darüber, in welchem Ausmaß unterschiedliche Handlungs-, Vorstellungs-, Erfahrungsmöglichkeiten ausgebildet werden können. Was das Kind als subjektive Erkenntnistheorie ausbaut, ist also zu einem nicht geringen Teil von dem abhängig, was in seiner Umgebung an Wahrnehmungs-, Repräsentations- und Denkmöglichkeiten gepflegt und zugelassen wird. Ganz augenfällig werden Selbst-Bilder durch den kulturellen Rahmen geprägt.

Spezifische Begabungen des präreflexiven Körpers

Außerdem gibt es individuelle (domänenspezifische) Schwerpunkte in der Ausdifferenzierung von Denk- und Handlungsweisen (vgl. Gardner, 1991; Weinert, 2000). Wir können also davon ausgehen, dass Kinder differenzierte Arten und Weisen entwickeln, wie sie die Welt betrachten, sie sich auf unterschiedliche Weise erschließen.

Die frühkindliche Lebens- und Beziehungsgeschichte bildet die Grundlage der Entwicklung einer präreflexiven, im Körper verankerten Erkenntnistheorie

Die in einem Subjekt verkörperte Erkenntnistheorie teilt also – zum einen – einen allgemeinen Rahmen, der allen Menschen gemeinsam zu sein scheint. Sie wird – zum Zweiten – ebenso geprägt von den Betonungen, Vorlieben, Differenzierungen und Begrenzungen, die für einen Kulturkreis typisch sind. Zum Dritten schließlich wird sie aus den domänenspezifischen, subjektiven Begabungsmustern gebildet. Die frühe Kindheit ist die Zeit, in der diese Rahmenbedingungen entlang den biographischen Erfahrungen zu einer individuellen Erkenntnistheorie ausgestaltet werden. Auch wenn die Rahmenbedingungen von Evolution, Kultur und individueller Genetik vorgegeben sind, so verbinden sie sich auf der Grundlage der Lebensgeschichte doch zu subjektiven Erkenntnistheorien, die innerhalb dieses Rahmens individuell einmalig ausdifferenziert und verkörpert, d.h. körperlich strukturiert werden.

3. Thesen zur Entwicklung einer präreflexiven Erkenntnistheorie in den ersten beiden Lebensjahren

Ordnung und Abgrenzung von Objekten – Die Bildung eines sinnlichen Körpers

Über die Erlebnisweise der ersten Erfahrungen nach der Geburt sind sich die Forscher nicht ganz einig. Die traditionelle Säuglings- und Kleinkindforschung geht eher von undifferenzierten Erfahrungen aus, innerhalb derer der Säugling nicht zwischen sich selbst und seiner Umgebung unterscheiden kann. Die neuere Säuglingsforschung – allen voran Stern und Dornes – betont die von Anfang an gegebene Differenz zwischen Säugling und Umwelt, zwischen Selbst- und Wirklichkeitserleben, auch wenn eine Undifferenziertheit der Wahrnehmungen selbst durchaus zugestanden wird.

Objektbeziehungen

Wir müssen davon ausgehen, dass Neugeborene zwar mit weitgehend funktionierenden Sinnen auf die Welt kommen, in der Vielfalt und Unstrukturiertheit der Sinneseindrücke aber erst die Ordnungen entdecken müssen, die es erlauben, diese Wahrnehmungen zu Objekten und Phänomenen zu ordnen. Deshalb muss das Neugeborene eine erste Orientierung in seinen Gefühlen und Körperreaktionen gegenüber der äußeren Wirklichkeit finden.[5]

Diese sensorische Ordnung erlaubt es nicht nur, Wirklichkeit zu strukturieren, sondern auch die Wiederkehr dieser Strukturierung zu erwarten. Auch frühe Affekterlebnisse bedürfen einer elementaren Strukturierung und werden wieder erwartet.

Diese frühesten Erfahrungen des Säuglings sind amodal organisiert, d.h. der Säugling unterscheidet seine Erfahrungen nicht getrennt nach den Modalitäten der Sinne. Visuelle, akustische, olfaktorische oder körperbezogene Wahrnehmungen werden noch nicht voneinander getrennt, sondern bilden ein einheitliches Wahrnehmungsmuster. Der Säugling kann z.B. problemlos visuelle Eindrücke und die dazu passenden akustischen Wahrnehmungen miteinander verbinden. Genausowenig werden kognitive und emotionale Wahrnehmungsaspekte unterschieden. Über die emotionalen Anteile seines Erlebens trifft der Säugling

---

5 „In der ersten Lernphase, gewöhnlich in den ersten drei bis vier Lebensmonaten, erwirbt ein sich normal entwickelndes Kind also ein mächtiges Werkzeug für die Auseinandersetzung mit der Welt, nämlich die Fähigkeit, seinen Geisteszustand (Original: state of mind) zu regulieren" (Greenspan, 2001: 70/71).

erste Entscheidungen, indem er sich bestimmten Erfahrungsmöglichkeiten zu- und von anderen abwendet.[6]

Gefühlserfahrungen

Nach Winnicott äußern sich die Gefühle des Neugeborenen noch ungebrochen, unstrukturiert und für den außenstehenden Erwachsenen „erbarmungslos", was ausdrücken soll, dass der Säugling im Ausdruck seiner Gefühle auf die umgebende Wirklichkeit noch keine Rücksicht nimmt.[7] In seinem Selbsterleben empfindet der Säugling, so Greenspan, vielleicht so etwas wie eine „globale Lebendigkeit". Das soll heißen, es besteht möglicherweise einfach aus einem vitalen Empfinden zu leben.

Selbsterleben

Den Ausgangspunkt des Selbst- und Welterlebens bildet – nach Winnicott – ein Stadium der Unintegriertheit, in welchem noch keine Notwendigkeit zur Integration verspürt wird (vgl. hierzu insbesondere Winnicott, 1960; 1962; 1963). Nahrungsaufnahme, Füttern, tägliche Pflege, Schlafen verbinden sich zu einzelnen Erlebnisverläufen. Diese bilden die Basis für ein vage empfundenes Ich-in-der-Wirklichkeit. In ähnlicher Weise formuliert dies auch Greenspan. Werden diese Erfahrungen ohne allzu große Störungen gemacht, unterstützen sie ein Gefühl der *Omnipotenz*. Denn durch eine genügend gute Mutterpflege treten das Begehren des Kindes und dessen Erfüllung durch die Mutter nur so weit auseinander, dass das Kind gerade die Möglichkeit hat, so etwas wie Wünsche zu entwickeln. Der Säugling handelt so, als ob ihm auf Wunsch alles zur Verfügung stünde.

Auf der anderen Seite, als Gegenstück zu diesen omnipotenten Empfindungen, steht vielleicht eine namenlose Angst, ein *bodenloses Erschrecken*. Diese tritt ein, wenn das Kind unbewältigbaren Erlebnissen ausgesetzt ist. So gesehen wird bereits ein Hunger, der zu lange andauert, zu einer Grenzerfahrung, die das Fortbestehen, die Lebendigkeit bedroht.[8]

---

6   „ ... dass Kleinkinder die Welt nicht entsprechend den Kategorien unserer akademischen Subdisziplinen erfahren. Das frühkindliche Erleben ist einheitlicher und globaler. Den Säugling kümmert es nicht, in welchem Bereich seine Erfahrungen auftreten. Er nimmt Empfindungen, Wahrnehmungen, Aktionen, Kognitionen, innere motivationale und Verhaltenszustände unmittelbar wahr: als Intensität, Form, Zeitmuster, als Vitalitätsaffekte, kategoriale Affekte, Lust oder Unlust. Dies sind die Grundelemente des frühkindlichen subjektiven Erlebens. Erkenntnisse, Aktionen und Wahrnehmungen als solche gibt es nicht" (Stern, 1992: 102).

7   Vgl. die Unterscheidung von Affekt und Gefühl bei Damasio (1995).

8   Dornes (1993; 1997) und Stern (1992) neigen dazu, solche Erlebnisweisen nur im klinischen Bereich der misslingenden Entwicklung anzusiedeln. Dornes (2000) relativiert diese Einschätzung etwas und versucht, eine Brücke zu klinischen Erfahrungen zu schlagen. Bei einer solchen betonten Trennung zwischen „normal" und „klinisch" bleibt jedoch zu sehr unberücksichtigt, dass auch der Bereich des Normalen ein Schwankungsbereich ist,

Nach Stern hingegen müssten wir eher von einem „auftauchenden Selbst" in einer auftauchenden Welt sprechen.[9] Dabei macht der Säugling

> „viele einzelne Erfahrungen, die für ihn vielleicht von herrlicher Klarheit und Lebendigkeit sind. Er nimmt die mangelnde Bezogenheit zwischen diesen Erlebnissen gar nicht wahr.
> Werden die mannigfaltigen Erlebnisse nun auf irgendeine Weise gekoppelt ..., so erlebt der Säugling das Auftauchen von Organisation ... Die erste Organisation dieser Art betrifft den Körper: seine Kohärenz, seine Handlungen, Gefühlszustände und die Erinnerung an all dies" (Stern, 1992: 73).

Erkenntnistheorie

Die Welt muss also durch das Subjekt erst in eine Ordnung gebracht werden. Das Kind verleiht – mit den Wahrnehmungsmechanismen, welche die Evolution zur Verfügung stellt – den Dingen Konturen, welche sie in voneinander abgrenzbare und damit erkennbare Objekte und Subjekte verwandelt. Indem diese Wahrnehmungsmechanismen in einer bestimmten Umwelt eingesetzt werden, passen sie sich in einer epigenetischen Entwicklungsphase den besonderen Bedingungen der gegebenen Umwelt an. Die individuelle Wahrnehmungsarchitektur des ZNS erfährt dadurch eine weitgehend irreversible Feineinstellung, die mit der jeweils vorhandenen Lebensumwelt korrespondiert (Singer, 1991). Das Kind wird also zuallererst „lernen", wie man Objekte – und dabei auch sich selbst als Subjekt – in ersten Konturen des Wahrnehmens und Selbstempfindens entdeckt.

Dieses In-Ordnung-Bringen ereignet sich jedoch nicht nur zu Beginn des kindlichen Lebens. Es bleibt eine Aufgabe in allen späteren Lebensphasen, wenn ein Mensch mit der Neuheit von Erfahrungen konfrontiert wird, mit Erfahrungsaspekten, die mit seinen bisherigen Mustern der Verarbeitung nicht bewältigt werden können. Ein Stück weit muss auch hier immer wieder Organisation neu geschaffen werden. Dieses Auftauchen von Organisation und globalen Strukturierungen in der frühesten Kindheit wird gleichsam zur Urszene für alle späteren Erfahrungen dieser Art. Die Grammatik ihrer Bewältigung, die zu Beginn des Lebens dafür geschaffen wird, bleibt die Ausgangsstruktur für alle Differenzierungen und Weiterentwicklungen, die in vergleichbaren Situationen

---

der sich zwischen selbstverständlichem Gelingen und Grenzerlebnissen des mehr oder weniger Erträglichen abspielt. Von daher vermute ich, dass solche Erlebnisweisen durchaus vorübergehend und situationsbezogen auftauchen. Der klinische Bereich – wenn er denn abgegrenzt werden soll – unterscheidet sich davon vielleicht durch extremere Erlebnisqualitäten von anhaltenderer Dauer, die das Grundgefühl des Subjekts durchdringen und prägen, d.h. nicht mehr von anderen Erfahrungen aufgehoben oder kompensiert werden können.

9 „Bis zum Alter von zwei Monaten nimmt der Säugling, aktiv ein Empfinden des auftauchenden Selbst' wahr. Es ist das Empfinden einer im Entstehen begriffenen Organisation" (Stern, 1992: 61).

späteren Lebens dafür gewonnen werden.[10] „Jegliches Lernen und schöpferisches Tun nimmt seinen Ausgang im Bereich der auftauchenden Bezogenheit. Nur dieser Erfahrungsbereich hat an der Herausbildung von Organisation, die den Kern des Schaffens und Lernens bildet, teil" (Stern, 1992: 103).

Diese basale Ordnung aller sensorischen und emotionalen Wahrnehmungen, wie auch die daraus folgenden Differenzierungen, sind für jeden Menschen letztlich individuell. Sie liegen wohl innerhalb eines Spektrums, welches für alle menschlichen Individuen gilt. Im Rahmen dieses Spektrums entwickeln sich jedoch individuelle Variationen entlang den persönlichen Erlebnissen und Erfahrungen, die das Individuum im Kontext seines Alltags und seiner Kultur macht, in der es aufwächst.

Diese Aussagen gelten auch für die im Folgenden beschriebenen weiteren Entwicklungen.

Integration von Wahrnehmungseinheiten und Entstehung von Selbstkohärenz – Die Bildung eines *szenischen Körpers*

Objektbeziehungen

Im dritten Monat beginnt der Säugling die Anwesenheit eines anderen zu bemerken. Nicht dass er vorher nichts außerhalb seiner selbst wahrnehmen könnte. Es fragt sich jedoch, ob er „dieses andere" auch als etwas Eigenständiges, als etwas mit eigenen Möglichkeiten und Grenzen empfinden und realisieren kann. Einige Säuglingsbeobachter gehen davon aus, dass das Erleben einer unabhängigen Realität außerhalb des eigenen Selbst erst allmählich entsteht und man zunächst annehmen muss, dass der Säugling zuvor nicht klar zwischen sich und anderen unterscheiden kann, obwohl es unterscheidbare Erfahrungs- und Erlebnisweisen gibt.

Durch die Anwesenheit eines anderen entsteht beim Säugling eine Gerichtetheit. Bezogenheit – als die Steigerung von Gerichtetheit – kann erlebt werden, weil sich die Mutter synchron zu dem verhält, was der Säugling durch seine Körpersprache übermittelt. Der Säugling richtet sich an die Mutter, diese nimmt seine Gerichtetheit auf und bettet seine Handlungen in ihre Bezogenheit ein. In Beziehungen eingefügt, die von der Mutter gestaltet werden, erfahren die Handlungen des Kindes eine Regulierung, die – nach Möglichkeit – vermeidet, dass der Kompetenzrahmen des Kindes dabei überschritten wird. Auf diese Wei-

---

10 „Diese globale, subjektive Welt auftauchender Organisation ist und bleibt der grundlegende Bereich menschlicher Subjektivität. Außerhalb des Gewahrseins schaffte er die Erfahrungsmatrix, aus der später Gedanken, wahrgenommene Formen, identifizierbare Handlungen und verbalisierte Gefühle hervorgehen. Er liegt auch der kontinuierlichen affektiven Bewertung aller Vorgänge zugrunde. Und schließlich wird er zum Urquell schöpferischen Erlebens" (Stern, 1992: 103).

se entstehen „Inseln der Konsistenz, die zusammenwachsen" (Stern, 1992: 144) im Erleben von Wirklichkeit und von sich selbst. Wird dieser kindliche Kompetenzrahmen überschritten, so stehen den „Inseln der Konsistenz" Erfahrungen der Desintegration gegenüber (vgl. Winnicott, 1962: 79).

Gefühlserfahrungen

Gerichtete Emotionen, in das Erleben von Beziehung eingebettet, erfahren dadurch eine Abstufung, eine Verfeinerung. Das Interesse des Säuglings an den Personen, die mit diesen Gefühlen verbunden sind, also den vertrauten Personen seiner Umgebung, wächst. Diese Feinabstufung des Interesses und der Emotionen gelingt da am besten, wo eine Abstimmung der Handlungen der Mutter auf die Möglichkeiten und Erwartungen des Kindes besteht. Wo dies nicht der Fall ist, gibt es wenig Spielraum für die Entwicklung solcher Abstufungen. Es sind also die beginnenden Erlebnisse von Beziehungen und ihrer spezifischen Qualität, die eine Differenzierung von Interessen und Gefühlen herbeiführen.

Selbsterleben

Gelingt Integration, so heben sich Invarianten des Selbst in einer bestimmten Situation als „Inseln der Konsistenz" aus dem Fluss der Ereignisse heraus. Nach Stern wird die Entstehung solcher „Selbst-Invarianten" oder situationsbezogenen Erfahrungsmuster des Selbsterlebens durch die zunehmende Deutlichkeit begünstigt, selbst etwas hervorrufen zu können, also Urheber einer Handlung zu sein. In diese Erfahrung der Urheberschaft gehen die Empfindungen eines motorischen Plans, die Erlebnismuster des Handelns selbst und schließlich die Wirkung sowie ihre Bewertung durch den Säugling (Zu- oder Abwendung) ein (vgl. Stern, 1992: 114).

In solchen situationsbezogenen, szenischen Erlebniseinheiten erfährt sich der Säugling in verschiedenen Modi der Selbstkohärenz: Als Einheit eines Ortes, als Einheit eines dynamischen Bewegungszusammenhanges, als zeitliche Einheit, als Intensitätsmuster und vielleicht auch als Zusammenhang einer Form (vgl. Stern, 1992: 121ff.). Diese in szenischen Zusammenhängen organisierten Momente kohärenten Erlebens sind mit Gefühlsmustern verbunden. Sie werden im Episodengedächtnis[11] gespeichert und bilden die Grundlage eines „Kern-Selbst" (Stern), welches durch die biografischen Erfahrungen weiter ausdifferenziert wird.

Auf der Basis der emotionalen Feineinstellung in den entstehenden Beziehungsmustern und der „Inseln der Konsistenz" kann ein globales Selbstempfinden wachsen, das ein Empfinden von ersten Unterscheidungen zwischen sich

---

11 Vgl. Schacter (2001: 39ff.): „Um als Erinnerung empfunden zu werden, muss sich die abgerufene Information in den Kontext einer bestimmten Zeit und eines bestimmten Ortes einordnen, und wir selbst müssen in der erinnerten Situation als Teilnehmer in Erscheinung treten."

und anderen zulässt, zwischen belebt und unbelebt. Dadurch beginnt das Kind in einer Beziehung zu leben und, wo dies zufriedenstellend möglich ist, wird ein Empfinden von Intimität und Nähe erreicht. Das Gefühl von Lebendigkeit des Selbst erweitert sich um affektive Übereinstimmung und Harmonie.

Erkenntnistheorie

Unter einem erkenntnistheoretischem Blickwinkel verbindet sich diese Zeit bis etwa zum sechsten Lebensmonat mit dem Zusammenspiel von Wahrnehmungen, Empfindungen und sich differenzierenden Gefühlen und der damit zusammenhängenden Möglichkeit, kohärente Erlebnis-, Erfahrungs- und Selbsteinheiten aus dem Fluss der Ereignisse heraus zu gliedern. Sie werden als szenische Erinnerungsmuster im Episodengedächtnis gespeichert. Dadurch wird es möglich, diese oder eine vergleichbare Erfahrungseinheit wieder zu erwarten. Wann aber eine Handlung beginnt oder zu Ende geht, kann das kleine Kind aus der Dynamik der Empfindungen und Gefühle, welche die kindliche Wahrnehmung der Szene bewirkt, herauslesen. Solche szenischen Zusammenhänge sind jedoch für das Kind nicht erkennbar, wenn sensorische Wahrnehmung und Gefühl nicht zusammenpassen und zusammenwirken. Die Entwicklung eines szenischen Körpers erfordert also vom Säugling erstens eine Integration von Handlungszusammenhängen mit Gefühlsmustern, zum Zweiten die Integration der möglichst dazu passenden Handlungen und Gefühle der Person der Mutter, sowie zum Dritten die wechselseitige Regulierung von beiden.

Austausch und Synchronisation – Die Bildung eines *sozialen* Körpers

Objektbeziehung

> „Während das gestische Repertoire des Kleinkindes reichhaltiger wird, beginnt es, in seinem eigenen Verhalten und in dem anderer Muster zu entdecken. Gewöhnlich reagiert Mama auf seine freundliche Bitten, aber nicht, wenn sie schlecht gelaunt ist. Papa tobt gern mit ihm herum, singt aber nicht gern Schlaflieder. Oma ist bei weitem nicht so streng wie Papa und Mama" (Greenspan, 2001: 86 f.).

Auf der Basis solcher Muster stellen sich in der zweiten Hälfte des ersten Lebensjahres dann die Anfänge eines interaktiven Austausches ein. Der Hauptunterschied zur Zeit davor besteht darin, dass zunehmend der Säugling selbst aktiv diesen Austausch anstößt und vorantreibt. Obwohl weder Symbole noch Sprache zur Verfügung stehen, beginnen Babys in der zweiten Hälfte des ersten Lebensjahres mit Mimik und Gestik einen präverbalen Dialog zu führen. Dialogische Momente sind wohl in den Mutter-Kind-Beziehungen von Anfang an vorhanden (Brazelton & Cramer, 1991; Papousek, 1994). Doch sie beruhen weitgehend auf der Entzifferung des Babyverhaltens durch die Mutter. Nun aber geht es auch darum, dass das Kind seinerseits mit seinen präverbalen Mitteln stärker von sich aus den Dialog mitgestaltet.

Dieser Dialog wird dadurch möglich, dass der „Säugling entdeckt, dass er ein Seelenleben besitzt und dies auch auf andere Personen zutrifft. Zwischen dem siebten und neunten Monat gelangen Säuglinge allmählich zu der folgenschweren Erkenntnis, dass die innerlichen subjektiven Erfahrungen, der Inhalt ihrer Gefühle und Gedanken, unter Umständen mit anderen geteilt werden können" (Stern, 1992: 179). Diese zwischenmenschliche Bezogenheit lässt sich an der gemeinsamen Ausrichtung der Aufmerksamkeit und an der gemeinsamen Ausrichtung der Intentionen von Mutter und Kind erkennen. Sie führt zu dem, was als „social referencing" beschrieben wird. Das Kind, das in einer „Situation unsicher wird, schaut ... zur Mutter hin, um an ihrem Gesicht abzulesen, was sie empfindet; es will im Grunde sehen, was es selbst empfinden sollte, sucht nach einer zweiten Beurteilung der Situation, die ihm aus seiner eigenen Unsicherheit heraushelfen könnte" (a.a.O.: 189). Auf diese Weise wird die affektive Interpretation eines Geschehens zwischen Mutter und Kind aufeinander abgestimmt. Genauer: „Die Entsprechung wird nicht zu dem Verhalten an sich hergestellt, das die andere Person zeigt, sondern zu einem bestimmten Aspekt des Verhaltens, in dem sich der Gefühlszustand dieses Menschen widerspiegelt" (a.a.O.: 203.).

Gefühlserfahrung

Dieses Erkennen der typischen Muster in der Außen- und der eigenen Innenwelt setzt ein verfeinertes Erleben sowie eine größere Sicherheit im Aushalten der eigenen Gefühlswelt voraus. Wo die Umwelt durch überschaubares Verhalten diese Sicherheit noch unterstützt, kann sie das Kind – auch über räumliche Trennungen von Mutter oder anderen vertrauten Personen hinweg – erhalten und sein emotionales Erleben weitgehend eigenständig balancieren. Das soziale Band, das die Aktionen des Kindes leitet, verlängert sich allmählich. Es ermöglicht zunächst die Distanz im gleichen Zimmer, später dann auch in verschiedenen – wenn die Türe offen ist.[12]

Wo sich ein solcher interpersonaler Austausch einfindet, können auch die Grenzen zwischen dem frühkindlichen Subjekt und seiner umgebenden Welt, wie auch die Grenzen zwischen den Subjekten deutlicher wahrgenommen und akzeptiert werden. Diese Grenzerfahrungen sind nicht nur soziale oder kognitive, sondern auch emotionale Erfahrungen. Sie können sich mit Angst oder auch Enttäuschungen verbinden, oder auch emotionale Rückzüge hervorrufen. Im

---

12 Allein sein mit anderen, hat Winnicott (1958) diese Fähigkeit genannt. Das bedeutet, das Kind kann sich mit sich und seinen Dingen beschäftigen, ohne dass es dabei das Gefühl hat, dass seine Beziehungen zu den anderen ihm während dieser Zeit verloren gehen. Umgekehrt ermöglicht ihm diese Sicherheit auch, sich selbst in der Anwesenheit anderer so abzugrenzen, dass es sich mit etwas anderem einlassen, sich an etwas anderes verlieren kann und nicht damit beschäftigt sein muss, seine Beziehungen zu den wichtigen Personen seiner Umgebung ununterbrochen aufrechtzuerhalten.

günstigen Fall jedoch bieten sie einen lustvollen Ansporn zu neuen Eroberungen. In dem Maße werden dabei positive Emotionen überwiegen, in dem die Erfahrung des Kleinkindes wächst, dass seine Aktionen dort, in den äußeren Teilen der Wirklichkeit, Wirkungen hervorrufen, die es befriedigen. Dass die Trennung zwischen der subjektiven Welt des Kindes und seiner Umwelt nicht gleichbedeutend mit Macht- oder Wirkungslosigkeit ist, erleichtert das Akzeptieren der getrennten Welten und die Bewältigung der damit verbunden Angst vor der Fremdheit.

Die individuelle, emotional bewertete Erfahrung des interpersonellen Austausches, der Abgrenzung oder der Beziehung bleibt als „gelebte Erfahrung", als „Erfahrung des Zusammenseins" (Stern, 1998, insbes. Kap. 5: 102ff.) in Erinnerung. Genauer wird man wohl sagen müssen, sie strukturiert den Gehirnkörper, indem sie ihm neue Erfahrungsdimensionen öffnet, andere, die im Kontext der gelebten Erfahrung keine Rolle spielen, jedoch ausblendet. Die vielfachen Übereinstimmungen von Mustern gelebter Erfahrung, über unterschiedliche Situationen hinweg, führen letztlich dazu, dass die in diesen Mustern bevorzugten Erlebnis- und Verhaltensweisen weiter ausgearbeitet, die dabei immer wieder ausgeblendeten jedoch zunehmend zum Schweigen gebracht werden. Sie erhalten „keine Stimme". D.h., sie gehen in die körperlichen, gestischen, stimmlichen oder verbalen Dialoge auch versuchsweise nicht mehr ein. Sie werden zu etwas, worüber das Kind in jeglicher Hinsicht schweigen muss.

Selbsterleben

Bezogen auf die Erfahrung eines Selbst geht es nun ebenfalls um Patterns der Selbstwahrnehmung. Situative Verhaltensweisen schließen sich zu Verhaltensmustern in typischen Situationen zusammen. Das Kind, das ärgerlich ist, und das Kind, das sich freut, empfindet sich nicht mehr als zwei „unterschiedliche Kinder", sondern beginnt ein Selbstempfinden zu entwickeln, das die verschiedensten – auch gegensätzlichen – Selbstaspekte und Selbstempfindungen umfassen kann (vgl. Greenspan, 2001, insbes.: 93ff.).

Darüber hinaus erweitert sich das kindliche Selbst durch eifrige Beobachtung seiner sozialen Umwelt und vor allem durch deren Imitation. Damit unterstützt es seine Fähigkeit zur Empathie. Über die Imitation versetzt es sich in andere hinein und verlebendigt deren Verhaltensmuster und die daran geknüpften Gefühle in sich selbst. Indem es eine Zeit lang ein anderer als es selbst sein kann – z.B. in Imitationsspielen –, gewinnt es auch Distanz zu sich selbst und vermag sich selbst auch von außen wahrzunehmen.

Das Selbstempfinden auf dieser Stufe könnte man mit Greenspan als ein „Patchwork-Self" umschreiben: Es gibt eine Reihe integrierter Erfahrungen von sich und dem eigenen Handeln in der Umwelt. Aber besonders dann, wenn diese Erfahrungen nicht von gleicher oder ähnlicher emotionaler Tönung sind, werden sie nicht von vornherein als identisch mit einem Selbst erlebt, das verschiedene, auch gegensätzliche, Dimensionen umfasst. Damit verbinden sich die ersten

Ansätze eines kindlichen Selbst, das sich als ein Subjekt erlebt.[13] Stern spricht deshalb in dieser Phase vom „Empfinden eines subjektiven Selbst" (Stern, 1992, Kap. 6 und 7: 179ff.).

Dabei bleibt dieses Wollen noch völlig in die kindlichen Handlungsweisen oder seine Mimik eingebunden: Es zeigt, was es will, durch seine motorischen Aktionen.[14]

Erkenntnistheorie

> „Es ist klar, dass die interpersonale, durch Abstimmungen geschaffene Gemeinsamkeit eine wichtige Rolle dabei spielt, dass das Kind innerliche Gefühlszustände als Formen des menschlichen Erlebens kennen lernt, die man mit anderen Menschen teilen kann. Auch das Gegenteil trifft zu: Gefühlszustände, auf die sich nie ein anderer Mensch einstimmt, wird man nur allein, isoliert vom interpersonalen Kontext mitteilbarer und potentiell gemeinsamer Erfahrungen, erleben. Auf dem Spiel steht dabei nichts Geringeres als die Gestalt und die Größe des gemeinsam mit den Anderen erlebbaren inneren Universums" (Stern, 1992: 217).

Die so erworbenen Möglichkeiten eines präsymbolischen Austauschs, wie auch ihre Grenzen, werden lebenslang für die Einschätzung und Abstimmung zwischenmenschlicher Prozesse benötigt.

Unter erkenntnistheoretischem Aspekt wird in dieser Entwicklungsphase also sichergestellt, dass die kindliche Interpretation der Wirklichkeit und des Erlebens mit der sozialen Umgebung abgestimmt werden kann, während sie gleichzeitig individuell als stimmig erlebt wird. D.h., im Falle des überwiegenden Misslingens solcher wechselseitigen Abstimmung – z.B. dann, wenn sich die Figur der Mutter nicht genügend empathisch auf das Erleben des Kindes einlässt und dann etwas zurückspiegelt, was vom Kind als nicht stimmig mit seinem eigenen Erleben erfahren wird – entsteht ein Zweifel, ob die Deutungen der subjektiven Erfahrungen dem sozialen Umfeld auch vermittelt und mit diesem in Übereinstimmung gebracht werden können.

---

13 „Jetzt ist nicht nur ein Wunsch da, etwas zu tun, sondern auch ein ‚Ich' – oder zumindest ein Teil von einem ‚Ich' –, das es tut. Durch die Kombination von Wollen und Tun erlebt das Baby erstmals diese rudimentären Bruchstücke seiner selbst"(Greenspan, a.a.O.: 83).

14 „Eine Aktion definiert ein Verlangen genauso, wie später ein verbales Symbol eine Idee definieren wird; sie stellt die erforderliche Form oder Struktur bereit, um die Absicht aus der inneren Welt der Subjektivität des Babys in die äußere Welt der interpersonalen Objektivität zu befördern. Ohne solche definierenden Aktionen könnte der potentielle Wunsch nicht zu einem unabhängigen Wunsch oder einem unabhängigen Verlangen werden" (Greenspan, a.a.O.: 84).

Frühe Muster der Welt- und Selbsterfahrung – Die Bildung eines imaginären Körpers[15]

Objektbeziehungen

Etwa im Alter zwischen zwölf und achtzehn Monaten, immer noch nicht der Sprache mächtig, kann das Kind Muster eigenen und fremden Verhaltens erkennen bzw. unterscheiden. Das Kind weiß, was die Mutter gewöhnlich tut, was sie nicht tut, wer wie streng oder nachgiebig ist, was ein bestimmtes Verhalten nach sich zieht. Es setzt sich auch selbst in Beziehung zu solchen Verhaltensmustern und weiß, was es mit wem tun oder nicht tun kann.

Genauso werden die jeweiligen Gegebenheiten der sachlichen Umwelt unterschieden. Das Kind kennt die Dinge, die ihm täglich begegnen, hat Verhaltensmuster, wie es/man mit ihnen umgehen kann, hat Vorstellungen, wozu es sie gebrauchen kann, ob sie als Spielzeug taugen oder tabu sind.

Auch emotionale Muster werden erkannt und in ihrer Bedeutung eingeordnet. Was gefährlich ist oder Angst erzeugt, wird gemieden, das Angenehme, das Faszinierende gesucht, Freundlichkeit von Ärger geschieden. Im Verlauf des weiteren Lebens werden diese Fähigkeiten nicht nur beibehalten, sondern auch noch weiter differenziert, unabhängig von den sprachlichen Entwicklungen. Sie ermöglichen einen ersten emotionalen Eindruck von Situationen, unabhängig davon, mit welchen Wörtern sie verbunden werden.

Über die Entzifferung der Muster des eigenen und fremden Verhaltens und über deren emotionale Bewertung, wie sie durch den konkreten Erfahrungszusammenhang ausgelöst werden, fügt sich das kleine Kind, noch vor jedem sprachlichen Austausch und jeder Form von Begründung, in die grundlegenden Werte, Normen und Einstellungen der Kultur ein, die es umgeben.

> „Mit diesem Übersinn beobachtet es, wie die Menschen seiner Umgebung ihr tägliches Leben führen, und entziffert den Subtext, der ihren emotionalen Reaktionen auf Alltagsereignisse zugrunde liegt. Ihr Verhalten liefert einen stillschweigenden, aber äußerst freimütigen laufenden Kommentar auf einer Skala von Zustimmung, Missbilligung, Ärger, Erregung, Glück und Furcht. Indem es Hinweise aus diesem Subtext auffängt, lernt das Kind eindrücklicher und genauer als durch irgendeine Sprache, was gut und was schlecht ist, was man tut und was man nicht tut, was in der sozialen Welt, in der es lebt, akzeptabel und inakzeptabel ist" (Greenspan, 2001: 91).

Auf diese Weise bilden die Muster des „Zusammenseins mit anderen" die Basis späterer, zunehmend auch abstrakter erfassbarer Orientierungsmuster, die für neue Situationen verwendet werden können.

---

15 Entspricht in etwa Greenspans Stufen 4 und 5. Bei Stern gibt es hier keine Entsprechung. Er überspringt diesen Zwischenbereich und kommt gleich zum „verbalen Selbst".

Durch eifrige Beobachtung seiner sozialen Umwelt und durch deren Imitation weitet das Kind seine eigenen Möglichkeiten auch weiterhin aus. Aber es geht nicht mehr nur um die Nachahmung anderer Verhaltensweisen, sondern auch um ein Verbinden mit eigenen Erlebnisanteilen, ein praktisches Ausprobieren, Simulieren und Variieren und Gestalten neuer, möglicher Verhaltens-, Erlebens-, Vorstellungs- oder Denkmuster. Diese Einbettung des nachgeahmten Verhaltens in die Erfahrungszusammenhänge der eigenen Biographie, seine individuelle Ausgestaltung sowie den spielerisch-experimentellen Umgang damit umschreibe ich mit dem Begriff des mimetischen Verhaltens.[16] Es entfaltet sich mit dem Beginn des zweiten Lebensjahres in besonderer Weise im kindlichen Spiel. Dieses bildet den wohl wesentlichsten Erfahrungsraum für die Bildung des imaginären Körpers.

Gefühlserfahrungen

Im Bereich des Gefühlserlebens und Gefühlsausdruckes prägen sich nun deutliche individuelle Profile aus. Kinder suchen die Felder ihrer bevorzugten Erlebnisweisen auf und entwickeln dort fortlaufend neue Erfahrungsbereiche weiter, während sie anderen „aus dem Weg gehen", was wörtlich zu verstehen ist, sobald sie laufen können. Dies geht einher mit der sozialen Ausdifferenzierung der Empfindungs- und Gefühlsbereiche. Dabei sind mannigfaltige Mischungen möglich: Individuelle Stärken und Vorlieben finden in Kultur und sozialem Umfeld keinen Widerhall. Wenn die individuelle Vorliebe und die Potenz sich nicht von sich aus sehr stark durchsetzen, dann verkümmern sie vielleicht. Sind sie stark und entfalten sich auch ohne äußere Unterstützung, können Konflikte vorprogrammiert sein, wenn das Umfeld sich gegen sie abschottet. Oder die Vorlieben des sozialen Umfeldes finden keine oder wenig Resonanz in den Möglichkeiten des Kindes. Je nachdem, für wie wichtig dieser Bereich gehalten wird, mag auch dies Anlass zu mehr oder weniger großen Problemsituationen geben. Oder, ein anderer klarer Fall, individuelle Abneigungen und Schwächen treffen sich mit sozialem Desinteresse des sozialen Feldes. Dann können ganze Bereiche des Wahrnehmens, Empfindens, Erlebens aus dem Erfahrungsbereich ausgeblendet werden. Die Sprache der Zärtlichkeit und der Liebe ist von diesem Zusammenspiel genauso abhängig, wie die der Ablehnung, Aggression oder des Hasses. Es mag sein, dass jemand Hunderte von Weisen der Zuwendung, Beziehung oder Zuneigung entwickeln kann, aber keine Möglichkeiten der Ablehnung, der Abgrenzung oder der Äußerung von Aggression entwickelt, oder sich in diesem Bereich auf nur wenige, archaisch erscheinende Grundmuster beschränkt sieht. Solche einmal etablierten Schwerpunktsetzungen und Ausblendungen sind später – wenn überhaupt – nur mit großem Aufwand (z.B. in einer Psychotherapie) zu verändern. Sie prägen das emotionale Erkenntnismuster dauerhaft, und dies umso mehr, je mehr sie im Verlauf der weiteren Entwicklung bestätigt werden.

---

16 Dabei beziehe ich mich auf den von Wulf pädagogisch explizierten Begriff der Mimesis. Vgl. insbes. Wulf (1997).

Es kann bei dieser Entwicklung schon sehr frühzeitig auch zu grundlegenden Missverständnissen kommen, nämlich dann, wenn die individuellen, emotionalen Muster des Kindes von den Eltern – oder häufiger, von einem Elternteil – als fremd erlebt werden. Alltagssprachlich drückt man das als eine Unverträglichkeit der Charaktere oder Temperamente aus.

Die so im sozialen Miteinander ausgehandelten und anerkannten emotionalen Muster werden dann für das weitere Leben als eine Art Radar benutzt, mit dem man sich im sozialen Zusammenleben orientiert, noch bevor die Bedeutung der Situation sprachlich erfasst und reflektiert werden kann.[17] Man muss allerdings einräumen, dass dieses Sinnesorgan emotionaler Wahrnehmung prinzipiell weiter differenziert werden kann. Wo dies jedoch vom sozialen Umfeld nicht für wesentlich erachtet wird, kann es grob und unentwickelt bleiben. Es gibt dann auch Anlass zu Missverständnissen, Unsicherheiten und Widersprüchen gegenüber dem kognitiv-rationalen Denken.

Schließlich muss festgehalten werden, dass – unter der Leitung der Emotionen und ihrer Differenzierungen – Denken und Handeln integriert werden. Darauf weist insbesondere die neuere Neuroforschung hin (insbes. Damasio, 1995). Auch Greenspans Untersuchungen zum Autismus legen einen solchen Zusammenhang nahe (Greenspan, 2001: 91ff.).

Selbsterleben

> „Mit zwölf bis dreizehn Monaten existiert dieses Selbst noch in getrennten, wenn auch ziemlich großen Teilbereichen. Das glückliche ‚Ich' hat das neugierige und forschende und selbstbewusste ‚Ich' subsumiert, ist aber noch recht weit von dem wütenden oder traurigen ‚Ich' entfernt." (Greenspan, 2001: 95)

Allmählich wachsen aber die Inseln eines situationsbezogenen Selbsterlebens zusammen. Gemeinsamkeiten zwischen unterschiedlichen Situationen werden erfahren, genauso wie differenzierende Unterschiede. Sie finden zu den spezifischen Qualitäten eines Ich zusammen, das sich in unterschiedlichen Situationen wieder erkennt, auch wenn es unterschiedlich gefärbt erscheint.

---

17 „Für den Rest des Lebens werden wir diese Fähigkeit als eine Art Radar benutzen, um uns im sozialen Universum zu bewegen; ihm verdanken wir die unausgesprochenen Eindrücke, die die erste und oft zuverlässigste Einschätzung der Gefühle und Absichten anderer bilden und die uns jenseits aller Worte die emotionale Bedeutung einer Begegnung erkennen lassen. Die intuitive Fähigkeit herauszubekommen, was hinter einem menschlichen Austausch steckt, affektive Hinweise aufzufangen, noch ehe ein Wort gefallen ist, und ihre Bedeutung zu verstehen, funktioniert schließlich wie eine Art Sinnesorgan. Sie wird sogar zu einer Art ‚Übersinn', der Elemente aller anderen Sinne in sich aufnimmt und uns befähigt, augenblicklich Einschätzungen zu treffen und unsere Reaktionen darauf abzustimmen. Erst dadurch wird gesellschaftliches Leben möglich" (Greenspan, a.a.O.: 91).

"Die vierte Stufe ist dauerhaft erreicht, wenn durch das Zusammenbringen vieler Intentionen und Affekte immer größere Teile des Selbst zu einer Einheit verschmelzen. Diese Organisation ergibt sich aus dem Handeln. Das Kind kann seinen Ärger mit seinem Glücksgefühl verbinden, wenn es beides innerhalb einer Handlungsepisode erlebt" (Greenspan, 2001: 97).

Erkenntnistheorie

Bei der Bildung des imaginären Körpers lösen sich die „Muster des Zusammenseins" zunächst zunehmend aus ihrem situationsbezogenen Kontext. Erinnerte Muster dienen als Leitfaden, um neue Situationen einzuordnen und einzuschätzen. Wir finden zwar noch kein reflexives Bewusstsein, aber ein Bewusstsein als Wahrnehmung von Gefühlen, Verhalten, Handlungen. Wo diese Form des Bewusstseins nicht gut ausgebildet ist, hängt später auch das reflexive Bewusstsein gleichsam in der Luft, kann sich nicht auf selbst erfahrene und selbst geklärte Wahrnehmungen beziehen, sondern muss sich dem Zeugnis anderer überlassen. Imitation ermöglicht einen Blick auf die Welt aus einer anderen als der persönlichen Perspektive. Distanz zu sich selbst und Empathie haben hier ihren Ursprung. Aber das sind alles nur Merkmale, die den entscheidenden Wendepunkt des imaginären Körpers als Organisator erst ermöglichen.

Bezüglich der Erfahrung mit der Welt der Objekte kommt ebenfalls eine neue Dimension des Erlebens hinzu: Gegen Ende des ersten Lebensjahres reagieren Kinder auf unbekannte Situationen nicht mehr nur unmittelbar, sondern zögerlich, wie wenn ihnen etwas durch den Kopf ginge, das erst entschieden werden müsste. Sie blicken zur Mutter, und wenn diese nicht eingreift, sondern freundlich zugewandt bleibt, ergreifen sie vielleicht den gewünschten Gegenstand und stecken ihn in den Mund. Winnicott (1941) verbindet dieses Zögern des Kindes mit dem Entstehen von Be-Denken, die sich damit beschäftigen, ob man diesen Gegenstand ohne etwas befürchten zu müssen, ergreifen kann, also mit einer Art innerer Vorwegnahme, die mögliche Folgen in der Vorstellung aufkommen lässt. Man muss also Formen einer mentalen Repräsentation annehmen, die eine Art Vorwegnahme der Situation erlaubt, ohne sie bereits mit einem Denken im strengeren Sinne zu identifizieren.

Von nun an braucht das Kind auch eine Begleitung, die ihm die Möglichkeit zu dieser Be-Denklichkeit gibt, es nicht zu schnellen – und damit vielleicht vorschnellen – Lösungen dieses Nachdenkens vorantreibt, eine Begleitung, die Zeit lässt zur „Vollendung von Prozessen" (Winnicott, 1960: 56), die sich im Kind abspielen, auch wenn man nicht genau weiß, welche Prozesse dies sind. Eine geduldige Zurückhaltung der Erwachsenen, welche die Ungewissheit darüber aushalten kann, was im Kind vorgeht, muss also ein solches Zögern des Kindes begleiten und helfen, es so zu verlängern, dass das Kind seinen Verarbeitungs- und Denkprozess im eigenen Rhythmus erfährt, vorantreibt und beendet.

Die Muster der Selbst- und Welterfahrung sowie die Muster der Imitation dienen der Imagination, Phantasie und dem Spiel als Ausgangspunkt (vgl.

hierzu Piaget, 1975). Mimetisches Sich-Anverwandeln, Imagination, Phantasie und Spiel werden nun zu einem wesentlichen Teil der Wirklichkeitserfahrung und des Umgangs mit ihr. Entscheidend dabei ist, dass sich über diese Prozesse ein (innerer und äußerer) Raum der Simulation öffnet, in dem das Kind das, was es bisher erfahren und als Erfahrungsmuster in sich gespeichert hat, in neuer und individueller Weise zusammensetzen kann. Es entsteht damit die Möglichkeit, nicht nur die konkret erfahrenen Zusammenhänge zu denken, nicht nur die Muster der Vergangenheit in die Zukunft hinein zu erwarten, sondern mit den Erfahrungsmustern der Vergangenheit zu spielen, mit ihnen neue Möglichkeiten zu entwerfen und zu erproben, zu simulieren also, wie sie zu neuen Erfahrungsmustern hypothetisch zusammengesetzt werden könnten und welche Folgen sich daraus ergeben könnten. Gleichzeitig gewährt dieser Raum der Imagination und Simulation, das Selbsterleben mit dem Wirklichkeitserleben so zu verbinden, dass so etwas wie eine authentisch erlebte Erfahrung von Objekten und Prozessen außerhalb der kindlichen Subjekts entstehen kann (vgl. Winnicott, 1973).

Damit sind die wichtigsten Entwicklungen durchlaufen, die dann den nächsten Schritt zum Entstehen und Empfinden eines verbalen Selbst (Stern) einleiten.

Kurzer Hinweis auf einen *sprachlichen Körper*

Der Übergang von den episodisch gespeicherten Wirklichkeits- und Selbsterfahrungen zu deren Repräsentation in inneren Bildern, die Variation und Simulation solcher innerer Bilder zu neuen, zunächst imaginären Möglichkeiten sowie die Transformation von Bildern in Sprache, das sind Prozesse, die einer weitergehenden, differenzierteren Darstellung bedürften, als es in diesem Zusammenhang möglich ist. Es beginnt nun der sprachliche Reflexionsbereich, der üblicherweise mit Erkenntnistheorie in Zusammenhang gebracht wird. Hier ist nur der Raum, diese Weiterentwicklung soweit anzudeuten, dass ihre Bedeutung im Rahmen einer Verkörperung von Erkenntnistheorien nachvollziehbar wird.

Mir erscheint es sinnvoll, auch diese Entwicklung als die Entwicklung eines – nun auch sprachlich strukturierten Körpers aufzufassen. Greenspan fasst die Entwicklung der ersten zwei Lebensjahre – unter bildungstheoretischer Perspektive – als einen Übergang des Denkens vom Aktionsmodus in den symbolischen Modus zusammen. Dieser Aktionsmodus geht dabei nicht wirklich verloren. Zwei vorläufige Hinweise mögen hier genügen. Auch später, wenn das Individuum über Begriffe verfügt und sie benutzt, ohne motorisch tätig zu werden, ist über bildgebende Verfahren die (gehemmte) Mitbeteiligung der mit diesen Begriffen verbundenen motorischen Anteile nachweisbar. Zum Zweiten, jedes Denken – und sei es noch so abstrakt und fern jeglichen Handlungszusammenhangs – ist eingebettet in ein subjektives körperliches Prozesserleben, das ins Bewusstsein tritt, wenn es Störungen registriert; ansonsten bleibt es „unbewusst". Dieses Prozesserleben zeigt, dass weder Imagination noch das Sprechen vom Körpererleben wirklich zu trennen sind. Wie man zumindest der Poesie entnehmen kann, spielt dort die rhythmische Strukturierung des Sprachgeschehens eine wesentliche Rolle. Wortwitz und Wortspiele der Kinder schließen sich hier zwanglos an. Mir scheint es deshalb sinnvoll, auch von einem *sprachlichen Körper* zu sprechen. Das bedeutet, die Sprache wird nicht nur semantisch und grammatikalisch strukturiert, sondern auch durch das Erleben des sprachlichen Prozesses.

4. Entwicklung einer verkörperten Erkenntnistheorie (Zusammenfassung)

Differenzierung der Sinne

Zunächst muss der Säugling seine Möglichkeiten entwickeln, Gegenstände, Objekte, Personen aus der Komplexität seiner amodalen Sinneserfahrungen herauszufiltern. Er strukturiert seinen *sinnlichen Körper*.

Verbindung zu erlebten szenischen Einheiten

Diese Sinneserfahrungen werden zu abgeschlossenen Einheiten des Welt- und Selbsterlebens verbunden. Damit einher geht eine Differenzierung des Gefühlserlebens entlang den Mustern der erfahrenen Beziehungserlebnisse. Diese situativen Erlebnis- und Erfahrungsmuster werden im Episodengedächtnis gespeichert und, wenn sie in vergleichbarer Weise nochmals auftreten, wieder erkannt und auf eine vage Weise auch wieder erwartet. Durch die Verbindung von Gefühl und Wahrnehmung erfährt sich das kindliche Selbst in szenischen Erlebniseinheiten als eine Art Ich-in-einer-Situation. Ich nenne dies einen *szenischen Körper*.

Synchronisation mit der sozialen Umwelt

Durch präverbale, dialogische Abstimmung zwischen Mutter und Kind gewinnt das Baby einen ersten Abstand gegenüber seinem Erleben, erfährt sich mit den Augen eines anderen. Bei ausreichender Empathie der sozialen Umwelt werden individuelles Erleben und soziale Interpretation so aufeinander abgestimmt, dass kein unüberwindbarer Bruch zwischen Selbst- und Fremderleben empfunden wird. Auf diese Weise entwickelt es seinen *sozialen Körper*.

Öffnung eines intermediären Raums der Imagination und Simulation

Die Muster szenischen Erlebens werden vom Kind in Szenen und Bildern repräsentiert. Imagination und Phantasie öffnen einen Spielraum der Simulation. Er erweitert sich durch die Muster der sozialen und sachlichen Wirklichkeit, die sich das Kind über Imitation und Mimesis anverwandelt. Es entsteht ein *imaginärer Körper*. Dabei entwickelt das Kind ein Empfinden für den Erfahrungs*prozess*, in dem sich Wahrnehmung, szenische Repräsentation, Denken und Simulation wechselseitig ablösen, ergänzen oder vorantreiben.

Hinweis auf einen sprachlichen Körper

Wir können davon ausgehen, dass auch im Sprachgeschehen die körperliche Strukturierung eine wichtige Rolle spielt, die hier jedoch nicht weiter untersucht werden konnte.

Selbstbildung als verkörperte Erkenntnistheorie

Ich spreche also von *verkörperter Erkenntnistheorie*, weil die – oben skizzierten – Wahrnehmungs-, Repräsentations- und Verarbeitungsweisen den individuellen Körper über die biographische Erfahrung unhintergehbar strukturieren. Wie ich wahrnehme, ob und wie ich das Wahrgenommene in szenischen und bildhaften Zusammenhängen in mir vergegenwärtige, welche Rolle ich dabei den Empfindungen und Emotionen zubillige, in welchem Ausmaß ich Imagination und Phantasie in das denkende Verarbeiten einlasse, inwieweit das rationale Denken nicht nur logisch, sondern auch mit einem Stück erfahrener Wirklichkeit verbunden wird, in welchen Bereichen dieser Verarbeitungsmöglichkeiten ein Individuum Schwächen oder Stärken entwickelt, die spezifische Weise des Zusammenspiels dieser Erfahrungsmöglichkeiten im subjektiven Denken, all dies wird von den ersten Lebenstagen an über die biographische Erfahrung als subjektive Erkenntnisstruktur entwickelt. Je nachdem, wie diese Erkenntnistheorie individuell ausdifferenziert wird, bildet sich also ein individueller, *erkennender Körper*, der die Bedingungen der Möglichkeit einer zunehmend bewussteren Selbstauslegung in Selbstbildern und Begriffen enthält. Insofern sind *die Entwicklung einer verkörperten präreflexiven Erkenntnistheorie* und die Bildung eines *körperlichen Selbstvorläufers* voneinander nicht zu trennen.

Literatur

Brazelton, T.B./Cramer, B.G.: Die frühe Bindung. Die ersten Beziehungen zwischen dem Baby und seinen Eltern. Stuttgart: Klett-Cotta, 1991

Damasio, A.R.: Descartes' Irrtum. Fühlen, Denken und das menschliche Gehirn. München: List, 1995

Dornes, M.: Der kompetente Säugling. Die präverbale Entwicklung des Menschen. Frankfurt am Main: Fischer, 1993

Dornes, M.: Die frühe Kindheit. Entwicklungspsychologie der ersten Lebensjahre. Frankfurt am Main: Fischer, 1997

Dornes, M.: Die emotionale Welt des Kindes. Frankfurt am Main: Fischer, 2000

Gardner, H.: Abschied vom IQ. Die Rahmen-Theorie der vielfachen Intelligenzen. Stuttgart: Klett-Cotta, 1991

Gopnik, A./Meltzoff, A.N./Kuhl, P.K.: The scientist in the crib. Minds, brains, and how children learn. New York: William Morrow & Co., 1999

Greenspan, S.J.: Die bedrohte Intelligenz. München: Goldmann, 2001

Lakoff, G./Johnson, M: Philosophy in the flesh. The embodied mind and its challenge to western thougt. New York: Basic Books, 1999

Papousek, M.: Vom ersten Schrei zum ersten Wort. Bern u.a.: Huber, 1994

Piaget, J.: Nachahmung, Spiel und Traum. GW. Bd. 5. Stuttgart: Klett, 1975

Schacter, D.L.: Wir sind Erinnerung. Reinbek: Rowohlt, 2001

Schäfer, G.E.: Sinnliche Erfahrung bei Kindern. In: Lepenies, A./Nunner-Winkler, G./Schäfer, G.E./Walper, W.: Kindliche Entwicklungspotentiale. Normalität, Abweichung und ihre Ursachen. München: DJI-Verlag, 1999, S. 153-290

Singer, W.: Die Entwicklung kognitiver Strukturen, ein selbstreferentieller Lernprozess. In: Schmidt, S.J. (Hrsg.): Gedächtnis. Probleme und Perspektiven der interdisziplinären Gedächtnisforschung. Frankfurt am Main: Suhrkamp, 1991, S. 96-126

Spitz, R.: Vom Säugling zum Kleinkind. Naturgeschichte der Mutter-Kind-Beziehungen im ersten Lebensjahr. Stuttgart: Klett, 1972 (3. Aufl.)

Stern, D.N.: Die Lebenserfahrung des Säuglings. Stuttgart: Klett-Cotta, 1992

Stern, D.N.: Die Mutterschaftskonstellation. Stuttgart: Klett-Cotta, 1998

Weinert, F.W.: Begabung und Lernen. In: Neue Sammlung 40(2000), S. 353-368

Winnicott, D.W. (1941): Die Beobachtung von Säuglingen in einer vorgegebenen Situation. In: Winnicott, D. W.: Von der Kinderheilkunde zur Psychoanalyse. München: Kindler, 1975, S. 31-56

Winnicott, D.W. (1958): Die Fähigkeit zum Alleinsein. In: Winnicott, D.W.: Reifungsprozesse und fördernde Umwelt. München: Kindler, 1974, S. 36-46

Winnicott, D.W. (1960): Die Theorie von der Beziehung zwischen Mutter und Kind. In: Winnicott, D.W.: Reifungsprozesse und fördernde Umwelt. München: Kindler, 1974, S. 47-71

Winnicott, D.W. (1962): Ich-Integration in der Entwicklung des Kindes. In: Winnicott, D.W.: Reifungsprozesse und fördernde Umwelt. München, Kindler, 1974, S. 72-81

Winnicott, D.W. (1963): Die Entwicklung der Fähigkeit zur Besorgnis. In: Winnicott, D.W.: Reifungsprozesse und fördernde Umwelt. München, Kindler, 1974, S. 93-105

Winnicott, D.W.: Vom Spiel zur Kreativität. Stuttgart, Klett, 1973

Wulf, C.: Mimesis. In: Wulf, C. (Hrsg.): Vom Menschen. Handbuch Historische Anthropologie. Weinheim: Beltz, 1997, S. 1015-1029

II. Entwicklungsanstöße und Risiken in Gleichaltrigenbeziehungen: Empirische Befunde

Die Konstruktion von Freundschaft und Identität in der frühen Adoleszenz[1]

Margarita Azmitia und Angela Ittel

„Identität ist zwar zum Teil eigenes, ausdifferenziertes Selbstsein, aber es ist auch die Integration von Beziehungskontexten, die die entstehende Identität ebenso grundlegend formen, einbinden und begrenzen, wie sie ihr neue Möglichkeiten eröffnen" (Josselson, 1994: 166).

Wenn Jungen und Mädchen ihre Kindheit hinter sich lassen und in die Adoleszenz eintreten, durchlaufen sie viele soziokulturell und entwicklungsbedingte Veränderungen, die sie zur Überprüfung und potentiell zur Umstrukturierung bestimmter Aspekte ihrer Identität veranlassen. Gespräche und gemeinsame Aktivitäten mit engen Freunden bieten Gelegenheiten zur Arbeit an der eigenen Identität. Freunde passen zwar in Interaktionen ihr Verhalten und ihren Kommunikationsstil aneinander an, sie müssen jedoch auch klar zum Ausdruck bringen können, wer sie sind und was für Absichten sie verfolgen, um so ihre Identität und ihre Grenzen innerhalb der Beziehung aufzubauen und mitzuteilen (Krappmann, 1969). In der Geborgenheit und in der Sicherheit der Beziehung können enge Freunde ihre Ähnlichkeiten und Unterschiede und ihre Ansichten über sich selbst, den jeweils anderen und die Welt erkunden. Daher sind die Ko-Konstruktion von Identität und die Ko-Konstruktion von Beziehungen unlösbar miteinander verknüpft (Kurtines, 1999; Youniss & Smollar, 1985).

In diesem Kapitel wird die Ko-Konstruktion von Freundschaft und Identität in der frühen Adoleszenz beschrieben. Die frühe Adoleszenz ist eine ideale Zeit, um diese gemeinsamen Konstruktionsprozesse zu erforschen, denn die vielen intra- und interindividuellen Veränderungen in diesem Alter können

---

1 Gefördert wurden die in diesem Kapitel vorgestellten Forschungen durch an die erstgenannte Autorin vergebene Stipendien des Forschungsausschusses der University of California, Santa Cruz, des U.S. Department's Office for Educational Research and Improvement und des Zentrums für Bildungsforschung der University of California, Santa Cruz. Wir danken den Jugendlichen und den Schulen für ihre Mitarbeit. Anfragen bitte an folgende Anschriften: Margarita Azmitia, Psychology Department SS2, University of California, Santa Cruz, CA 95064, U.S.A., azmitia@cats.ucsc.edu oder Angela Ittel (ittel@jugendforschung.de)

die sich entwickelnden Auffassungen der Jugendlichen über Freundschaft und Identität ans Licht bringen (Azmitia, im Druck). Wir fassen zunächst die soziokulturellen und die Entwicklungsveränderungen zusammen, die mit der frühen Adoleszenz einhergehen. Anschließend erörtern wir die Verbindungen zwischen Freundschafts- und Identitätskonstruktion. Abschließend stellen wir dann zwei Untersuchungen vor, in denen die Identitätsarbeit junger Heranwachsender im Kontext enger Freundschaften analysiert wurde und unterbreiten Vorschläge für künftige Forschungen.

Soziokulturelle und Entwicklungskontexte der frühen Adoleszenz

Junge Heranwachsende durchleben dramatische biologische, kognitive und soziale Veränderungen, die sie dazu bringen, ihre Identitäten neu zu bewerten und umzustrukturieren (Grotevant & Cooper, 1981). Die beträchtlichen individuellen Spielräume in Umsetzung und Handhabung dieser Veränderungen verleihen den Beziehungen und der Identitätsarbeit von Jungen und Mädchen zusätzliche Komplexität. Jungen und Mädchen unterscheiden sich beispielsweise in ihren Auffassungen von und im Umgang mit den körperlichen Prozessen, die die Pubertät begleiten, und hinsichtlich der Auswirkungen der Pubertät auf ihre Beziehungen zu Familie und Gleichaltrigen. Auch der Zeitpunkt, zu dem die Pubertät einsetzt, wirkt sich auf die Entwicklungserfahrungen von Jungen und Mädchen unterschiedlich aus; eine früh einsetzende Pubertät wird für Jungen, zumindest in den Vereinigten Staaten, in der Regel als positiv betrachtet, während die Auswirkungen auf Mädchen je nach ethnischer Gruppe und Gesellschaftsschicht variieren (Santrock, 2001).

Fortschritte in den kognitiven und metakognitiven Fähigkeiten ab der frühen Adoleszenz ermöglichen den Jungen und Mädchen, ihre Theorien über sich selbst, über Beziehungen und über die Welt neu zu durchdenken. Heranwachsende entwickeln auch die Fähigkeit, über die Gegenwart hinauszublicken und mögliche Formen des eigenen Selbstseins und künftige Entwicklungswege ins Auge zu fassen. Diese kognitiven und metakognitiven Veränderungen erlauben den Jugendlichen einerseits, mit den Komplexitäten ihres Lebens besser umzugehen, sie bringen andererseits aber auch Belastungen mit sich. So ist die frühe Adoleszenz beispielsweise durch eine intensive Selbstbeschäftigung oder Egozentrik charakterisiert, die bei Jungen und Mädchen zu dem Gefühl führen kann, sie stünden im Mittelpunkt von jedermanns Aufmerksamkeit. Kleine Unsicherheiten und Schwierigkeiten werden übertrieben, und junge Heranwachsende zerbrechen sich oft ausgiebig den Kopf über die Bedeutung ihrer Erfahrungen. Diese Grübeleien können sich zwar negativ auf Stimmungen und Interaktionen der Heranwachsenden auswirken (Rose, 2001) und zu einer verzerrten Wirklichkeitswahrnehmung führen (Elkind, 1976), aber sie können auch eine wichtige Rolle in ihrer Identitätsarbeit spielen.

In einigen Kulturen werden in der frühen Adoleszenz die Beziehungen zur Familie und zu Gleichaltrigen neu ausgehandelt. In diesen kulturellen Gemeinschaften streben Jungen und Mädchen nach größerer Unabhängigkeit von den Eltern und verbringen zunehmend mehr Zeit mit Gleichaltrigen. Freundschaften werden intimer, und Jungen und Mädchen machen sich langsam klar, wie wichtig verlässliche, loyale und reziproke Beziehungen sind und welche Erwartungen sich mit diesen Beziehungen verbinden. Die Exploration von Werten und Überzeugungen in Freundschaften bietet eine Grundlage für das Nachdenken der Heranwachsenden über ihre Freundschaftsphilosophie, eines der Identitätsprojekte, an denen sie ihr ganzes Leben lang arbeiten werden.

Freundschaften entstehen und entwickeln sich nicht in einem Vakuum; vielmehr sind sie in den größeren Kontext der Gleichaltrigengruppe eingebettet. Wenn Heranwachsende in eine neue und größere Schule wechseln, werden diese Gruppen umgestaltet, und viele Jungen und Mädchen machen sich über ihre Eingliederung in die neue Hierarchie unter den Gleichaltrigen Gedanken. Ihre Stellung in der Hierarchie und ihr Ruf wirken sich darauf aus, ob und welche Freunde sie finden. Jedoch unabhängig davon, wie sie und ihre Freunde von anderen Gleichaltrigen akzeptiert werden, kann ein enger Freund oder eine enge Freundin die emotionale Unterstützung, Sicherheit und Kameradschaft bieten, die Jungen und Mädchen brauchen, um Enttäuschungen und Zurückweisungen durch Gleichaltrige verarbeiten zu können (Parker & Asher, 1993).

Schließlich signalisiert der Übergang in die Adoleszenz auch Veränderungen der sozialen Rollen und Verantwortlichkeiten. In manchen Kulturen durchlaufen Jungen und Mädchen formelle Übergangsriten, die ihren neuen Status und ihre neuen Pflichten gegenüber der Gemeinschaft anzeigen. In anderen Kulturen sind diese Riten weniger formell, aber junge Heranwachsende erfahren dennoch sozialen Druck, der sie dazu auffordert, über ihre Zukunft nachzudenken und dafür zu planen und die ihrer Geschlechtszugehörigkeit, ihrer ethnischen Gruppe und ihrer Gesellschaftsschicht entsprechenden Rollen zu übernehmen. Heranwachsende beginnen in diesem Alter, ihre sexuelle Identität zu erforschen, und wenn auch nicht alle Jungen und Mädchen romantische Beziehungen eingehen, haben sie doch Gelegenheit genug, bei Gleichaltrigen und Freunden, in der Familie, am Wohnort und durch Medien die Herausforderungen und Erwartungen kennen zu lernen, die diese Beziehungen mit sich bringen. Romanzen, Rendezvous und Sexualität sind zwischen heranwachsenden Freunden ein häufiges Gesprächsthema, und eine weitere Entwicklungsaufgabe der Adoleszenz besteht darin, die mit Liebespartnern und mit Freunden verbrachte Zeit in Einklang zu bringen.

Alles in allem führen die vielen sozialen, biologischen und psychologischen Veränderungen, die mit der frühen Adoleszenz einsetzen, Jungen und Mädchen zu ganz neuen Aspekten ihrer Identität, während sie zugleich einen Sinn für das Fortbestehende und Zusammenhängende ihrer Persönlichkeit zu wahren suchen. Die Überzeugungen bezüglich ihrer vielfältigen Fähigkeiten und sozialen Beziehungen, aus denen ihre Theorien über ihr Selbst in der mittleren Kindheit bestanden, bieten die Grundlage für die Identitätsarbeit in der Adoleszenz (Erikson, 1968); den Kern ihrer Identität in Adoleszenz und Erwachsenenalter bilden jedoch die sich weiter entwickelnden inter- und intrapersonalen Fertigkeiten und Kontexte. Die Herausforderung der Identitätsbildung besteht in der Erzeugung einer sinnvollen Lebensgeschichte, die Vergangenheit, Gegenwart und Zukunft ebenso integriert wie die verschiedenen Dimensionen, Beziehungen und soziokulturellen Kontexte der Erfahrungen des einzelnen (Krappmann, 1969; McAdams, 1988). Soweit Freundschaften Gelegenheiten für den Entwurf, die Mitteilung und die Überarbeitung der eigenen Lebensgeschichte bieten, bilden sie einen wichtigen Kontext für die Identitätsentwicklung der Heranwachsenden.

Freundschaft und Identität in der frühen Adoleszenz

Sullivan (1953/1983) wird häufig das Verdienst zuerkannt, das theoretische und empirische Interesse an den Freundschaften von Kindern und Heranwachsenden neu belebt zu haben. Wie das folgende Zitat aus seinem Buch über interpersonale Beziehungen verdeutlicht, war Sullivan der Auffassung, Freundschaften gewännen schon vor der Adoleszenz eine besondere Bedeutung. Sowie Freundschaften sich vertiefen und an Wechselseitigkeit und Intimität gewinnen, bieten sie auch zunehmend Möglichkeiten der Erforschung und der Einschätzung des Selbstwertes und der sich entwickelnden zwischenmenschlicher Sensitivität.

> „Denn wenn sie sich Ihr Kind in dem Alter, da es schließlich einen Busenfreund findet – irgendwann zwischen achteinhalb und zehn Jahren – genau ansehen, so werden Sie in dieser Beziehung etwas Neues, etwas anderes entdecken. Sie werden feststellen, daß Ihr Kind ein wirkliches Gespür dafür entwickelt, was einem anderen Menschen wichtig ist. Und das geschieht nicht etwa aus der Erwartung heraus: ,Was sollte ich machen, damit ich bekomme was ich will', sondern statt dessen aus der Erwägung ,Was sollte ich machen, um zum Glück oder zum Ansehen und zum Selbstwertgefühl meines Freundes etwas beizutragen.' Soweit ich bisher habe feststellen können, tritt nichts, was dem auch nur im entferntesten ähnlich wäre, vor dem Alter von etwa achteinhalb Jahren auf, und manchmal erst sehr viel später" (Sullivan, 1953/1983: 278-279).

Für dieses Kapitel besonders aufschlussreich ist Sullivans Hinweis darauf, dass die zunehmende Intimität und Selbstmitteilung in Freundschaften in Verbindung mit den für diese Entwicklungsphase charakteristischen kognitiven und sozialen Veränderungen den Heranwachsenden Gelegenheit gibt, ihre kognitiven Modelle sozialer Beziehungen und ihrer Identität zu überprüfen.

Sullivans Auffassung führte zu umfangreichen theoretischen Debatten und empirischen Forschungen. Zwar haben zahlreiche Forscher den Zuwachs an

Intimität und Identitätserforschung in Freundschaften im Verlauf der Adoleszenz belegt (z.b. Berndt, 1982; Buhrmester, 1990; Youniss & Smollar, 1985; Zarabatany et al., 2000), jedoch konnte Sullivans These, wonach die Freundschaften Heranwachsender Gelegenheiten bieten, kognitive Modelle sozialer Beziehungen zu überprüfen, nicht belegt werden. Einige Untersuchungen, insbesondere die von Swann (1996; 1997), haben gezeigt, dass Modelle von sozialen Beziehungen tatsächlich gegen Veränderungen recht resistent sind. Seine Forschungen haben ergeben, dass Individuen dazu neigen, selektiv auf Rückmeldungen zu reagieren, die ihre Gedanken über sich selbst und ihre Beziehungen bestätigen, und dass sie dazu neigen, Informationen zu ignorieren, die nicht zu ihrem kognitiven Beziehungsmodell passen. Überdies neigen Individuen dazu, aktiv neue Beziehungen einzugehen, die ihre geistigen Modelle nicht gefährden, selbst wenn diese Auffassungen dazu führen, dass sie sich immer wieder auf missbräuchliche und negative Beziehungen einlassen. Swann vermutet, dass Personen gegen Änderungen ihrer Beziehungsschemata Widerstand leisten, weil Veränderungen zu Angst und Orientierungslosigkeit führen können. Individuen haben zudem viel Kraft in den Aufbau ihrer Beziehungsmodelle investiert und können es deshalb besonders bedrohlich für ihre Selbstachtung und Identität empfinden, wenn ihre Überzeugungen in Frage gestellt werden (Afifi et al., 2001). Gloria Steinem (1992) verweist darauf, dass Veränderung, auch Veränderung zum Besseren, zunächst einmal zu einem Gefühl von Kälte und Einsamkeit führt – als würde uns dort draußen am Rande des Universums der Wind um die Ohren pfeifen –, weil das Gefühl des Heimischseins verschwunden ist. Alte Muster, so negativ und schmerzlich sie auch sein mögen, üben eine unglaubliche Anziehung aus – eben weil sie das Gefühl des Heimischseins vermitteln (Steinem, 1992: 38).

Schwierig ist die Veränderung der Beziehungsmodelle schließlich auch, weil die Menschen, mit denen man immer wieder Zeit verbringt, Erwartungen zum Verhalten von Individuen in den täglichen Interaktionen entwickeln. Sie erwarten diese Verhaltensweisen und lehnen Abweichungen von ihren Erwartungen ab, weil diese unerwarteten Handlungsweisen ihr eigenes Leben und ihre Beziehungsmodelle in Unordnung bringen würden.

Swanns umfangreiche Forschungen zeigen zwar, dass Veränderungen in Beziehungsschemata vielleicht weniger wahrscheinlich sind, als Sullivan angenommen hat, er betont aber auch, dass es Situationen gibt, die zu einer Umorientierung von Überzeugungen über das Selbst und seine Beziehungen führen können. Surra und Bohman (1991) haben beispielsweise gezeigt, dass Ehepartner ihre Beziehungsmodelle überprüfen und verändern können, wenn der Partner etwas tut, was ihren Kernerwartungen an die Beziehung zuwiderläuft. Azmitia et al. (1999) fanden ein ganz ähnliches Phänomen in Freundschaften junger Heranwachsender. Erikson (1968) vertrat die Ansicht, dass eine Veränderung von Beziehungsmodellen wahrscheinlicher ist, wenn mehrere soziokulturelle und Entwicklungsverschiebungen gleichzeitig erlebt werden, wie das in der frühen Adoleszenz der Fall ist. Erikson konzentrierte sich in seiner Arbeit zwar weitgehend auf die Bereiche Berufswahl und persönliche Ideologie, aber seine Anhänger, vor allem Grotevant und Kollegen (Grotevant 1997; Grotevant & Cooper 1981; Grotevant et al., 1982) und Kurtines (1999) haben Eriksons Theorie auf den Bereich der interpersonalen Beziehungen ausgedehnt.

Grotevant und Cooper (1998) führten aus, dass das Selbst von Individuen in sozialen Kontexten geformt und ausgehandelt wird und dass deren Überzeugungen und Werte bezüglich ihrer interpersonalen Beziehungen daher einen Kernbereich der Identität bilden. Sie verwiesen darauf, dass Heranwachsende sich eine persönliche Philosophie von Freundschaft erarbeiten, die die Entstehung beeinflusst und Fortführung von Beziehungen leitet und ihnen zugleich Informationen über sich selbst, über andere und über die Welt bietet. Diese Einschätzung deckt sich mit dem Hinweis von Cooley (1902) und Harter (1999), wonach unsere Interaktionen mit anderen uns als Spiegel dafür dienen, wer wir sind und was wir werden können. Freunde sind jedoch mehr als nur soziale Spiegel. In ihren Interaktionen mit Freunden ko-konstruieren Heranwachsende ihre Auffassungen der Welt und ihrer Identität (Kurtines, 1999).

Nach Grotevant und Cooper (1981) gehören zu einer Philosophie von Freundschaft (1) Gedanken darüber, wie wichtig es ist enge Freunde zu haben; (2) Werte, Erwartungen und Überzeugungen, die man in Bezug auf enge Freundschaften hat; (3) Vorstellungen, die man über Ähnlichkeiten mit und Unterschiede von seinen Freunden hat; (4) Gedanken darüber, wie Veränderungen in einem selbst und im Freund die Beziehung beeinflussen; (5) Ideen über den Aufbau, die Fortführung und die Beendigung von Freundschaften und (6) Vorstellungen darüber, wie sich Freundschaften mit anderen Schlüsselbeziehungen, wie denen zur Familie, überschneiden. Die Freundschaftsphilosophien von einzelnen sind zwar aus individuellen Erfahrungen und aus Überzeugungen und Praktiken ihrer kulturellen Gemeinschaften in Bezug auf die Freundschaft gewonnen, jedoch werden diese abstrakten Vorstellungen nicht in jeder einzelnen engen Freundschaft auch verwirklicht. Zu jeder Freundschaft gehört eine neue Aushandlung von Pflichten, Werten und Überzeugungen. Die Gedanken eines Individuums über Freundschaft bieten einen Hintergrund für diese Aushandlung und Neuaushandlung. Wie sehen also die Gedanken junger Heranwachsender über Freundschaft aus, und wie spiegelt sich in diesen Gedanken ihre Identitätsarbeit wieder? Wir beschreiben zunächst kurz die Freundschaftsphilosophie junger Heranwachsender und wenden uns dann den Verbindungen zwischen ihren Freundschaftsphilosophien und ihrer Identität zu.

Die Freundschaftsphilosophie junger Heranwachsender

Als wesentliche Überzeugungen und Erwartungen gehören die Werte Vertrauen, Intimität und Loyalität zu den Vorstellungen Heranwachsender über Freundschaft. Azmitia et al. (1999) und Eder und Sanford (1986) haben gezeigt, dass Heranwachsende, auch wenn sie von Verstößen gegen diese Erwartungen verstört sind, sich in der Regel außerordentlich um deren Behebung und um die

Wiederherstellung der Freundschaft bemühen. Eder und Sanford verwiesen darauf, dass solche Verstörungen für die Entwicklung reifer Beziehungen wesentlich sind, da sie Heranwachsenden ermöglichen, ihre persönlichen Ansichten über die Freundschaft zu erproben und zu reflektieren, und da sie ihnen helfen, mit Beziehungskonflikten umgehen zu lernen und potentiell schädliche Freundschaften aufzugeben.

Jungen und Mädchen streben gleichermaßen verlässliche und loyale Freundschaften an; dennoch wurden geschlechtsspezifische Unterschiede festgestellt. Da Mädchen beispielsweise dazu neigen, mehr von sich preiszugeben als Jungen, pflegen sie ihre Freundschaften mit größerer Intimität und Ausschließlichkeit (Zarabatany et al., 2000). Mit größerer Wahrscheinlichkeit als Jungen lernen Mädchen untereinander Gefühle von Eifersucht kennen und sie finden es vermutlich schwieriger, mit mehreren engen Freundinnen gleichzeitig umzugehen (Azmitia, im Druck; Roth & Parker, 2001). Verdeutlicht wird die besondere Situation von Mädchen durch die Aussage einer Teilnehmerin an Rawlins Untersuchung (1992), die auf die Frage nach den Schwierigkeiten, auf die sie in ihren engen Freundschaften gestoßen ist, bemerkte:

> „Eifersucht, und zwar Eifersucht auch bei den anderen Mädchen. Zum Beispiel, wenn Karen mehr Zeit mit einer anderen verbringt, die mir eigentlich ziemlich egal ist oder die ich nicht besonders gut kenne – warum ist sie mit *ihr* statt mit mir zusammen?" (S.87).

Jungen nehmen eher an Aktivitäten in größeren Gruppen und an organisierten Sportveranstaltungen teil als Mädchen (Zarabatany et al., 2000), und daher fällt es ihnen gewöhnlich leichter, mehrere Freundschaften nebeneinander zu pflegen und die Einsicht zu entwickeln, dass man mehr als nur einen engen Freund haben kann. Da Jungen jedoch mehr als Mädchen danach streben, von ihren Freunden und Gleichaltrigen als kompetent wahrgenommen zu werden, konkurrieren sie mehr mit ihren Freunden und sind über unterschiedliche Niveaus bei ihren Fertigkeiten eher beunruhigt als Mädchen (Berndt et al., 1986; Tesser & Smith, 1980). Der folgende Auszug verdeutlicht, wie sehr Jungen damit beschäftigt sind zu beweisen, dass sie ebenso fähig wie ihre engen Freunde sind oder sogar über bessere Fertigkeiten verfügen:

> „Langsam, aber sicher wurde ich der beste Schüler an der Schule; Phineas war ganz klar der beste Sportler, so waren wir in dieser Sache quitt. Aber er war ein sehr schlechter Schüler, während ich ein ganz guter Sportler war, und wenn dann alles zusammen betrachtet würde, würde ich am Ende eindeutig besser abschneiden. Die neuen Lernanfälle waren seine Notmaßnahmen, um sich selber zu retten. Ich habe meine Anstrengungen verdoppelt" (Knowles, 1959: 47).

Auch wenn wir bisher einige der eher schwierigen Aspekte von Freundschaften bei Jungen und Mädchen erörtert haben, möchten wir betonen, dass Freundschaften bei den meisten Heranwachsenden positive Entwicklungsimpulse geben. Wie andere enge Beziehungen haben Freundschaften ihre Höhen und Tiefen, ihre Freuden und Konflikte. Wir wollen nun mit zwei Untersuchungen aus unserem Forschungsprogramm verdeutlichen, wie diese Konflikte weitere Impulse zur Entwicklung einer persönlichen Freundschaftsphilosophie und zur Identität Heranwachsender bieten können. In der ersten Untersuchung (Azmitia et al., in Vorbereitung) befragten wir 217 Heranwachsende (5. bis 8. Klasse, 11 bis 14 Jahre alt) über ihre Erwartungen an enge Freundschaften und über ihre Reaktionen, falls ein enger Freund gegen eine Kernerwartung der Beziehung verstieß. Wir untersuchten dann Zusammenhänge zwischen diesen Erwartungen und Alter, Geschlecht und Veränderungen im Selbstwertgefühl der Jugendlichen. In der zweiten Untersuchung (Azmitia & Cooper, 2001) begleiteten wir 106 Heranwachsende bei ihrem Wechsel von der Elementary School zur Junior High School im Alter von etwa 12 Jahren und untersuchten, welche Rolle ihre engen Beziehungen zur Familie, zu Freunden und Lehrern für die Anpassung an die neue Schulumgebung spielten.

Was junge Heranwachsende von ihren engen Freunden erwarten

Azmitia et al. (in Vorbereitung) untersuchten die Werte und Erwartungen Heranwachsender mit Hilfe folgender offenen Frage: „Weshalb sind dir deine engen Freunde besonders wichtig?" Unsere Ergebnisse deckten sich mit der Literatur über die Freundschaftsphilosophie Heranwachsender (vgl. Rawlins, 1992; Youniss & Smollar, 1985). Die Antworten der Jungen und Mädchen spiegelten insbesondere vier Schlüsselwerte und Erwartungen wider: Vertrauen, Loyalität, Intimität und Kameradschaft. Fast die Hälfte der Befragten erwähnten zusätzlich Hilfe unter Freunden. Wie erwartet nahm die Betonung von Vertrauen und Intimität im Verlauf der Adoleszenz zu und Mädchen berichteten eher als Jungen davon, offen über sich selbst zu sprechen, während Jungen häufiger als Mädchen gemeinsame Aktivitäten anführten.

Ein Hauptinteresse unserer Untersuchung galt den Reaktionen Heranwachsender auf Situationen, in denen ihre Erwartungen an enge Freundschaften nicht erfüllt wurden. Wir näherten uns dieser Frage auf dreierlei Weise. Erstens baten wir die Heranwachsenden, die Gründe für die Verschlechterung oder Beendigung enger Freundschaften zu diskutieren. Zweitens sollten sie zehn kurze Geschichten lesen, in denen Jugendliche eine wichtige Erwartung an ihre Freundschaft nicht erfüllten, z.B. brachen sie ein Geheimhaltungsversprechen (Verstoß gegen die Erwartung von Vertrauen und Intimität), sie beteiligten sich an Klatsch über ihre Freunde, um die Anerkennung beliebterer Gleichaltriger zu erringen (Verstoß gegen die Loyalitätserwartung), oder sie verweigerten ihnen

Hilfe bei einem wichtigen Referat. Nachdem die Befragten die Geschichten gelesen hatten, ordneten sie die Verstöße nach ihrer Schwere und schätzten ein, ob die beschriebenen Freunde nach dem Konflikt weiter enge Freunde bleiben würden. Drittens baten wir die Heranwachsenden, über zwei Ereignisse zu berichten, bei denen einer ihrer engen Freunde etwas so Verstörendes getan hatte, dass sie daran dachten, die Freundschaft zu beenden.

Unsere Ergebnisse zeigen, dass Verstöße gegen Freundschaftserwartungen eng mit den Vorstellungen Jugendlicher über Verschlechterungen und Beendigungen von Freundschaften zusammenhängen. Im System dieser Überzeugungen gab es kaum alters- und geschlechtsspezifische Unterschiede. Heranwachsende betrachteten Verletzungen von Vertrauen und Loyalität als bedeutend schwerwiegender im Vergleich zu Verstößen gegen Kameradschaft und das Gebot der Hilfsbereitschaft. Das gleiche Muster zeigte sich in ihren Beschreibungen persönlicher Erlebnisse, bei denen ein enger Freund oder eine enge Freundin gegen eine Erwartung verstoßen hatte: Verletzungen von Vertrauen oder Intimität störten oder beendeten die Freundschaft mit größerer Wahrscheinlichkeit als Verstöße gegen Kameradschaft oder das Gebot der Hilfsbereitschaft.

Zusammengenommen verdeutlichen unsere Daten die Werte und Erwartungen Jugendlicher hinsichtlich enger Freundschaften. Die Reaktionen auf nicht erfüllte Erwartungen illustrieren ihre Auffassungen über Freundschaften. Die Daten decken hingegen nicht die Prozesse auf, in denen Jungen und Mädchen über ihre Freundschaftsphilosophie reflektieren und ihre inter- und intrapersonalen Erfahrungen neu ordnen. Um dieser Frage nachzugehen, analysierte Azmitia (2001) die Erzählungen von Heranwachsenden mit geringem und mit hohem Selbstwertgefühl. Ziel war herauszufinden, wie ihre Freundschaftsphilosophie die Deutungen nicht erfüllter Erwartungen an die Freundschaft einfärbte. Insbesondere untersuchte Azmitia, wie sich Heranwachsende mit geringem und mit hohem Selbstwertgefühl in folgenden Bereichen voneinander unterschieden: (1) zentrale Verstöße gegen Freundschaftserwartungen; (2) Strategien, mit deren Hilfe sie diese Verletzungen verarbeiteten; und (3) ob sie über die Verstöße ihrer Freunde oder Freundinnen nachgrübelten und ob und in welchem Ausmaß diese Grübeleien ihr Leben beeinträchtigten und sie dazu brachten, bestimmte Aspekte ihrer Identität neu zu überdenken.

Die Heranwachsenden mit geringem und mit hohem Selbstwertgefühl wurden durch ihre Punktzahl auf der globalen Selbstwert-Skala von Harter (1985; 1988) identifiziert. Diese Skala misst die allgemeine Selbstschätzung von Individuen, (z.B. „Manche Kinder sind sehr glücklich, so zu sein, wie sie sind" und „Manche Kinder wünschen sich oft, jemand anderer zu sein"). Teilnehmer mit niedrigem Selbstwertgefühl ($M < 2{,}47$) erreichten einen Wert unterhalb einer Standardabweichung unter dem Durchschnitt ($M = 3{,}02$), und Teilnehmer mit hohem Selbstwertgefühl ($M > 3{,}57$) erlangten einen Wert, der mindestens eine Standardabweichung über dem Durchschnitt lag. Nach diesen Kriterien hatten 36 der insgesamt 217 Heranwachsenden (17 Mädchen und 19 Jungen) ein hohes

Selbstwertgefühl, und 33 Heranwachsende (18 Mädchen und 15 Jungen) hatten ein niedriges Selbstwertgefühl.

Die Ergebnisse zeigten, dass junge Heranwachsende mit niedrigem und mit hohem Selbstwertgefühl über ähnliche Verletzungen ihrer Freundschaftserwartungen berichteten, am häufigsten über das gebrochene Versprechen, ein Geheimnis nicht weiterzusagen, über Ausgrenzungserfahrungen, über die Schwierigkeit, Freundschaften und Liebesbeziehungen nebeneinander zu pflegen und über Klatsch. Hier ergaben sich keine signifikanten Unterschiede. Jedoch bedienten sich Heranwachsende mit niedrigem und mit hohem Selbstwertgefühl verschiedener Strategien zur Verarbeitung der Verletzung.

Heranwachsende mit hohem Selbstwertgefühl sprachen häufiger mit ihren Freunden über diese Verletzungen, und Heranwachsende mit niedrigem Selbstwertgefühl vermieden eher Gespräch oder Konfrontation mit dem Freund oder der Freundin. Diese Ergebnisse zeigen, dass Heranwachsende mit hohem Selbstwertgefühl eher als Heranwachsende mit niedrigem Selbstwertgefühl im Gespräch mit ihren engen Freunden gemeinsam eine Philosophie der Freundschaft und neue Einsichten über sich selbst entwickeln. Wer, wenn nicht ein guter Freund, hilft dann aber Heranwachsenden mit niedrigem Selbstwertgefühl bei der Überprüfung ihrer Gedanken über Freundschaft und bei der Entwicklung ihrer Identität? Unsere Ergebnisse verwiesen darauf, dass dieser Prozess der Sinnfindung für Heranwachsende mit niedrigem Selbstwertgefühl vielleicht eher ein intra- als ein interpersonaler Prozess ist. Insbesondere junge Heranwachsende mit niedrigem Selbstertgefühl neigten eher zu Grübeleien über den Sinn der Verletzungen der Freundschaft als Heranwachsende mit hohem Selbstwertgefühl. Die Nachdenklichkeit nahm mit dem Alter zu; 71 Prozent (n = 15) der Fälle betrafen Heranwachsende der 8. Klassenstufe. Auch grübelten mehr Mädchen (57%, n = 12) als Jungen (33%, n =7) über ihre Freundschaften nach.

Die Erzählung eines Mädchens mit niedrigem Selbstwertgefühl aus der 8. Klassenstufe verdeutlicht die Art von Grübeleien, mit denen sich diese Heranwachsenden beschäftigten:

> „Ich denke daran, was sie getan hat, statt meine Hausaufgaben oder was anderes zu machen. Immer wieder frage ich mich: Warum ist sie bloß sauer auf mich? Warum ist sie so gemein? Warum? Warum? Warum? Ich habe Tagträume darüber, und sogar nachts schlafe ich nicht, weil ich nachdenke und nachdenke und nachdenke ... Ich kann an gar nichts anderes denken, nur an das, was passiert ist, was ich getan habe, ob sie nicht mehr meine Freundin sein will und ob sie mich loswerden will. Ich frage mich, ob ich so ein Verlierertyp bin, dass sie keine Achtung vor mir hat und einfach gemein zu mir sein kann, wann es ihr gerade passt."

Dieses Mädchen sagt zwar nicht ausdrücklich, dass das Verhalten ihrer Freundin sie zur Überprüfung ihrer Gedanken über die Freundschaft und über ihre ganze Auffassung von sich selbst veranlasst hat, aber ihr Bemühen, herauszubekommen, ob ihre Freundin sie für einen Verlierertyp hält – ein Gedanke, der angesichts ihres geringen Selbstwertgefühls bereits zu ihrer Selbstauffassung gehören könnte – verweist tatsächlich darauf, dass sie über ihre Auffassungen von sich selbst nachdenkt und ihr negatives Selbstbild vielleicht erneut bekräftigt (siehe Swann, 1996).

Da die jungen Heranwachsenden kaum je Freundschaft und eigene Identität miteinander in Verbindung brachten, müssen auch wir vorsichtig bei diesen Verknüpfungen sein. Es ist jedoch durchaus möglich, dass junge Heranwachsende einige Zeit brauchen, um über die Bedeutung ihrer Freundschaftserfahrungen für ihre Freundschaftsvorstellungen und für ihre Identität nachzudenken. Selbst Erwachsenen fällt es nicht leicht, identitätsstiftende Erfahrungen im unmittelbaren Kontext einer Befragung mit einem verhältnismäßig fremden Forscher anzusprechen (McLean, persönliches Gespräch, 1. Juni 2001). Wir möchten folgende bescheidenere Aussage treffen: Erfahrungen mit Freundschaft bieten jungen Heranwachsenden Möglichkeiten, sowohl eine Philosophie von Freundschaft als auch einen Sinn für ihr gegenwärtiges und mögliches künftiges Selbstsein zu formulieren und zu überprüfen.

Daten aus unserer zweiten Untersuchung (Azmitia & Cooper, 2001) stützen ebenfalls die Vermutung, dass enge Freundschaften Möglichkeiten zur Identitätsentwicklung bieten. Hier untersuchten wir eine Gruppe von Schülern beim Übertritt von der Elementary School zur Junior High School. Die Schüler kamen aus Familien lateinamerikanischer oder europäischer Herkunft und verfügten über ein niedriges bis mittleres Einkommen. Wir befragten sie über ihre Freunde, über Änderungen in ihrem Freundeskreis und danach, wie Freunde ihnen bei der Anpassung an die neue Schulumgebung halfen oder hinderlich waren. Die Antworten zeigten, wie Jungen und Mädchen mit einer ganzen Reihe von Identitätsproblemen rangen. Einige der Schüler mit lateinamerikanischem Hintergrund, besonders Mädchen, hatten mit Druck von Freunden ihrer ethnischen Gruppe zu kämpfen. Danach sollten sie Freundschaften mit Jugendlichen europäischer Abstammung beenden und „bei den eigenen Leuten bleiben". Jungen und Mädchen beider ethnischer Gruppen waren mit Geschlechter-Stereotypen konfrontiert. Mädchen machten sich häufig Sorgen darüber, dass Jungen sie für „langweilig" oder „hochnäsig" halten würden, wenn sie sich als schulisch begabt erwiesen, und dass sie sich deshalb nicht mit ihnen verabreden würden. Jungen waren besorgt, ob ihre Freunde sie aufziehen würden, wenn sie Kochkurse belegten, keinen Sport mochten oder einen Beruf wie Krankenpfleger oder Sekretär lernen wollten.

Bei der Untersuchung zeigte sich, wie sich Jugendliche mit Fragen des Einkommens auseinandersetzten. Zum ersten Mal wurde vielen die Bedeutung finanzieller Mittel sowohl für verschiedene Aktivitäten mit Freunden als auch für die weitere Ausbildung und die künftige Berufslaufbahn klar. Ein Junge beispielsweise fragte sich, ob er und ein langjähriger Freund sich so nah würden bleiben können, da sein Freund doch das Geld nicht hatte, um an den Aktivitäten der Clique teilzunehmen; ein anderer machte sich Sorgen, ob ein älterer heranwachsender Freund aus ihrer eher ärmlichen Nachbarschaft ihn noch besuchen würde, wenn er später in einer nahegelegenen Stadt auf eine renommierte Universität ginge.

Häufiger machten sich die Heranwachsenden Gedanken, wie Veränderungen auf ihren eigenen individuellen Entwicklungswegen ihre Freundschaften beeinflussen würden. So fanden beispielsweise Jungen und Mädchen, bei denen die Pubertät früher einsetzte als bei ihren Freunden, dass diese „unreif" und anstrengend waren. Die Einmündung in unterschiedliche Schullaufbahnen, deren Vorbereitung in der Junior High School ernsthaft beginnt, führte bei manchen Jungen und Mädchen zu der Frage, ob unterschiedliche schulische Ambitionen ihre Freundschaften zum Scheitern verurteilen würden. Das Nachdenken Heranwachsender über Ähnlichkeiten und Unterschiede zwischen Freunden scheint ihnen nicht nur zu mehr Klarheit über sich selbst zu verhelfen, sondern auch ganz wesentlich zu ihren Vorstellungen über Freundschaft beizutragen: Sie lernen einzuschätzen, wie viel Veränderung in einer Beziehung hingenommen werden kann, bevor die Nähe gefährdet wird.

Die Untersuchung von Azmitia und Cooper offenbarte die Vielfalt von Identitätsfragen, mit denen Heranwachsende in ihren Freundschaften umzugehen lernen. Da hier aber Aussagen über die eigene Person ermittelt wurden, ist es schwer zu beurteilen, ob die Heranwachsenden diese Probleme mit ihren Freunden erörtern oder ob sie zunächst allein oder gemeinsam mit erfahrenen älteren Personen, wie Eltern, älteren Geschwistern, Mentoren oder Lehrern über diese Themen nachdenken. Ein wichtiges Anliegen künftiger Forschungsarbeiten besteht darin, die Ko-Konstruktion von Identität in sich entfaltenden Schlüsselbeziehungen und -interaktionen zu beobachten.

Weitere Ziele unserer künftigen Arbeit sind die Entwicklung einer präziseren Theorie zu den Zusammenhängen zwischen engen Freundschaften Heranwachsender und ihrer Identität sowie die Entwicklung von Methoden, mit denen die kognitiven Vorstellungen Heranwachsender über diese Zusammenhänge direkt erschlossen werden können. Zusätzlich möchten wir der Identitätskonstruktion in Freundschaften im Verlauf der Adoleszenz nachgehen. Augenfällig ist, dass junge Heranwachsende gerade erst an dieses lebenslang dauernde Projekt herangehen, und es wäre wichtig, in ihren Lebensgeschichten nachzuzeichnen, wie sie identitätsstiftende Entwicklungsaufgaben lösen und ihre sozialen Beziehungen organisieren. Schließlich möchten wir uns auf die Vielfalt der Verknüpfungen zwischen Identität und Freundschaften sowohl innerhalb einzelner Kulturen wie auch zwischen verschiedenen Kulturen konzentrieren. Die meisten Forschungsarbeiten beziehen sich bislang auf amerikanische Kinder und Jugendliche europäischer Herkunft, die oft zur Mittelschicht zu rechnen sind. Inzwischen gibt es aber viele Hinweise darauf, dass enge Freundschaften innerhalb und zwischen den Kulturen variieren. In einigen Kulturen sind beispielsweise die Geschwister und Cousins oder Cousinen die engsten Freunde Heranwachsender. In anderen Kulturen finden sich die oft festgestellten geschlechtsspezifischen Unterschiede in der Offenheit gegenüber Freunden nicht. Die Identitätsentwicklung variiert über Kulturgrenzen hinweg. In Gemeinschaften, die kollektivistische Werte betonen, sind die Möglichkeiten Heranwachsender bei der Entfaltung ihrer Identität beschränkter als in individualistischen Gemeinschaften, die ausdrücklich die Wahl einer eigenen Identität betonen und die Abgrenzung von den familialen Wurzeln als entscheidend für die Identitätsbildung betrachten (Kroger, 1996). Diese Variationen innerhalb und zwischen den Kulturen erfordern möglicherweise andere Verknüpfungen zwischen der Einbindung in Freundschaften und der Identitätsentwicklung. Dies ist eine Problematik, deren Bearbeitung wohl noch zu vielen ergiebigen theoretischen und empirischen Reisen führen wird.

Literatur

Afifi, W.A./Falato, W.L./Weiner, J.L.: Identity concerns following a severe relational transgression: The role of discovery method for the relational outcomes of infidelity. In: Journal of Social and Personal Relationships 18(2001), pp. 290-308

Azmitia, M.: Self, self-esteem, conflicts, and best friendships in early adolescence. In: Brinthaupt, T.M./Lipka, R.P. (Eds.): Understanding the self of the early adolescent. New York: SUNY Press, (in press)

Azmitia, M.: Low and high self-esteem early adolescents' perceptions of their close friends' relational infractions. Paper presented at the biennial meetings of the Society for Research on Child Development, Minneapolis, 2001, April

Azmitia, M./Cooper, C.R.: Good or bad? Peer influences on Latino and European American adolescents' pathways through school. In: Journal of Education for Students placed at risk 6(2001), pp. 45-71

Azmitia, M/Kamprath, N.A./Ittel, A.: Early adolescents' perceptions of violations of the „contract" of friendship, (in preparation)

Azmitia, M./Lippman, D.N./Ittel, A.: On the relation of personal experience to early adolescents' reasoning about best friendship deterioration. In: Social Development 8(1999), pp. 276-291

Berndt, T.J.: The features and effects of friendship in early adolescence. In: Child Development 53(1982), pp. 1447-1460

Berndt, T.J./Hawkins, J.A./Hoyle, S.G.: Changes in friendship during a school year: Effects on children's and adolescents' impressions of friendship and sharing with friends. In: Child Development 57(1986), pp.1284-1297

Buhrmester, D.: Intimacy of friendship, interpersonal competence, and adjustment during preadolescence and adolescence. In: Child Development 61(1990), pp. 1101-1111

Cooley, C.H.: Human nature and the social order. New York: Charles Scribner's Sons, 1902

Eder, D./Sanford, S.: The development and maintenance of interactional norms among early adolescents. In: Adler, P./Adler, P. (Eds.): Sociological studies of child development. Greenwich: JAI, 1986, pp. 283-300

Elkind, D.: Child development and education: A Piagetian perspective. New York: Oxford University Press, 1976

Erikson, E.: Identity, youth, and crisis. New York: Norton, 1968

Grotevant, H.D.: Identity processes: Integrating social psychological and evelopmental processes. In: Journal of Adolescent Research 12(1997), pp. 354-357

Grotevant, H.D./Cooper, C.R.: Assessing adolescent identity in the areas of occupation, religion, politics, friendships, dating, and sex roles: Manual for administration and coding of the interview. In: Journal of Supplement Abstract Service Catalog of Selected Documents in Psychology 11(1981), pp. 52-53, Ms. no. 2295

Grotevant, H.D./Cooper, C.R.: Individuality and connectedness in adolescent development: Review and prospects for research on identity, relationships, and context. In: Skoe, A./von der Lippe, A. (Eds.): Personality and development in adolescence: A cross national and life span perspectiv. London: Routledge, 1998, pp. 3-37

Grotevant, H.D./Thorbecke, W./Meyer, M.L.: An extensio of Marcia's identity status interview into the interpersonal domain. In: Journal of Youth and Adolescence 11(1982) pp. 33-47

Harter, S.: The Self-Perception Profile for children. Denver: University of Denver, unpublished manual, 1985

Harter, S.: The Self-Perception Profile for adolescents. Denver: University of Denver, unpublished manual, 1988

Harter, S.: The construction of self: A developmetal perspective. New York: Guilford, 1999

Josselson, R: Identity and relatedness in the life cycle. In: Bosma, H.A./Graafma, T.L.G./Grotevant, H.D./deLevita, D.J. (Eds.): Identity and development: An Interdisciplinary Approach. Thousand Oaks, CA: Sage, 1994, pp. 81-102

Knowles, J.: A separate peace. New York: Bantam Books, 1959

Krappmann, L.: Soziologische Dimensionen der Identität. Stuttgart: Klett-Cotta, 1969

Kroger, J.: Identity in adolescence: The balance between self and other. New York: Routledge, 1996

Kurtines, W.M.: A co-constructivist perspective on human behavior and development. Manuscript submitted for publication, 1999

McAdams, D.P.: Power, Intimacy, and the life story: Personological Inquiries into Identity. New York: Guilford, 1988

Parker, J.G./Asher, S.R.: Friendship and friendship quality in middle childhood: Links with peer group acceptance and feelings of loneliness and social dissatisfaction. In: Developmental Psychology 29(1993) pp. 611-621

Rawlins, W.K.: Friendship matters: Communication, dialectics, and the life course. New York: de Gruyter, 1992

Rose, A.: The socio-emotional trade-offs of co-rumination. Paper presented at the biennial meetings of the Society for Research on Child Development, Minneapolis, 2001, April

Roth, M./Parker, J.G.: Navigating the minefields of adolescent social triangles: Adolescents' reactions to their friends', friends, and romantic partners. Paper presented at the biennial meetings of the Society for Research on Child Development, Minneapolis, 2001, April

Santrock, J.W.: Adolescence. New York: McGraw Hill, 2001, (Eighth edition)

Steinem, G.: The revolution from within: A book of self-esteem. Boston: Little, Brown & Company, 1992

Sullivan, H.S.: Die interpersonale Theorie der Psychiatrie. Frankfurt am Main: Fischer, 1953/1983

Surra, C.A./Bohman, T.: The development of close relationships. A cognitive perspective. In: Fletcher, G.J.O./Fincham, F.D. (Eds.): Cognition in close relationships. Hillsdale: Erlbaum, 1991, pp. 281-305

Swann, W.B. Jr.: Self-traps: The elusive quest for higher self-esteem. New York: W.B. Feeman, 1996

Swann, W.B. Jr.: The trouble with change: self-verification and allegiance to the self. In: Psychological Science 8(1997), pp. 177-180

Youniss, J./Smollar, J.: Adolescent relations with mothers, fathers, and friends. Chicago: University of Chicago Press, 1985

Zarabatany, L./McDougall, P./Hymel, S.: Gender-differentiated experience in the peer culture: Links to intimacy in preadolescence. In: Social Development 9(2000), pp. 62-79

Problematische Gleichaltrigenbeziehungen und Selbstwahrnehmungen während Kindheit und Adoleszenz

Mara Brendgen, William M. Bukowski und Brigitte Wanner

In der Forschung zu Gleichaltrigenbeziehungen wird die grundlegende These vertreten, dass Beziehungen mit Gleichaltrigen notwendige und einzigartige Beiträge zur persönlichen und sozialen Entwicklung von Kindern leisten (Hartup, 1999). Insbesondere im Kontext von Gleichaltrigenbeziehungen werden viele der erforderlichen Fertigkeiten und Kompetenzen für das Gelingen späterer sozialer Erwachsenenbeziehungen (z.B. Kooperation, Kompromissbereitschaft, Konfliktlösung) erlernt (Buhrmester & Furman, 1986). Die innerhalb des Kontexts von engen Gleichaltrigenbeziehungen erworbenen Erfahrungen bilden eine wichtige Grundlage für die Wahrnehmung eigener Kompetenz in sozialen Interaktionen und tragen zum allgemeinen Selbstwertgefühl der Kinder bei (Bukowski & Hoza, 1989; Sullivan, 1954; 1980). Diese Ansicht basiert auf der Arbeit symbolischer Interaktionisten (z.B. Cooley, 1902; Mead, 1934) und beinhaltet, dass Gleichaltrigeninteraktionen Kinder lehren, wie sie von anderen gesehen werden. Diese internalisierten Wahrnehmungen bilden wiederum die Grundlage des Selbstkonzepts und der Einschätzung der eigenen sozialen Kompetenz. Sind die sozialen Erfahrungen der Kinder mit Gleichaltrigen positiv und ist der damit assoziierte soziale Bewertungsprozess positiv, werden Kinder ihre eigene soziale Kompetenz höchstwahrscheinlich auch positiv bewerten. Die Wahrnehmung der eigenen Person als sozial kompetent wiederum befähigt die Kinder, bereitwillig auf andere zuzugehen und Freundschaften mit ihnen zu schließen, was in der Folge die weitere Entwicklung und Aufrechterhaltung von positiven Gleichaltrigenbeziehungen erleichtert (Bandura, 1997; Harter, 1998).

Die engen reziproken Zusammenhänge zwischen sozialen Erfahrungen, wahrgenommener eigener sozialer Kompetenz und tatsächlichem Sozialverhalten lassen darauf schließen, dass Kinder, die Probleme in Gleichaltrigenbeziehungen erfahren, gleichzeitig ernsthafte Schwierigkeiten in ihrem tatsächlichen Sozialverhalten, ihrem allgemeinen Selbstwertgefühl und ihrer Wahrnehmung der eigenen sozialen Kompetenz aufweisen. Insbesondere die Kinder, die von der Mehrzahl der Gleichaltrigen abgelehnt werden, haben wahrscheinlich weniger Gelegenheiten, die notwendigen Fertigkeiten für erfolgreiche soziale Interaktionen mit Gleichaltrigen zu entwickeln. Außerdem können Kinder negative Ansichten über ihre eigene soziale Kompetenz und ihren Selbstwert als Sozialpartner entwickeln, wenn sie im Aufbau von erfolgreichen Beziehungen zu anderen wiederholt versagen. Der wahrgenommene Mangel an eigener sozialer Kompetenz hat dann möglicherweise zur Folge, dass diese Kinder soziale Interaktionen insgesamt vermeiden oder bei Schwierigkeiten in sozialen Interaktionen sofort aufgeben. Die Konsequenzen sind, dass diese Kinder ihre sozialen Ziele nicht erreichen, ihre sozialen Fertigkeiten nicht üben und weitere Gelegenheiten zur Verbesserung ihrer sozialen Kompetenz verpassen. In diesem Kapitel wollen wir die unterschiedlichen negativen Szenarien diskutieren, die in Gleichaltrigenbeziehungen von Kindern auftreten können, insbesondere die Zurückweisung durch die Gleichaltrigengruppe, Freundeslosigkeit, oder Beziehungen mit devianten Freunden. Ferner soll gezeigt werden, wie diese unterschiedlichen Szenarien problematischer Gleichaltrigenbeziehungen untereinander zusammenhängen. Schließlich sollen die möglichen Auswirkungen auf die tatsächliche und wahrgenommene soziale Kompetenz sowie auf das generelle Selbstwertgefühl erörtert werden.

Zurückweisung durch Gleichaltrige

Verschiedene Autoren vertreten den Standpunkt, dass die Integration in die Gleichaltrigengruppe und das Akzeptiertwerden von dieser Gruppe eine grundlegende Herausforderung in der Kindheit darstellen (Buhrmester & Furman, 1986; Youniss, 1982). Durch ihre Beteiligung in der Gleichaltrigengruppe lernen Kinder, in einem sozialen Setting von Gleichen zu kooperieren, Kompromisse zu schließen und zu konkurrieren. Dies wiederum verbessert ihr Selbstwertgefühl und emotionales Wohlbefinden. Leider meistern nicht alle Kinder die Aufgabe, von ihrer Gleichaltrigengruppe akzeptiert zu werden, und einige Kinder werden sogar offen von Gleichaltrigen abgelehnt. Ablehnung oder Zurückweisung durch Gleichaltrige wird gewöhnlich entweder durch Nominierung oder mittels der Einschätzung auf Antwortskalen erfasst (siehe Bukowski et al., 2000). Bei der Methode der *Gleichaltrigennominierung* werden Kinder aufgefordert, eine bestimmte Anzahl von Personen aus ihrer Gleichaltrigengruppe aufzulisten, die sie besonders mögen oder die sie besonders ablehnen. Basierend auf der Anzahl der so erhaltenen Nennungen werden mittels unterschiedlicher Algorithmen (siehe Newcomb et al., 1993) fünf verschiedene soziometrische Status-Gruppen bestimmt: (a) *beliebte* Kinder, die viele positive Nennungen und wenige negative Nennungen erhalten, (b) *durchschnittliche* Kinder, die eine durchschnittliche Anzahl positiver und negativer Nennungen erhalten, (c) *kontroverse* Kinder, die viele positive und viele negative Nennungen bekommen, (d) *vernachlässigte* Kinder, die wenige positive und wenige negative Nennungen erhalten und (e) *abgelehnte* Kinder, die wenige positive Nennungen und viele negative Nennungen erhalten. Vorhandenen Studien zufolge werden etwa 11-16 Prozent der Kinder mit der Methode der Gleichaltrigennominierung als abgelehnt klassifiziert. In diesem Kapitel beziehen wir uns ausdrücklich auf diese Gruppe.

Problematische Gleichaltrigenbeziehungen

Obwohl die Nominierung durch Gleichaltrige eine weit verbreitete Methode ist, wurde sie dahingehend kritisiert, dass Kinder eine Auswahl treffen müssen und somit nicht erhoben wird, was Kinder von *allen* Mitgliedern ihrer Gleichaltrigengruppe halten. Als alternative Methode haben einige Forscher ein *Einschätzungsverfahren durch Gleichaltrige* angewandt. Hier werden Kinder gebeten, auf einer Rating-Skala einzuschätzen, wie sehr sie *jedes* Mitglied ihrer Gleichaltrigengruppe mögen. Der durchschnittlich ermittelte Wert gibt dann für jedes Kind das Ausmaß an Akzeptanz oder Zurückweisung durch die Gleichaltrigengruppe an. Im Gegensatz zu dem Ansatz der Gleichaltrigennominierung erlaubt das Verfahren mittels Rating-Skala nicht, vernachlässigte oder kontroverse Untergruppen von Kindern zu identifizieren. Ein Vergleich beider Methoden legt allerdings nahe, dass beide Methoden mit ähnlicher Genauigkeit diejenigen Kinder ermitteln, die von ihrer Gleichaltrigengruppe abgelehnt werden (Terry & Coie, 1991).

Empirische Studien belegen, dass die Ablehnung durch Gleichaltrige ein recht stabiles Phänomen ist. So haben Untersuchungen, die die Methode der Gleichaltrigennominierung anwendeten, gezeigt, dass mehr als 69 Prozent der abgelehnten Kinder auch nach einem Zeitraum von fünf Monaten diesen Status inne hatten (Asher & Dodge, 1986). Selbst nach einem Zeitraum von 48 Monaten behalten bis zu 33 Prozent der abgelehnten Kinder ihren negativen Sozialstatus (Coie & Dodge, 1983). Ähnliche konstante Ergebnisse wurden mit dem Einschätzungsverfahren durch Gleichaltrige erzielt (Asher & Dodge, 1986). Brendgen und Kollegen zeigten kürzlich, dass die Ablehnung durch Gleichaltrige bereits mit dem Eintreten der Kinder in das Gleichaltrigenmilieu beginnt und über die gesamte Grundschulzeit hin stabil bleibt (Brendgen et al., 2001).

Obgleich alle abgelehnten Kinder gleichermaßen von ihrer Gleichaltrigengruppe zurückgewiesen werden, ist die Heterogenität unter diesen Kindern beträchtlich. Während die Hälfte aller sozial abgelehnten Kinder sehr aggressiv ist (Boivin & Begin, 1989), sind die Verhaltensmerkmale der anderen Hälfte abgelehnter Kinder weniger eindeutig. Es gibt empirische Anhaltspunkte dafür, dass diese Kinder eher unsicher, ängstlich und zurückgezogen sind als aggressive abgelehnte Kinder (Cillessen et al., 1992). Im Vergleich zu akzeptierten Kindern fehlt es jedoch sowohl aggressiv-abgelehnten Kindern als auch zurückgezogen-abgelehnten Kindern besonders in schwierigen sozialen Situationen, wie z.B. beim Eintritt in eine Gleichaltrigengruppe, beim Beginn einer Freundschaft oder in Konfliktsituationen, an sozialer Kompetenz (siehe Asher & Coie, 1990). Beispielsweise tendieren zurückgezogen-abgelehnte Kinder in hypothetischen Konfliktsituationen mit Gleichaltrigen dazu, die Hilfe von Erwachsenen zu suchen (Putallaz & Sheppard, 1992).[1] Aggressiv-abgelehnte Kinder hingegen fordern weniger Unterstützung von außen und sind eher dazu geneigt, mit Aggression zu reagieren (Parkhurst & Asher, 1992; Rubin & Rose-Krasnor, 1992).

---

1 Es wurden Vignetten mit Konfliktsituationen vorgelegt, zu denen die Kinder Lösungsmöglichkeiten vorschlagen sollten.

Angesichts des beträchtlichen Mangels an sozialer Kompetenz sowohl bei aggressiv-abgelehnten Kindern als auch bei zurückgezogen-abgelehnten Kindern könnte erwartet werden, dass sich Kinder dieser beiden Gruppen auch selbst als weniger sozial kompetent im Vergleich zu anderen wahrnehmen. Außerdem sollten beide Gruppen eine negativere allgemeine Selbstwerteinschätzung aufweisen. Tatsächlich fanden einige Studien einen Zusammenhang zwischen Gleichaltrigenablehnung und negativen Selbstwerteinschätzungen (z.B. Hymel et al., 1985; Kurdek & Krile, 1982). Die Mehrzahl der Untersuchungsbefunde bestätigt allerdings nicht die Annahme, dass abgelehnte Kinder sich als weniger sozial kompetent als andere Kinder wahrnehmen (z.B. Boivin et al., 1989; Patterson et al., 1990). Wenn man die Subgruppen abgelehnter Kinder eingehender betrachtet, wird jedoch deutlich, dass vor allem die zurückgezogen-abgelehnten Kinder eine negative Selbstwahrnehmung erkennen lassen (Boivin et al., 1989). Im Gegensatz dazu berichten aggressiv-abgelehnte Kinder übermäßig positive Selbsteinschätzungen (Hymel et al., 1993). Taylor und Brown (1988) haben nahegelegt, dass selbstüberschätzende Kompetenzwahrnehmungen für Gesundheit und emotionales Wohlbefinden förderlich sind, während für niedrige Selbsteinschätzungen, auch wenn sie realistisch sind, das Gegenteil der Fall ist. So ist es vielleicht nicht verwunderlich, dass zurückgezogen-abgelehnte Kinder ein stärkeres Ausmaß an Einsamkeit und Niedergeschlagenheit berichten als akzeptierte Kinder, während dies auf aggressiv-abgelehnte Kinder nicht zutrifft (Asher et al., 1990; Hymel et al., 1993). Aggressiv-abgelehnte Kinder zeigen somit ein Muster von selbstbezogenen Annahmen, das eigentlich nur bei akzeptierten Kindern zu erwarten wäre.

Verschiedene Erklärungen wurden für die Unterschiede in den Selbstwahrnehmungen von aggressiv-abgelehnten und zurückgezogen-abgelehnten Kindern herangezogen. Eine mögliche Erklärung könnte sein, dass sich Erstere wesentlich weniger ihres negativen Sozialstatus' unter Gleichaltrigen bewusst sind als Letztere. So unterschätzen aggressiv-abgelehnte Kinder beispielsweise den Grad ihrer Ablehnung durch Gleichaltrige wesentlich, während zurückgezogen-abgelehnte Kinder ihren Sozialstatus relativ exakt beurteilen (Cillessen et al., 1992; Zakriski & Coie, 1996). Die *wahrgenommene* eigene Akzeptanz oder Ablehnung eines Kindes durch Gleichaltrige ist ein weitaus stärkerer Prädiktor für emotionale Probleme, wie beispielsweise Einsamkeit und Niedergeschlagenheit, als die tatsächliche Akzeptanz oder Ablehnung (Panak & Garber, 1992). Interessanterweise können aggressiv-abgelehnte Kinder den Sozialstatus anderer abgelehnter Kinder recht genau einschätzen und negative soziale Rückmeldung wahrnehmen, wenn sie an andere gerichtet ist (Zakriski & Coie, 1996). Die Tendenz aggressiv-abgelehnter Kinder, negative soziale Information zu ignorieren, wenn sie an sie selbst gerichtet ist, sie aber selektiv wahrzunehmen, wenn sie an andere gerichtet ist, legt nahe, dass bei ihnen Abwehrreaktionen und selbstwertdienliche Verzerrungen in der Wahrnehmung des Selbst und der sozialen Umwelt eine Rolle spielen (Boivin & Begin, 1989).

Die Annahme von selbstwertdienlichen Wahrnehmungsverzerrungen wird durch Befunde belegt, dass aggressiv-abgelehnte Kinder dazu tendieren, die Handlungen anderer Kinder generell negativer einzuschätzen als dies nichtaggressive Kinder tun. Beispielsweise unterstellen aggressiv-abgelehnte Kinder den Handelnden feindselige Absichten, wenn hypothetische Handlungen anderer Kinder einen negativen Ausgang für die eigene Person nehmen (Crick & Dodge, 1994), wohingegen akzeptierte Kinder für die Einschätzung der Absichten des Handelnden situative Bedingungen mit in Betracht ziehen. In realen sozialen Interaktionen tendieren aggressive Kinder dazu, ihr eigenes aggressives Verhalten zu unterschätzen und andere im Vergleich zu sich selbst als aggressiver zu bewerten (Lochman, 1987). Dieser Attribuierungsstil kann aggressiv-abgelehnten Kindern helfen, sich selbst als mindestens genauso sozial kompetent und wertvoll wie andere Kinder zu betrachten. Die Tatsache, dass zurückgezogen-abgelehnte Kinder keine ähnlich verzerrten Ansichten über ihr eigenes Verhalten und das von anderen haben, hindert sie möglicherweise daran, ähnlich positive Selbsteinschätzungen auszubilden. Dies wiederum könnte ihre Gefühle der Einsamkeit und Niedergeschlagenheit erklären. Tatsächlich hat die Forschung bei Erwachsenen gezeigt, dass depressive Personen akkurater und weniger defensiv in der Verarbeitung von an sie selbst gerichtetem negativem sozialen Feedback sind als nichtdepressive Personen (Alloy & Abrahamson, 1988).

Eine weitere mögliche Erklärung für den Unterschied in der Selbstwahrnehmung aggressiv-abgelehnter und zurückgezogen-abgelehnter Kinder könnte sein, dass sich ihre alltäglichen Erfahrungen mit Gleichaltrigen beträchtlich unterscheiden. Es gibt Hinweise dahingehend, dass aggressiv-abgelehnte Kinder weniger von ihren Gleichaltrigen ausgeschlossen werden als nichtaggressive abgelehnte Kinder (Boivin & Poulin, 1993). Desweiteren erfahren aggressiv-abgelehnte Kinder nicht unbedingt direkte Sanktionen von der Gleichaltrigengruppe als Konsequenz ihres aggressiven Verhaltens. Beobachtungsstudien zeigen, dass Gleichaltrige das Verhalten aggressiver Kinder sowohl durch passives Zusehen als auch durch Teilnahme an der Aggression verstärken (O'Connell et al., 1999). Aggressive Kinder könnten diesen Mangel an offensichtlichen Sanktionen durch Gleichaltrige als ein Zeichen für die implizite Billigung ihres Verhaltens interpretieren, was wiederum die positive Einschätzung der eigenen Kompetenz bestätigt. Dies wird möglicherweise noch weiter dadurch gefördert, dass Personen, die ihre Kompetenz positiv einschätzen, auch Handlungsausgänge eher positiv interpretieren, während für Personen, die ihre Kompetenz negativ einschätzen, das Gegenteil der Fall ist (Bandura, 1997). Im Einklang mit ihren niedrigen Kompetenzeinschätzungen ist für zurückgezogen-abgelehnte Kinder dagegen oft ein unsicheres und unterwürfiges Verhalten charakteristisch, welches das Risiko von körperlicher und verbaler Schikanierung durch Gleichaltrige erhöht (Schwartz et al., 1993). Aufgrund ihres fehlenden Widerstands können zurückgezogen-abgelehnte Kinder leichter zum Objekt von Spott, Beschimpfung und körperlicher Misshandlung durch Gleichaltrige werden. Solche traumatischen Erfahrungen können ernsthafte Konsequenzen für ihre Selbstwahrnehmungen sowie für ihr emotionales Wohlbefinden haben, und in einigen Fällen können solche Erfahrungen sogar zu Selbstmordgedanken führen (Rigby & Slee, 1999).

Abgesehen von der unterschiedlichen Behandlung durch die Gleichaltrigengruppe gibt es Hinweise dafür, dass sich aggressiv-abgelehnte Kinder von zurückgezogen-abgelehnten Kindern auch in Bezug auf ihre dyadischen Freundschaftserfahrungen unterscheiden. Den dyadischen Freundschaftserfahrungen wird eine wesentliche Rolle bei der Entwicklung der sozialen Kompetenz von Kindern und der diesbezüglichen Ansicht über sich selbst zugeschrieben (Sullivan, 1954; 1980). In den folgenden Abschnitten wollen wir, durch empirische Befunde abgestützt, nachfolgende Fragen diskutieren: a) Wie hängen unterschiedliche Aspekte von Kinderfreundschaften mit der tatsächlichen und der wahrgenommenen eigenen sozialen Kompetenz und dem allgemeinen Selbstwertgefühl von Kindern zusammen? b) Wie unterscheiden sich aggressivabgelehnte Kinder von zurückgezogen-abgelehnten Kindern in ihren Freundschaftserfahrungen? und c) Inwieweit können die unterschiedlichen Freundschaftserfahrungen die unterschiedlichen Selbsteinschätzungen aggressiv-abgelehnter und zurückgezogen-abgelehnter Kinder erklären?

Problematische Freundschaftserfahrungen

Nachdem der eigene Sozialstatus in der Gleichaltrigengruppe hergestellt ist, ist die Bildung von engen dyadischen Freundschaften mit gleichgeschlechtlichen Gleichaltrigen die nächste wichtige soziale Entwicklungsaufgabe in der Kindheit (Sullivan, 1954; 1980). Im Gegensatz zur sozialen Akzeptanz, die angibt, wie gut Kinder in einem sozialen Netzwerk von Gleichaltrigen integriert sind, stellen Freundschaften soziale Beziehungen mit Gleichaltrigen dar, die dyadisch, freiwillig und reziprok sind (Bukowski & Hoza, 1989). Kinder lernen durch die Interaktion mit ihren Freunden die Fähigkeit zur Perspektivenübernahme sowie Einfühlungsvermögen. Ebenso werden Kinder in dyadischen Freundschaftsbeziehungen in ihren persönlichen Eigenschaften, Interessen, Hoffnungen und Ängsten bestätigt. Dadurch können sich die Selbstwahrnehmungen, die sich durch die Gruppenerfahrungen entwickelt haben, bestätigen oder sogar verbessern und sich somit vorteilhaft auf die kindliche Entwicklung auswirken. Allerdings sind nicht alle Kinder erfolgreich darin, dyadische Freundschaftsbeziehungen mit Gleichaltrigen aufzubauen. Desweiteren sind nicht alle Freundschaften, die Kinder eingehen, für eine gesunde soziale Entwicklungsanpassung förderlich. Hartup (1995) beschreibt drei unterschiedliche Aspekte von Freundschaftserfahrungen, die sich problematisch auf die kindliche Entwicklung auswirken können: mangelnde Freundschaftspartizipation (d.h. das Nichtbestehen von Freundschaften), negative persönliche Merkmale des Freundes (z.B. negative Verhaltensmerkmale, Eigenschaften etc.) und schlechte Freundschaftsqualität (d.h. das Ausmaß, in welchem die Freundschaft durch wenig positive und/oder viele negative Beziehungsmerkmale charakterisiert werden kann). Jeder dieser Aspekte hängt mit der Entwicklung des kindlichen Sozialverhaltens sowie der wahrgenommenen eigenen sozialen Kompetenz und dem allgemeinen Selbstwertgefühl zusammen.

Freundschaftspartizipation

In Untersuchungen wurden unterschiedliche Verfahren angewandt, um zu bestimmen, ob ein Kind überhaupt Freunde hat und wieviele. In einigen Studien wurden Kinder lediglich aufgefordert, ihre Freunde zu benennen ohne zu überprüfen, ob die genannten Kinder die Benennung der Freundschaft erwidern (z.b. Parker & Asher, 1993). In vielen anderen Studien wurden jedoch Freundschaften als Beziehungen definiert, die von beiden Partnern erwidert werden müssen. Nur solche Freundschaften werden als echte Freundschaften angesehen, bei denen eine wechselseitige Nominierung vorliegt. Aus Gründen der Umsetzbarkeit sind solche Freundschaftsnominierungen in der Regel auf vordefinierte, einfach zu erfassende Settings wie beispielsweise die Schulklasse beschränkt.

Verschiedene Untersuchungen belegen, dass ohne Freund zu sein, nicht nur negativ mit der tatsächlichen sozialen Kompetenz von Kindern zusammenhängt, sondern auch ihre diesbezüglichen Selbsteinschätzungen und ihr allgemeines Selbstwertgefühl beeinflusst. Im Vergleich zu Kindern, die keine Freunde haben, können Kinder, die Freunde haben, die Gefühle von anderen leichter erkennen und die Vorboten dieser Gefühle besser verstehen (McGuire & Weisz, 1982). Außerdem sind sie im Vergleich zu freundeslosen Kindern eher gewillt, Dinge zu teilen, sich an positiven verbalen Interaktionen zu beteiligen und sich bei der Führung sozialer Aktivitäten mit anderen abzuwechseln. So ist es vielleicht nicht erstaunlich, dass sich freundeslose Kinder als weniger sozial kompetent ansehen und ein niedrigeres allgemeines Selbstwertgefühl aufweisen als Kinder, die Freunde haben (Gauze et al., 1996). Dieser Zusammenhang zwischen Freundeslosigkeit und negativen Selbstwahrnehmungen bleibt auch dann aufrechterhalten, wenn der Effekt des Sozialstatus' eines Kindes in der Gleichaltrigengruppe mit in Betracht gezogen wird. Es gibt jedoch keinen empirischen Beleg dafür, dass eine möglichst große Zahl wechselseitiger Freundschaften sich besonders förderlich auf die Entwicklung von sozialen Fertigkeiten und positiven Selbstwahrnehmungen auswirkt. So fanden beispielsweise Bishop und Inderbitzen (1995) in einer Untersuchung bei Schülern der neunten Klasse keinen kumulativen Effekt dahingehend, dass mit der Anzahl der wechselseitigen Freunde das Selbstwertgefühl steigt.

Der negative Zusammenhang zwischen Freundeslosigkeit und der wahrgenommenen eigenen Kompetenz ist wahrscheinlich besonders stark bei den Kindern ausgeprägt, die bereits andere Probleme in ihren Gleichaltrigenbeziehungen haben. So zeigen zahlreiche Studien, dass Kinder, die von der Mehrzahl ihrer Gleichaltrigen abgelehnt werden, weniger wechselseitige Freundschaften haben als akzeptierte Kinder (z.B. Brendgen et al., 2000; Bukowski et al., 1993; Parker & Asher, 1993). Diese Studien zeigen jedoch auch, dass viele abgelehnte Kinder trotzdem zumindest einen Freund haben. Ablehnung durch die Gleichaltrigengruppe bedeutet demnach nicht automatisch Freundeslosigkeit. Wenn abgelehnte Kinder es schaffen, wechselseitige Freundschaften zu schließen, scheinen sie zumindest teilweise vor den negativen psychosozialen und emotionalen Konsequenzen geschützt zu sein, die mit der Zurückweisung durch Gleichaltrige verbunden sind (Parker & Asher, 1993; Sanderson & Siegal, 1995). Sanderson und Siegal (1995) fanden zum Beispiel, dass abgelehnte Kinder sich nicht einsamer fühlten als akzeptierte Gleichaltrige, wenn sie zumindest eine wechselseitige Freundschaft hatten. Bemerkenswert ist hierbei, dass besonders die aggressiven Kinder häufig Freunde haben (Cairns et al., 1988), während es zurückgezogenen Kindern oft an Freundschaftsbeziehungen mangelt (La Greca & Lopez, 1998). Dieser Unterschied im Bestehen bzw. Nichtbestehen von Freundschaftsbeziehungen kann zum Teil erklären, warum sich aggressivabgelehnte Kinder als sozial kompetenter wahrnehmen (und weniger emotionale Probleme haben) als zurückgezogen-abgelehnte Kinder.

Freundesmerkmale

Kinder unterscheiden sich sehr darin, welche Freunde sie auswählen, und einige Kinder suchen sich unsoziale Freunde aus. Die meisten empirischen Befunde heben die Ähnlichkeit der Kinder in Bezug auf die eigenen unsozialen Verhaltensweisen, Eigenschaften und Interessen als die wichtigste Determinante bei der Auswahl von unsozialen Freunden hervor (z.B. Dishion et al., 1995; Kandel, 1978). Aber auch die Ablehnung durch die Gleichaltrigengruppe erhöht die Wahrscheinlichkeit, dass Kinder sich mit unsozialen Freunden zusammentun (Brendgen et al., 1998; Dishion et al., 1995), die selbst ebenfalls oft abgelehnt sind. So ist oft eine Tendenz dahingehend zu erkennen, dass Freunde untereinander einen ähnlichen soziometrischen Status aufweisen (z.B. George & Hartmann, 1996; Krappmann & Uhlendorff, 1999). Diese Ergebnisse legen einen Circulus Vitiosus nahe: Kinder, denen es an sozialer Kompetenz fehlt (durch unsoziales Verhalten und durch Gleichaltrigenablehnung gekennzeichnet), neigen dazu, sich mit ähnlichen anderen Kindern zusammenzuschließen, was wiederum die Aneignung von angepassten sozialen Fertigkeiten weiter behindert. Tatsächlich haben zahlreiche Forschungsbefunde gezeigt, dass unsoziale Freunde aggressives und delinquentes Verhalten bei Kindern noch weiter verstärken können (z. B. Brendgen et al., 2000; Vitaro et al., 1997).

Während Freundschaftsbeziehungen mit unsozialen Freunden deutlich negativ mit der tatsächlichen sozialen Kompetenz von Kindern zusammenhängen, ist die Beziehung zu der wahrgenommenen eigenen sozialen Kompetenz sowie zum allgemeinen Selbstwertgefühl bei Kindern weniger eindeutig. Ein theoretisches Modell, das die komplexen Zusammenhänge zwischen unsozialem

Verhalten von Kindern, Ablehnung durch Gleichaltrige, Freundschaftsbeziehungen mit unsozialen Freunden und kindlichen Selbstwahrnehmungen beschreibt, wurde von Kaplan vorgeschlagen (z.B. Kaplan, 1982). Dieses theoretische Modell geht in seiner Kernaussage davon aus, dass die Ablehnung durch wichtige Bezugsgruppen, wie beispielsweise die Familie und/oder sozial angepasste Gleichaltrige, zu einem wahrgenommenen Mangel an eigener sozialer Kompetenz und zu einem negativen allgemeinen Selbstwertgefühl führt. Da Kinder versucht sein werden, negative Selbstbewertungen zu minimieren und positive Annahmen über ihr Selbst zu maximieren, dürften sie immer seltener dazu motiviert sein, sich nach den konventionellen und pro-sozialen Normen und Erwartungen zu richten, die von der Familie und der sozial angepassten Gleichaltrigengruppe vertreten werden. Im Bemühen, alternative Ressourcen aufzutun, die positive Selbstwahrnehmungen fördern, schließen sich die Kinder mit unsozialen Freunden zusammen und übernehmen in zunehmendem Ausmaß deren unsoziale Einstellungen und Verhaltensweisen. Weil solche Freunde die eigenen unsozialen Verhaltensmuster weiter positiv verstärken, verbessern sich schließlich die Wahrnehmungen der eigenen sozialen Kompetenz und das allgemeine Selbstwertgefühl der Kinder.

Das theoretische Modell von Kaplan wird durch empirische Befunde gestützt, die zeigen, dass ein negatives allgemeines Selbstwertgefühl, das aus der Zurückweisung durch Eltern und Gleichaltrigen resultiert, das Risiko späterer Freundschaftsbeziehungen mit unsozialen Freunden erhöht (Brendgen et al., 1998; Kaplan et al., 1986). Ob solche Freundschaftsbeziehungen tatsächlich helfen können, die negativen Selbsteinschätzungen Jugendlicher zu verbessern, wurde bisher noch nicht genau untersucht. Es lässt sich jedoch vermuten, dass aggressiv-abgelehnte Kinder, die sich mit unsozialen Freunden zusammenschließen, ihre positiven sozialen Selbstbewertungen aufrechterhalten können, nicht nur weil sie überhaupt Freunde haben, sondern auch, weil ihr Verhalten von gleichgesinnten Freunden positiv verstärkt wird (Dishion et al., 1996). Da zurückgezogen-abgelehnte Kinder häufig keine Freunde haben, können sie diesen Vorteil nicht genießen.

Freundschaftsqualität

Nicht nur die Tatsache, Freunde zu haben und die Persönlichkeitsmerkmale dieser Freunde können mit der kindlichen sozialen Kompetenz und den Selbstbewertungen zusammenhängen. Auch die Qualität dieser Freundschaften hängt offenkundig mit der sozialen Kompetenz von Kindern und der Sicht, die sie diesbezüglich über sich selbst haben, zusammen. Um die Freundschaftsqualität zu erheben, werden Kinder gewöhnlich gebeten, die Häufigkeit bestimmter Interaktionsmerkmale innerhalb ihrer Freundschaften zu berichten. Zum Beispiel wird die Hilfeleistung in problematischen Situationen oder der Austausch von persönlichen Informationen erfragt (siehe Furman, 1996). Dieser Ansatz basiert auf der Annahme, dass Personen Freundschaften schließen, um bestimmte soziale Bedürfnisse, wie beispielsweise Kameradschaft, Hilfe, Intimität oder Selbstbestätigung, zu befriedigen. Die Qualität einer bestehenden Freundschaft spiegelt das Ausmaß wider, in dem diese sozialen Bedürfnisse befriedigt werden. Allerdings beinhalten Freundschaften nicht unbedingt nur harmonische und positive Erfahrungen, sondern können zeitweise auch Quelle von Konflikten und Sorgen sein. Aus diesem Grund erheben Messungen zur Freundschaftsqualität auch die Häufigkeit von negativen Interaktionen, wie beispielsweise Auseinandersetzungen und Streits zwischen Freunden. Untersuchungsergebnisse weisen allerdings darauf hin, dass insbesondere die positiven Freundschaftsmerkmale mit der tatsächlichen und wahrgenommenen sozialen Kompetenz von Kindern sowie ihrer allgemeinen Selbstwerteinschätzung zusammenhängen. So fanden zum Beispiel Buhrmester und Mitarbeiter einen positiven Zusammenhang zwischen der Freundschaftsintimität und der von den Eltern bewerteten sozialen Kompetenz der Kinder (Buhrmester et al., 1995). Außerdem hing die Freundschaftsintimität positiv mit der wahrgenommenen eigenen sozialen Kompetenz und dem allgemeinen Selbstwertgefühl der Kinder zusammen. Ebenso konnten Oswald und Mitarbeiter zeigen, dass die Intimität in dyadischen Gleichaltrigenbeziehungen sowie das Ausmaß an erfahrener Hilfe und Spaß in diesen Beziehungen positiv mit der wahrgenommenen eigenen sozialen Akzeptanz von Kindern zusammenhängen (Oswald et al., 1994).

Im Gegensatz zu den gut abgesicherten Beziehungen zwischen Gleichaltrigenablehnung und der Wahrscheinlichkeit, entweder ohne Freund zu sein oder sich mit unsozialen Freunden zusammenzuschließen, sind die Befunde hinsichtlich des Zusammenhangs zwischen Gleichaltrigenablehnung und Freundschaftsqualität weniger konsistent. Basiert die Freundschaftsqualität auf der eigenen kindlichen Wahrnehmung, finden die meisten Studien bezüglich positiver und negativer Freundschaftsmerkmale keinen Unterschied zwischen abgelehnten Kindern und akzeptierten Kindern (Brendgen et al., 2000; Patterson et al., 1990). Selbst wenn Unterschiede gefunden wurden, wie beispielsweise dass unpopuläre Kinder dazu neigten, ihre Freundschaften weniger positiv wahrzunehmen als akzeptierte Kinder, bestand diesbezüglich eine beachtliche Variabilität in der Gruppe unpopulärer Kinder (Parker & Asher, 1993). Diese große Variabilität innerhalb der unpopulären Gruppe legt nahe, dass hier möglicherweise ähnliche Subgruppenunterschiede in der wahrgenommenen Freundschaftsqualität bestehen, wie sie bei der Wahrnehmung der eigenen sozialen Kompetenz und dem allgemeinen Selbstwertgefühl gefunden wurden. Tatsächlich beurteilen aggressiv-abgelehnte Kinder ihre Freundschaften hinsichtlich positiver Merkmale wie Kameradschaft, Zuneigung, instrumenteller Hilfe, Intimität und Zufriedenheit ähnlich günstig wie akzeptierte Kinder (Patterson et al., 1990). Im Gegensatz dazu berichteten zurückgezogene Kinder und insbesondere Mädchen deutlich weniger Intimität, Kameradschaft und Unterstützung in ihren Freundschaften als andere Kinder (La Greca & Lopez, 1998). Diese Ergebnisse sind offensichtlich mit den unterschiedlichen Selbstwahrnehmungen aggressiv-abgelehnter Kinder und zurückgezogen-abgelehnter Kinder bezüglich der eigenen sozialen Kompetenz konsistent. Stimmen die positiven Freundschaftseinschätzungen der aggressiv-abgelehnten Kinder aber auch wirklich mit der Realität ihrer Freundschaftsbeziehungen überein oder liegen auch diesen Urteilen eher selbstwertdienliche Wahrnehmungsverzerrungen zugrunde? Eine indirekte Antwort auf diese Frage gibt die Studie von Wanner und Mitarbeitern (Wanner et al., 2001). Diese Autoren zeigten, dass sich abgelehnte Kinder mit Freunden (d.h. vermutlich die aggressiv-abgelehnte Gruppe) nicht von akzeptierten Kindern in der Beurteilung ihrer Freundschaftsqualität unterscheiden. Die Freunde der befreundeten abgelehnten Kinder stimmten jedoch nicht mit dieser positiven Sicht der Freundschaft überein, sondern beurteilten die Freundschaftsqualität deutlich negativer. Folglich scheinen aggressiv-abgelehnte Kinder nicht nur ihr Sozialverhalten und ihre Akzeptanz in der Gleichaltrigengruppe, sondern auch ihre Freundschaftsqualität übermäßig positiv zu bewerten, ohne dass diese Sicht notwendigerweise der sozialen Realität entspricht.

Schlussfolgerungen

Zusammengenommen zeigen die hier dargestellten Ergebnisse die Komplexität des Zusammenspiels zwischen den problematischen Gleichaltrigenbeziehungen von Kindern, ihrer tatsächlichen sozialen Kompetenz, den Wahrnehmungen der eigenen sozialen Kompetenz und dem generellen Selbstwertgefühl. Obwohl Probleme in Gleichaltrigenbeziehungen sowohl auf Gruppenebene als auch auf Dyaden-Ebene konsistent mit schlechtangepasstem Verhalten, wie Aggressivität oder sozialer Zurückgezogenheit, zusammenhängen, ist die Beziehung zwischen diesen Variablen und den kindlichen Selbstwahrnehmungen weniger eindeutig. Auch wenn Kinder ähnliche soziale Probleme haben, wie zum Beispiel die Ablehnung durch Gleichaltrige, bestehen dennoch beachtliche Unterschiede zwischen ihren Wahrnehmungen der eigenen sozialen Kompetenz sowie ihrer objektiven sozialen Realität. Eine Erklärung für diese Unterschiede ist sicherlich, dass Kinder, die Beziehungsprobleme auf einer Ebene im Gleichaltrigenbereich erfahren (z.B. Ablehnung durch die Mehrheit der Gleichaltrigengruppe), nicht notwendigerweise unter Problemen auf einer anderen Ebene leiden (z.B. Freundeslosigkeit oder eine niedrige Freundschaftsqualität). So können positive Erfahrungen in einem Kontext negative Erfahrungen in einem anderen Kontext kompensieren. Dies gilt insbesondere für aggressiv-abgelehnte Kinder, die möglicherweise tatsächlich insgesamt weniger negative und mehr positive Sozialkontakte haben als zurückgezogen-abgelehnte Kinder.

Obgleich beide Gruppen abgelehnter Kinder in einem ähnlichen Ausmaß von ihrer Gleichaltrigengruppe zurückgewiesen werden, sind aggressiv-abgelehnte Kinder seltener das Ziel von offenem Hohn und Aggression durch Gleichaltrige. Weiterhin unterscheiden sich die beiden Gruppen dahingehend, dass erstere erfolgreicher in der Etablierung von dyadischen Freundschaftsbeziehungen mit Gleichaltrigen zu sein scheint als letztere. Dies kann für aggressiv-abgelehnte Kinder ein wirksamer Schutz vor dem Gefühl der eigenen sozialen Inkompetenz und der niedrigen Selbstwertschätzung sein. Die Tatsache, dass ihre Freunde das eigene (aggressive) Verhalten wahrscheinlich noch positiv verstärken, könnte ihre optimistischen Selbstwahrnehmungen weiter fördern. Gleichzeitig könnte die Wahrnehmung der eigenen Person als sozial kompetent die aggressiv-abgelehnten Kinder dazu befähigen, bereitwillig auf andere Kinder zuzugehen und Freundschaften mit ihnen zu schließen. Im Gegensatz dazu veranlasst der wahrgenommene Mangel an eigener sozialer Kompetenz die zurückgezogen-abgelehnten Kinder möglicherweise dazu, soziale Interaktionen insgesamt zu vermeiden oder schnell aufzugeben, wenn sie auf Schwierigkeiten in sozialen Interaktionen treffen. Die Vermutung, dass Wahrnehmungen der eigenen sozialen Kompetenz und die mit ihnen eng zusammenhängenden Erfolgserwartungen die Verhaltensweisen und den Erfolg in sozialen Beziehungen von abgelehnten Kindern beeinflussen kann, wird durch folgendes Ergebnis belegt: Abgelehnte Mädchen, die dazu gebracht wurden, sozialen Erfolg zu erwarten, verhielten sich kompetenter und wurden eher von neuen Gleichaltrigen vorgezogen als andere abgelehnte Kinder (Rabiner & Coie, 1989).

Neben den tatsächlichen, extern validierten Unterschieden in den Sozialerfahrungen von aggressiv-abgelehnten und zurückgezogen-abgelehnten Kindern mit Gleichaltrigen, legen die berichteten Ergebnisse nahe, dass bei den sozialen Selbstbewertungen aggressiv-abgelehnter Kinder Ich-verteidigende Mechanismen mit im Spiel sein könnten. Welche Gründe auch immer für die unterschiedlichen Selbstwahrnehmungen verantwortlich sind, es lässt sich jedenfalls vermuten, dass aggressiv-abgelehnte Kinder aufgrund ihrer positiven Selbstwahrnehmungen unmotiviert sind, ihr aggressives Verhalten zu ändern. Dies ist ein wichtiger Punkt, der bei Interventionsbemühungen in dieser Gruppe zu berücksichtigen ist. Im Gegensatz dazu entsprechen die Selbstwahrnehmungen von zurückgezogen-abgelehnten Kindern wahrscheinlich eher der Realität, sie können aber auch gleichzeitig das Risiko von emotionalen Problemen wie Traurigkeit und depressiven Verstimmungen erhöhen (Taylor & Brown, 1988). Letzteres kann allerdings wiederum ein bedeutender Anreiz für zurückgezogen-abgelehnte Kinder sein zu versuchen, ihr soziales Verhalten zu ändern. So könnten zum Beispiel Interventionsprogramme, die auf eine Verbesserung der Selbsteinschätzung als auch der sozialen Kompetenz abzielen, bei diesen Kindern besonders erfolgversprechend sein.

Offene Fragen

Obgleich die bestehenden Forschungsarbeiten erste wichtige Anhaltspunkte für die möglichen Gründe in den unterschiedlichen Selbstwahrnehmungen von aggressiv-abgelehnten und zurückgezogen-abgelehnten Kindern liefern, bleiben viele wichtige Fragen offen. So beispielsweise die Frage, ob Eltern als Sozialisationsagenten und Quelle sozialer Unterstützung nicht vielleicht noch wichtiger sind als Gleichaltrige (Buhrmester & Furman, 1986). So können die Eltern aggressiv-abgelehnter Kinder möglicherweise unbewusst das Problemverhalten ihrer Kinder verstärken, zum Beispiel durch einen Mangel an Bestrafung, durch Nachgeben oder manchmal sogar durch die Bewunderung der großen Durchsetzungsfähigkeit ihrer Kinder (Dodge, 1991). Im Gegensatz dazu ist das Erziehungsverhalten von Müttern zurückgezogener und ängstlicher Kinder oft durch eine übertriebene Kontrolle und Kritik sowie durch einen Mangel an Unterstützung und Zuneigung charakterisiert (Dumas & LaFreniere, 1993). Es ist zu erwarten, dass solch unterschiedliches elterliches Verhalten einen erheblichen Einfluss auf die Beurteilung der eigenen sozialen Kompetenz und des allgemeinen Selbstwerts von Kindern haben dürfte. Ein anderes Problem betrifft die Tatsache, dass Studien zu soziometrischem Status und Freundschaftsbeziehungen meist auf Gleichaltrigenbeziehungen innerhalb der selben Klasse oder Klassenstufe begrenzt sind, während man relativ wenig über Kinderfreundschaften außerhalb des Schulkontexts weiß. Es ist jedoch bekannt, dass die Freundschaftsbeziehungen einiger älterer aggressiver Jugendlicher innerhalb des Kontexts organisierter Banden bestehen, die sich über den schulischen Kontexts hinaus ausdehnen (Kodluboy & Evenrud, 1993). Aggressiv-abgelehnte Jugendliche gewinnen wahrscheinlich zusätzliche soziale Unterstützung und Bestätigung aus diesen externen sozialen Settings, was eine weitere Erklärung für ihre positiven sozialen Selbstwahrnehmungen sein könnte. Darüber hinaus gehen aggressive Jugendliche eher frühzeitig Liebesbeziehungen mit gegengeschlechtlichen Partnern ein (Neeman et al., 1995), was ebenfalls zur Wahrnehmung von sozialer Kompetenz und einem positiven Selbstwertgefühl beitragen kann. Diese Annahme wird durch das Ergebnis gestützt, dass zwölf- bis dreizehnjährige Jungen, die eine Freundschaft mit einem Mädchen hatten, einen höheren Selbstwert aufwiesen als Jungen ohne solche gegengeschlechtlichen Freundschaften (Bukowski et al., 1999). Zurückgezogen-abgelehnten Kindern fehlt es wahrscheinlich auch an dieser zusätzlichen Quelle sozialer Bestätigung.

Obwohl das Interesse an den Zusammenhängen zwischen den kindlichen Selbsteinschätzungen und den Erfahrungen mit Gleichaltrigen eine große Anzahl empirischer Studien hervorgebracht hat, sind die zahlreichen Faktoren und Prozesse, die sich auf diese Zusammenhänge auswirken, bisher noch nicht völlig geklärt. Der Autor Manand definierte das Selbstkonzept als „flower on the compost heap of life". Zukünftige Forschung wird die organischen Wurzeln aufdecken, die die Erfahrungen von Kindern mit Gleichaltrigen und ihre Selbstwahrnehmung verbinden.

Literatur

Alloy, L.B./Abramson, L.Y.: Depressive realism: Four theoretical perspectives. In: Alloy, L.B. (Ed.): Cognitive processes in depression. New York: Guilford Press, 1988, pp. 223-265

Asher, S.R./Coie, J.D.: Peer rejection in childhood. Cambridge: Cambridge University Press, 1990

Asher, S.R./Dodge, K.A.: Identifying children who are rejected by their peers. In: Developmental Psychology 22(1986), pp. 444-449

Asher, S.R./Parkhurst, J.T./Hymel, S./Williams, G.A.: Peer rejection and loneliness in childhood. In: Asher, S.R./Coie, J.D. (Eds.): Peer rejection in childhood. Cambridge: Cambridge University Press, 1990, pp. 253-273

Bandura, A.: Self-efficacy: The exercise of control. New York: W.H. Freeman & Co, Publisher, 1997

Bishop, J.A./Inderbitzen, H.M.: Peer acceptance and friendship: An investigation of their relation to self-esteem. In: Journal of Early Adolescence 15(1995), pp. 476-489

Boivin, M./Begin, G.: Peer status and self-perception among early elementary school children: The case of the rejected children. In: Child Development 60(1989), pp. 591-596

Boivin, M./Poulin, F.: Les camarades de jeu des garçons agressifs. Les choix de camarades de jeu et la qualité de l'insertion sociale des garçons agressifs. In: Enfance 47(1993), pp. 261-278

Boivin, M./Thomassin, L./Alain, M.: Peer rejection and self-perceptions among early elementary school children: Aggressive rejectees versus withdrawn rejectees. In: Schneider, B.H./Attili, G./Nadel, J./Weissberg, R.P. (Eds.): Social competence in developmental perspective. Boston: Kluwer Academic, 1989, pp. 392-293

Brendgen, M./Little, T.D./Krappmann, L.: Rejected children and their friends: A shared evaluation of friendship quality? In: Merrill Palmer Quarterly 46(2000), pp. 45-70

Brendgen, M./Vitaro, F./Bukowski, W.M.: Affiliation with delinquent friends: Contributions of parents, self-esteem, delinquent behavior, and peer rejection. In: Journal of Early Adolescence 18(1998), pp. 244-265

Brendgen, M./Vitaro, F./Bukowski, W.M.: Stability and variability of adolescents' affiliation with delinquent friends: Predictors and consequences. In: Social Development 9(2000), pp. 205-225

Brendgen, M./Vitaro, F./Bukowski, W.M./Doyle, A.B./Markiewicz, D.: Developmental profiles of peer social preference over the course of elementary school: Associations with trajectories of externalizing and internalizing behavior. In: Developmental Psychology 37(2001), pp. 308-320

Buhrmester, D./Furman, W.: The changing functions of friends in childhood: A Neo-Sullivanian Perspective. In: Delerga, V.J./Winstead, B.A. (Eds.): Friendship and social interaction. New York: Springer-Verlag, 1986, pp. 41-62

Buhrmester, D./Yin, J./Kraynick, Y.: The effects of friends: Qualities of friendship or qualities of friends? Paper presented at the biennial meeting for the Society of Research on Child Development, Indianapolis, Indiana, March, 1995

Bukowski, W.M./Hoza, B.: Popularity and friendship (Issues in theory, measurement, and outcome). In: Berndt, T.J./Ladd, G.W. (Eds.): Peer relationships in child development. New York: John Wiley & Sons, 1989, pp. 15-45

Bukowski, W. M./Hoza, B./Boivin, M.: Popularity, friendship, and emotional adjustment during early adolescence. In: Laursen, B. (Ed.): Close friendship in adolescence (New directions for child development, Vol. 60). San Francisco: Jossey-Bass Publishers, 1993, pp. 23-38

Bukowski, W.M./Sippola, L.K./Hoza, B.: Same and other: Interdependency between participation in same- and other-sex friendships. In: Journal of Youth and Adolescence 28(1999), pp. 439-459

Bukowski, W.M./Sippola, L./Hoza, B./Newcomb, A.F.: Pages from a sociometric notebook: An analysis of nomination and rating scale measures of acceptance, rejection, and social preference. In: Cillessen, A.H.N./Bukowski, W.M. (Eds.): Recent advances in the measurement of acceptance and rejection in the peer system. New direction for child and adolescent development No. 88. San Francisco: Jossey-Bass Inc, 2000, pp. 11-26

Cairns, R.B./Cairns, B.D./Neckerman, H.J./Gest, S./Gariepy, J.-L.: Peer networks and aggressive behavior: Social support or social rejection? In: Developmental Psychology 24(1988), pp. 815-823

Cillessen, A.H.N./Van Ijzendoorn, H.W./Van Lieshout, C.F./Hartup, W.W.: Heterogeneity among peer-rejected boys: Subtypes and stabilities. In: Child Development 63(1992), pp. 893-905

Coie, J.D./Dodge, K.A.: Continuities and changes in children's social status: A five-year longitudinal study. In: Merrill-Palmer Quarterly 29(1983), pp. 261-282

Cooley, C.H.: Human nature and the social order. New York: Scribner's, 1902

Crick, N.R./Dodge, K.A.: A review and reformulation of social information-processing mechanism in children's social adjustment. In: Psychological Bulletin 115(1994), pp. 74-101

Dishion, T.J./Andrews, D.W./Crosby, L.: Antisocial boys and their friends in early adolescence: Relationship characteristics, quality, and interactional process. In: Child Development 66(1995), pp. 139-151

Dishion, T.J./Spracklen, K.M./Andrews, D.W./Patterson, G.R.: Deviancy training in male adolescent friendships. In: Behavior Therapy 27(1996), pp. 373-390

Dodge, K.A.: The structure and function of reactive and proactive aggression. In: Pepler, D.J./Rubin, K.H. (Eds.): The development and treatment of childhood aggression. Hillsdale: Lawrence Erlbaum Asociates, 1991, pp. 201-218

Dumas, J.E./LaFreniere, P.J.: Mother-child relationships as sources of support or stress: A comparison of competent, normative, aggressive, and anxious dyads. In: Child Development 64(1993), pp. 1732-1754

Furman, W.: The measurement of children's and adolescent's perceptions of friendship. In: Bukowski, W.M./Hartup, W.W./Newcomb, A.F. (Eds.): The company they keep: Friendship in childhood and adolescence. Cambridge: Cambridge University Press, 1996, pp. 41-65

Gauze, C./Bukowski, W.M./Aquan-Assee, J./Sippola, L.K.: Interactions between family environment and friendship and associations with self-perceived well-being during adolescence. In: Child Development 67(1996), pp. 2201-2216

George, T.P./Hartman, D.P.: Friendship networks of unpopular, average, and popular children. In: Child Development 67(1996), pp. 2301-2316

Harter, S.: The development of self-representations. In: Eisenberg, N. (Ed.)/Damon, W. (Series Ed.): Handbook of child psychology: Vol. 3. Social, emotional, and personality development. New York: Wiley, 1998, (5th ed.)

Hartup, W.W.: The three faces of friendship. In: Journal of Social & Personal Relationships 12(1995), pp. 569-574

Hartup, W.W.: Peer experience and its developmental significance. In: Bennett, M. (Ed.): Developmental psychology: Achievements and prospects. Philadelphia: Psychology Press/Taylor Francis, 1999, pp. 106-125

Hymel, S./Bowker, A./Woody, E.: Aggressive versus withdrawn unpopular children: Variations in peer and self-perceptions in multiple domains. In: Child Development 64(1993), pp. 879-896

Hymel, S./Franke, S./Freigang, R.: Peer relationships and their dysfunction: Considering the child's perspective. In: Journal of Social & Clinical Psychology 3(1985), pp. 405-415

Kandel, D.B.: Similarity in real life adolescent pairs. In: Journal of Personality and Social Psychology 36(1978), pp. 306-312

Kaplan, H.B.: Self-attitudes and deviant behavior: New directions for theory and research. In: Youth and Society 14(1982), pp. 185-211

Kaplan, H.B./Martin, S.S./Johnson, R.J.: Self-rejection and the explanation of deviance: Specification of the structure among the latent constructs. In: American Journal of Sociology 92(1986), pp. 384-411

Kodluboy, D.W./Evenrud, L.A.: School-based interventions: Best practices and critical issues. In: Goldstein, A.P./Huff, C.R. (Eds.): The gang intervention handbook. Champaign: Research Press, 1993, pp. 257-299

Kurdek, L.A./Krile, D.: A developmental analysis of the relation between peer acceptance and both interpersonal understanding and perceived social self-competence. In: Child Development 53(1982), pp. 1485-1491

Krappmann, L./Uhlendorff, H.: Soziometrische Akzeptanz in der Schulklasse und Kinderfreundschaften. In Renner, E. (Hrsg.): Kindsein in der Schule. Weinheim: Deutscher Studien Verlag, 1999, S. 94-104

La Greca, A.M./Lopez, N.: Social anxiety among adolescents: Linkages with peer relations and friendships. In: Journal of Abnormal Child Psychology 26(1998), pp. 83-94

Lochman, J.E.: Self- and peer perceptions and attributional biases of aggressive and nonaggressive boys in dyadic interactions. In: Journal of Consulting & Clinical Psychology 55(1987), pp. 404-410

McGuire, K.D./Weisz, J.R.: Social cognition and behavior correlates of preadolescent chumship. In: Child Development 53(1982), pp. 1478-1484

Mead, G.H.: Mind, self, and society from the standpoint of a social behaviorist. Chicago: University of Chicago Press, 1934

Neeman, J./Hubbard, J./Masten, A.S.: The changing importance of romantic relationship involvement to competence from late childhood to late adolescence. In: Development and Psychopathology 7(1995), pp. 727-750

Newcomb, A.F./Bukowski, W.M./Pattee, L.: Children's peer relations: A meta-analytic review of popular, rejected, neglected, controversial, and average sociometric status. In: Psychological Bulletin 113(1993), pp. 99-128

O'Connell, P./Pepler, D./Craig, W.: Peer involvement in bullying: Insights and challenges for intervention. In: Journal of Adolescence 22(1999), pp. 437-452

Oswald, H./Krappmann, L./Uhlendorff, H./Weiss, K.: Social relationships and support among peers during middle childhood. In: Hurrelmann, K./Nestmann, F. (Eds.): Social support and social networks in childhood and adolescence. Berlin: de Gruyter, 1994, pp. 171-189

Panak, W.F./Garber, J.: Role of aggression, rejection, and attributions in the prediction of depression in children. In: Development & Psychopathology 4(1992), pp. 145-165

Parker, J.G./Asher, S.R.: Friendship and friendship quality in middle childhood: Links with peer group acceptance and feelings of loneliness and social dissatisfaction. In: Developmental Psychology 29(1993), pp. 611-621

Parkhurst, J.T./Asher, S.R.: Peer rejection in middle school: Subgroup differences in behavior, loneliness, and interpersonal concerns. In: Developmental Psychology 28(1992), pp. 31-141

Patterson, C.J./Kupersmidt, J.B./Griesler, P.C.: Children's perception of self and of relationship with others as a function of sociometric status. In: Child Development 61(1990), pp. 335-1349

Putallaz, M./Sheppard, B.H.: Conflict management and social competence. In Shantz, C.U./Hartup, W.W. (Eds.): Conflict in child and adolescent development. Cambridge studies in social and emotional development. New York: Cambridge University Press, 1992, pp. 330-355

Rabiner, D./Coie, J.: Effect of expectancy inductions on rejected children's acceptance by unfamiliar peers. In: Developmental Psychology 25(1989), pp. 450-457

Rigby, K./Slee, P.: Suicidal ideation among adolescent school children, involvement in bully-victim problems, and perceived social support. In: Suicide & Life-Threatening Behavior 29(1999), pp. 119-130

Rubin, K.H./Rose-Krasnor, L.: Interpersonal problem solving and social competence in children. In: Van Hasselt, V.B./Hersen, M. (Eds.): Handbook of social development: A lifespan perspective. Perspectives in developmental psychology. New York: Plenum Press, 1992, pp. 283-323

Sanderson, J.A./Siegal, M.: Loneliness and stable friendship in rejected and nonrejected preschoolers. In: Journal of Applied Developmental Psychology 16(1995), pp. 555-567

Schwartz, D./Dodge, K.A./Coie, J.D.: The emergence of chronic peer vicitimization in boys' play groups. In: Child Development 64(1993), pp. 1755-1772

Sullivan, H.S.: Die interpersonale Theorie der Psychiatrie. Frankfurt am Main: Fischer, 1954/1980

Taylor, S.E./Brown, J.D.: Illusions and well-being: A social psychological perspective on mental health. In: Psychological Bulletin 103(1988), pp. 193-210

Terry, R./Coie, J.D.: A comparison of methods for defining sociometric status among children. In: Developmental Psychology 27(1991), pp. 867-880

Vitaro, F./Tremblay, R.E./Kerr, M./Pagani, L./Bukowski, W.M.: Disruptiveness, friends' characteristics, and delinquency in early adolescence: A test of two competing models of development. In: Child Development 68(1997), pp. 676-689

Wanner, B./Krappmann, L./Little, T. D.: Children's perceived control, action strategies, and reciprocal friendship perceptions in the context of sociometric status. Poster presented at the Society for Research in Child Development meeting, Minneapolis, April, 2001

Youniss, J.: Die Entwicklung und Funktion von Freundschaftsbeziehungen. In: Edelstein, W./Keller, M. (Hrsg.): Perspektivität und Interpretation. Frankfurt a.M.: Suhrkamp, 1982, S. 78-109

Zakriski, A.L./Coie, J.D.: A comparison of aggressive-rejected and nonaggressive-rejected children's interpretations of self-directed and other-directed rejection. In: Child Development 67(1996), pp. 1048-1070

Am selbstwertdienlichsten ist es, über das zu reden, was ist. Ärger in der Freundschaft und Selbstwert-Entwicklung im Jugendalter

Maria von Salisch, Caroline Oppl & Jens Vogelgesang

Freundschaften

Dass Freundschaften besonders intensive und anregende Beziehungen für Kinder und Jugendliche sind, ist immer wieder postuliert worden. Krappmann (1993a) wies darauf hin, dass Freundschaften die Entwicklung in besonderer Weise fördern, u.a. weil sie vorrangige Beziehungen sind, in denen Heranwachsende viel Zeit verbringen und in denen über die Zeit geteilte Bedeutungen entstehen, auch zu moralischen Konzepten wie Egalität, Fairness oder Verpflichtung (Keller, 1996). Freundschaften stimulieren darüber hinaus die Entwicklung, weil sie auf eine gemeinsame Zukunft ausgerichtet sind. Denn die Aussicht, auf Geselligkeit und Spaß, Vertraulichkeit und Hilfe des Freundes in Zukunft verzichten zu müssen, kann Kinder dazu motivieren, die eigenen Belange auch mal zurückzustecken. Freundschaft kann somit auch als Mittel, um den Freund oder die Freundin zur Ordnung zu rufen, eingesetzt werden (Krappmann, 1993a).

In der Präadoleszenz gewinnen Freundschaften eine neue Qualität. Paare von Freundinnen und Freunden des gleichen Geschlechts fangen an, sich an der Person des anderen zu orientieren, also verstärkt auch die Eigenheiten des anderen zur Kenntnis zu nehmen. Zugleich neigen präadoleszente Freundespaare dazu, einander jene verletzlichen Seiten ihrer eigenen Person zu offenbaren, die sie vorher sorgsam vor den Augen und Ohren der Peers abgeschirmt hatten (von Salisch, 2001). Diese Öffnung des persönlichen Bereichs setzt Vertrauen in den anderen voraus, nämlich Vertrauen, dass er oder sie die vertraulichen Mitteilungen nicht zum eigenen Schaden verbreitet (Krappmann, 1993b). Diese Veränderungen in der Qualität der Freundschaft laufen parallel zur Entwicklung des Freundschaftskonzepts. Ab Stufe 2 in Selmans Freundschaftskonzept (1984), die von etwa 60 Prozent der befragten Kinder mit etwa neun Jahren erreicht wird (Hoppe-Graff & Keller, 1988), sind befreundete Kinder in der Lage, sich in reziproker Weise aufeinander zu beziehen, allerdings zunächst nur unter „Schönwetterbedingungen". Erst ab Stufe 3 des Freundschaftskonzepts, die von etwa 30 Prozent mit 15 Jahren erreicht wird (Hoppe-Graff & Keller, 1988), sind Freundinnen und Freunde imstande, eine Dritte-Person-Perspektive einzunehmen: der Austausch über die Beziehung selbst wird zum Gegenstand der Freundschaft (Selman, 1984).

Freundinnen und Freunde des eigenen Geschlechts sind wichtige Personen, wenn es darum geht, die vielfältigen Übergänge des Jugendalters zu meistern (Steinberg, 1993). Denn Gleichaltrige, die den gleichen pädagogischen Institutionen ausgesetzt sind, auf einem verwandten kognitiven und moralischen Niveau argumentieren und vor ähnlichen Entwicklungsaufgaben und normativen Lebensereignissen stehen, sind in einer guten Position, wenn es darum geht, ihre Altersgenossen emotional zu unterstützen (von Salisch, 2000a). Empirische Ergebnisse unterstützen diese Behauptungen, denn ab der fünften Klasse wählten Heranwachsende in der Regel zuerst ihre gleichgeschlechtlichen Freunde (und erst an zweiter Stelle ihre Eltern), wenn sie jemandem ein Problem anvertrauen (Buhrmester & Furman, 1987) oder Aspekte ihrer eigenen Person explorieren wollten (Gottman & Mettetal, 1986). Teenager schätzten ihre gleichgeschlechtlichen Freundschaftsbeziehungen außerdem unter dem Gesichtspunkt der Geselligkeit höher ein als ihre Beziehungen zu ihren Müttern, Vätern, Geschwistern oder Lehrern. Ab der mittleren Adoleszenz werden Freunde darüber hinaus zuerst genannt, wenn es um emotionale (nurturance) und instrumentelle Unterstützung geht (Lempers & Clark-Lempers, 1992). Gesprächsprotokolle belegen, dass befreundete Heranwachsende sich über die pubertätsbedingten Veränderungen in ihrer Figur und ihrem Aussehen austauschen sowie ihre Geschlechtsrolle und ihren Eindruck auf das andere Geschlecht kritisch beleuchten (Gottman & Mettetal, 1986). „Stilberatung" durch den Freund oder die Freundin scheint in der Partyzeit des Jugendalters eine wichtige Rolle für die Aufrechterhaltung eines positiven Selbstwertgefühls zu spielen, denn Siebt- und Achtklässler ohne zufriedenstellende Freundschaften verloren im Verlauf des Schuljahres das Vertrauen in das eigene Aussehen (Keefe & Berndt, 1996). Auch wenn wenig unterstützende Freundschaften sowie der Umgang mit den Unterricht störenden, Marihuana rauchenden oder delinquenten Freunden Schulleistungen und Anpassung der Jugendlichen in negativer Weise beeinflussen (Berndt & Keefe, 1995; Mounts & Steinberg, 1995), so helfen unterstützende Freundschaften doch bei der Bewältigung der vielen Entwicklungsaufgaben des Jugendalters (Hartup & Stevens, 1997), indem sie als „Spiegel" für die Selbstexploration dienen, also Hilfestellung leisten, wenn es darum geht, Grenzen des Selbst auszuloten oder Inkonsistenzen zwischen verschiedenen Aspekten des Selbst auszusortieren (Harter, 1998).

Zu Beginn des Jugendalters scheinen Freundinnen und Freunde nützlich zu sein, um die dysphorischen Stimmungen (Stapley & Haviland, 1989) und die fluktuierenden Selbstbewertungen (Harter, 1998) aufzufangen, die für die Jahre zwischen 10 und 15 typisch sind. Gleichgeschlechtliche Freundespaare lernen mit zunehmendem Alter immer besser, den Beziehungspartner bei der Besprechung von belastenden Ereignissen nicht nur aufzuheitern, sondern ihm psychologische Unterstützung bei seinen Problemen zu geben. Die positiven Effekte dieser Beratung auf die Befindlichkeit des belasteten Freundes erhöhten sich im Verlauf des Jugendalters (Denton & Zarbatany, 1996). Intime und vertrauensvolle Freundschaften halfen Präadoleszenten nicht nur, über kurzfristige Einbußen in ihrem Selbstwert (Gauze et al., 1996) und belastende Lebensereignisse (Bolger et al., 1998) hinwegzukommen, sondern wirkten sich auch langfristig positiv auf ihren Selbstwert aus. Zeigten doch jene jungen Erwachsenen von etwa 22 Jahren einen überproportionalen Anstieg bei ihrer Selbstbewertung, die als Präadoleszente mindestens eine enge reziproke Freundschaft gepflegt hatten. Außerdem gaben diese jungen Erwachsenen positivere Interaktionen mit Familienmitgliedern und weniger depressive Symptome an als die Vergleichsgruppe ohne enge Jugendfreundschaften. Diese längsschnittlichen Effekte waren einzig auf die Freundschaft zurückzuführen, denn sie hatten auch dann Bestand, wenn der Einfluss des soziometrisch gemessenen Peer-Status statistisch herausgerechnet worden war (Bagwell et al., 1998).

Auch wenn Freundschaften als Ort für die produktive Austragung von Konflikten zu verstehen sind (Krappmann, 1993a), so werden diese Auseinandersetzungen von den Beteiligten doch als sehr belastend erlebt (Seiffge-Krenke, 1995). Als freiwillige Beziehungen sind Freundschaften besonders anfällig für die Turbulenzen, die bei ärgerlichen Gefühlsausbrüchen entstehen (Laursen et al., 1996). Konflikte enthalten das Risiko, dass die Freundschaft zerbricht oder sich so verschlechtert, dass sie ihre unterstützenden Funktionen verliert (Youniss & Smollar, 1985). Unsere Vermutung ist, dass diese Gefahr in der frühen Adoleszenz besonders stark empfunden wird, weil der Freund oder die Freundin als Unterstützungsperson in dieser Zeit so dringend gebraucht wird. Keinen besten Freund zu haben oder diese Vertrauensperson zu verlieren, trug einige Monate später zu entsprechenden Einbußen im Selbstwert bei (Gauze et al., 1996). Abwesenheit oder Verlust von zufriedenstellenden engen Freundschaften scheint damit die Vulnerabilität für Selbstzweifel und Fluktuationen im Selbstwert, die für diesen Lebensabschnitt typisch sind (Harter, 1998), zu erhöhen.

Ärger und Auseinandersetzungen mit dem Freund oder der Freundin enthalten darüber hinaus jedoch auch Entwicklungschancen. Sowohl die ärgerliche Person als auch der Freund als auch ihre Beziehung können durch den Ärger und seine Aushandlung in ihrer Entwicklung stimuliert werden. Denn durch den Ärger werden die Heranwachsenden dazu veranlasst, ihre oft impliziten „Pläne" kennen zu lernen (Oatley, 1992) und die Grenzen ihrer Toleranz abzustecken. Freundinnen und Freunde werden durch den Ärger darüber informiert, dass ihre Handlungen oder Einstellungen als anstößig empfunden werden. Sie können sich nun entscheiden, ob sie sie ändern wollen oder nicht (Averill, 1982). Als drittes dürfte auch die Freundschaft realistischer (und intimer) werden, wenn das ärgerauslösende Ereignis nicht „unter den Teppich gekehrt wird", sondern von beiden in irgendeiner Weise besprochen oder behandelt wird. Enge Freunde stehen bei Ärger gleichwohl vor einem Dilemma, denn einerseits sind sie zu Ehrlichkeit verpflichtet (Youniss & Smollar, 1985), andererseits kann diese Offenheit dazu führen, dass der Freund oder die Freundin gekränkt wird (von Salisch, 1991).

Ob Ärger in der Freundschaft eher eine Belastung oder einen Entwicklungsimpuls bedeutet, dürfte weitgehend davon abhängen, wie der ärgerliche

Jugendliche dieses Gefühl reguliert und wie er es seinem provozierenden Freund vermittelt. Asher, Parker und Walker (1996) schlagen daher vor, dass es eine der sozialen Aufgaben (oder Herausforderungen) der Freundschaft ist, zu lernen wie man Interessenkonflikte mit dem Freund oder der Freundin bewältigt, ohne zu feindseligen Mitteln zu greifen. Denn neben den bekannten aggressiven Arten, mit Ärger fertig zu werden, wie etwa Hauen oder Schimpfen, Intrigen oder Rachepläne schmieden, gibt es nicht-antagonistische Formen der Ärgerbewältigung. Diese werden von Kindern und Jugendlichen im allgemeinen auch bevorzugt gewählt. Bei Ärger in der Freundschaft gaben bis zu zwei Dritteln der Probanden der Berliner Studie zu Ärgerregulierung an, sich regelmäßig vom Freund zu distanzieren, also sich zeitweilig von ihm abzuwenden, soziale Unterstützung bei anderen Kindern zu suchen oder ihre Aufmerksamkeit auf andere Dinge zu lenken. Eine weitere von diesen Neun- bis- Dreizehnjährigen sehr häufig genannte Strategie war das Gespräch über die Hintergründe des ärgerauslösenden Ereignisses, das ebenfalls von etwa zwei Dritteln „manchmal" oder „fast immer" gesucht wurde (von Salisch, 2000b). Den Ärger gewöhnlich mit Hilfe von Humor zu regulieren, war weniger beliebt (38%). Die verschiedenen Strategien der Ärgerregulierung lassen sich in ein Schema einordnen, je nachdem, ob sie sich an den ärgerprovozierenden Freund oder an bisher unbeteiligte Kinder wenden, bzw. ob der Ärger intrapsychisch, also mit sich selbst abgemacht wird (von Salisch, 2000b). Dieses Schema, das zugleich die Ergebnisse von zwei Faktorenanalysen eines Fragebogens zu den Kindlichen Ärgerregulierungsstrategien (KÄRST, siehe unten) an einem Sample von etwa 140 Neun- bis Dreizehnjährigen der Berliner Studie wiedergibt (von Salisch & Pfeiffer, 1998), ist in Tabelle 1 abgedruckt.

Tabelle 1: **Ein Ordnungsschema zur inhaltlichen Interpretation der vier Faktoren des KÄRST**

Faktoren	Ärgerregulierung		
	gegenüber Freund/Freundin	gegenüber unbeteiligten Kindern	innerhalb der eigenen Person
1. konfrontieren und schädigen	konfrontierendes Verhalten	Intrige	Rachegedanken
2. sich distanzieren	sich abwenden	soziale Unterstützung suchen	Aufmerksamkeitslenkung
3. erklären u. sich zurücknehmen	erklären und sich vertragen		Anspruch zurücknehmen und Selbstvorwürfe
4. Humor			

Selbstbewertung und Ärger in der Freundschaft

Welche Strategien Heranwachsende wählen, wenn sie sich über ihren Freund ärgern, scheint mit ihrer Selbstbewertung zusammenzuhängen. Neun- bis Dreizehnjährige, die einen niedrigen Selbstwert aufwiesen, neigten bei Ärger auf den Freund dazu, diesen körperlich zu konfrontieren, seine Beziehungen zu bedrohen (relationale Aggressivität) oder Rachepläne gegen ihn zu schmieden. Dieses Ergebnis geht konform mit den Befunden aus einer Reihe von Studien, die bei „aggressiven" Kindern und Jugendlichen einen niedrigen Selbstwert feststellten (z.B. Lochman & Lampron, 1986). Je positiver die Selbstbewertung der Heranwachsenden der Berliner Studie ausfiel, desto ausgeprägter war umgekehrt ihre Tendenz, sich bei Ärger vom Freund zu distanzieren (alle Kinder), oder das Ereignis mit ihm zu besprechen (nur Jungen). Diese Ergebnisse wurden dahingehend interpretiert, dass eine negative Selbstbewertung Heranwachsende daran hindert, die Chancen des Ärgers zu nutzen, nämlich Abstand zu gewinnen und seine Ursachen und Hintergründe mit dem Freund oder der Freundin zu diskutieren (von Salisch, 2000b).

Die Frage ist nun, ob die gleichen Beziehungen zwischen Selbstbewertung und Ärgerregulierung auch im Jugendalter bestehen, obwohl sich in der Zwischenzeit die Selbstbewertung mit den Übergängen des Jugendalters im allgemeinen stark verändert (Harter, 1998). Welche Strategien der Ärgerregulierung in der Freundschaft bevorzugt werden, wandelt sich ebenfalls: Nach längsschnittlichen und querschnittlichen Analysen der Berliner Studie wurden konfrontierende und schädigende Strategien ebenso wie distanzierende Strategien von Jugendlichen im mittleren und späten Jugendalter und von jungen Erwachsenen insgesamt seltener angegeben als von den Kindern. Zugleich stieg die Häufigkeit, mit der Jugendliche nach eigenen Angaben die Hintergründe des Ärgers miteinander erörterten oder Humor zur Ärgerregulierung einsetzten (von Salisch & Vogelgesang, 2000). Die erste Frage der vorliegenden Untersuchung ist daher, ob im Jugendalter noch die gleichen Zusammenhänge zwischen Ärgerregulierung und Selbstbewertung bestehen wie in der Kindheit, ob also eine negative Selbstbewertung immer noch mit konfrontierenden und schädigenden Strategien einhergeht, und ob eine positive Selbstbewertung immer noch mit distanzierenden und erklärenden Strategien verknüpft ist. Möglicherweise sind diese Zusammenhänge (ebenso wie bei den Kindern) bei einem Geschlecht ausgeprägter als beim anderen. Der Einfluss des Geschlechts soll daher bei der Analyse berücksichtigt werden.

Bisher sind wir (zusammen mit der Berliner Kinderstudie) von der Annahme ausgegangen, dass die Art der Selbstbewertung Einfluss darauf hat, welche Form der Ärgerregulierung bevorzugt gewählt wird. Denkbar ist jedoch auch die umgekehrte Wirkrichtung: wie Heranwachsende ihren Ärger in der Freundschaft vorbringen (oder nicht), dürfte auf Dauer zu ihrem Selbstkonzept und ihrer Selbstbewertung beitragen. Denn durch die Art, wie Jugendliche mit dem Ärger im Rahmen ihrer Freundschaft umgehen, erhalten sie wichtige Rückmeldungen über sich selbst. Dies lässt sich an drei Beispielen erläutern: (1) Heranwachsende, die bei Ärger in der Freundschaft regelmäßig zu körperlicher Gewalt greifen, werden oft die Erfahrung machen, dass der Freund oder die Freundin bei Ärger ebenfalls körperliche Gewalt anwendet. Ist dies die einzige Strategie des Umgangs mit Ärger in der Freundschaft, dann wird eine vertrauensvolle Beziehung kaum möglich sein. (2) Wenn befreundete Kinder oder Jugendliche die Hintergründe des Ärgers miteinander besprechen, dann müssen sie untereinander aushandeln, ob der Anspruch, der den Ärger begründet hatte, legitim ist. Dabei würde das Freundespaar sich beispielsweise darüber auseinandersetzen, ob es im Rahmen dieser Freundschaft „rechtmäßig" und angemessen ist darauf zu pochen, dass der eine eine Verabredung absagt und den anderen nicht einfach „sitzen lässt". Eine Einigung über Streitfragen dieser Art ermöglicht es den Jugendlichen, in Zukunft ähnliche Ansprüche mit größerer Gewissheit zu vertreten. Bewirken die ärgerlichen Heranwachsenden bei einem solchen Austausch Änderungen in Einstellung oder Verhalten des Freundes oder der Freundin, so können sie dies sich selbst zuschreiben. Ihr Selbstwert und ihre Einschätzung ihrer Kompetenz in der Freundschaft sollten steigen. (3) Können ärgerliche Jugendliche ihre Ansprüche gar nicht vortragen, weil sie durch Selbstzweifel blockiert sind, dann kann kein „Realitätstest" ihrer Ansprüche erfolgen. Ihre Zweifel an der Rechtmäßigkeit ihrer Ansprüche werden mit großer Wahrscheinlichkeit nicht ausgeräumt werden. Auf einen mit großen Selbstzweifeln vorgetragenen Anspruch werden ihre Freunde wahrscheinlich ebenfalls negativ reagieren. Diese unkorrigierten Selbstzweifel können sich auf Dauer in einer globalen negativen Bewertung ihres Selbst niederschlagen.

Wie Freunde ihren Ärger miteinander abmachen, dürfte sich auch auf ihre Freundschaft auswirken. Zwei Beispiele sollen genügen: (1) Die Beziehung wird durch konfrontierendes, intrigantes oder distanzierendes Verhalten auf die Probe gestellt. Denn Freundespaare werden herausgefordert, sich damit auseinanderzusetzen, ob sie es im Rahmen ihrer Beziehung „erlauben" wollen, bei Ärger zu schimpfen, zu schlagen oder hinter dem Rücken des Freundes schlecht über diesen zu reden. Belastend dürfte sich auch auswirken, wenn der ärgerliche Jugendliche zwei Tage lang nicht mehr mit dem Freund redet. (2) Beim Austausch über das ärgerprovozierende Ereignis erhält der ärgerliche Freund Rückmeldung darüber, welche Ansprüche in der Freundschaft überhaupt verhandelbar sind. Denn Freundschaften unterscheiden sich darin, welche Themen in ihnen angesprochen werden können und welche aus Rücksichtnahme auf den Freund oder die Beziehung verschwiegen werden sollten. Steht eine Verhaltensänderung an, so lässt sich für die Freundschaft ablesen, wie flexibel sie gegenüber neuen Arrangements ist. Ist die Rückmeldung des Freundes bei wichtigen Anliegen des Jugendlichen (und hierzu zählt sicherlich sein Ärger) häufig und dauerhaft negativ, so wird dieser seine Freundschaften als wenig eng und vertrauensvoll einschätzen.

Da offensichtlich reziproke Beziehungen zwischen der Selbstbewertung und den bevorzugten Strategien der Ärgerregulierung anzunehmen sind, sind Längsschnittstudien nötig, um die Richtung des Einflusses zu entwirren. Die zweite Frage der Untersuchung bezieht sich daher auf die Wirkrichtung: „Bestimmt" die Selbstbewertung die Art der Ärgerregulierung mit oder beeinflusst die Ärgerregulierung die Selbstbewertung? Dies soll in einer längsschnittlichen

Erweiterung der Berliner Kinderstudie ins Jugendalter untersucht werden. Um zu gesicherten Erkenntnissen zu kommen, muss bei diesen Analysen der Ausgangswert der jeweiligen Variablen kontrolliert werden. Daher wird diese zweite Fragestellung mit Hilfe von cross-lagged-Panelmodellen bearbeitet.

Ziele dieser Untersuchung sind zusammengefasst zum einen zu überprüfen, ob die Zusammenhangsmuster zwischen Ärgerregulierung und Selbstwert aus der späten Kindheit noch in der mittleren und späten Adoleszenz gelten. Zum anderen soll die Einflussrichtung des Zusammenhangs zwischen Ärgerregulierung und Selbstwert im Längsschnitt untersucht werden.

Durchführung der Längsschnitt-Untersuchung

Die Stichprobe

Aus einem Sample von 96 Kindern (von 9 bis 13 Jahren), die an einer Laboruntersuchung teilnahmen, konnten 85 (also 88%) etwa fünf Jahre später gewonnen werden, an einer Fragebogenstudie teilzunehmen. Von diesen Jugendlichen zwischen 14 bis 19 Jahren (MW 16.6) waren 41 weiblichen und 44 männlichen Geschlechts. 42 Prozent von ihnen besuchten das Gymnasium, 27 Prozent gingen auf Hauptschule, Realschule oder Gesamtschule und 31 Prozent waren im Beruf oder in der Ausbildung (inklusive eines Jugendlichen, der arbeitslos war). Diejenigen 77 oder 78 Jugendlichen, die für die jeweilige Analyse vollständige Datensätze hatten, wurden in die cross-lagged-Panelanalyse einbezogen. Für ihre Teilnahme an der zweiten Erhebung erhielten die Jugendlichen einen Kinogutschein.

Fragebogen zur Ärgerregulierung

Ausgehend von Ergebnissen der Bewältigungsforschung (Laux & Weber, 1990) und der Aggressionsforschung (Averill, 1982) wurde ein Fragebogen zu den Kindlichen Ärgerregulierungsstrategien (KÄRST) konstruiert, der neun Strategien enthält, die sich zu den in Tabelle 1 dargestellten Faktoren ordnen lassen. Die Antworten der Kinder waren immer in einer spezifischen Freundschaft zu einem gleichgeschlechtlichen Freund kontextualisiert. Die Ausgangsfrage lautete: „Wenn ich mich über (Name des Freundes) ärgere, dann ...". Antwortvorgaben waren „häufig", „manchmal", „selten", „fast nie". Einzelheiten zur Konstruktion des KÄRST sind in von Salisch und Pfeiffer (1998) zu finden. Für die Jugendlichen wurde der KÄRST an ihre Lebenswelt adaptiert: 10 Items des neuen EÄRST (Erwachsene Ärgerregulierungsstrategien) sind identisch mit denen des KÄRST, fünf wurden leicht verändert und an die Lebensumstände von Erwachsenen angepasst. Das Item des KÄRST zur körperlichen Konfrontation (das nach „schubsen, treten oder hauen" fragt), wurde durch zwei Items zur körperlichen Gewalt (z.B. „dann lang' ich ihm eine") ersetzt. Ergebnisse einer Konfirmatorischen Faktorenanalyse weisen darauf hin, dass sich die Faktorenstruktur des KÄRST auf den EÄRST übertragen lässt, wenn man erlaubt, dass sich der KÄRST-Faktor „sich distanzieren" in die ihm zugrunde liegenden Strategien „Aufmerksamkeitslenkung" und „sich abwenden" auflöst. Gleiches gilt für den KÄRST-Faktor „Erklären und sich zurücknehmen", der sich in die Strategien „Erklären und sich vertragen" und „den eigenen Anspruch zurücknehmen und Selbstvorwürfe" ausdifferenziert. Damit hat der EÄRST eine Faktorenstruktur mit sechs Faktoren. Alle sechs Faktoren haben zufriedenstellende interne Konsistenzen; Cronbach alphas liegen zwischen .58 und .80 (von Salisch & Vogelgesang, 2000).

Fragebogen zum Selbstwert

In der Kinderstudie wurde Harter's Self Perception Profile for Children (SPPC) (Harter, 1986) eingesetzt und zwar in der deutschen Übersetzung von Wünsche und Schneewind (1989). Für die Studie wurde das amerikanische Orginal-Antwortformat mit vier Abstufungen beibehalten. Für die cross-lagged-Panelanalysen wurden nur die Unterskalen zur Peer-Akzeptanz und zum globalen Selbstwert des SPPC beibehalten. Die Jugendlichen wurden gebeten, die Skala zum globalen Selbstwert und vier Unterskalen des Self Perception Profiles für College Studenten (Neemann & Harter, 1986) auszufüllen, die wir selbst übersetzt hatten. Eine Faktorenanalyse dieses Fragebogens, bei der die Unterskala „globaler Selbstwert" herausgenommen war, ergab eine Drei-Faktoren-Struktur, bei der die Skalen zum selbst eingeschätzten Aussehen, zur eigenen Kompetenz in Freundschaften und zur eigenen Kompetenz in Liebesbeziehungen herauskamen. Für die hier zu berichtenden Datenanalysen wurden nur die Unterskalen zur Freundschaft (4 Items, alpha = .76)[1] und zum globalen Selbstwert (6 Items, alpha = .78) ausgewertet. Weitere Einzelheiten zur Skalenkonstruktion sind bei Oppl (2001) zu finden.

Ergebnisse und Diskussion zu Frage 1: Welche Zusammenhänge bestehen zwischen der Ärgerregulierung und der Selbstbewertung im Jugendalter?

In Tabelle 2 sind die bivariaten Korrelationen zwischen den Faktoren und Strategien der Ärgerregulierung des EÄRST und der Selbstbewertung der Jugendli-

---

1 Die Selbstwert-Unterskala zur Freundschaft wurde gewählt, weil viele Peer-Beziehungen im Jugendalter den Charakter von Freundschaften haben (Krappmann, 1993b). Die Freundschafts-Unterskala ist vergleichbar mit der Unterskala zur Peer-Akzeptanz im SPPC (Kinder), weil in der Kinder-Skala ebenfalls Items zur Einschätzung der eigenen Einbettung in Freundschaften enthalten sind.

chen auf Neemann und Harters Self Perception Profile for College Students abgetragen.

Tabelle 2: Zusammenhänge zwischen den Faktoren und Strategien der Ärgerregulierung und der Selbstbewertung der Jugendlichen (N = 81 - 84; Korrelationskoeffizienten)

EÄRST	Globaler Selbstwert	Selbstwert Freundschaft
Faktoren und Strategien		
F1: Konfrontieren und schädigen	-.17	-.51***
S: *Verbal konfrontieren*	.02	-.42**
S: *Intrige*	-.26**	-.33**
S: *Rachegedanken*	-.18	-.48**
F2: Aufmerksamkeitslenkung	-.07	-.13
F3: Sich abwenden	-.10	-.16
F4: Erklären und Vertragen	.07	.15
F5: Eigenen Anspruch zurücknehmen und Selbstvorwürfe	-.35**	-.03
F6: Humor	.03	.18
Einzelstrategien		
S: *Körperliche Konfrontation*	-.05	-.55***
S: *Abwertende Gedanken*	.05	-.31**

* p < .05, ** p < .01, *** p < .001; zweiseitige Signifikanzprüfung

Wie in Tabelle 2 zu sehen ist, hing eine negative Selbstbewertung auch fünf Jahre und viele Übergänge des Jugendalters später noch signifikant mit konfrontativen und schädigenden Strategien der Ärgerregulierung zusammen. Je niedriger der Selbstwert desto mehr neigten die Jugendlichen (ebenso wie sie selbst als Kinder) dazu, den Freund bei Ärger verbal oder körperlich zu konfrontieren, Intrigen gegen ihn zu spinnen oder Rachegedanken gegen ihn zu entwickeln. In diesem Zusammenhang nicht erstaunlich aber neu war, dass Jugendliche mit niedrigem Selbstwert auch dazu neigten, den ärgerprovozierenden Freund in Gedanken abzuwerten („dann sag' ich mir, der ist zu blöd, um sich über ihn zu ärgern"). Auch wenn diese Zusammenhänge der Tendenz nach bei beiden Geschlechtern signifikant waren, so waren sie bei den männlichen Jugendlichen doch etwas stärker ausgeprägt.

Anders als in der Kindheit hing eine positive Selbstbewertung im Jugendalter *nicht* mit der Neigung zusammen, sich bei Ärger in der Freundschaft zu distanzieren. Weder die Neigung zur Aufmerksamkeitslenkung noch die Neigung, sich vom provozierenden Freund abzuwenden, korrelierte im gesamten Sample signifikant mit dem Selbstwert. Bei den Jungen war es sogar umgekehrt: Je niedriger ihr Selbstwert, desto mehr neigten sie dazu, sich bei Ärger vom Freund abzuwenden (r (42) = -.53, p < .001). Dieser Befund geht mit Ergebnissen von Tangney et al. (1996) konform, die bei einer großen Stichprobe von Jugendlichen zwischen zwölf und zwanzig Jahren feststellten, dass selbstberichtete vermeidende Reaktionen und Rückzug bei Ärger mäßig aber signifikant positiv mit dem Lehrerurteil „ängstlich/depressiv" auf der Achenbach Teacher Checklist korrelierten.

Ebenfalls im Unterschied zur Kindheit war eine positive Selbstbewertung im Jugendalter *nicht* mit der Neigung zum Erklären und Vertragen verbunden. Hier waren die Korrelationen zwar positiv aber nicht signifikant. Neu im Jugendalter war ein starker Zusammenhang zwischen einem niedrigen globalen Selbstwert und der Neigung, den eigenen Anspruch gegen die Freundin zurückzunehmen ($r(84) = -.35$, $p < .01$). Dieser Zusammenhang war besonders bei den weiblichen Jugendlichen ausgeprägt: Je negativer diese jungen Frauen sich selbst insgesamt bewerteten, desto mehr neigten sie dazu, sich zurückzunehmen und sich selbst Vorwürfe zu machen („dann denke ich mir, dass ich doch selbst an der Sache schuld bin") ($r(41) = -.40$, $p = .009$).

Ergebnisse zu Frage 2: Beeinflusst das Niveau der Selbstbewertung die Art der Ärgerregulierung oder ist die Art der Ärgerregulierung Vorläufer für die Selbstbewertung?

In diesen Analysen sollen die längsschnittlichen Beziehungen zwischen der Ärgerregulierung und der Selbstbewertung in drei cross-lagged-Panelmodellen erkundet werden, die mit LISREL 8 (Jöreskog & Sörbom, 1993) berechnet wurden. Zunächst sollen diese Beziehungen bei zwei eher problematischen Ärgerregulierungsstrategien dargestellt werden, nämlich (A) bei der Neigung, den eigenen Anspruch zurückzunehmen und sich selbst Vorwürfe zu machen und (B) bei der Neigung zur körperlichen Konfrontation. Als drittes werden die längsschnittlichen Zusammenhänge zwischen der Ärgerregulierungsstrategie „Erklären und sich vertragen" und der selbstbewerteten Einbindung in Freundschaften und Peer-Beziehungen (Peer-Akzeptanz) dargestellt (C).

2 A Ärgerregulierung durch Anspruch zurücknehmen und globaler Selbstwert

Bei dieser Analyse werden zunächst die Korrelation im Kindesalter und die Stabilitätspfade über den Fünf-Jahres-Zeitraum von Kindheit zur Jugend dargestellt. In einem zweiten Modell werden dann zusätzlich die Kreuzpfade geschätzt.

Abbildung 1: Isoliertes Stabilitätsmodell: Anspruch zurücknehmen und globaler Selbstwert

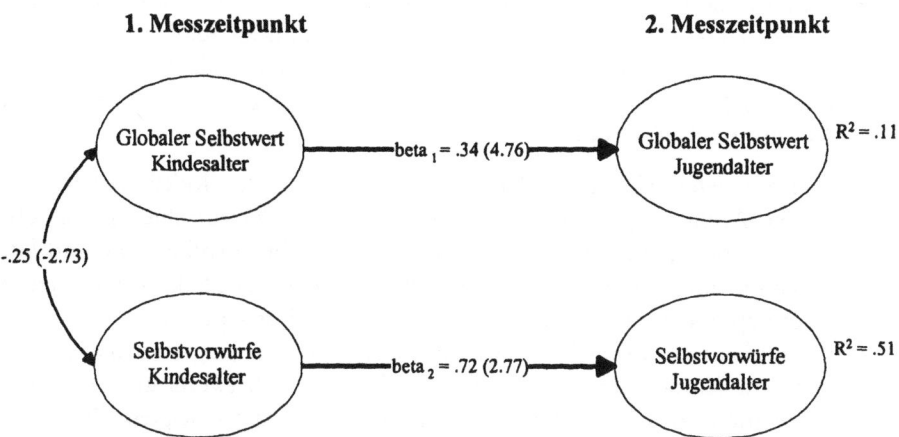

n=78, chi-square=212.07, df=132, p=.00, GFI=0.86, AGFI=0.81, RMSEA=0.086, unweighted least squares, polychorische Korrelationsmatrix

Abbildung 1 stellt das isolierte Stabilitätsmodell grafisch dar. Abgebildet sind die latenten Variablen „globaler Selbstwert" und „Anspruch zurücknehmen und Selbstvorwürfe", jeweils in ihren Ausprägungen im Kindesalter und im Jugendalter. Angegeben sind jeweils die Beta-Gewichte sowie die entsprechenden t-Werte (in Klammern) der Pfadkoeffizienten bei statistischer Kontrolle aller anderen eingezeichneten Pfade.

Abbildung 2: Kreuzpfadmodell: Anspruch zurücknehmen und globaler Selbstwert

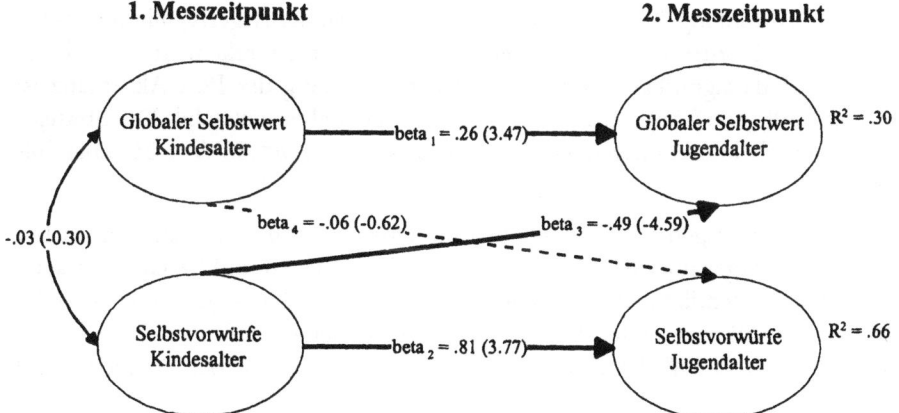

n=78, chi-square=138.41, df=130, p=.29, GFI=0.91, AGFI=0.88, RMSEA=0.029, unweighted least squares, polychorische Korrelationsmatrix

Bei Betrachtung der Stabilitätspfade der globalen Selbstbewertung vom Kindes- zum Jugendalter und der Ärgerregulierungsstrategie „Selbstvorwürfe" ist zu erkennen, dass die Pfade $beta_1=.34$ ($t = 4.76$) und $beta_2=.72$ ($t = 2.77$) signifikant sind. Dieses Ergebnis spricht für die Stabilität der globalen Selbstbewertung und Ärgerregulierungstrategie „Anspruch zurücknehmen und Selbstvorwürfe" vom Kindes- zum Jugendalter. Die Kenngrößen zur Modellgüte verdeutlichen, dass der Modellfit noch nicht optimal ist.

Im zweiten Modell werden die Kreuzpfade in die Modellschätzung mit einbezogen. Abbildung 2 zeigt die geschätzten Werte der einzelnen Pfadkoeffizienten sowie die Kennwerte der Modellgüte. Die Stabilitätspfade $beta_1$ und $beta_2$ bleiben signifikant. Vergleicht man die beiden zusätzlich zur Schätzung freigegebenen Kreuzpfade, so ist zu erkennen, dass nur der Kreuzpfad $beta_3 = -.49$ ($t = -4.59$) signifikant ist. Danach beeinflusst die Ärgerregulierungsstrategie „Selbstvorwürfe" im Kindesalter das Niveau des globalen Selbstwerts im Jugendalter negativ. Je mehr also die Teilnehmer im Kindesalter dazu neigen, ihren Anspruch gegenüber dem Freund oder der Freundin zurückzunehmen und sich selbst zu beschuldigen, desto negativer fiel ihre globale Selbstbewertung im Jugendalter aus, auch wenn das Ausgangsniveau ihres globalen Selbstwerts durch den Stabilitätspfad kontrolliert wird. Als Kind seinen Ärger in der Freundschaft zu regulieren, indem man seinen Anspruch zurück nimmt, trug damit zu späteren Einbußen im globalen Selbstwert bei. Die erklärte Varianz der latenten Variablen im Jugendalter ($R^2 = .30$ für „globaler Selbstwert" und $R^2 = .66$ für „Selbstvorwürfe") sowie die Kenngrößen zur Modellgüte zeugen von einem zufriedenstellenden Modellfit.

2 B Ärgerregulierung durch körperliches Konfrontieren und Peer-Akzeptanz

In dem in Abbildung 3 dargestellten Stabilitätsmodell der Ärgerregulierung durch körperliches Konfrontieren und Peer-Akzeptanz ist zu erkennen, dass beide Stabilitätspfade signifikant sind. Die Selbsteinschätzung der Peer-Akzeptanz ist mit $beta_1=.48$ ($t = 5.56$) vom Kindes- zum Jungendalter zeitstabil. Die Strategie des körperlich konfrontierenden Verhaltens ist mit $beta_2=.58$ ($t=5.25$) ebenfalls stabil.

Damit neigen im Wesentlichen dieselben Personen, die im Kindesalter angaben, bei Ärger über den Freund mit „schubsen, hauen und treten" zu reagieren, auch als Jugendliche dazu handgreiflich zu werden. Die signifikante Korrelation von $r=-.38$ zum ersten Messzeitpunkt weist bereits auf einen Zusammenhang zwischen der Wahrnehmung der eigenen Akzeptanz bei Freunden und

Abbildung 3: Isoliertes Stabilitätsmodell: Körperliches Konfrontieren und Peer-Akzeptanz

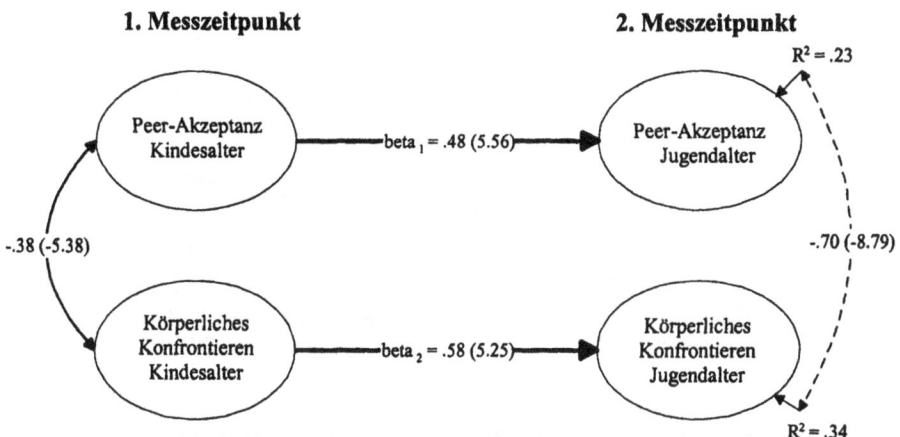

n=77, chi-square=92.87, df=62, p=.00, GFI=0.93, AGFI=0.90, RMSEA=0.081, unweighted least squares, polychorische Korrelationsmatrix

Peers und dem körperlichen Konfrontieren im Kindesalter hin. Die hohe Residualkorrelation zum zweiten Messzeitpunkt ($r = -.70$) kann ebenfalls als Hinweis für einen kausalen Zusammenhang interpretiert werden (Engel & Reinecke, 1994). Die Varianzaufklärung der latenten Variablen zum zweiten Messzeitpunkt beträgt für die Peer-Akzeptanz $R^2 = .23$ und für das körperliche Konfrontieren $R^2 = .34$.

Im nächsten Modell in Abbildung 4 wurden wiederum zusätzlich zu den Stabilitätspfaden die Kreuzpfade zur Schätzung freigesetzt. Die Stabilitätspfade verringerten sich dabei geringfügig. Beim Vergleich der beiden Kreuzpfade wird deutlich, dass der Kreuzpfad $beta_3 = -.30$ ($t = -3.00$) einen signifikanten Effekt auf die Peer-Akzeptanz im Jugendalter ausübt, während der Kreuzpfad $beta_4 = -.08$ ($t = .98$) keinen signifikanten Effekt anzeigt. Das heißt: Je eher die Untersuchungsteilnehmer im Kindesalter bei Ärger ihren Freund nach eigenen Angaben schubsten, traten oder hauten, desto negativer bewerteten sie sich in der Regel fünf Jahre später als Jugendliche in Bezug auf ihre Attraktivität in Freundschaften und Peer-Beziehungen ($beta_3 = -.30$, $t = -3.00$). Die aufgeklärte Varianz der latenten Variablen „Peer-Akzeptanz" erhöht sich geringfügig von $R^2 = .23$ im Stabilitätsmodell auf $R^2 = .27$ im Kreuzpfadmodell. Die aufgeklärte Varianz der latenten Variablen „körperliches Konfrontieren" ändert sich hingegen nicht. Insgesamt kann die Modellgüte des Kreuz-Modells als ausreichend bezeichnet werden.

Abbildung 4: Kreuzpfadmodell: Körperliches Konfrontieren und Peer-Akzeptanz

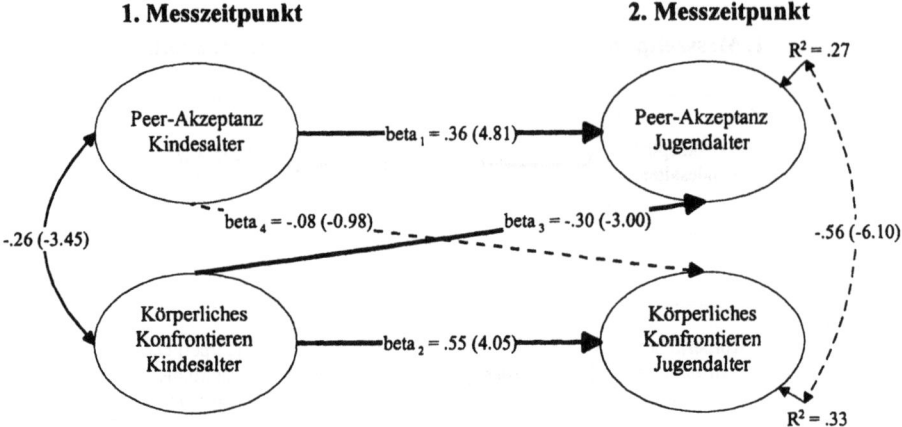

n=77, chi-square=81.53, df=60, p=.03, GFI=0.94, AGFI=0.91, RMSEA=0.069, unweighted least squares, polychorische Korrelationsmatrix

2 C Ärgerregulierung durch Erklären und Vertragen und Peer-Akzeptanz

Um die Frage nach der Stabilität der Selbstbewertung vom Kindes- zum Jugendalter im Bereich Peer-Akzeptanz und der Ärgerstrategie Erklären zu überprüfen, wird zunächst wiederum das Stabilitätsmodell betrachtet. Aus Abbildung 5 geht hervor, dass der signifikante Stabilitätspfad der selbstwahrgenommenen Peer-Akzeptanz vom Kindes- zum Jugendalter mit $beta_1=.49$ ($t = 5.09$) 24 Prozent der

Abbildung 5: Isoliertes Stabilitätsmodell: Erklären und Vertragen und Peer-Akzeptanz

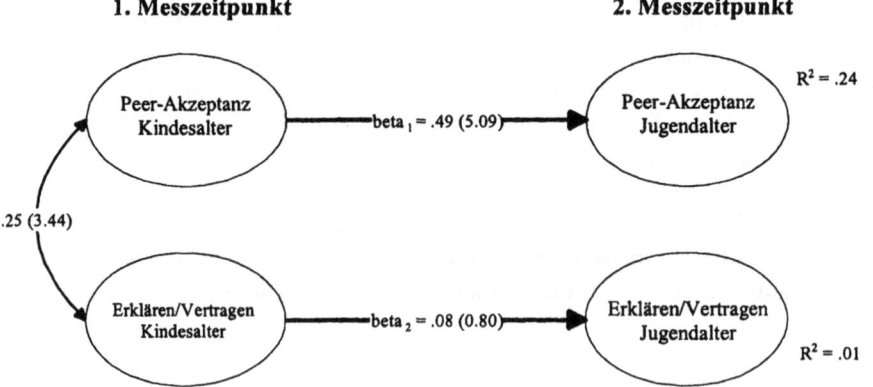

n=77, chi-square=97.43, df=46, p=.00, GFI=0.91, AGFI=0.88, RMSEA=0.083, unweighted least squares, polychorische Korrelationsmatrix

Varianz der Peer-Akzeptanz im Jugendalter aufklärt. Der längsschnittliche Zusammenhang zwischen den latenten Variablen „Erklären" vom Kindes- zum Jugendalter erweist sich mit $beta_2=.08$ ($t=0.80$) hingegen nicht als zeitstabil. Die Modellgüte des Stabilitätsmodells muss als nicht zufriedenstellend bezeichnet werden.

In dem in Abbildung 6 dargestellten Modell werden die beiden Kreuzpfade zusätzlich zu den Stabilitätspfaden zur Schätzung freigegeben. Beim Vergleich der beiden Kreuzpfade ist zu erkennen, dass der signifikante Pfadkoeffizient $beta_3=.43$ ($t=4.03$) einen zeitverzögerten Effekt auf die latente Variable „Peer-Akzeptanz" im Jugendalter bezeichnet, wohingegen der Kreuzpfad $beta_4=.06$ ($t=.98$) keinen signifikanten Effekt anzeigt. Ärger auf den Freund als Kind ohne Vorwürfe zu erklären, hängt also mit einer positiveren Bewertung der eigenen Akzeptanz in Peer-Beziehungen und Freundschaften im Jugendalter zusammen. Die Varianzaufklärung der latenten Variablen „Peer-Akzeptanz" erhöht sich durch die Hinzunahme des Kreuzpfades $beta_3$ von 24 Prozent auf 39 Prozent. Insgesamt ist die Modellgüte des Kreuzpfadmodells als zufriedenstellend einzuschätzen.

Abbildung 6: **Kreuzpfadmodell: Ärgerregulierung durch Erklären und Vertragen und Peer-Akzeptanz**

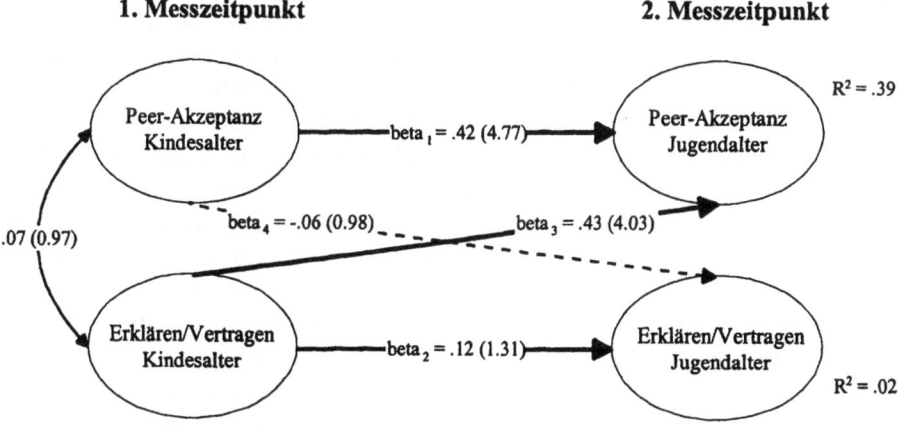

n=77, chi-square=68.26, df=62, p=.27, GFI=0.94, AGFI=0.91, RMSEA=0.036, unweighted least squares, polychorische Korrelationsmatrix

Diskussion der Kreuzpfadmodelle zur Frage der Einflussrichtung (Frage 2)

Die im letzten Abschnitt vorgestellten längsschnittlichen Analysen geben eine klare Antwort auf die Frage nach der Einflussrichtung, die in den (zeitgleichen) Korrelationen unklar geblieben ist: Auf die Dauer „wirkt" die Art und Weise, wie Kinder ihren Ärger in der Freundschaft regulieren auf das Niveau ihrer Selbstbewertung und nicht umgekehrt. Dies wurde an drei Arten der Ärgerregulierung in der späten Kindheit gezeigt, die jeweils unterschiedliche Aspekte der Selbstbewertung im Jugendalter vorhersagten, auch wenn das Ausgangsniveau des betreffenden Selbstwert-Aspekts statistisch kontrolliert wurde. Diese Ergebnisse legen nahe, dass die bevorzugte Form der Ärgerregulierung in der Freundschaft am Ausgang der Kindheit zu Veränderungen, also zu Zuwächsen oder Einbußen im Selbstwert über eine Zeitspanne von fünf Jahren beiträgt. Doch nun zu den einzelnen Ergebnissen:

Die Neigung, bei Ärger auf den Freund den eigenen Anspruch zurückzunehmen, sich Entschuldigungen für den Freund auszudenken und sich vielleicht sogar selbst Vorwürfe zu machen, ist unter Kindern im allgemeinen recht wenig und unter Jugendlichen noch weniger verbreitet (von Salisch & Vogelgesang, 2000). Die hohe Stabilität dieser Neigung weist jedoch darauf hin, dass es im wesentlichen dieselben Probanden sind, die sich fragen, ob sie ihre Ansprüche von Freund oder Freundin einfordern dürfen. Zweifel an den eigenen Anliegen scheinen eng mit Zweifeln an der eigenen Person zusammenzuhängen, die im globalen Selbstwert erfragt werden. Darauf deuten jedenfalls die zeitgleichen Korrelationen hin (Tabelle 2 und Abbildung 1). Dennoch ist aus den Korrelationen nicht die Richtung des Einflusses zu ersehen. Erst die Kreuzpfad-Modelle legen nahe, dass es die Selbstzweifel und Selbstvorwürfe beim Ärger auf den Freund sind, die auf Dauer zu Einbußen in der globalen Selbstbewertung führen (und nicht umgekehrt). Diese cross-lagged-Panelanalysen deuten darauf hin, dass sich die Neigung, bei Ärger die Argumente des Freundes vorwegzunehmen und sich selbst Vorwürfe zu machen, auf Dauer auf die globale Selbstbewertung verallgemeinert und diese in negativer Weise beeinflusst. Auch wenn Fragen der Kausalität in cross-lagged-Panelanalysen nicht abschließend geklärt werden können, so scheint es dennoch gerechtfertigt, davon zu sprechen, dass die Zweifel an der Legitimität der eigenen Ansprüche bei Ärger in der Freundschaft in der späten Kindheit frühe Hinweise auf Probleme mit dem globalen Selbstwert im Jugendalter sind. Denn die Zweifel, ob es rechtmäßig ist, den eigenen Ärger vorzutragen, verhindern nicht nur einen angemessenen „Realitätstest" dieser Zweifel durch den Freund, durch den diese eventuell korrigiert werden können (Sullivan, 1953/1983), sondern breiten sich anscheinend auch auf andere Aspekte des Selbst aus, so dass die Bewertung des globalen Selbst negativer ausfällt als fünf Jahre zuvor.

Eine ebenfalls recht seltene und problematische Strategie der Ärgerregulierung scheint die körperliche Konfrontation zu sein. Auch wenn die Neigung zum Einsatz körperlicher Gewalt bei Ärger in der Freundschaft zurückgeht (von Salisch & Vogelgesang, 2000), so sind es doch fast immer dieselben Probanden (nahezu ausschließlich Jungen), die zu diesem Mittel der Ärgerregulierung greifen. Sowohl im Kindesalter als auch im Jugendalter ist diese raue Form der Ärgerregulierung mit einer gleichzeitigen negativen Einschätzung der eigenen Akzeptanz bei Peers und bei Freunden verknüpft (Tabelle 2 und Abbildung 3). Körperliche Bedrohung bei ärgerlichen Provokationen verträgt sich nicht mit vertrauensvollen Beziehungen. Wieder weisen die Kreuzpfad-Modelle darauf hin, dass es die körperliche Konfrontation war, die auf Dauer zu einer Verschlechterung der selbst eingeschätzten Akzeptanz bei Peers und Freunden führte und nicht umgekehrt. Kinder, die dazu neigten, bei Ärger in der Freundschaft mit „Zuschlagen" zu reagieren, bescheinigten sich selbst als Jugendliche eine noch geringere Attraktivität als Freund oder Freundin als zuvor. Körperlich aggressives Verhalten bei Ärger in der späten Kindheit ist damit ein früher Hinweis auf eine stetig schlechtere Einbindung in Peer-Beziehungen und Freundschaften, die auch in der soziometrischen Literatur wiederholt gefunden wurde (zusammenfassend von Salisch, 2000a).

Langfristig positive Effekte auf die Einschätzung der eigenen Attraktivität als Freund scheinen dagegen Gespräche über die Hintergründe bei Ärger in der Freundschaft zu haben. Denn die Kreuzpfadmodelle legen zur Frage der Einflussrichtung wieder nahe, dass die Ärgerregulierung durch Erklären und Vertragen auf Dauer auf die selbst eingeschätzte Akzeptanz bei Peers und Freunden „wirkt" und nicht umgekehrt. Ärger auf den Freund oder die Freundin zu bereden, scheint die Chancen des Ärgers zu nutzen, auch wenn eine Ko-Konstruktion des ärgerlichen Ereignisses wegen der notwendigen Perspektivendivergenz zwischen dem ärgerlichen „Opfer" und seinem provokanten Freund oft schwierig ist (Mummendey et al., 1982; Averill, 1982). Den Ärger gemeinsam „auszuhandeln" dürfte vor allem dann gelingen, wenn Heranwachsende zum einen Strategien zur Distanzierung (wie Aufmerksamkeitslenkung) gelernt haben (von Salisch, 2000b), die es ihnen ermöglichen, den heißen Zorn vor dem Gespräch etwas abzukühlen. Den Freund bei Ärger nicht sofort mit Vorwürfen zu überfallen dürfte zum anderen leichter fallen, wenn das Verständnis für Ärger komplexer wird und auch die eigenen Anteile am Zustandekommen der ärgerprovozierenden Situation einbezieht. Labouvie-Vief et al. (1989) fanden große Zuwächse beim Verständnis für Ärger in einer Querschnittuntersuchung mit Probanden von 10 bis 14 Jahren, 15 bis 18 Jahren und 19 bis 29 Jahren. Die Neigung zu einer ausgewogeneren Beurteilung ärgerlicher Situationen könnte weiterhin zusammenhängen mit der wachsenden Fähigkeit zur Introspektion und zur Dritte-Person-Perspektive (Selman, 1984), die es Jugendlichen im späten Jugendalter ermöglicht, auch widersprüchliche Beurteilungen ihrer eigenen Person zu integrieren (Harter, 1998).

Ärger auf den Freund fordert die Heranwachsenden heraus, das Dilemma von Offenheit und Rücksichtnahme zu lösen. Die eigene Attraktivität als Freund wird durch den Ärger auf die Probe gestellt, denn Verschlechterung oder Abbruch der Beziehung sind reale Möglichkeiten. Schaffen es Heranwachsende immer wieder, ihren Ärger mit dem Freund auszuhandeln und zu einer zufriedenstellenden Lösung zu kommen, so bekräftigt dies auch ihre Einschätzung ihrer Fähigkeit, enge Peer-Beziehungen und Freundschaften einzugehen, aufrechtzuerhalten und nach eigenen Bedürfnissen zu gestalten. Von einer etwas anderen Warte aus gesehen ist die Offenlegung der Hintergründe des eigenen Ärgers ein Akt der Selbstoffenbarung gegenüber dem Freund oder der Freundin.

Die Diskussion mit dem Freund kann den Heranwachsenden helfen, Inkonsistenzen, Widersprüche und Brüche in ihrer eigenen Person wahrzunehmen und zu integrieren (Harter, 1998). Eine früh ausgebildete Neigung zur Klärung des Ärgers in der Freundschaft dürfte daher nicht nur die Freundschaft vertiefen, sondern auf lange Sicht auch mittelbar zu einem integrierten Selbstkonzept und einem positiven Selbstwert beitragen. Überproportionale Gewinne im Bereich des globalen Selbstwerts mögen sich indessen erst im jungen Erwachsenenalter offenbaren (Bagwell et al., 1998).

Insgesamt stellt sich die Frage, warum die Strategien der Ärgerregulierung am Ausgang der Kindheit so starken Einfluss auf die Veränderungen in der Selbstbewertung zwischen Kindheit und Jugend nehmen. Ein Grund könnte darin liegen, dass die Selbstbewertung in der frühen Adoleszenz insgesamt stark fluktuiert, u.a. wegen des Wechsels der primären Selbstenthüllungspartner und wegen der vielfältigen Übergänge, die zu meistern sind (Harter, 1998). Bei derartigen Turbulenzen im Selbst-System haben Einflüsse von außen eine gute Chance, die Selbstbewertung zu beeinflussen, auch auf Dauer (Lewis, 1995). Die Art, wie Ärger in der Freundschaft gewöhnlich bewältigt wird, kann daher in dieser Umbruchsituation stärkeren Einfluss auf die Selbstbewertung nehmen und diese im Sinne einer Weichenstellung nachhaltig beeinflussen. Ein weiterer Grund könnte darin liegen, dass Freundschaften in der Präadoleszenz intime Beziehungen sind und der Freund oder die Freundin die wichtigste Unterstützungsperson ist (Youniss & Smollar, 1985). Rückmeldungen dieser Vertrauensperson erhalten unter diesen Bedingungen eine besondere Bedeutung für die Ausbildung eines Selbstkonzepts, zumal wenn sie zugleich wohlwollend und kritisch ausfallen. Fehlen ungeschminkte Rückmeldungen auf den Ärger, sei es wegen der vorzeitigen Zurücknahme des eigenen Anspruchs oder sei es wegen einer Neigung zu körperlicher Gewalt, so können Heranwachsende auch nicht die Chancen nutzen, die der Ärger als Anlass und die Freundschaft als Spiegel für ihre Selbst-Entwicklung bietet.

Diese Schlüsse müssen auf Grund von methodischen Einwänden noch einmal überprüft werden. Weil Selbstbewertung und Ärgerregulierung von der gleichen Person und mit der gleichen Methode (nämlich Fragebogen) erhoben wurden, sind die Zusammenhänge zwischen diesen Variablen möglicherweise erhöht. Außerdem war das Zeitintervall von fünf Jahren, in denen eine Vielzahl von Übergängen zu bewältigen waren, relativ lang. In einer Replikationsstudie müssten die hier vorgestellten Zusammenhänge daher in kürzeren Abständen, von unterschiedlichen Beobachtern und mit einem größeren und heterogeneren Sample von Heranwachsenden überprüft werden. Welche Auswirkungen ein Wechsel in der Identität des Freundes auf Ärgerregulierung und Selbstbewertung hat, könnte in einer solchen Studie ebenfalls berücksichtigt werden.

Deutlich wird aber schon jetzt, dass die Regulierung von Ärger in der Freundschaft eine soziale Aufgabe ist (Asher et al., 1996), deren Lösung lange Schatten auf die weitere Entwicklung der Selbstbewertung wirft. Ärger fordert die Heranwachsenden heraus, ihre Anliegen mit Nachdruck vorzutragen, ohne in körperliche Gewalt abzugleiten und ohne die Einwände des Freundes in Selbstvorwürfen vorwegzunehmen, denn diese beiden Strategien scheinen zu Verschlechterungen in der Selbstbewertung zu führen. Heranwachsende, die dagegen schon am Ausgang der Kindheit gelernt haben, ihren Ärger in der Freundschaft konstruktiv vorzubringen und trotz Perspektivendivergenz auch die Sichtweisen des provozierenden Freundes einzubeziehen, scheinen dagegen die meisten Gewinne in ihrer Selbstbewertung zu verbuchen. Am selbstwertdienlichsten ist es daher nach unseren Erkenntnissen, über das zu reden, was ist, auch wenn das bedeutet, Ärger in die Freundschaft einzubringen und die Auseinandersetzung auszuhalten.

Literatur

Asher, S./Parker, J./Walker, D.: Distinguishing friendship from acceptance: Implications of interventions and assessment. In: Bukowski, W./Newcomb, A./Hartup, W.W. (Eds): The company they keep: Friendships during childhood and adolescence. New York: Cambridge University Press, 1996, pp. 366-405

Averill, J.: Anger and aggression. An essay on emotion. New York: Springer, 1982

Bagwell, C.L./Newcomb, A.F./Bukowski, W.M.: Preadolescent friendship and peer rejection as predictors of adult adjustment. In: Child Development 69(1998), pp. 140-153

Berndt, T./Keefe, K.: Friends' influence on adolescents' adjustment to school. In: Child Development 66(1995), pp. 1319-1329

Bolger, K.E./Patterson, C./Kupersmidt, J.: Peer relationships and self-esteem among children who have been maltreated. In: Child Development 69(1998), pp. 1171-1197

Buhrmester, D./Furman, W.: The development of companionship and intimacy. In: Child Development 58(1987), pp. 1101-1113

Denton, K./Zarbatany, L.: Age differences in support processes in conversations between friends. In: Child Development 67(1996), pp. 1360-1373

Engel, U./Reinecke, J.: Panelanalyse. Berlin: de Gruyter, 1994

Gauze, C./Bukowski, W./Aquan-Assee, J./Sippola, L.: Interactions between family environment and friendship and associations with self perceived well-being during adolescence. In: Child Development 67(1996), pp. 2201-2216

Gottman, J.M./Mettetal, G.: Speculations about social and affective development: Friendship and acquaintanceship through adolescence. In: Gottman, J./Parker, J. (Eds.): Conversations of friends. Speculations on affective development. Cambridge: Cambridge University Press, 1986, pp. 91-113

Harter, S.: Manual for the Self-Perception Profile for Children (Revision of the Perceived Competence Scale for Children). Ms. (unpublished), University of Denver, 1986

Harter, S.: The development of self-representations. In: Damon, W. (Series Ed.)/ Eisenberg, N. (Vol. Ed.): Handbook of Child Psychology, 5th Ed. Vol. 3. New York: Wiley, 1998, pp. 553-617

Hartup, W.W./Stevens, N.: Friendships and adaptation in the life course. Psychological Bulletin 121(1997), pp. 355-370

Hoppe-Graff, S./Keller, M.: Einheitlichkeit und Vielfalt in der Entwicklung des Freundschaftskonzepts. In: Zeitschrift für Entwicklungspsychologie und Pädagogische Psychologie 20(1988), S. 195-213

Jöreskog, K./Sörbom, D.: LISREL 8 Users' guide. Chicago: Scientific Software International, 1993

Keefe, K./Berndt, T.: Relations of friendship quality to self-esteem in early adolescence. In: Journal of Early Adolescence 16(1996), pp. 110-129

Keller, M.: Moralische Sensibilität: Entwicklung in Freundschaft und Familie. Weinheim: Psychologie Verlags Union, 1996

Krappmann, L.: Entwicklungsfördernde Aspekte in den Freundschaften von Kindern und Jugendlichen. In: Gruppendynamik 24(1993a), S. 119-129

Krappmann, L.: Die Entwicklung vielfältiger sozialer Beziehungen unter Kindern. In: Auhagen, A.E./von Salisch, M. (Hrsg.): Zwischenmenschliche Beziehungen. Göttingen: Hogrefe, 1993b, S. 37-58

Labouvie-Vief, G./DeVoe, M./Bulka, D.: Speaking about feelings: Conceptions of emotion across the life span. In: Psychology and Aging 4(1989), pp. 425-437

Laursen, B./Hartup, W.W./Koplas, A.: Towards understanding peer conflict. In: Merrill-Palmer Quarterly 42(1996), pp. 76-102

Laux, L./Weber, H.: Bewältigung von Emotionen. In: Scherer, K. (Hrsg.): Psychologie der Emotionen. Enzyklopädie der Psychologie. Göttingen: Hogrefe, 1990, S. 560-629

Lempers, J./Clark-Lempers, D.: Young, middle and late adolescents' comparison of the functional importance of five significant relationships. In: Journal of Youth and Adolescence 21(1992), pp. 53-96

Lewis, M.D.: Cognition-emotion feedback and the self-organization of developmental paths. In: Human Development 38(1995), pp. 71-102

Lochman, J.E./Lampron, L.B.: Situational social problem-solving skills and self-esteem of aggressive and non-aggressive boys. In: Journal of Abnormal Child Psychology 14(1986), pp. 605-617

Mounts, N./Steinberg, L. (1995): An ecological analysis of peer influence on adolescent grade point average and drug use. In: Developmental Psychology 31(1995), pp. 915-922

Mummendey, A./Bornewasser, M./Löpscher, G./Linneweber, U.: „Aggressiv sind immer die anderen." Plädoyer für eine sozialpsychologische Perspektive in der Aggressionsforschung. In: Zeitschrift für Sozialpsychologie 13(1982), S. 177-193

Neemann, J./Harter, S.: Manual for the Self-Perception Profile for College students. Ms. (unpublished), University of Denver, 1986

Oatley, K.: Best laid schemes. The psychology of emotions. Cambridge: Cambridge University Press, 1992

Oppl, C.: Ärgerregulierung und Selbstbewertung im Kindes- und Jugendalter – eine Längsschnittstudie. Diplomarbeit. Berlin: Freie Universität, 2001

Salisch, M. von: Kinderfreundschaften. Emotionale Kommunikation im Konflikt. Göttingen: Hogrefe, 1991

Salisch, M. von: Zum Einfluß von Gleichaltrigen (Peers) und Freunden auf die Persönlichkeitsentwicklung. In: Amelang, M. (Hrsg.): Enzyklopädie der Psychologie, Differentielle Psychologie. Band 4: Determinanten individueller Differenzen. Göttingen: Hogrefe, 2000a, S. 345-405

Salisch, M. von: Wenn Kinder sich ärgern ... Emotionsregulierung in der Entwicklung. Göttingen: Hogrefe, 2000b

Salisch, M. von: Children's emotional development: Challenges in their relationships to parents, peers, and friends. International Journal of Behavioral Development 25(2001), pp. 310-319

Salisch M. von/Pfeiffer, I.: Ärgerregulierung in den Freundschaften von Schulkindern – Entwicklung eines Fragebogens. In: Diagnostica 44(1998), S. 41-53

Salisch, M. von/Vogelgesang, J.: Anger Regulation within Friendship: Development from Preadolescence to Young Adulthood. Ms. (unveröff.), Berlin: Freie Universität, 2000

Seiffge-Krenke, I.: Stress, coping, and relationships in adolescence. Mahwah, N.J.: Erlbaum, 1995

Selman, R.L.: Die Entwicklung des sozialen Verstehens. Frankfurt am Main: Suhrkamp, 1984

Stapley, J./Haviland, J.M.: Beyond depression: Gender differences in normal adolescents' emotional experiences. In: Sex Roles 20(1989), pp. 295-308

Steinberg, L. : Adolescence. New York: Knopf, 1993

Sullivan, H.S.: Die interpersonale Theorie der Psychiatrie. Frankfurt am Main: Fischer, 1983 (Original erschienen 1953: The interpersonal theory of psychiatry)

Tangney, J.P./Hill-Barlow, D./Wagner, P./Marschall, D./Borenstein, J.K./Sanftner, J./ Mohr, T./Gramzow, R.: Assessing individual differences in constructive versus destructive responses to anger across the lifespan. In: Journal of Personality and Social Psychology 70(1996), pp. 780-796

Wünsche, P./Schneewind, K.: Entwicklung eines Fragebogens zur Erfassung von Selbst- und Kompetenzeinschätzungen bei Kindern (FSK-K). In: Diagnostika 35 (1989), S. 217-235

Youniss, J./Smollar, J.: Adolescent relations with mothers, fathers and friends. Chicago: University of Chicago Press, 1985

Selbstdarstellung und Weinen in Interaktion mit Gleichaltrigen

Hans Oswald

Der Gegenstand dieses Kapitels ist der Zusammenhang von Selbstdarstellung, Weinen, Interaktion und Identität im Kindesalter. Um diesen Zusammenhang deutlich zu machen, hole ich theoretisch weit aus und begründe damit den Vorschlag, die Erwägungen Goffmans und Simmels zu Selbstdarstellung und Identität mit Plessners Deutung des Weinens zu verbinden und auf die Analyse der Interaktionen zwischen Kindern zu übertragen. Im empirischen Teil konzentriere ich mich deshalb auf die Analyse von beobachteten Szenen, in denen ein Kind in Interaktion mit anderen Kindern weint, und hoffe damit einen Beitrag zur Diskussion der Identität von Kindern zu leisten.

1. Identität in der Kindheit

Die entscheidende Phase der Identitätsbildung im Sinne Eriksons (z.B. 1973) liegt in der Adoleszenz, weil die Ausbildung einer reifen Identität die höchste Stufe der kognitiven Entwicklung und die Lösung anderer Entwicklungsaufgaben voraussetzt. Es mag sein, dass sich diese Phase, wie Fend annimmt, seit der Mitte des letzten Jahrhunderts vorverlagert hat, weshalb er die 12 bis 16-Jährigen untersucht (1991) und somit die Phase der späten Kindheit mit einbezieht. Auch gibt es die ganze Kindheit hindurch Vorstufen der Identitätsentwicklung, wie dies in dem berühmten Diagramm von Erikson (1973: 150) unübertroffen dargestellt ist. Auf diesen Vorstufen werden Entwicklungsaufgaben gelöst oder die Lösungen verpasst und in der Phase der Identitätsbildung wird dies aufgenommen und integriert. Immer deutlicher zeigt aber die entwicklungspsychologische Forschung, dass in der Kindheit nicht nur Vorstufen bestehen und Grundlagen gelegt werden, sondern dass Kinder bereits vor ähnlichen Identitätsproblemen stehen wie Jugendliche und Erwachsene.

Schon kleine Kinder haben eine „persönliche Identität" im Sinne der Terminologie Goffmans (1967). Sie wissen, dass sie durch Name, Geburtstag, Adresse, durch Eltern und Geschwister sowie andere „Identitätsaufhänger" eindeutig zu identifizieren sind. Sie wissen um Geschehnisse, in die sie verwickelt waren, um biographische Details aus näherer und fernerer Vergangenheit, um

Ereignisse, die sie selbst hervorgerufen haben, deren Ursache sie sind und für die sie verantwortlich gemacht wurden oder werden können. Die Frage „wer bin ich?" können sie nicht erst in der Adoleszenz, sondern bereits früh in Richtung auf Eigenschaften, Kenntnisse und Fähigkeiten, auf Vorlieben und Befindlichkeiten, mithin auf innere Zustände beantworten.

Am Zustandekommen dieses Wissens um das eigene Selbst und um die Maßstäbe der Bewertung sind Andere beteiligt, zunächst vor allem die Eltern, mit fortschreitendem Alter andere Erwachsene und zunehmend Gleichaltrige. In den Reaktionen dieser Anderen erkennt das Kind sich selbst, wie es Cooleys berühmte Metapher des „looking glass self" verdeutlicht (Cooley, 1902; Harter, 1999). Aber an dieser Spiegelung in Anderen ist das Kind aktiv beteiligt, nicht nur dadurch, dass es die Reaktionen durch sein Handeln hervorruft und auf diese Reaktionen seinerseits wieder mit modifizierten Handlungen reagiert (Mead, 1934/1968), sondern auch dadurch, dass es die Interpretationen seiner selbst mit aushandelt und auf der Grundlage dieser Austauschprozesse und Aushandlungen seine Besonderheit konstruiert. So wie das Kind durch Assimilation, Akkommodation und Äquilibration seine kognitiven Schemata der Welterkenntnis konstruiert (Piaget, 1936/1975), so „erarbeitet sich jedes Kind, jeder Jugendliche einen eigenen Entwurf, in dem dieses Kind, dieser Jugendliche sich in seiner Besonderheit darstellt" (Krappmann, 1993: 335).

Jedes Kind versucht den Anforderungen seiner Umgebung zu entsprechen, es versucht „normal" im Sinne der Maßstäbe seiner sozialen Nahumgebung zu sein. Aber jedes Kind weiß auch, dass es etwas Besonderes ist, dass es sich von anderen Kindern unterscheidet. Auf manche dieser Besonderheiten, auf die von Anderen anerkannten Eigenschaften, Fähigkeiten und hervorgehobenen Handlungen, ist das Kind stolz. Andere Besonderheiten heben sich negativ ab, sie sind diskreditierend und das Kind schämt sich ihrer, versucht sie zu verbergen, zu überspielen oder auf andere Weise akzeptabel zu wirken. Beide Arten von Besonderheiten machen das Kind verletzlich, die ersteren, weil die Anerkennung entzogen werden kann, die letzteren, weil sie, im Falle der Sichtbarkeit, zu Kritik, Spott und Demütigung führen, im Falle der Verborgenheit jederzeit entdeckt werden können.

Für den Zusammenhang dieses Kapitels ist es unerheblich, wann genau diese Problematik und Versuche, sie zu lösen, bei Kindern auftreten. Eine Voraussetzung dafür, dass sich das Problem der Verletzung und damit der Identitätsbedrohung stellt, besteht darin, dass das Kind fähig ist, die Rolle eines Anderen zu übernehmen. Das ist nach Kegan auf der Stufe des souveränen Gleichgewichts der Fall, wenn das Kind sich abkapseln kann und nicht mehr in der Annahme lebt, „die Eltern könnten seine privaten Gefühle lesen. Das Kind hat jetzt eine private Welt, die es vorher nicht hatte" (1986: 127). Je stärker sich das Kind dieser privaten Welt bewusst wird und sie als seinen *schützenswerten und schutzbedürftigen Besitz* auffasst, desto deutlicher stellt sich ihm das Problem der Darstellung dessen, was es ist, seiner Identität.

2. Das Problem der Darstellung des Selbst

Goffman hat von „the presentation of self in every day life" (1959/1969) gesprochen und dabei meines Wissens nie an Kinder gedacht. Aber das zu Grunde liegende Identitätsproblem, das er meisterhaft herausgearbeitet hat und dem die übliche Forschung zum „impression management" (z. B. Mummendey, 1995) selten gerecht wird, gilt für Kinder in ähnlicher Weise wie für ältere Menschen. In ihrer Interaktion mit Erwachsenen stellt sich das Problem sogar verschärft, weil die Kinder abhängig und den an Kraft, Erfahrung und Geist Überlegenen oft ausgeliefert sind.

Das Problem der Selbstdarstellung ergibt sich für alle Menschen in jeder Begegnung mit Anderen durch das Zusammenspiel zweier Gegebenheiten der conditio humana: (1) Interaktion funktioniert zufriedenstellend im menschlichen Sinne nur dann, wenn sich die Interaktionspartner wechselseitig verstehen. (2) Die Interaktionspartner haben aber keinen direkten Zugang zu den inneren Zuständen des jeweils Anderen. Mead (1934/1968) hat in ersterem, das er als „role taking" konzeptualisierte, den grundlegenden Mechanismus für das Gelingen der Interaktion und damit der Genese des Selbst und der gesellschaftlichen Regelungen gesehen und hat herausgearbeitet, wie sich dieses Verstehen aus der Gestenkonversation entwickelt. Aber das zweite Problem, dass wir in unserer Unfähigkeit, in den Anderen hineinzusehen, vom Anderen nur verstehen können, was nach außen dringt, hat erst Goffman in seinem Gesamtwerk in ganzer Schärfe herausgearbeitet.

Das Problem besteht darin, dass das Selbst, wie es für sich ist, nicht identisch ist mit dem Selbst, das der Andere erkennt; denn der Andere kann nur das erkennen, was mit den Sinnen empfangen werden kann, und das ist das, was in der Interaktionssituation an die Oberfläche dringt. Da das, was ich bin – Simmel spricht von „innerer Wirklichkeit" (1908/1968: 259) – und das, was an die Oberfläche kommt und vom Anderen erkannt werden kann, zwei Entitäten sind, können sie grundsätzlich nicht identisch sein, sie können sich bestenfalls ähneln. Und sie ähneln sich umso mehr, je besser es dem Ich gelingt, seine *situative Identität*, das meint *seine gegenwärtige innere Befindlichkeit und Sicht auf sich selbst, seine Intentionen für und sein Verständnis der Situation und seine Auffassung des Anderen* mitzuteilen. Da wir uns nicht nur mit Worten mitteilen, sondern auch mit Gesten und dem ganzen Repertoire der nonverbalen Kommunikation, nennen wir diese Mitteilung der situativen Identität mit Goffman die *Darstellung* des Selbst.

Bei dieser Selbstdarstellung besteht immer die Gefahr, missverstanden zu werden. Wenn ich mich nicht richtig verständlich machen kann, missdeutet der Andere und wird mir nicht gerecht. Um dies zu verhindern, muss ein großer Aufwand an Selbstdarstellung getrieben werden, damit ein adäquates Bild entsteht, das vom Anderen im Sinne Meads (1934/1968) übernommen werden kann. Je schlechter wir uns verständlich machen, je unangemessener wir uns darstellen, desto weniger kommen wir, gleich ob Kind oder Erwachsener, mit unserer Identität in der Interaktion zum Zuge. Für die Interaktion bedeutet dies, dass sie schwierig wird und misslingen kann. Für das Selbst bedeutet es, dass es auf die Anerkennung verzichten muss, auf die es glaubt, Anspruch zu haben und deren es auch im Sinne Eriksons bedarf, damit das Selbst durchgehalten und bewahrt werden kann. Das Selbst muss nicht nur die Verletzungen durch böswillige oder ihm gerade ungünstig gesinnte Andere fürchten, sondern auch Verletzungen, die in misslungener, missverständlicher und missverstandener Selbstdarstellung gründen.

Die grundsätzliche Nichtidentität von Selbst und dargestelltem Selbst schafft nicht nur das Problem der optimalen Darstellung, sondern gleichzeitig die Möglichkeit des Betrügens. Da das, was nach außen dringt und dem Anderen erfahrbar ist, nicht deckungsgleich mit der inneren Wirklichkeit ist, steht der Andere in Gefahr, getäuscht zu werden. Wegen der prinzipiellen und auch bei höchstem Bemühen um Authentizität nicht überwindbaren Nichtidentität von innerer Wirklichkeit und Dargestelltem ist das Problem des Lügens und Täuschens allerdings höchst vertrackt. Was ist „falsche" Darstellung, wenn das Dargestellte *immer* nur Auswahl und Geformtes, für den Anderen An- und Zugerichtetes ist?

> „So ist nun alles das, was wir einem Anderen mit Worten oder etwa auf sonstige Weise mitteilen, auch das Subjektivste, Impulsivste, Vertrauteste, eine Auswahl aus jenem seelisch-wirklichen Ganzen ... Es sind nicht nur, in quantitativer Hinsicht, Bruchstücke unseres tatsächlichen Innenlebens, die wir selbst dem nächsten Menschen allein offenbaren; sondern diese sind auch nicht eine Auslese, die jene Tatsächlichkeit sozusagen pro rata präsentiert, sondern aus einem Gesichtspunkt der Vernunft, des Wertes, der Beziehung zum Hörer, der Rücksicht auf sein Verstehen aus getroffene" (Simmel, 1908/1968: 259).

Georg Simmel sorgt sich in seinem Kapitel über das Geheimnis (ebd.) denn auch weniger um die mit der Darstellungsnotwendigkeit gegebene Möglichkeit des Täuschens, sondern mehr um die Gefahr des distanzlosen Eindringens in das geistige Privateigentum, in die Intimsphäre der Persönlichkeit (Oswald, 1984). In unseren Versuchen, den Anderen zu erkennen, in unseren Deutungen auch seiner unwillkürlichen Äußerungen, können wir ihm „*zu nahe*" treten, können wir seine Identität verletzen. Nur durch Diskretion und Respekt und nicht durch Entlarvung können wir den Anderen, die Interaktion und uns selbst schützen. Goffman hat bewusst große Worte gewählt, „Ehrerbietung und Benehmen" (1971b), um die Notwendigkeit des Distanzhaltens deutlich zu machen, ja er hat dieses Innere und vor Entlarvung zu Schützende gar etwas „Heiliges" genannt, das wir durch Regeln schützen müssen, die er wegen dieser religiösen Konnotation eine „rituelle Ordnung" nennt (1971a: 25).

Die Schwierigkeit, richtig verstanden zu werden, wird noch verschärft durch die Eigenheit der conditio humana, die Plessner „exzentrische Positionalität" genannt hat (1928/1975). Der Mensch ist vermutlich das einzige Lebewesen, das eine Position außerhalb von sich selbst einnehmen und sich von dort betrachten kann. Der Mensch *ist* ein Körper und er *hat* einen Körper. Die Selbsterfahrung ist keine unmittelbare von innen, sondern eine mittelbare von außen. Reflektion heißt, dass man sich, außerhalb seiner selbst stehend, in sich selbst spiegelt, mit sich selbst unterhält. Piaget bezieht sich auf diesen Aspekt der menschlichen Existenz, wenn er den Prozess der Dezentrierung beim Kleinkind untersucht, durch den das egozentrische Stadium überwunden und eine Voraussetzung für die außerordentliche kognitive Leistungsfähigkeit des Menschen erarbeitet wird (1945/1975). Die Dezentrierung ist aber auch die Voraussetzung dafür, dass ich mich selbst missverstehen kann. Selbsterkenntnis ist eine schwierige Aufgabe unter anderem deshalb, weil ich mich selbst täuschen kann und weil es viele gute Gründe gibt, sich selbst zu täuschen. In der psychoanalytischen Therapie werden beispielsweise Prozesse wie Abwehr, Verdrängung und Rationalisierung bearbeitet, die adäquate Selbsterkenntnis und entsprechend adäquate Selbstdarstellung verhindern oder zumindest erschweren.

Auch durch die exzentrische Positionalität besteht also ein Problem der Nichtidentität: das Selbst und das von einem Selbst erkannte Selbst sind nicht dasselbe. Auch hier versuchen wir möglichst große Ähnlichkeit zu erreichen, aber wir können nie sicher sein, dass wir uns vollständig verstehen und unsere Motive und Absichten richtig erkennen und dem Anderen vermitteln.

Wegen der Nichtidentität von Selbst und dargestelltem Selbst und wegen der Nichtidentität von Selbst und Selbstverständnis steht das Ich in Interaktion somit vor drei Problemen. Es muss sich so darstellen, dass der Andere es verstehen kann. Es muss bei seiner Darstellung berücksichtigen, dass der Andere um die Möglichkeit der Täuschung weiß und entsprechend vorsichtig ist. Und es muss versuchen, sich über seine eigenen Motive, Absichten und Ziele möglichst klar zu werden, um Selbsttäuschung und nachfolgendes Missverständnis in der Interaktion zu vermeiden. Vor diesen drei Problemen stehen Kinder mit dem zunehmenden Erwerb der Fähigkeit zur Rollenübernahme in derselben Weise wie Erwachsene.

3. Darstellung des Selbst bei Kindern

Die Diskreditierbarkeit und die Erfahrungen mit dem Diskreditiert-Werden durch Erwachsene machen Kindern schon früh die Notwendigkeit deutlich, Informationen über sich zu steuern. Selbstdarstellung bedeutet die Informationskontrolle über Gedanken und Gefühle, über die private innere Welt. Doch mit nahestehenden Erwachsenen ist dies schwierig, weil man von diesen mächtigen Anderen abhängig ist, weil man sich aus Angst, deren Anerkennung und Liebe zu verlieren, oft nicht wehren kann. Mütter und Väter glauben nicht nur, das Recht zu haben, alles über ihr Kind zu wissen, sie treten darüber hinaus nicht selten mit dem Anspruch auf, besser als das Kind selbst über es Bescheid zu wissen. Der Ausspruch „das weiß ich besser als du selbst" kann Kinder vor Wut zum Schreien, gelegentlich auch zu ohnmächtig verzweifeltem Weinen bringen. Nahestehende Erwachsene versuchen immer wieder, teils beim Verfolgen eigener Interessen, das Kind zu entlarven und zu beschämen, sie erzählen Dinge weiter, so dass es in den Boden versinken möchte. Frühe diskreditierende Erfahrungen machen Kinder durch die lustigen Geschichten, die von ihnen in ihrer Anwesenheit erzählt werden ebenso, wie durch das Weitertragen ihrer Fehler und Sünden. In den Daten eines unserer Forschungsprojekte findet sich eine videographierte Szene, in der die Mutter ihren bereits zehnjährigen Sohn vor laufender Kamera bloßstellt und von seiner Triefnase und roten Augen spricht, um ihn vom Ponyreiten abzuhalten (Schuster, 1998: 110).[1] In einem Nachfolgeprojekt entstand eine Aufnahme, in der ein 10-Jähriger weint, weil es ihm mit Einsatz all seiner Darstellungsmittel nicht gelingt, die Mutter zur Einhaltung eines Versprechens zu bewegen, was eine beschämende Niederlage vor Anderen, eine Einbuße an seinem Selbst, bedeutet.[2]

Manchen Kindern mag es auf der Grundlage derartiger Erfahrungen im Laufe ihrer Entwicklung gelingen, solche Situationen vorausblickend zu vermeiden, bessere Karten haben sie aber zunächst bei ihren gleichaltrigen Freunden. Der Kinderpsychiater Harry Stack Sullivan hat herausgearbeitet, welcher Trost und welche Heilkraft in dieser Kinderwelt liegt (1953/1983). Zu den von ihm nicht angeführten Gründen könnte gehören, dass man hier in einer Situation der gleichen Rechte und der gleichen Stellung Strategien der Selbstdarstellung ausprobieren kann. Sullivan macht ausdrücklich darauf aufmerksam, dass es auch hier Bedrohungen des Selbst durch bösartige Andere gibt. Aber selbst wenn diese in irgend einer Hinsicht stärker sind als der Bedrohte, kann damit besser umgegangen werden als mit der Bedrohung durch Erwachsene und Niederlagen sind weniger bitter. Sullivan vertritt gar die Ansicht, dass die Auseinandersetzung mit bedrohlichen Gleichaltrigen den Zuwachs an Kompetenz fördert.

Ausführlich hat Krappmann die Bedrohung des Selbst in Interaktionen mit Gleichaltrigen analysiert (1993) und herausgearbeitet, dass es dabei vor allem um Probleme der Gleichheit, der Souveränität und der sozialen Anerkennung geht. Das Gleichheitsproblem ist ebenso angesprochen, wenn ein Kind bestimmten Ansprüchen nicht genügt, sich nicht an Maßstäbe und Regeln hält und deshalb der Inkompetenz beschuldigt wird, wie wenn ein Kind sich überhebt und etwas Besonderes zu sein vorgibt. Bei der Souveränität geht es darum, sich zu behaupten und nicht unterkriegen zu lassen, wenn Andere einen bedrohen. Bei der sozialen Anerkennung geht es darum, dazuzugehören und nicht ausgeschlossen zu werden. In je einem Drittel der von Krappmann in einer sechsten Klasse identifizierten Fälle von Bedrohung gelang es Kindern, ihr Selbst zu stärken oder

---

1 In der unpublizierten Fassung der Dissertation von Schuster wird deutlicher als im veröffentlichten Text, wie sehr sich der Junge bei dieser Bloßstellung windet.

2 Transkript der Familie 10701, Welle A, zur Verfügung gestellt durch Beate Schuster, Universität Potsdam.

sich erfolgreich zu verteidigen, in einem weiteren Drittel der Fälle verloren die Kinder und mussten Einbußen an ihrem Selbst in Bezug auf die Stellung in der Gleichaltrigenwelt hinnehmen.

In der Tradition Sullivans (1953/1983) und Piagets (1932/1986) hat Youniss (1982) herausgearbeitet, dass in Interaktion mit Gleichaltrigen Aushandlungsstrategien und das Finden befriedigender Lösungen in Konflikten gelernt wird. Auch wenn dies allzu ideal gesehen sein sollte, wofür eigene Aushandlungsanalysen sprechen (Krappmann & Oswald, 1995), so scheint doch evident zu sein, dass die Interaktionen mit Gleichaltrigen ein gutes Übungsfeld zum Ausprobieren von Strategien der Selbstdarstellung sind. Beispiele bietet die Analyse Krappmanns zur Bedrohung des Selbst (1993). Ein Stück weit habe ich selbst dies für die spielerischen Interaktionen zu zeigen versucht, die man rough and tumble play nennt und in denen raffinierte „Rahmung" geübt wird (Oswald, 1997).

Fine (1981) hat in seinen schönen Studien über Kinder der little baseball leage in der Tradition des Symbolischen Interaktionismus gezeigt, welche Strategien Kinder anwenden, um sich auszudrücken und dem Anderen kenntlich zu machen, und welche Elemente der umgebenden Kultur sie dabei verwenden. Seine Analysen legen die These nahe, dass die Welt der Gleichaltrigen eine „Vorderbühne" für den „öffentlichen Austausch" bietet (Goffman, 1969; 1974), auf welcher die Fähigkeit zum „impression management" erprobt und erlernt werden kann. Fines Hinweis darauf, dass zum Erlernen von Techniken der Selbstdarstellung unter guten Freunden ein besonders günstiges Klima herrscht, deckt sich mit unseren eigenen Beobachtungen, nach denen es Freunden besser als Nicht-Freunden gelingt, eine entgleisende Interaktion doch wieder in ein günstiges Fahrwasser zu bringen (Krappmann & Oswald, 1995: 103f.). Bei dieser Analyse haben wir unterstellt, dass sich die Freunde gegenseitig ihre Motive und Absichten in einer Weise mitteilen, die das gute Ende ermöglicht. Die dabei verwendeten Mittel der Selbstdarstellung konnten wir aus Mangel an entsprechenden Informationen indessen nicht systematisch untersuchen. Krappmann arbeitete an anderer Stelle heraus, dass gut integrierte Kinder, die viele Freunde haben, mehr kommunizierten, sich konstruktiver verhielten und ihr Selbst erfolgreicher behaupteten als weniger gut integrierte Kinder (1993). Bei der Analyse der Selbstdarstellung von Kindern ist es offensichtlich wichtig, die emotionale Beziehung der Interaktanden in Rechnung zu stellen.

4. Weinen[3]

Weinen ist ein starker Ausdruck einer Gemütsbewegung, der Auskunft gibt über den emotionalen Zustand und die Beschaffenheit des Selbst. „Das Weinen scheint ... die ursprüngliche und natürliche Ausdrucksform für Leiden irgendwelcher Art zu sein, mag es körperlicher Schmerz ... oder geistiges Unglück sein" (Darwin, 1872/2000: 173). Im Unterschied zu den meisten anderen Ausdrucksmitteln unterliegt das Weinen aber kaum dem Willen. Es handelt sich um eine körperliche Reaktion, deren Ausbruch dem Willen entzogen ist und die willentlich nur schwer unter Kontrolle gebracht werden kann. Auch gute Schauspieler haben große Schwierigkeiten, Weinen glaubhaft darzustellen. Damit ist Weinen gleichzeitig beredt und kann doch im Unterschied zum Reden nur schwer strategisch zur Steuerung der Interaktion eingesetzt werden. Weinen ist ein starker Ausdruck für einen emotionalen Zustand mit großem Informationswert, Weinen kommuniziert Botschaften und doch ist Weinen kein Kommunikationsmittel wie andere, da es kaum willentlich als Informationsmittel in die Interaktion eingebracht werden kann. Es ähnelt damit anderen unwillkürlichen Reaktionen wie dem Rot- oder Blasswerden mit dem Unterschied, dass die Wirkung des Weinens auf den Anderen normalerweise weitaus stärker ist als die Wirkung der unwillkürlichen Ausdrücke von Scham und Schreck. Einmal ausgebrochen, kann das Weinen allerdings als Mittel benutzt und gezielt eingesetzt werden.

Das Weinen unterbricht als unwillkürliche Reaktion die vorherigen Bemühungen, die Situation zu beeinflussen, in unerwarteter Weise. Es unterbricht den Fluss des Geschehens und bedeutet einen Zusammenbruch des geregelten Austausches zwischen den Interaktionspartnern. Dieser Unterbrechung der Interaktion entspricht der Abbruch der Selbstdarstellung. Zwar gibt das Weinen Auskunft über den Zustand des Selbst, aber der Fluss der Selbstdarstellung ist unterbrochen. Der Weinende gibt etwas unwillentlich von sich preis und dieser unwillentliche Ausdruck unterbricht die vorher willentlich gesteuerte Darstellung der Motive, Bedürfnisse, Interessen und Situationsdefinition. Der Weinende verliert seine Haltung und Selbstbeherrschung (Plessner, 1961: 198).

Dem Zusammenbruch der Selbstdarstellung des Weinenden und dem Zusammenbruch der Interaktion entspricht die Reaktion der Anderen. Der oder die Anderen müssen die bisher verfolgte Strategie unterbrechen, sie können nicht einfach fortfahren, sondern sie haben auf das neue und unerwartete Element der Situation, das Weinen, zu reagieren. Die Aufmerksamkeit wird von dem bisherigen Gegenstand der Interaktion abgelenkt und richtet sich auf das

---

3 Das Weinen wird in der neueren Literatur über Kinder nur selten untersucht. Literatur-Recherchen zeigen, dass Entwicklungspsychologen vor allem dem Weinschreien von Babys Aufmerksamkeit widmen, das für den Zusammenhang dieses Aufsatzes ohne Belang ist. Auch die Literatur über das Weinen im therapeutischen Prozess lasse ich hier beiseite. Die meisten Anregungen habe ich in Plessners berühmter Abhandlung über „Lachen und Weinen" (1961) bekommen.

Weinen, das nun im Fokus des folgenden Austausches steht. Im Extremfall wird die Begegnung abgebrochen, weil eine Fortführung der Interaktion unmöglich geworden ist. Dem Verlust der Selbstbeherrschung des Weinenden entspricht, dass es „mit der sachlichen Verarbeitung der Situation" fürs erste vorbei ist (Plessner, 1961: 29) – und zwar für alle Beteiligten.

Dieser Kennzeichnung des Weinens als außerhalb des Willens stehender körperlicher Reaktion steht die Erfahrung entgegen, dass Weinen durchaus als Erpressungsmittel dienen kann. Doch handelt es sich tatsächlich um eine bewusste, willentlich gesteuerte Strategie zur Erreichung eines Zieles oder handelt es sich in der Regel um einen Effekt, der willkommen ist, obwohl das Weinen nicht willentlich ausgelöst wurde? Eine willentliche Strategie kann sein, das Weinen anzukünden, damit zu drohen. Strategie kann auch sein, stimmliche und mimische Begleiterscheinungen des Weinens in die Interaktion einzubringen, um den Anderen daran zu hindern, zu weit zu gehen. Dagegen ist der Ausbruch selbst nur schwer zu simulieren. Strategisches Weinen kommt zwar ohne Zweifel vor und vermutlich sind Menschen in der Kunst dieser Art des Täuschens unterschiedlich geschickt (Kottler, 1997: 26f.). Aber in der Regel dürfte das strategische Weinen leicht zu durchschauen sein, weil der expressive Unterschied zum echten Weinen groß ist.[4]

Auch wenn wir den Ausbruch des Weinens nur schwer erzeugen können, so können wir doch lernen, dessen Ausbruch zu verhindern. Darwin, dem an dem Nachweis der evolutionären Wurzel des Weinens liegt, konzidiert, dass wiederholte Anstrengungen, das Weinen zu unterdrücken, dazu führen, dass es seltener auftritt. In vielen Kulturen wird es insbesondere den Jungen und Männern verboten, bei körperlichen Schmerzen zu weinen. Im Laufe der Entwicklung lernen Kinder offensichtlich, dem Weinen aus körperlichem Schmerz seltener nachzugeben zu Gunsten von besser steuerbaren Darstellungsstrategien, die die Interaktion nicht unterbrechen. Dies führt dazu, dass in unserer Kultur mit zunehmendem Alter bei körperlichen Schmerzen nur noch selten geweint wird. Ähnlich wird das Weinen darüber, etwas Gewünschtes nicht zu bekommen oder im Spiel zu verlieren, mit zunehmendem Alter seltener. Mädchen und Frauen scheinen in unserer Kultur aber insgesamt häufiger zu weinen als Jungen und Männer (Kottler, 1997: Kap. 6).

---

4   Dies gilt vermutlich auch für das Weinen von Klageweibern bei Todesfällen in bestimmten Kulturen, das meist aus willkürlich erzeugbarem Jammern und Schreien und selten aus echten Tränen besteht. Darwin zitiert zwar einen Bericht aus Neuseeland, „dass die Frauen dort willkürlich Tränen im Überfluss vergießen können" und ihren Stolz darein setzen „in der ergreifendsten Weise zu weinen", doch kenne ich keine gute Bestätigung dafür, dass ergreifendes Weinen willkürlich erzeugt und von Anderen für echt gehalten wird. Insofern halte ich willkürlich erzeugte Tränen im Gegensatz zu Kottler nicht für „den Gipfel der Täuschung" (1997: 26), weil ich annehme, dass diese Täuschung nur selten gelingt.

Nach Plessner ist Ohnmacht das auslösende Gefühl des Weinens.

> Nur solche Gefühle lösen Weinen aus, „in denen der Mensch einer Übermacht inne wird, gegen die er nichts vermag. Dieses Gewahrwerden der eigenen Ohnmacht muss gefühlsmäßig geschehen, es muss uns treffen und ergreifen, um den Akt der eigenen Preisgabe auszulösen, welche das Weinen bedingt" (1961: 177).

Dieses Gefühl der Ohnmacht gegenüber etwas Übermächtigem liegt schon dem archaischen Weinen als Folge eines starken, nicht beherrschbaren körperlichen Schmerzes zu Grunde. Ohnmächtig weint man über die Macht konkreter Personen, die Gewünschtes verweigern und die man nicht umstimmen kann. Deutlicher im äußeren Verhalten sichtbar wird die Ohnmacht beim Weinen aus Wut und Zorn gegenüber Anderen besonders dann, wenn mit der Machtausübung Scham auslösende Missachtung und Abwertung verbunden ist. Degradierung kann aber auch wie Verstoßung oder Verlust Weinen auslösen aus Trauer darüber, nicht oder nicht mehr mit Anderen verbunden zu sein und nichts dagegen tun zu können. Auch hinter dem Weinen aus Mitleid steht das Gefühl der Ohnmacht, nicht helfen oder nichts ändern zu können.

Das Weinen wird also durch das Gefühl der Ohnmacht und durch damit verbundene Gefühle der Wut und des Zornes, der Scham und der Trauer sowie des Mitleids ausgelöst und wird gleichzeitig zum Ausdruck dieser Gefühle. Erzeugt werden diese Gefühle durch körperlichen Schmerz, durch Niederlagen, durch Missachtung, Abwertung und Degradierung, durch Verstoßung und Verlust sowie durch das Leiden Anderer.[5]

Ein Sonderfall, der nur bedingt in die Interpretation des Weinens als unwillkürliche, die Interaktion zum Erliegen bringende und Betroffenheit auslösende Reaktion passt, aber zu unserem Thema – dem Zusammenhang von Selbstdarstellung, Weinen, Interaktion und Identität – gehört, besteht darin, dass jemand willentlich zum Weinen gebracht wird. In diesem Fall bricht die Interaktion und die Darstellung des Selbst des Weinenden zwar zusammen und der Ausbruch wird durch Schmerz, mehr noch durch die Ohnmacht des Gequälten erzeugt. Aber derjenige, der das Weinen mit Absicht provoziert hat, ist nicht erstaunt, er muss seine Strategie nicht ändern, sondern kann seine Ziele weiterverfolgen. Hierzu gehören alle Arten von bewusstem Quälen.

---

5 Das Weinen aus Freude oder Ergriffenheit soll hier nicht behandelt werden, weil wir diese Art des Weinens unter Kindern nicht beobachten konnten.

5. Weinen von Kindern

Die Ereignisse, die ich in diesem empirischen Teil des Kapitels analysiere, stammen aus dem Forschungsprojekt „Alltag der Schulkinder" (Krappmann & Oswald, 1995), in dem die Interaktionen unter Kindern im Klassenzimmer, auf dem Schulhof und auf einer Klassenreise, also in natürlicher Umgebung, beobachtet wurden. Für den Zweck der folgenden Darstellung habe ich Beobachtungen in einer ersten, einer vierten und einer fünften Klasse einbezogen, die ich zusammen mit Lothar Krappmann durchgeführt habe. Bei den Beobachtungen im Klassenzimmer fokussierten wir auf zwei nebeneinander sitzende Kinder und notierten alle Geschehnisse in Feldnotizen, die wir anschließend zu ausführlichen Protokollen ausarbeiteten. Vor den Kindern stand meist ein Mikrofon, über das der verbale Austausch aufgenommen wurde. Auf der ersten und vierten Klassenstufe stand jedes Kind etwa drei Schulstunden lang im Beobachtungsfokus, auf der fünften Jahrgangsstufe waren wir während einer 14tägigen Klassenreise ganztägig mit den Kindern zusammen.[6] Details der Untersuchungsanlage und der Methode sowie Erwägungen zur Beeinflussung des Geschehens durch die Beobachter sind an anderer Stelle ausführlich dargestellt (Krappmann & Oswald, 1995; Oswald & Krappmann, 1995).

In der Fragestellung dieser Untersuchung kam Weinen nicht vor. Aber da wir alles notierten, was wir sahen, haben wir auch das Weinen von Kindern in unsere Feldnotizen und Protokolle aufgenommen. Auf diese Weise stehen mir für die folgende Darstellung aus den drei ausgewählten Klassen 30 Szenen zur Verfügung, in denen ein Kind Tränen vergießt. Um auch in die Randzone dieses Phänomens hineinzukommen, habe ich noch einige zusätzliche Szenen aufgenommen, in denen von weinerlicher Stimme und dem Weinen-Nahe-Sein die Rede ist oder in denen man Weinen erwarten würde. Auf der ersten Klassenstufe sahen wir elfmal, auf der vierten Klassenstufe zwölfmal und auf der Klassenreise sechsmal Kinder weinen. Als wir auf der sechsten Jahrgangsstufe dieselbe Klasse noch einmal beobachteten, sahen wir keine weinenden Kinder mehr.

Diese 30 Szenen reichen quantitativ nicht aus, um statistische Analysen durchzuführen. Ich benutze vielmehr diese unstrukturierten und unstandardisiert erhobenen Daten, um in einem Interpretationsversuch plausibel zu machen, dass das Weinen der Kinder in Interaktionen mit Gleichaltrigen ein lohnendes Thema ist, das mit dem in der Kinderforschung ebenfalls vernachlässigten Thema der Selbstdarstellung verbunden werden kann. Weshalb, wie und mit welchen Folgen weinen Kinder?

Bedrohung der physischen Integrität. Körperlicher Schmerz ist neben Entbehrungszuständen der ursprüngliche Anlass für Weinen. Im Verlauf der Kindheit

---

6   In der ersten Klasse beobachteten wir acht Jungen und zehn Mädchen, in der vierten Klasse 16 Jungen und 18 Mädchen. Auf der Klassenreise ein Jahr später waren von diesen 34 Kindern der vierten Klasse noch 14 Jungen und alle 18 Mädchen dabei.

lernen die Kinder, das Weinen als Ausdruck des physischen Schmerzes zu unterdrücken. Bis zum Eintritt in die Schule haben sich die meisten Kinder abgewöhnt zu weinen, wenn sie hinfallen oder sich anderweitig weh tun. Der körperliche Schmerz muss jetzt sehr stark sein, um Weinen auszulösen, und wir haben derartiges kaum einmal gesehen. Einige Kinder, und zwar vor allem Mädchen, weinen in diesem Alter noch bei schmerzhaften körperlichen Attacken. Aber bei den meisten derartigen Vorfällen, bei körperlich ausgetragenem Streit und selbst bei richtigen Schlägereien weinen die Kinder in der Regel nicht. Schon gar nicht weinen Kinder bei Schmerzen, die im Verlauf von Kampf- und Tobespielen zugefügt werden.

Die körperlichen Attacken, bei denen wir in der ersten Klasse Mädchen weinen sahen, bestanden aus Schlägen, Boxern, Tritten und einem Biss[7], die sowohl von Jungen als auch von Mädchen, meist im Rahmen eines Streites und meist als Strafe auf einen Normbruch ausgeteilt wurden.

Körperliche Angriffe und insbesondere Strafen unter Kindern sind zwar nicht sehr häufig, sie gehören in den ersten Klassen der Grundschule aber doch zum Alltag. Dass Schläge auch von den Kindern nicht für richtig gehalten werden, kann man daran sehen, dass manche Kinder zu schlichten versuchen und dazwischen gehen, wenn ein Streit zur Schlägerei auszuarten droht. Andererseits schauen Kinder den Prügeleien auch interessiert und keineswegs empört zu und gelegentlich richten sich der Zorn und die Schläge der Kontrahenten und Zuschauer gegen den Schlichter (F2:104). Obgleich jeder ernst gemeinte Angriff auf den Körper mit dem verletzenden Eindringen auch eine Verletzung des Selbst bedeutet, scheint mir dieser demütigende Charakter bei Schlägen unter Kindern zu Beginn der Schulzeit, vielleicht wegen der Alltäglichkeit des Vorkommens, nicht im Vordergrund zu stehen, vielleicht auch noch nicht so bewusst empfunden zu werden. Jedenfalls betonen in der Wahrnehmung des Beobachters die Selbstdarstellungen der Beteiligten diesen demütigenden Charakter nicht, in scharfem Kontrast zu den entsprechenden Ereignissen in der vierten Klasse. Nur noch ein Teil der Kinder zeigt die kindliche Reaktion auf den Schmerz. Jungen der ersten Klasse haben wir überhaupt nicht, von den Mädchen nur die Hälfte weinen gesehen. Fast die Hälfte aller Weinszenen betrafen ein einziges Mädchen, von dem der Volksmund sagen würde, „dass sie nahe am Wasser gebaut hat". Für sie gilt aber auch, dass sie sich besonders viel einmischte und Normen brach.

Gegen diese Interpretation, dass es sich in der ersten Klasse meist nur um Schmerzweinen handelt, das noch der vorschulischen Kindheit entstammt und mit zunehmendem Alter seltener wird, spricht, dass dem Weinen meist eine Niederlage vorausgeht, dass mit dem Weinen die anderen Strategien aufgegeben werden und die Interaktion meistens abgebrochen wird:

---

7   Die Vorgeschichte dieses unüblichen Angriffes kennen wir nicht.

Selbstdarstellung und Weinen

- Nawa gibt Mab[8] in einem Streit einen Tritt, dieser schlägt zurück, sie weint, wodurch die Lehrerin aufmerksam wird, eingreift und eine Entschuldigung verlangt (F2:101).
- Veba nennt Sira eine blöde Kuh, bekommt dafür einen Schlag, weint, was die Lehrerin auf den Plan ruft (F1,2:105).
- Tüa schlägt Nawa in einem Streit, Nawas Freund Juk rächt sie mit einem heftigen Boxhieb auf den Rücken, worauf Tüa weint und der Lehrerin ihr Weinen demonstriert (F2:109).
- Bei einer Rauferei nimmt Bör Nia in den Schwitzkasten und schmeißt sie zu Boden; Nia heult, er wendet sich mit unbewegtem Gesicht ab (F1:110). Eine ähnliche Geschichte zwischen den beiden mit Schlägen und Tritten von seiner Seite endet in derselben Weise (F1:113). Beide Male hat er vermutlich ein Rauf- und Tobespiel beabsichtigt, das von ihr aber als solches nicht akzeptiert wurde.
- Veba und Cap streiten sich um einen Stuhl, sie schlagen sich gegenseitig, Cap tritt, Veba weint, rächt sich noch einmal (das Weinen ist also nicht wie in den anderen Fällen das Ende der Szene) und überlässt ihm schließlich den Stuhl (F1:118).
- Veba haut Hab, der ihr eigentlich helfen wollte (Missverständnis?), Hab haut stärker zurück, Veba heult laut, was das Eingreifen der Lehrerin hervorruft, die wieder eine Entschuldigung verlangt (F1:118).
- Nia und Ciba behaupten beide, die Schere gehöre ihr, Ciba schlägt, Nia weint; danach wird argumentiert und es werden Scheren verglichen; Ciba erkennt ihren Irrtum, entschuldigt sich und Nia nimmt an (F2:117).
- Im Verlauf eines Tobespiels, bei dem Ahe und Cap Karas noch eingepackten Lutscher herumwerfen und diese immer hinterher rennt, bekommt Kara von Cap einen Boxhieb auf den Oberarm; sie weint laut und wird von mehreren Kindern getröstet (F2:106).
- Die Kinder malen gemeinsam ein riesiges Bild auf dem Boden. Nuka malt der Sonne erst blaue, dann rote Strahlen an, was lauten Protest auslöst und Bör zu einem Tritt und zum Übermalen eines anderen Beitrages von Nuka veranlasst. Sie wendet sich weinerlich an die Lehrerin (F2:105).

In der vorletzten Szene könnte das vergebliche Hinterherrennen beschämend gewirkt haben. In der letzten Szene könnte eine Demütigung darin gesehen werden, dass das Werk als Ausdruck des Selbst nicht anerkannt, sondern ausdrücklich missachtet und zerstört wurde. Allerdings kam es hier nicht zum unwillkürlichen Weinen, sondern nur zu willkürlicher Weinerlichkeit. Aber abgesehen von diesen beiden Fällen sind demütigende Aspekte in den Weinszenen der ersten

---

8 Codenamen, die auf a enden, bezeichnen Mädchen, die anderen bezeichnen Jungen. Ich gebe hier nicht die wörtlichen Protokollausschnitte wider, sondern fasse kurz zusammen.

Klasse nicht leicht zu erkennen. Wohl aber könnte das Weinen durch Gefühle der Ohnmacht ausgelöst werden, nicht gegen den Angreifer anzukommen.

Das Weinen scheint in allen dargestellten Beispielen unwillkürlich ausgebrochen zu sein und beendete meist den Austausch. Nach dem Ausbruch konnten aber Lautstärke und Sichtbarkeit so geändert werden, dass die Lehrerin aufmerksam wurde und dem Appell zum Eingreifen auch meist folgte. Insofern ist nur der Ausbruch des Weinens kein willentliches Darstellungsmittel, wohingegen der Verlauf und die Art des Weinens durchaus so gesteuert werden können, dass es zur willentlichen Darstellung des Selbst dient.

Im Gegensatz zu den meisten Szenen in der ersten Klasse wird in der vierten Klasse fast immer deutlich, dass bei körperlichem Schmerz dann geweint wird, wenn die Bedrohung und Herabsetzung des Selbst betont ist. Meist ist mit der Herabsetzung verbunden, dass der Geschlagene das Gefühl hat, dem Schlagenden ohnmächtig ausgeliefert zu sein. In allen Weinausbrüchen wegen körperlichen Schmerzes auf der vierten und fünften Klassenstufe ist die Demütigung und meist auch die Ohnmacht des Weinenden klar zu erkennen.

> „Slav drängt und drückt immer weiter. Olib weicht Schritt um Schritt zurück ... Olib haut und prügelt nun wild um sich. Slav ist nun auf einmal spielerisch, lockt, tänzelt vor Olib hin und her, bekommt auch ab und zu einen Hieb ab, der aber unplaziert gegen Schulter oder Arm geht, wo es nicht weiter weh tut. Den meisten Schlägen weicht er aus, springt zurück, duckt sich und *macht Olib geradezu lächerlich* ... Olib bekommt nur wenige Schläge ab, die aber überwiegend an empfindlichen Stellen sitzen, vor allem unter den Rippen. Er hat ganz schnell ein rotes Gesicht und steht nach einer Minute Kampf heulend an der Wand" (4. Klasse, F1-14,10).

Fast die gleiche Szene mit tränenreichem Ausgang spielte sich zwischen den beiden ein Jahr später auf der Klassenreise noch einmal ab. Deutlich ist beide Male die Demütigung zu erkennen, die wegen der damit verbundenen Ohnmacht um so schlimmer ist, da Olib kein Gegenmittel zur Verfügung stand. Ähnliche Szenen haben wir zwischen zwei Mädchen und zwischen einem Jungen und einem Mädchen gesehen. Der demütigende Aspekt verbunden mit dem Gefühl der Ohnmacht[9] kommt besonders deutlich zum Ausdruck, wenn man den Anderen sozusagen am ausgestreckten Arm verhungern lässt. Beispielsweise wurde jemand mit ausgestrecktem Arm unter dem Kinn gekitzelt, die zornigen Gegenschläge erreichten aber wegen der Länge des Arms das Ziel nicht. So etwas ist eine absichtsvolle und stark sichtbare Demütigung des Kleineren und Schwächeren, wobei kommentierende Zuschauer den demütigenden Charakter noch verstärken.

---

9 Das Gefühl der Ohnmacht lässt sich nicht beobachten. Dass jemand ohnmächtig ist, lässt sich aber aus den Begleitumständen deutlich erschließen. Ausdruck und Indiz des Gefühls ist dann das Weinen.

Selbstdarstellung und Weinen

Manchmal ist, anders als in der zitierten Szene zwischen Slav und Olib, der Beginn ein lustvolles Kampf- und Tobespiel, das entgleitet und sich zu einer ernsten Auseinandersetzung wandelt, weil einer der Beteiligten das Gefühl hat, durch den die Spielgrenze überschreitenden zu starken Schmerz unangemessen behandelt worden zu sein (vgl. ausführlicher Oswald, 1997). Der Schmerz bildet in diesem Sinne auch ohne vom Anderen beabsichtigte Demütigung eine Bedrohung des Selbst, die aber meist erst dann zum Weinen führt, wenn Ohnmacht hinzu kommt.

Vielleicht lässt sich so eine Szene auf der Klassenreise verstehen, in der Dawa von einem Roboter spielenden ferngelenkten Jungen bedrängt und in den Po getreten wird (F2:33,2f). In ehrlichem Erstaunen quittiert er ihr Weinen mit einem: „Wegen so etwas weint die." Ohne dass er es beabsichtigt zu haben braucht, mag sie das Gefühl gehabt haben, den Roboterangriffen wehrlos ausgesetzt zu sein. Es kann aber auch sein, dass der Tritt einfach weh tat und sie noch so reagierte wie manche Kinder in der ersten Klasse: auf Schmerz folgt Weinen.

Eine ähnliche Ausnahme von dem bei den älteren Kinder das Weinen auslösenden Zusammenhang zwischen Schmerz, Demütigung und Ohnmachtsgefühl bildet auf der vierten Jahrgangsstufe ein Ereignis, bei dem Svec, ein starker machohafter Junge, von Anderen getragen und versehentlich fallen gelassen wurde (F 2:23, 1). Dabei tat er sich weh und hatte vermutlich nur deswegen Tränen in den Augen. Dass er gegen einen der Beteiligten zu dessen Erstaunen in einer Weise körperlich reagierte, als ob dieser ihm etwas Ehrverletzendes angetan hätte, interpretiere ich dahingehend, dass er „wusste", dass ein Junge seines Alters aus Schmerz nicht weint und ihm insofern etwas für sein Alter und für ihn als Jungen Unangemessenes unterlaufen war. Er unterstellte deshalb die Selbstbedrohung, die eine „angemessenere" Erklärung der Tränen und insofern eine angemessenere Selbstdarstellung bildete, und auf diese Bedrohung des Selbst reagierte er seinerseits mit einem sein Selbstbild wieder zurecht rückenden Angriff. Er deutete das Ereignis altersgemäß und für ihn geschlechtsadäquat um.

In allen Fällen auf der vierten und fünften Klassenstufe – vielleicht mit Ausnahme der beiden letzten Szenen – war für den Beobachter deutlich erkennbar der Schmerz mit Demütigung und Ohnmacht verbunden. Wie in der ersten Klasse scheinen in allen Fällen die Tränen unwillkürlich ausgebrochen zu sein. Anders als in der ersten Klasse wurde das Weinen aber nicht zum Darstellungsmittel. Die Lehrerin soll in diesem Alter nicht mehr aufmerksam gemacht werden und Freunde trösteten in vielen Fällen, auch ohne dass man das Weinen demonstrativ darstellend verändern musste. Betroffenheit der Anderen war kaum einmal erkennbar.

Ausschluss. Auf der vierten Jahrgangsstufe ist Ausschluss ein deutlicher Grund für Weinen. Das wurde bereits am ersten Schultag nach den großen Ferien deutlich, als Siba auf der Suche nach einem guten Platz neben anderen Kindern einen solchen auch angeboten bekam, aber von zwei Jungen vertrieben wurde (F2:2,2). Weinend setzte sie sich mit dem Gesicht zur Klasse vorne an die

Tafel. Die weiteren Untersuchungen zeigten, dass sie in der Klasse keine Freundin hatte. Einen Moment hoffte sie wohl, Anschluss an zwei Mädchen zu finden, aber diese setzten sich nach der Vertreibung nicht für sie ein. Die Verletzung des Selbst liegt darin, des Anschlusses nicht für wert gehalten zu werden, das unwillkürliche Weinen ist Ausdruck der Einsamkeit und Ohnmacht.

In der ersten Klasse haben wir eine ähnliche Szene beobachtet, in der die Kinder einen Kreis bilden sollten und Hab und Ciba, nebeneinander sitzend, Nia nicht neben sich duldeten. Das Protokoll vermerkt allerdings nur, dass Nia „dem Heulen nahe" war und sich hinten auf einen Tisch setzte (F1:113).

In einer anderen Szene während der Bundesjugendspiele durften zwei Mädchen der vierten Klasse bei einem Stafettenlauf nicht mitmachen und saßen deshalb hemmungslos weinend am Rande der Kampfbahn (F2:9,5). Noch nach dem Umkleiden hatte eine der beiden die Schmach des Ausschlusses nicht verschmerzt und schluchzte bitterlich. Hier löste wohl der Zorn darüber, nicht berücksichtigt worden zu sein, verbunden mit dem ohnmächtigen Gefühl, nichts dagegen tun zu können, das Weinen aus. Eine Variante dieses Grundes fürs Weinen besteht darin, mit seinen Vorschlägen bei einer Gruppenaktivität nicht zum Zuge zu kommen. Auch hier kann man sich gegen die Nichtberücksichtigung nicht wehren und weint aus Zorn. In den beobachteten Fällen hat dies nicht immer zum Weinen geführt, der Beobachter spricht von „tränennah" und „saurer Miene" (4. Klasse, F1:22,7), diese willentlichen Darstellungsmittel hatten allerdings, wie die unwillkürlichen Tränen beim Stafettenlauf, nichts genützt.

Ein besonders krasser und grausamer Ausschluss geschah an einem Gruppentisch gegenüber einem störenden und Andere mit Schimpfwörtern belegenden Jungen. Ein Sitznachbar nach dem anderen trat hinter ihn und drehte ihm die Ohren herum und dies gleich mehrfach in der Stunde (vgl. Krappmann & Oswald, 1995:119). Mehrfach saß er heulend mit roten Ohren da, ohne sich noch wehren zu können. Diese kollektive Strafaktion verband Schmerz, Demütigung, Ohnmacht und Ausschluss in der traurigsten und wirkungsvollsten Weise. Tränen waren hierfür beredter Ausdruck, der aber bei den Anderen nichts bewirkte, so dass er lediglich Demonstration des körperlichen Schmerzes und des geistigen Unglücks blieb.

Nicht alle Kinder weinen bei der Erfahrung des Ausschlusses. Bei den beiden dramatischsten Ausschlüssen auf der Klassenreise, die wir an anderer Stelle ausführlich beschrieben haben (Krappmann & Oswald, 1995:173ff.), wurde nicht in der Öffentlichkeit geweint. Der wegen seiner die ganze Klasse beeinträchtigenden Schusseligkeit[10] von allen beschimpfte und verhöhnte Pak, der selbst von seinem Freund Orü nicht mehr unterstützt wurde, verließ das Land-

---

10 Er glaubte seine Tasche auf der Schiffsreise verloren zu haben, was zu langen Suchereien und Aufenthalten führte, er hatte sie aber nur beim morgendlichen Aufbruch im Schullandheim vergessen.

Selbstdarstellung und Weinen

schulheim, so dass wir uns große Sorge machten und bereits an die Suche mit Hilfe der Polizei dachten, bevor er kurz nach Anbruch der Dunkelheit wiederkam. Mit Sicherheit war er wegen seines Gesichtsverlustes sehr verzweifelt, das zeigt sein unerlaubtes Davonlaufen. Ob er erwogen hatte abzuhauen, wissen wir indessen genau so wenig wie, ob er in der Einsamkeit der Dünen weinte. In der Öffentlichkeit ließ er jedenfalls Tränen nicht zu, sondern verteidigte sich in einer Mischung aus Zorn und Verzweiflung. Der zweite Fall betrifft die oben schon erwähnte Dawa, die sich selbst von der Darstellung eines lange geprobten Sketches beim Geburtstag der Lehrerin ausschloss und ähnlich wie Siba im Jahr zuvor getroffen und verletzt – und für alle gut sichtbar – vor der Klasse saß, anders als diese aber ohne Tränen, mit leerem und unbewegtem Gesichtsausdruck. Wir wissen in beiden Fällen nicht, was mit der ostentativen Selbstdarstellung vis-à-vis der Klasse beabsichtigt war, da keine Folgen eintraten. Dass es sich aber um eine Darstellung des gekränkten und einsamen Selbst handelte, war offensichtlich.

Eine Variante des Ausschlusses besteht darin, nicht mithalten zu können. Hier machen die Klassenkameraden von sich aus nichts, das die Zugehörigkeit zur Gruppe bedroht, sondern es geschieht etwas, das die gleichberechtigte Teilnahme an Gruppenaktivitäten unmöglich macht. Weinen aus solchen Anlässen haben wir nur auf der Klassenreise beobachtet. Als der große und schon sehr männlich wirkende Slav wegen starker Bauchschmerzen nicht an einer Schiffsfahrt teilnehmen konnte, lag er weinend auf seinem Bett (F2:37,2). Als Dawa bei einer gemeinsam mit großem Spaß anzufertigenden Collage nicht mitmachen konnte, weil sie die dazu benötigten Tuschkasten und Kleber nicht dabei hatte, weinte sie (F2:39,6). Besonders traurig war die Geschichte Heitas (F2:40), die im Unterschied zu Anderen lange Zeit keine Post von zu Hause bekam. Sie weinte, als dann endlich doch eine Sendung ankam, die sich als einfache Postkarte herausstellte. Diese ging von Hand zu Hand und machte offenkundig, dass Heita von zu Hause nicht dieselbe Zuwendung erfuhr wie andere Kinder. Zwei Freundinnen trösteten sie lange und streuten doch nur Salz auf die Wunde, indem sie Heitas Karte demonstrativ mit den Briefen der anderen Kinder verglichen.

Verlust und Beschädigung von Besitz. Besitz wird von Goffman zu den „Territorien des Selbst" gezählt (1974). In diesem Sinne sind Entwendungen und Beschädigungen Angriffe auf das Selbst, die nicht zugelassen werden dürfen. Im Unterschied zu den bisher betrachteten Fällen, die ihre Bedeutung ausschließlich aus der Welt der Kinder beziehen, könnte das Weinen bei Verlust und Beschädigung in seiner Bedeutung aber auch auf Erwachsene bezogen sein. Eltern schärfen den Kindern immer wieder ein, sorgsam mit ihren Sachen umzugehen, insbesondere, wenn sie wertvoll sind. So konnten wir mehrfach beobachten, dass Kinder Dinge nicht verliehen oder mitbenutzen ließen, obgleich das von der Kinderwelt her gesehen naheliegend und sinnvoll gewesen wäre, weil es die Eltern verboten hatten. So mag neben der Verletzung des Selbst auch die Angst vor den Eltern dahinterstehen, wenn Kinder wegen eines beschädigten Gegenstandes weinen und getröstet werden müssen.

„Anna weint. Chrita und Oya trösten sie. Annas Ordner ist verklemmt. Schuld daran sei Gleh (wird dem Beobachter erklärt). Gleh erscheint auch bei Anna. Oya schreit ihn an. Er zu seiner Verteidigung: ,Sie hat mich geschubst'" (4. Klasse, F1:16,1).

Es ist anzunehmen, dass für Oya der Ordner Annas nicht sehr wichtig war. Aber das Weinen löste Trösten und Verteidigung aus, es informierte über die Schwere des Gefühls und beeinflusste den Fortgang der Interaktion. Bei Siba, dem Kind ohne Freunde, löste das mutwillige Verschwindenlassen eines Radiergummis und später eines Mathematikbuches durch Upe nur Tränen aus, ohne dass Klassenkameraden einsprangen und halfen oder trösteten (4. Klasse, F1:3,5, F2:3,3). Das Weinen war zwar beredter Ausdruck ihres Kummers, beeindruckte aber weder den Täter noch andere Kinder. Es hatte interaktiv keine Wirkung. Als Pak auf der Klassenreise seine Tasche verloren zu haben glaubte, sprach er „weinerlich" über diesen sechsten Verlust in Reihenfolge und drückte die Angst vor der Mutter aus (F2:43). Wie sich der Leser erinnert, hatte er bei der anschließenden kollektiven Verurteilung durch nahezu die ganze Klasse einschließlich seines Freundes nicht geweint. Für manche Kinder scheinen in der Zeit vor der Pubertät die durch Eltern zufügbaren Schmerzen noch wichtiger zu sein als die in der Kinderwelt zugefügten Verletzungen und Bedrohungen.

6. Diskussion

Die Absicht dieses Kapitels bestand darin, deutlich zu machen, dass für Kinder nicht anders als für Erwachsene die Bedrohung des Selbst, die Verletzlichkeit des Selbst ein zentrales Identitätsproblem ist. Auch Kinder haben eine klar bestimmbare Identität, die sie schützen müssen. In Interaktion mit Erwachsenen haben die Kinder dabei den Nachteil, abhängig und der überlegenen Definitionsmacht der Älteren ausgesetzt zu sein, was immer wieder zu Beschämungen, Demütigungen und Entlarvungen führt, gegen die sie sich oft nicht direkt und unmittelbar wehren können. Manches unangepasste Verhalten, manches Einschleifen unangenehmer Verhaltensweisen, manche Fehlentwicklung der Persönlichkeit mögen hier ihre Ursache haben.

Wie Goffman in zahlreichen Büchern gezeigt hat, ist der Schutz des Selbst vor Verletzungen eine Frage der geschickten Selbstdarstellung. Das gilt in Situationen der Abhängigkeit (Goffman 1972) und Stigmatisierung (Goffman, 1967) in besonderer Weise, es gilt aber auch jederzeit in der alltäglichen Interaktion (1969). Weder Goffman noch sonst jemand hat dies systematisch für Kinder untersucht. Insbesondere sind die Altersabhängigkeit der Fähigkeit zur Selbstdarstellung und die Entwicklungspfade in Abhängigkeit von Interaktionserfahrungen mit Gleichaltrigen und Erwachsenen nicht erforscht. Da das Thema von großer pädagogischer und klinisch-psychologischer Bedeutung ist, möchte ich mit dem vorliegenden Kapitel anregen, dieser Frage systematisch nachzugehen.

In der Tradition von Piaget, Sullivan und Youniss kann man annehmen, dass sich die Fähigkeit zur Selbstdarstellung vor allem in Interaktionen mit Gleichaltrigen herausbildet, dass aber in den Interaktionen mit Eltern und anderen nahestehenden Erwachsenen schon früh Grundlagen für günstige und ungünstige Entwicklungen gelegt werden, bevor sich in der Adoleszenz ein dauerhafter Stil im Umgang mit Selbstdarstellungsproblemen herausbildet.

Meine These besteht also darin, dass das Identitätsproblem des Selbstschutzes sich schon sehr früh in aller Schärfe stellt, weshalb sich die Kinder auch schon früh Darstellungsstrategien erarbeiten. Meine These besagt aber nicht, dass Kinder schon über ausreichende Möglichkeiten verfügen, wirksame Darstellungsstrategien flexibel einzusetzen. Anders als bei zeitlich an kürzere Perioden gebundene Entwicklungsaufgaben stellt sich die Herausforderung, sich adäquate Selbstdarstellungsstrategien zu erarbeiten, über einen sehr langen Zeitraum. Es ist also anzunehmen, dass im Sinne des Entwicklungsdiagrammes von Erikson (1973: 150) auch an diesem Aspekt der Identität schon früh und permanent gearbeitet wird, dass aber erst in der Adoleszens eine dauerhafte Lösung erreicht wird, weil die sichere Beherrschung des Selbstdarstellungsproblems eine hohe Stufe der kognitiven Entwicklung voraussetzt.

In diesem Aufsatz habe ich versucht, die Problematik am Beispiel des Weinens von Kindern in Interaktionen mit anderen Kindern zu verdeutlichen. Weinen als unwillkürliche Reaktion bedeutet nach meiner sich auf Plessner (1961) stützenden Interpretation den Zusammenbruch der Selbstdarstellung in Verbindung mit dem Zusammenbruch der Interaktion. Das Weinen verändert den Gegenstand der Interaktion dramatisch, der Fokus wendet sich von der gerade verfolgten Tätigkeit ab und richtet sich auf den inneren Zustand des Weinenden. Auslösend ist dafür, dass das Selbst in seinen Identitätsansprüchen nicht anerkannt wird und keinen Weg findet, diese durchzusetzen. Das Weinen macht die Niederlage deutlich, gleichzeitig kann es den Weinenden davor bewahren, dass diese Niederlage zu stark ausgenützt wird. Die jüngeren Kinder zeigen noch häufig diese Reaktion, vor allem gegenüber den übermächtigen Erwachsenen. Gegenüber den Gleichaltrigen müsste das Aufgeben, welches das Weinen bedeutet, seltener sein, weil die Chance größer ist, doch noch eine Selbstdarstellungsstrategie zu finden, die sicher schützt. Vielleicht werden Tränen in der Gesellschaft der Gleichaltrigen auch nicht sehr geschätzt, sodass man sich ihrer schämen muss und eine „doppelte Demütigung" erfährt.[11]

Die jüngeren Kinder reagieren noch häufig mit der Preisgabe der Selbstdarstellung. Mit zunehmendem Alter und steigender kognitiver Kompetenz können sie die Gefahren frühzeitiger einschätzen und präventive Strategien entwickeln. Vermutlich können sie sich auch zunehmend darauf verlassen, dass ihnen die Anderen bei Interaktionspannen helfen (Goffman, 1971a; b).

---

11 Diese interpretatorische Anregung verdanke ich Andreas Wernet.

Jedes Weinen signalisiert die Not der Kinder. In der ersten Klasse ist es nach der hier vorgelegten Interpretation noch häufig der bloße körperliche Schmerz, der zum Verlust der Haltung führt. Das Weinen ist, wie bei seinem angeborenen Ursprung im Säugling, der Ruf nach Trost und Hilfe. Beides wird auch häufig gewährt, sei es von den Klassenkameradinnen, sei es von der Lehrerin, die das Weinen nicht so leicht übersieht wie die anderen auf die Kinderwelt bezogenen Äußerungen. Der zugefügte Schmerz ist zwar auch in diesem Alter eine Verletzung, eine Überschreitung der Körpergrenze und insofern ein Angriff auf die körperliche Integrität, aber er scheint zu Beginn der Schulzeit noch nicht so deutlich mit dem Gefühl der Demütigung verbunden zu sein wie später, obschon mit dem Weinen die Niederlage eingestanden wird. Neben dem körperlichen Schmerz dürfte also das Gefühl der Ohnmacht, nichts gegen den Anderen tun zu können, den unwillkürlichen Ausbruch der Tränen fördern. Hierin deutet sich an, was auf der vierten Klassenstufe offenkundig wird, dass der Angriff auf die körperliche Integrität einen Angriff auf die soziale Integrität einschließt.

Allerdings geschieht dies nicht bei allen Kindern in der gleichen Weise. Die meisten Grundschulkinder weinen nur noch selten, wenn ihnen ein körperlicher Schmerz geschieht, der keine (böswillige) Ursache im Handeln anderer Menschen hat. Aber auch das absichtsvoll zugefügte Weh bringt nicht mehr alle Kinder zum Weinen. Unsere Daten passen zu der These, dass Mädchen eher weinen als Jungen, wobei erkennbar ist, dass nicht alle Mädchen gleich empfindlich sind. Möglicherweise weinen in der ersten Klasse vor allem die Mädchen, die sich besonders ins Geschehen einmischen und Normen brechen, weil diese Mädchen häufiger in Situationen kommen, in denen ihnen Schmerz zugefügt wird.

Da es sich bei den Schlägen, Boxern und Tritten der Kinder oft um Sanktionen auf Normbrüche handelt, sei noch eine Bemerkung zu körperlichen Strafen erlaubt. Jede körperliche Strafe bedeutet eine Überschreitung der Körpergrenze und damit ein Eindringen in eines der empfindlichsten „Territorien des Selbst" (Goffman, 1974). Die mehr oder weniger schmerzhafte Verletzung des Körpers ist eine Beschränkung der Bestimmung über sich selbst und in diesem Sinne herabsetzend und demütigend. Aus diesem Grund wird es in der UN-Konvention der Rechte der Kinder den Erwachsenen mit Fug verboten, Kinder körperlich zu strafen. Ein entsprechendes gesatztes Verbot gibt es in der Kinderwelt nicht, auch wenn in unserer Kultur versucht wird, die Kinder zu anderen Formen der Konfliktaustragung anzuhalten. Diese Versuche sind vermutlich deshalb wenig wirksam, weil viele Kinder zu Hause körperlich bestraft werden und dies auf die Interaktion mit Gleichaltrigen übertragen.

In der vierten und fünften Klasse verschwindet das bloße Schmerzweinen nahezu völlig. Der Auslöser für das Weinen der älteren Kinder ist fast immer eine Demütigung, verbunden mit dem Gefühl der Ohnmacht, nicht gegen die Quelle des Demütigens anzukommen. Die das Weinen auslösende Demütigung liegt häufig darin, dass durch das Zufügen von körperlichem Schmerz die

Unterlegenheit demonstriert wird und die Strategien zur Selbstbehauptung versagen. Der Angriff auf den Körper wird zum Angriff auf das soziale Selbst. In anderen Fällen ist es der Ausschluss aus der Gruppe, das Gefühl des Nicht-dazu-Gehörens oder der Einsamkeit, die das Weinen auslösen. Identität ist mit Zugehörigkeit verbunden und wird nach allen Identitätstheorien durch Andere gestützt. Der Entzug dieser Unterstützung bedeutet eine Verletzung und im Extrem eine existentielle Bedrohung. Auch das Weinen wegen des Verlustes oder der Beschädigung einer Sache signalisiert die Verletzung des Selbst, selbst wenn die Tränen in manchen Fällen aus Angst vor elterlichen Strafen fließen sollten.

In Teil vier wurde postuliert, dass Weinen unwillkürlich sei und nicht strategisch eingesetzt werden kann. Die empirische Analyse bestätigt zwar, dass der Ausbruch des Weinens nicht strategisch gelenkt wird, wohl aber kann das Weinen nachträglich modifiziert und strategisch eingesetzt werden. Damit ist das Weinen keine Täuschung, es ist aber durchaus ein wirkungsvolles Mittel der Selbstdarstellung. Die Wirksamkeit ist darin begründet, dass Tränen wegen ihrer Unwillkürlichkeit sehr glaubhaft das Gefühl des Weinenden ausdrücken. Tränen sind authentisch und rufen Mitleid hervor. Dies kann darstellerisch ausgenutzt werden, auch wenn das Weinen selbst nicht geplant ist. Was als leicht und willkürlich handhabbare Strategie immer wieder vorkommt, ist die weinerliche Stimme und der weinerliche Gesichtsausdruck.

In Teil vier wurde weiterhin postuliert, dass das Weinen die Interaktion unterbricht, die anderen Teilnehmer betroffen macht und den Fokus auf das Weinen lenkt. Dies trifft auf die hier analysierten Interaktionen nur insofern zu, als mit dem Weinen die Interaktion in vielen Fällen zu Ende war. Anschließende Tröstungen kamen meist von Kindern, die vorher nicht beteiligt waren, es handelt sich also um neue Interaktionen in anderer personaler Zusammensetzung. Das Kind, das das Weinen ausgelöst hatte, beobachtete gelegentlich das Geschehen aus der Ferne, vermutlich um weitere Folgen für sich abschätzen zu können. Aber so gut wie nie kam es zu Betroffenheit. Mit Ausnahme des Jungen, der „wegen so etwas weint" sagte, schienen die meisten, die Weinen auslösten, dies für eine normale, vielleicht sogar eine erwartete oder gar beabsichtigte Reaktion zu halten. Ohne Zweifel trifft dies auf die Strafen und besonders auf die Quälerei von Olib zu.

Für eine Theorie der Selbstdarstellung im Kindesalter – und in diesem Rahmen auch des Weinens – ist die Unterscheidung von Freunden und Nichtfreunden von großer Bedeutung. Im theoretischen Teil wurde postuliert, dass in Interaktionen mit Freunden anders dargestellt – und geweint – wird, als in Interaktion mit Nichtfreunden. In dem hier vorgelegten empirischen Versuch konnte hierauf nicht eingegangen werden, weil alle Weinszenen unter nichtbefreundeten Kindern stattfanden. Eine weiterführende Erforschung der Selbstdarstellung von Kindern gegenüber Kindern sollte diesen Gesichtspunkt der Beziehung von vorneherein in die Untersuchungsanlage einbeziehen.

Goffman hat in seiner Theorie der Selbstdarstellung den Entwicklungsaspekt ausgeklammert. Außerdem hat er Weinen nicht analysiert, sondern allenfalls als Interaktionspanne erwähnt (1971a,b). Ein Grund für seine Vernachlässigung dieses starken Ausdrucksverhaltens könnte darin liegen, dass Weinen wegen des unwillkürlichen Ausbruchs nicht in die Analyse bewusster Darstellungsstrategien passt. Weinen „rahmt" zwar ein Ereignis, es taugt aber nicht zur bewussten Rahmung (1977). Der vorliegende Versuch sollte zeigen, dass es sich lohnt, die Entwicklung von Darstellungsstrategien zu untersuchen, da Kinder zwar vor den selben Identitätsbedrohungen stehen wie Ältere, aber noch nicht über die selben Verteidigungsstrategien in der Selbstdarstellung verfügen. Die Interaktionen mit Eltern dürften ein wichtiges Übungsfeld für den Schutz der inneren Privatsphäre gegenüber geliebten Personen bilden, die ungehinderten Zutritt zur Hinterbühne haben und deshalb bedrohlich sind. Die Gleichaltrigen scheinen dagegen die ideale Vorderbühne bereit zu stellen, um den öffentlichen Austausch zu erlernen.

Der vorliegende Versuch sollte weiterhin zeigen, dass das Weinen einen lohnenden Forschungsgegenstand deshalb bildet, weil es wegen seines überwältigenden Ausdruckcharakters die Interaktion beeinflusst und Folgen für die Identität hat. Die Gründe für das Weinen scheinen sich mit dem Alter ebenso zu verändern wie die Reaktionen der Anderen und damit der Fortgang der Interaktion. Insofern könnte sich auch die Bedeutung für die Identität verändern, obgleich der Doppelcharakter, der darin besteht, dass das Weinen unabhängig vom Willen ausbricht und doch hoch bedeutsam für die Person steht und sie charakterisiert, altersunabhängig ist. Es könnte sein, dass wir auf den Spuren Plessners mit dem Weinen eine Grenze des menschlichen Verhaltens ausloten können, die der Diskussion des Problems der Identität eine neue (oder vergessene) Dimension hinzufügt.

Literatur

Cooley, Ch.H.: Human nature and the social order. New York: Charles Scribner's Sons, 1902

Darwin, Ch.: Der Ausdruck der Gemütsbewegungen bei dem Menschen und den Tieren. Frankfurt am Main: Eichborn, 1872/2000

Erikson, E.H.: Identität und Lebenszyklus. Frankfurt am Main: Suhrkamp, 1973

Fend, H.: Identitätsentwicklung in der Adoleszenz. Bern, Stuttgart, Toronto: Hans Huber, 1991

Fine, G.A.: Friends, impression management, and preadolescent behavior. In: Asher, St.R./Gottman, J.M. (Eds.): The development of children's friendship. Cambridge: Cambridge University Press, 1981, pp. 29-52

Goffman, E.: Wir alle spielen Theater. München: Pieper, 1969 (Amerik. Original: The presentation of self in everyday life. New York: Doubleday, 1959)

Goffman, E.: Stigma. Über Techniken der Bewältigung beschädigter Identität. Frankfurt am Main: Suhrkamp, 1967

Goffman, E.: Techniken der Imagepflege. In: Ders.: Interaktionsrituale. Frankfurt am Main: Suhrkamp, 1971(a), S. 10-53

Goffman, E.: Über Ehrerbietung und Benehmen. In: Ders.: Interaktionsrituale. Frankfurt am Main: Suhrkamp, 1971(b), S. 54-105

Goffman, E: Asyle. Über die Situation psychiatrischer Patienten und anderer Insassen. Frankfurt am Main: Suhrkamp, 1972

Goffman, E.: Die Territorien des Selbst. In: Ders.: Das Individuum im öffentlichen Austausch. Frankfurt am Main: Suhrkamp, 1974, S. 54-96

Goffman, E.: Rahmenanalyse. Frankfurt am Main: Suhrkamp, 1977

Harter, S.: The construction of the self. A developmental perspective. New York, London: Guilford, 1999

Kegan, R.: Die Entwicklungsstufen des Selbst. Fortschritte und Krisen im menschlichen Leben. München: Kindt, 1986

Kottler, J.A.: Die Sprache der Tränen. München, Zürich: Diana, 1997

Krappmann, L.: Bedrohung des Selbst in der Sozialwelt der Gleichaltrigen. Beobachtungen zwölfjähriger Kinder in natürlicher Umgebung. In: Edelstein, W./Nunner-Winkler, G./Noam, G. (Hrsg.): Moral und Person. Frankfurt am Main: Suhrkamp, 1993, S. 335-362

Krappmann, L./Oswald, H.: Alltag der Schulkinder. Weinheim, München: Juventa, 1995

Mead, G.H.: Geist, Identität und Gesellschaft. Frankfurt am Main: Suhrkamp, 1934/1968

Mummendey, H.D.: Psychologie der Selbstdarstellung. Göttingen u.a.: Hogrefe, 1995

Oswald, H.: Rollenübernahme und Missverständnis. In: Braun, H./Hahn, A. (Hrsg.): Kultur im Zeitalter der Sozialwissenschaften. Berlin: Dietrich Reimer, 1984, S. 111-126

Oswald, H.: Zur sozialisatorischen Bedeutung von Kampf- und Tobespielen (rough and tumble play). In: Renner, E. (Hrsg.): Spiele der Kinder – Interdisziplinäre Annäherung. Weinheim: Deutscher Studienverlag, 1997, S. 154-167

Oswald, H./Krappmann, L.: Unsichtbarkeit durch Sichtbarkeit. Der teilnehmende Beobachter im Klassenzimmer. In: Behnken, I./Jaumann, O. (Hrsg.): Kindheit und Schule. Weinheim, München: Juventa, 1995, S. 39-50

Piaget, J.: Das moralische Urteil beim Kinde. Frankfurt am Main: Suhrkamp, 1932/1986

Piaget, J.: Das Erwachen der Intelligenz beim Kinde. Stuttgart: Klett, 1936/1975

Piaget, J.: Nachahmung, Spiel und Traum. Stuttgart: Klett, 1945/1975

Plessner, H.: Die Stufen des Organischen und der Mensch. Berlin, New York: de Gruyter, 1928/1975

Plessner, H.: Lachen und Weinen. Bern, München: Franke, 1961 (3. Aufl.)

Schuster, B.: Interaktionen zwischen Müttern und Kindern. Die Konstruktion sozialer Wirklichkeit in Autoritätsbeziehungen. Weinheim, München: Juventa, 1998

Simmel, G.: Soziologie. Berlin: Duncker & Humblot, 1908/1968

Sullivan, H.S.: Die interpersonale Theorie der Psychiatrie. Frankfurt am Main: Fischer, 1953/1983

Youniss, J.: Die Entwicklung und Funktion von Freundschaftsbeziehungen. In: Edelstein, W./Keller, M. (Hrsg.): Perspektivität und Interpretation, Frankfurt am Main: Suhrkamp, 1982, S. 78-109

Hilfe unter Kindern mit und ohne besonderen Förderbedarf

Rainer Benkmann

1. Hilfe bei Kindern mit besonderem Förderbedarf im Lernen

Für in Not geratene und hilfsbedürftige Menschen gibt es in modernen Gesellschaften institutionelle Hilfesysteme, zu denen Einrichtungen des Gesundheitswesens, der Sozialen Arbeit und der Behindertenhilfe zählen. Sie sind gesetzlich zur medizinischen Versorgung, zu Sozialleistungen und psychosozialen Diensten verpflichtet. Auch Schulen wie die Sonderschule sind dem Hilfegedanken verbunden. Kinder sollten vor Überforderung und Spott in der Volksschule geschützt werden, so lautete ein Argument für die Einrichtung der Hilfsschule (Schröder, 2000a: 30). Solche Institutionen bieten professionelle Hilfe an. Die Helfer sind aufgrund ihrer Berufsrolle verpflichtet, Unterstützung zu gewähren, während Hilfesuchende zu Recht erwarten, dass ihnen geholfen wird. Unterlassene Hilfeleistungen können berufliche Konsequenzen haben und sogar Strafe nach sich ziehen.

Auf alltägliche Situationen menschlichen Zusammenlebens trifft dies nicht zu. Hier gibt es keine institutionell-normierten wechselseitigen Muster von beruflicher Verpflichtung und berechtigter Erwartung. Der Helfer handelt freiwillig in der Absicht, der anderen Person „eine Wohltat zu erweisen" (Bierhoff, 1988: 224). Die Person kann zwar Hilfsbedürftigkeit signalisieren oder Hilfe erbitten, ist aber davon abhängig, dass ihr der Helfer aus freien Stücken hilft. Sie hat keine Möglichkeit, den anderen zur Unterstützung zu zwingen. Diese Form der Hilfe setzt folglich die Wahrnehmung der Hilfsbedürftigkeit, die Hilfsbereitschaft und die Fähigkeit zur person- und situationsangemessenen Hilfe voraus (Krappmann & Oswald, 1995: 157).

Dass professionelle Helfer nur aufgrund ihres Berufs unterstützend handeln, trifft selten zu. Schon die Entscheidung, einen Helferberuf zu ergreifen, dürfte oft von einem starken Bedürfnis beeinflusst sein, anderen eine Wohltat zu erweisen, und nicht selten leisten professionelle Helfer zusätzlich mehr Hilfe als es ihre Berufsrolle vorsieht. Dieses vermehrte Engagement wie auch die nicht institutionell-normierte Hilfe basieren auf Freiwilligkeit. Sie hängen mit grundlegenden Haltungen und Fähigkeiten zusammen, die das Individuum in den sozialisatorischen Interaktionen des Alltags erwirbt.

Kinder lernen Hilfsbereitschaft und -fähigkeit, wenn Erwachsene sie zum Helfen anhalten. Hier wird Hilfe angeordnet und ist von der Autorität abhängig. Die Entwicklung einer autonomen Hilfsbereitschaft und -fähigkeit wird vermutlich nur wenig gefördert. Stimuliert wird Kompetenzentwicklung vor allem durch die Interaktionen unter Kindern, die relativ frei von Anordnung und Autorität der Erwachsenen sind. Diese Annahme geht auf Piagets (1973) Vorstellungen zur Bedeutung der Interaktionen gleichaltriger Kinder für die Entwicklung von Fähigkeiten zurück. Forschungen in Piagets Tradition haben immer wieder gezeigt: Die Kind-Kind-Beziehung ist strukturell von der Erwachsenen-Kind-Beziehung verschieden. Da die Letztere komplementär und asymmetrisch ist – Erwachsene sind durch Alter und Erfahrungsvorsprung immer überlegen und haben prinzipiell die Definitionsmacht –, bleiben Denken und Handeln des Kindes in den Auseinandersetzungen mit Eltern und Lehrern letztlich in der eigenen Perspektive verhaftet. Die symmetrisch-kooperative Beziehung unter Kindern stellt die Gleichaltrigen vor andere Anforderungen. Hier sind Interaktionen um deren Fortsetzung willen zu ko-konstruieren, weil sie unter Beachtung der Vorstellung von relativer Gleichheit reguliert werden müssen. Alter und Erfahrung sind ähnlich. Prinzipiell hat kein Kind Autorität, anderen Befehle und Anweisungen zu erteilen. Durch die Konfrontation divergierender Sichtweisen in der Kinderwelt wird die Überwindung der eingeschränkten eigenen Perspektive gefördert, problemlösendes Denken, soziale Perspektivenübernahme und moralisches Urteilen stimuliert. Autonome Handlungskompetenz und -kontrolle resultieren daraus, dass das produktive Potential der egalitären Interaktion unter Kindern genutzt wird (Hartup, 1983; Krappmann & Oser, 1991; Rogoff, 1990; Selman, 1984; Youniss, 1994).

Je nach sozio-ökonomischen und sozio-kulturellen Lebensverhältnissen können Kinder dieses Potential unterschiedlich nutzen. Nicht zuletzt sind sie auch deswegen sehr verschieden. Kinder unterscheiden sich zum Beispiel in der äußeren Erscheinung, in ihren Interessen, ihren Fähigkeiten, ihrem Wissen und ihrem Verhalten. Häufig stellt sich für Lehrkräfte schon nach wenigen Wochen der Schulzeit heraus, welche Kinder ihnen Probleme im Lernen und Verhalten bereiten. Dies bestätigen auch Forschungen, die zeigen, dass es sich bei der Gruppe der leistungsschwachen Kinder um eine von Anbeginn der Schullaufbahn stabile Gruppierung handelt (Helmke, 1997; Weinert & Helmke, 1997; Weinert & Stefanik, 1997). Die bisher erworbenen Kompetenzen der jungen Schulkinder sind kaum geeignet, kognitive und soziale Anforderungen zu bewältigen. Dies wird in Lernschwierigkeiten beim Erwerb der Kulturtechniken, in auffälligen lernrelevanten und sozialen Verhaltensweisen sichtbar. Ein Teil dieser Probleme hängt vermutlich damit zusammen, dass die Kinder mit Gleichaltrigen aus anderen Milieus selten zusammenkommen und wichtige soziale und kognitive Erfahrungen nicht machen können. Dafür spricht, dass spätere lernbehinderte Sonderschüler viel seltener, manchmal nur bis zu einem Viertel einer Vergleichsgruppe (Baier, 1984: 241) oder gar nicht, den Kindergarten und andere vorschulische Einrichtungen besuchen (Schröder, 2000a: 220). Dafür spricht auch, dass die Rate der Sonderschüler sinkt, je größer das Angebot an Kindergartenplätzen ist (Roßbach & Tietze, 1996: 166).

Verfestigen sich diese Schwierigkeiten über mehrere Jahre hinweg, entsteht die Gruppe, die später die Schule für Lernbehinderte besucht. Ihre mangelnden Schulleistungen werden in psychologischen Forschungen auf ein geringes bereichsspezifisches Wissen, das heißt vorher bestehende Kenntnisse in inhaltlichen Bereichen (Körkel, 1990; Torgesen, 1991; Helmcke, 1992; Weinert & Helmke, 1997), früher besonders auf niedrige Intelligenztestleistung (Begemann, 1970; Klein, 1973: 16f.; Kemmler, 1976; Wocken, 2000) und eine verzögerte kognitive Entwicklung (Schröder, 1981; Wember, 1986; 1987) zurückgeführt. Ferner auf große Probleme in lernrelevanten Verhaltensweisen, wie etwa die durch viele Misserfolge hervorgerufene geringe Lernmotivation. Sie wird bei den Kindern oft mit einem negativen Selbstkonzept eigener Fähigkeit (Moser, 1986), der Attribuierung von Misserfolg auf mangelnde eigene Kompetenz (Bryan, 1986), mit einer gewissen Hilflosigkeit in der Selbstwirksamkeit (Wilgosh, 1984) und dem Setzen unrealistischer Ziele (Lauth & Schwarz, 1980) erklärt. Defizitäre metakognitive Strategie- und Kontrollprozesse (Klauer & Lauth, 1997; Schröder, 2000b) und begrenzte Gedächtnisleistungen (Büttner, 1998) treten hinzu. Darüber hinaus haben die Kinder oft massive Interaktionsprobleme mit Lehrkräften und Mitschülern (Petillon, 1991), einen ungünstigen soziometrischen Status (Bless, 1995) und erfahren Ablehnung durch Mitschüler und soziale Isolation (Margalit, 1999).

Dass auch traditioneller Unterricht der Entwicklung dieser mit dem Lernen verbundenen Schwierigkeiten Vorschub leistet, gilt als gesichert (Weinert, 1989). Aber allein schulische Bedingungen verantwortlich zu machen, hieße, die prekären Lebensverhältnisse der Kinder und deren Folgen für ihre Sozialisation und Entwicklung außer Acht zu lassen. 80 bis 90 Prozent der Schüler der Lernbehindertenschule stammen aus der unteren Sozialschicht mit einem überrepräsentativen Anteil aus der unteren Unterschicht. Sie sind durch schichtenspezifische Sozialisation sozio-kulturell benachteiligt, wie es in den siebziger Jahren hieß (z.B. Begemann, 1970; Klein, 1977; Thimm & Funke, 1977). Aufgrund gesellschaftlicher Modernisierungsprozesse befinden sich heute überzufällig mehr behinderte und benachteiligte Kinder zusätzlich in ökonomisch deprivierten Lebenslagen, in Armut (Weiß, 2000: 67). Ein hohes Entwicklungsrisiko haben Kinder in diesen Verhältnissen, wenn ihre Familien in chronischer und zugleich in extremer Armut leben (Mayr, 2000: 144f.). Eine amerikanische Längsschnittstudie auf breiter Datenbasis ermittelte, dass das Ausmaß der Defizite in der kognitiven und sozial-emotionalen Entwicklung fast doppelt so hoch bei Kindern lag, die in dauerhafter Armut lebten, als bei denen, die von vorübergehender Armut betroffen waren. Ein Drittel bis zur Hälfte der Entwicklungsnachteile wurden auf das häusliche Umfeld und die familiäre Erziehungssituation zurückgeführt (Korenman et al., 1995: 127ff.). Solche Familien waren durch ständige Konflikte in den ehelichen Beziehungen und durch soziale Isolation belastet (Schröder, 2000a: 216). Insbesondere ein niedriges Bildungsniveau und eine psychische Erkrankung der Mutter erwiesen sich als hohes Entwicklungsrisiko (Mayr, 2000: 144). Entscheidend war das Vorhandensein kombiniert auftretender Belastungsfaktoren. Kam nur eine einzige

Belastungsfaktoren. Kam nur eine einzige Bedingung vor, war dies noch kein Risikofaktor. So lässt sich erst bei einer belasteten Mutter-Kind-Interaktion und einer durch chronische und extreme Armut deprivierten Lebenssituation eine massive Gefährdung für die Entwicklung des Kindes annehmen (Schmidt et al., 1997: 190; Laucht et al., 1998).

Machen die Ergebnisse der psychologischen und der Sozialisationsforschung deutlich, dass Kinder mit Lernbehinderung besondere Hilfe und Förderung brauchen, so hält sich in der Bildungspolitik bis heute die Auffassung, dass dies am ehesten die Schule für Lernbehinderte bieten kann. Sie sei der optimale Förderort, weil sie eine Einrichtung mit günstigen Rahmenbedingungen und speziell ausgebildeten Lehrkräften ist und den Kindern die Erfahrung des ständigen Versagens in der Allgemeinen Schule erspart, die ihr Selbstkonzept eigener Fähigkeiten nachhaltig erschüttert. Dafür werden die Separation der Kinder von anderen Schülern und die damit verbundene Stigmatisierungsgefahr (Homfeldt, 1996) in Kauf genommen. Separate Beschulung basiert auf der Annahme, sonderpädagogische Förderung durch Erwachsene sei förderlicher für Lernen und Entwicklung als die kognitiven und sozialen Impulse, die das Potential der Gleichaltrigeninteraktion bei integrativer Erziehung und Unterrichtung behinderter und nichtbehinderter Kinder enthält. Forschungen jedoch bestätigen die Hypothese eines besonders förderlichen Einflusses der Schule für Lernbehinderte nicht: Im Schulleistungsbereich schnitten die Schüler schlechter ab als vergleichbare Schüler in der Allgemeinen Schule. Weder die soziale Integration noch die psychische Entwicklung zeigten anhaltende positive Effekte (Tent et al., 1991; Hildeschmidt & Sander, 1996; Wocken, 2000).

Daher interessiert uns die Hypothese vom produktiven Potential der Kind-Kind-Interaktion unter den speziellen Bedingungen eines gemeinsamen Unterrichts von Kindern mit und ohne besonderen Förderbedarf. Vor allem bei jüngeren Schulkindern könnte diese Interaktion eine positive Funktion haben, weil in den ersten Schuljahren Leistungs- und Verhaltensunterschiede nicht so ausgeprägt sind wie in höheren Klassen, in denen die Niveaus teils so weit auseinander liegen, dass sich immer weniger Anknüpfungspunkte für relativ egalitäre und wirksame Auseinandersetzungen ergeben.

Hierfür bietet sich als Untersuchungsfeld die in Thüringen als Schulversuch erprobte „Veränderte Schuleingangsphase" an, in der die ersten beiden Jahrgangsklassen zusammengelegt werden und Kinder verschiedenen Alters die Klassen besuchen. Gemäß dem Leistungsvermögen ist für die Schüler eine variable Verweildauer von einem bis zu drei Jahren vorgesehen. Die Veränderung des Schulanfangs zielt darauf ab, die Quote der Überweisungen von Kindern mit besonderem Förderbedarf auf die Schule für Lernbehinderte zu senken. Das soll durch Offenen Unterricht erreicht werden, der selbständigem und individualisiertem Lernen und sozialer Interaktion unter den Kindern weit mehr Raum als üblicher Unterricht lässt. Zusätzlich wird zeitweise eine Sonderschullehrkraft für die Förderung der lernschwachen Kinder eingesetzt.

Um dem produktiven Einfluss der Kind-Kind-Interaktion unter diesen speziellen pädagogischen Bedingungen nachzugehen, wollen wir Helfensprozesse von Kindern mit und ohne besonderen Förderbedarf untersuchen. Uns interessiert die freiwillig gewährte Hilfe, die spontan angeboten wird, oder die von einem an ein anderes Kind gerichtete Bitte um Hilfe, also keine institutionellnormierte Hilfe, die durch die Lehrkraft angeordnet wird. Dazu werden die lernschwächsten Schüler aus Klassen der Eingangsphase ausgewählt. Wie psychologische und Sozialisationsforschung zeigen, handelt es sich um Gleichaltrige mit niedrigem Lern- und Entwicklungsstand. Und weil Helfen immer eine asymmetrische soziale Situation schafft, „in der der Hilfsbedürftige vom Helfer abhängig wird" (Krappmann & Oswald, 1995: 159), stellt das Aufeinandertreffen zweier Kinder mit verschiedenem Niveau die Beteiligten vor andere Herausforderungen als Kinder mit ähnlichem Niveau. Insofern wollen wir auch herausfinden, wie diese besondere strukturelle Anforderung sozialer Interaktion durch unterschiedlich kompetente Kinder bewältigt wird.

2. Datenerhebung und Auswertungsschritte

Unsere qualitative Beobachtungsstudie fand in sechs Klassen der Veränderten Schuleingangsphase zweier Grundschulen im ländlichen Raum Thüringens in der zweiten Hälfte des Schuljahres 1998/99 statt. Abgesehen von einer Schulklasse wurden pro Klasse je zwei Kinder mit besonderem Förderbedarf im Lernen und je ein leistungsstarkes Kind ausgewählt. Da in den Schulversuchsklassen alle Kinder ohne Überprüfung der Schulfähigkeit aufgenommen wurden und nur wenige amtliche Gutachten zur besonderen Förderbedürftigkeit vorlagen, baten wir die Lehrkräfte, die Auswahl der Kinder vorzunehmen. Sie verfassten anhand vorgegebener Kriterien ein Schülerportrait, das den besonderen Förderbedarf begründete (vgl. dazu Kornmann, 1998: 46f.). Insgesamt wurden 19 Kinder beobachtet (10 Mädchen, 9 Jungen). Darunter hatten 13 einen besonderen Förderbedarf im Lernen (5 Mädchen, 8 Jungen); 6 zählten zu den leistungsstärksten Schülern (5 Mädchen, 1 Junge), die aufgrund des Interesses der genehmigenden Behörde einbezogen wurden, die aber im Weiteren kaum von Belang sind.

An beiden Grundschulen führten zwei angeleitete Studentinnen gemeinsam die Beobachtungen durch. Dabei orientierten wir uns an dem Beobachtungsverfahren des qualitativen Forschungsprojekts „Alltag der Schulkinder" (Krappmann & Oswald, 1995: 31ff.).

Aufgrund unserer Fragestellung wurden Hilfeinteraktionen zwischen den ausgewählten Kindern und anderen im Klassenzimmer teilnehmend beobachtet. Beide Beobachterinnen sollten die Hilfeinteraktionen des ausgewählten Kindes und seines Tischnachbarn zwei Unterrichtsstunden lang aus unterschiedlichen Perspektiven fokussieren, damit zwei Stunden Beobachtung für beide Kinder vorlagen. Möglichst alle Hilfeinteraktionen des ausgewählten Kindes auch mit anderen Kindern sollten erfasst werden. Der Einsatz zweier Beobachter diente der Kontrolle und der Ergänzung der auszuarbeitenden Protokolle. Ein kleines Aufnahmegerät mit Mikrofon als weiteres Kontrollinstrument erwies sich als untauglich. Angesichts des Offenen Unterrichts und der Altersstufe wechselten die Kinder schnell ihre Arbeitsplätze, so dass das Aufnahmegerät meist erst dann in Position gebracht werden konnte, wenn die Interaktionen beendet waren. Der Wegfall dieses Instruments wirkte sich aber nicht negativ aus. Aufgrund unseres spezifischen Interesses, nur Hilfeprozesse und nicht noch andere Interaktionen zu erfassen, musste vieles nicht mitnotiert werden. So entstanden Pausen, in denen die wörtlichen Äußerungen der Kinder aufgeschrieben werden konnten.

Die ständigen Arbeitsplatzveränderungen der Fokuskinder hatten oft einen Wechsel der Partner zur Folge. Das zwang die Beobachterinnen, sich immer wieder auf neue Kinder einzustellen. Insofern beobachteten sie das betreffende Fokuskind in seinen Hilfeinteraktionen mit mehreren anderen Kindern und wichen von dem Verfahren der „doppelten Überkreuz-Fokussierung" (Krappmann & Oswald, 1995: 32) ab. Dieses Verfahren kann nur realisiert werden, wenn dieselben Kinder über längere Zeit an einem Tisch sitzen.

Im nächsten Schritt fertigten die Beobachterinnen ihre Protokolle aus dem Gedächtnis und auf der Basis ihrer Notizen getrennt an. Nach deren Fertigstellung wurden sie verglichen, um Ergänzungen und nicht übereinstimmende Beobachtungen zu erörtern.

Die Beobachtungsdaten wurden mit dem Programm zur qualitativen Datenanalyse „winMAX pro" ausgewertet. Dieses Programm ermöglicht es, verschriftete Interaktionssequenzen aus den Protokollen herauszulösen, ihnen Kodeworte zuzuordnen und die Sequenzen inklusive Kodeworte auszudrucken. Ein beträchtlicher Teil der Zuordnungen wurde zunächst in einer studentischen Forschungsgruppe mit den Beobachterinnen gemeinsam vorgenommen, bis die Kodierung von ihnen selbst fortgesetzt werden konnte. Nur schwierig zuzuordnende Sequenzen wurden noch in der Gruppe diskutiert.

3. Ergebnisse

Im Folgenden berichte ich über einige wichtige Befunde der Analyse des erhobenen Datenmaterials (vgl. Pabst, 2000) und interpretiere sie:

Überblick

Insgesamt ließen sich 160 Hilfeinteraktionen der Beobachtungskinder in den Protokollen identifizieren. Für diese Interaktionen wurden 1165 Kodes vergeben, die verschiedenen Kategorien zugeordnet wurden. Für die weitere Darstellung wird die Analyse folgender Kategorien ausgewählt: Gegenstand der Hilfe, Art des Zustandekommens, Verlauf der Interaktion, Akteure und Partnerschaften. Die Zahlenangaben sind von der quantitativen Auswahl der Beobachtungskinder abhängig. Die Auswahl spiegelt den untersten und obersten Leistungsbereich einer Schulklasse wider. Insofern ist die Verteilung aussagekräftig für die Frage, welche situativen Identitäten lernschwächste und -stärkste Kinder in der natürlichen Umgebung „Schulklasse" der Tendenz nach einnehmen.

Bei der Kategorie „Gegenstand der Hilfe" kamen die meisten Hilfen in Situationen der Aufgabenbewältigung vor. Fast zwei Drittel aller kodierten Hilfen (63%) ereigneten sich im Lernbereich. Der hohe Prozentsatz dieser Hilfen hängt damit zusammen, dass von 19 Kindern 13 einen besonderen Hilfebedarf im Lernen hatten, von denen 11 Erstklässler mit ganz niedrigem Lernstand und nur zwei Zweitklässler waren. Bei 23 Prozent der Hilfen handelte es sich um materielle Hilfe, wie das Ausleihen und Holen von Arbeitsmitteln. Zudem ergaben sich allgemeine Hilfen mit einem Anteil von 14 Prozent, etwa wenn ein Partner gelobt oder gegenüber Vorwürfen Dritter verteidigt wurde. Die Kategorie „Art des Zustandekommens" enthielt die Kodierungen nichterbetene (62%), erbetene (32%) und genommene (6%) Hilfen. Der größte Anteil entfiel auf nichterbetene Hilfen, von denen die meisten angenommen und nur wenige abgelehnt wurden (90% zu 10%). Das knappe Drittel der erbetenen Hilfen wurde überwiegend gewährt (75%), zu ca. einem Fünftel (22%) verweigert.

Der Verlauf von 160 Hilfeszenen enthielt 128 unproblematische und 32 problematische Interaktionen (80% zu 20%). Helfer zeigten ebenso häufig Problemverhalten wie Empfänger (10% zu 10%). In wenigen Fällen handelten beide problematisch. Schließlich wurden bei Kategorie „Akteure" alle Interaktionen daraufhin verkodet, ob Kinder mit besonderem Förderbedarf oder leistungsstarke als Empfänger oder Helfer beteiligt waren. Alle übrigen wurden der Gruppe Kinder mittleren Leistungsniveaus zugeordnet.

Abbildung 1: **Akteure als Helfer und Empfänger**

Helfer	Kinder mit besonderem Förderbedarf	12%
	leistungsstärkste Kinder	20%
	Kinder mittleren Leistungsniveaus	68%
Empfänger	Kinder mit besonderem Förderbedarf	73%
	leistungsstärkste Kinder	8%
	Kinder mittleren Leistungsniveaus	19%

Der Abbildung 1 zufolge halfen Kinder des mittleren Leistungsniveaus am häufigsten, leistungsstarke relativ wenig und Kinder mit Förderbedarf selten, die letzteren nur in 19 von 160 Hilfeinteraktionen. Umgekehrt waren lernschwache

Kinder die häufigsten Empfänger von Hilfe. Kinder des mittleren Bereichs empfingen relativ selten Hilfe und leistungsstarke fast gar nicht. Wenn Kinder mit besonderem Förderbedarf überhaupt Hilfen erteilten, handelte es sich bei fast zwei Drittel um *nichterbetene materielle* und *erbetene Hilfen* (8% aller Hilfen). Es ereigneten sich ebenso häufig nichterbetene wie erbetene Hilfen. Erbetene materielle Hilfen wurden von ihnen fast immer gewährt. Als Helfer beim Lernen schalteten sich Kinder mit Förderbedarf nicht ein, abgesehen von einer nichterbetenen und einer erbetenen Hilfehandlung. In knapp drei Vierteln der Fälle waren lernschwache Kinder Hilfeempfänger. Dabei ging es weitgehend um Hilfen im Lernbereich (67% aller empfangenen Hilfen). *Nichterbetene lernbezogene Hilfen* wurden den Schwachen viel öfter erteilt als sie *erbetene lernbezogene Hilfen* in Anspruch nahmen (70% zu 27%). Ganz überwiegend halfen ihnen Kinder mittleren Leistungsniveaus, die sich insgesamt selten problematisch verhielten (5%). Zusätzlich wurden lernschwache Kinder zu je ca. einem Fünftel mit materiellen und *nichterbetenen allgemeinen Hilfen* unterstützt (17% zu 17%). Um lernbezogene und materielle Hilfen zu erlangen, zeigten die Lernschwachen insgesamt manchmal konflikthaftes Verhalten (7%).

Strategien des Helfens

Der Überblick zeigt, wie selten Kinder mit besonderem Förderbedarf als Helfer handelten, und wenn, boten sie vor allem *nichterbetene materielle Hilfen* an. Ohne dass die Kinder darum ersucht wurden, borgten sie Radiergummis, Tintenkiller oder Stifte aus, holten für andere das Zeichenpapier oder wiesen darauf hin, wo benötigte Arbeitsmittel zu finden waren. Sie realisierten die Hilfsbedürftigkeit des anderen und unterstützten ihn freiwillig. Dieses positive Verhalten gibt allerdings zu denken, berücksichtigt man, dass sie beim Lernen fast gar nicht halfen: Haben die Kinder auf der Basis ihrer sozialen Erfahrungen bereits eine Identität entwickelt, sich nur als Helfer für die Befriedigung der materiellen Interessen der anderen anzubieten und nicht als kompetente Lerner? Die häufige Erfahrung, andere sind schneller, wissen mehr und haben richtige Lernergebnisse, hat sie wohl dazu gebracht, sich aus dem direkten Prozess der Aufgabenbewältigung herauszuhalten und sich nur einzubringen, wenn sie sich auf sicherem Terrain befinden, auf dem man keine identitätsbedrohenden Fehler macht und kein Wissen braucht. Sie bieten materielle Hilfen an, weil sie sich Vorteile versprechen, von den Empfängern beim Lernen unterstützt zu werden.

Damit kann auch zusammenhängen, dass *erbetene materielle Hilfen* strategisch von Kindern mit Förderbedarf fast immer gewährt wurden. Sie konnten es sich nicht leisten, die Bedürftigkeit des anderen auszunutzen, und versuchten erst gar nicht, die Asymmetrie der Hilfesituation zu vergrößern. Dies ist eine Situation, in der sie schnell instrumentalisiert werden können. Sie erinnern an Kinder, die immer wieder zu „Opfern" bei Bitten um Gefälligkeiten werden, weil sie aufgrund eines schwachen Selbstbewusstseins und mangelnder sozialer Fähigkeiten nicht in der Lage sind, Bitten und Anliegen anderer auch abzuweisen (Eisenberg & Mussen, 1995: 63). Allerdings lässt sich zeigen, dass unsere Kinder durch solches Vorgehen auch Vorteile hatten und sozial kompetent handelten. *Allgemeine nichterbetene Hilfen*, etwa jemanden gegenüber verbalen Angriffen anderer beizustehen, gingen von ihnen nicht aus.

Lernschwache Kinder waren die häufigsten Empfänger von *nichterbetenen lernbezogenen Hilfen*, die besonders von Kindern mittleren Leistungsniveaus erteilt wurden. Die meisten dieser Hilfen wurden angenommen und riefen keine Schwierigkeiten in den Interaktionen hervor. Kenntnisse wurden weitergegeben, von denen der andere nichts wusste, wenn etwa beim Lesen ein Buchstabe oder die Uhrzeit unbekannt war. Die Mitschüler unterstützten die lernschwachen, indem sie ihnen zeigten, wie etwas gemalt, geklebt oder ausgeschnitten werden konnte. Auf Fehler in Schreibtexten wurde hingewiesen. In manchen Fällen wurde den Hilfeempfängern die Aufgabenbearbeitung einfach abgenommen. Der Helfer erledigte sie selbst, weil es ihm lästig war und zu viel Zeit kostete, dem anderen die Aufgabe zu erklären. Es gab aber auch Hilfen, mit denen Lösungen bei Aufgaben selber gefunden wurden, zum Beispiel wenn Buchstabe für Buchstabe eines Wortes sichtbar gemacht wurde, um den anderen in die Lage zu versetzen, das Wort schrittweise zu erlesen.

Das weitgehende Annehmen nichterbetener Hilfen spricht dafür, dass die Kinder mit Förderbedarf die Hilfen brauchten und nutzten. Sie waren darauf angewiesen, um überhaupt mit der Bearbeitung ihrer Lernaufgaben weiterzukommen. Hatten Schüler des mittleren Niveaus die Hilfsbedürftigkeit des anderen wahrgenommen, übernahmen sie freiwillig Aufgaben eines Tutors, der einen in Not befindlichen Klassenkameraden unterstützte. Dies ist eine besondere Form des Peer Tutoring, in dem das Potential der Gleichaltrigeninteraktion zum Ausdruck kommt. Es stimuliert Lern- und Wissensfortschritt, ohne dass es von der Lehrkraft gezielt arrangiert wird. Forschungen zeigen positive Effekte des Peer Tutoring insbesondere in integrativen Settings, in denen durchschnittliche Schüler lernschwachen helfen, dies allerdings unter pädagogischer Anleitung und Kontrolle im Sinne institutionell-normierter Hilfe (Benkmann, 1998: 155ff.).

Um mehr als die Hälfte fragten Kinder mit Förderbedarf nach Hilfen im Lernbereich (54%), ganz selten leistungsstarke (16%). Lernschwache baten darum, ihnen etwas vorzulesen, die Farben für das Zahlen-Mandala zu nennen, ihnen zu zeigen, wie man Zahlen zusammenzählte und abzog oder wie man Buchstaben schrieb. Meist erfolgten diese *erbetenen lernbezogenen Hilfen* unproblematisch. Die übrigen Bitten betrafen fast durchweg Fragen nach Arbeitsmitteln. Sie wurden weitestgehend konfliktfrei gewährt.

Nichterbetene allgemeine Hilfen erhielten ganz überwiegend Kinder mit Förderbedarf (80%), leistungsstarke fast gar nicht (5%). Darunter fielen Strategien, einen lernschwachen Schüler an unerledigte Aufgaben zu erinnern, ihn zu belobigen, nachdem er das Ergebnis herausgefunden hatte, oder ihn in Schutz zu nehmen, wenn er von Mitschülern geärgert wurde. Strategisch subtil ging ein Mädchen vor, das ein anderes davor bewahrte, zum Gespött der Klasse zu werden. Dieses Mädchen sollte den Mitschülern aus einem Buch erläutern, wie eine Aufgabe zu lösen war. Sie befand sich aber auf der falschen Seite des Buches. Bevor sie nun von der Lehrerin getadelt und von anderen Mitschülern aufgrund ihrer Unaufmerksamkeit lächerlich gemacht wurde, griff ihre Nachbarin ein, indem sie laut mit dem Finger schnipste und Laute von sich gab, um die Lehrerin auf sich aufmerksam zu machen. Sie wurde aufgerufen und half damit der anderen aus der Bedrängnis.

Wurde die Identität der Schwachen durch Lob hervorgehoben und gestützt, sorgten die Mitschüler dafür, dass auch einmal die Kinder mit Förderbedarf im Mittelpunkt positiver Aufmerksamkeit standen. Diese Strategien widerspiegeln ein solidarisches Verhalten der Gleichaltrigen. Es dürfte die Lernschwachen anspornen und für zukünftige Situationen erwarten lassen, dass sie ihre Lernmotivation steigern. Die bedrohte Identität zu schützen, ließ eine andere beeindruckende Strategie der Gleichaltrigen erkennen, mit der sie ihre Fürsorge für den anderen ausdrückten. Ihre Sorge gilt den Schwächeren, von denen sie erwarten, dass sie sich nicht selber zur Wehr setzen, wenn sie geärgert oder verspottet werden. Dieses Fürsorgeverhalten ist allerdings in seinen Folgen ambivalent: Einerseits bietet es Schutz für die Kinder mit Förderbedarf, andererseits kann es auch zur Weiterentwicklung ihrer Hilflosigkeit beitragen. Sie lernen nicht, sich selbst zur Wehr zu setzen.

Sieben der 19 Beobachtungskinder arbeiteten in freiwillig gewählten Partnerschaften, die sich über einen längeren Zeitraum immer wieder zusammenfanden, einmal in einer Dreierkonstellation, die anderen Male in Dyaden. Die meisten Beziehungen bestanden zwischen Kindern mit Förderbedarf und Kindern mittleren Leistungsniveaus. Mehr als die Hälfte aller Interaktionen fand hier statt (59%). Davon ereigneten sich, wie oben dargestellt, viele Hilfen im Lernbereich, von denen ganz überwiegend die Kinder mit Förderbedarf profitierten. Sie erhielten von anderen am häufigsten nichterbetene lernbezogene und allgemeine Hilfsangebote. Partnerschaften boten folglich einen günstigen Rahmen für die Unterstützung von Kindern mit Förderbedarf durch andere Mitschüler. Konflikthaltige Interaktionen waren so selten, dass sich in diesem Rahmen deren Potential noch nicht entfalten konnte.

Strategien problematischen Helfens

Ein Fünftel aller beobachteten Hilfeinteraktionen verlief problematisch. Dabei handelten die Helfer ebenso oft konflikthaft wie die Empfänger (10% zu 10%). Die Helfer setzten verschiedene Strategien ein, meist einen Schüler mit Förderbedarf zu erniedrigen. Sie beleidigten ihn, indem sie ihn einen „Idioten" nannten oder ihn als „bekloppt" bezeichneten. Sie erteilten ihm scharf Befehle und stellten ihn bloß, wenn sie auf seine fehlerhaften Ergebnisse vor der Klasse hinwiesen. Sehr oft zeigten sie dem Empfänger durch einen missfälligen Ton, einen genervten und lustlosen Gesichtsausdruck, was sie von seinem Unvermögen hielten. Zwar halfen sie ihm letztendlich, signalisierten aber zugleich die Erwartung von Dankbarkeit, denn sie taten es widerwillig und um den Preis, dass andere, die nicht halfen, schneller ihre Aufgaben erledigen konnten. Es ging darum, dem Mitschüler seine Unterlegenheit zu verdeutlichen. Neben diesen Fällen gab es Situationen, in denen Hilfe auch verweigert wurde. Hierzu wandten die Helfer Strategien an, die Bitten zu ignorieren oder sie aufgrund eines Vorwands abzulehnen. Indem sie dem Bittsteller eine begehrte Information vorenthielten, hatten sie ihn in der Hand und konnten ihn zappeln lassen. Sie dominierten die Situation, ohne dass sich die anderen widersetzten.

Die Beispiele zeigen unfreundliche Akte in der Kinderwelt. Die mit der Hilfe verbundene Herabsetzung oder Überhebung steigern die Asymmetrie der Hilfesituation. Solche Prozesse haben für die einen identitätsstabilisierende, für die anderen verletzende Funktion. Die Helfer können sich auf Kosten der anderen öffentlich hervortun und erhöhen. Sie vermitteln den Eindruck, sie gehören selber nicht zu den „Dummen", sondern zu denen, die Anforderungen souverän beherrschen. Damit wird die Unterscheidung zwischen „dumm" und „klug" getroffen, die zur sozialen Hierarchisierung beiträgt (Bardmann, 1994: 234).

Die öffentliche Erniedrigung oder Überhebung wurde durch Kinder mit Förderbedarf widerstandslos ertragen, weil sie von den Hilfen im Lernbereich profitierten. Vielleicht ist auch ihr Selbstbewusstsein zu schwach, sich zur Wehr zu setzen. Sie wissen, sie hängen zurück und pochen daher beim Lernen nicht auf die Einhaltung der Gleichheitsnorm. Wahrscheinlich besteht hier die produktive Funktion der Gleichaltrigen darin, dass die Lernschwachen ihr Niveau im unteren Bereich der Leistungshierarchie einordnen und ihre Fähigkeiten im Vergleich zu denen ihrer Mitschüler realistisch einschätzen lernen. Produktive Anstöße enthält ebenso die Strategie der Hilfeverweigerung. Sie verweist die Schwachen darauf, selbständig das zu erledigen, was für alle anderen gilt.

Doch auch problematische Verhaltensweisen der Kinder mit Förderbedarf konnten in einzelnen Situationen beobachtet werden, wenn es ihnen um das Erlangen lernbezogener und materieller Hilfen ging. Dabei waren zwei Typen von Strategien erkennbar. Beim ersten Typ befahlen sie anderen in strengem Ton, etwas für sie zu tun, etwa ihnen einen benötigten Gegenstand zu geben, auszuleihen oder zu bringen. Sie dominierten die Mitschüler. Der zweite Strategietyp enthielt manchen Versuch, über das Eigentum des anderen, vor allem über seine Arbeitsmittel zu verfügen und Aufgabenlösungen abzuschreiben, ohne darum gebeten zu haben. Während die Strategie zur Dominanzausübung in der Regel teils wirksam, teils unwirksam war – die Gleichaltrigen gewährten ihnen gelegentlich die streng geforderten Hilfen oder auch nicht –, stießen sie bei der ungefragten Verfügung über das Eigentum und beim Abgucken auf massive Missbilligung des anderen.

Es zeigt sich, lernschwache Kinder sind zu wenig in der Lage, ihre Anliegen gegenüber den Mitschülern angemessen zu formulieren. Sie versuchen durch Dominanzausübung und durch ungefragtes Inbesitznehmen, begehrte

Güter und Informationen anderer zu erlangen. Beim Einsatz der letzteren Strategie werden die potentiellen Helfer übergangen, die nachdrücklich die Wahrung der Grenzen reklamieren, weil sie eine solche Inbesitznahme für einen illegitimen Übergriff halten. Die scharfen Zurechtweisungen verletzen zwar die Identität der Kinder mit Förderbedarf. Doch würden alle so handeln, wären Eigentumsrechte aufgehoben und die soziale Ordnung bedroht. Insofern können die Sanktionen der Gleichaltrigen die Lernschwachen anregen, zukünftig Regeln zu respektieren und ihre Interessen so zu formulieren, dass sie das begehrte Gut erhalten. Sollten sie dies nicht nachträglich lernen, machen sie sich bei den Gleichaltrigen weiter unbeliebt.

Partnerschaften schlossen nicht aus, dass Partner Kinder mit Förderbedarf herabsetzten oder sich über sie erhoben, wenn sie besser rechnen oder schreiben konnten. Gegenwehr der Lernschwachen blieb, wie oben gezeigt, aus. Auch kam es vor, dass ein Junge mit Förderbedarf seine Partnerin zu ärgern und abzulenken versuchte. Sie ließ ihn aber ins Leere laufen und arbeitete unverdrossen weiter und bemühte sich, ihn immer wieder zu motivieren, sich auf die Aufgabe zu konzentrieren. Insgesamt verliefen die Beziehungen jedoch ohne nennenswerte Konflikte.

4. Diskussion

Die Analyse aller Hilfeinteraktionen zeigt einen weitgehend harmonischen Umgang beim Helfen zwischen Kindern mit und ohne besonderen Förderbedarf unter den Bedingungen integrativer Beschulung der Veränderten Schuleingangsphase. Vier Fünftel aller Helfensprozesse verliefen unproblematisch. Besonders lassen dies Hilfehandlungen der Gleichaltrigen erkennen, die von den lernschwachen Schülern nicht erbeten, aber dringend gebraucht wurden, um mit der Aufgabenbearbeitung weiterzukommen. Die Gleichaltrigen erkennen deren Hilfsbedürftigkeit im Lernbereich und bieten ihre Hilfe freiwillig an. Obwohl wir eine besondere Auswahl lernschwacher und -stärkster Kinder aus sechs Schulklassen vorgenommen hatten, kommen wir zu einem vergleichbaren Ergebnis wie eine Beobachtungsstudie, die mit allen Schülern einer zweiten Klasse durchgeführt wurde. Auch hier stand Helfen beim Lernen im Vordergrund, das eine signifikant größere Rolle unter jüngeren als unter älteren Schulkindern spielte (Kauke & Auhagen, 1996: 236).

Bei unserer Untersuchung übernehmen vor allem durchschnittliche Schüler im Lernbereich eine freiwillig gewählte Helferidentität im Sinne eines Tutors. Sie fühlen sich verantwortlich für die Schwachen und hegen Sympathie für sie, besonders in Partnerschaften. Dabei wird das bereichsspezifische Wissen der Kinder mit Förderbedarf gefördert. Dieser Einfluss kompetenterer Gleichaltriger darf nicht unterschätzt werden, wenn man an die Bedeutung bereichsspezifischen Wissens für die kognitive Entwicklung und die Schulleistung denkt. Außerdem stimuliert der Einfluss die Lernmotivation der Schwachen und verhindert noch weiteren Misserfolg mit seinen negativen Folgen für ihre Kompetenz- und Selbsteinschätzung.

Doch der tutorielle Einfluss ist unilateral. Die situative Identität von Helfer und Hilfeempfänger ist festgelegt. Wechselseitiges Helfen findet beim Lernen nicht statt. Dazu ist ein zu großes Kompetenzgefälle zwischen Helfer und Hilfeempfänger vorhanden. Lern- und Entwicklungsvoraussetzungen sind zu ungleich, als dass die Kinder mit Förderbedarf den anderen hilfreiche Hinweise im Lernbereich bieten könnten. Die Norm der Wechselseitigkeit und relativen Gleichheit, an der sich symmetrisch-kooperative Beziehungen in der mittleren Kindheit prinzipiell orientieren, gilt hier nur sehr eingeschränkt. Als Ausgleichsbemühungen der Lernschwachen gegenüber den anderen könnten ihre nichterbetenen Hilfsangebote im Bereich materieller Hilfen gesehen werden. Daher handelt es sich bei vielen beobachteten Interaktionen noch nicht um symmetrisch-kooperative Prozesse, sondern eher um asymmetrisch-komplementäre Verhältnisse, in denen kompetentere Kinder lernschwachen helfen, um ihnen etwas beizubringen.

Diese Hypothese belegt auch die Analyse erbetener Hilfen im Lernbereich. Die häufige Bitte der Kinder mit Förderbedarf um Hilfe wird von den Gleichaltrigen unproblematisch gewährt. Dass im Gegenzug die Lernschwachen nur ein einziges Mal um Lernhilfe gebeten werden, verweist auf die bereits bei den Mitschülern entstandene Erwartungshaltung: Sie rechnen nicht mit einem Beitrag der Lernschwachen, der ihnen weiterhelfen könnte. Solche im Verhalten erkennbaren Regelmäßigkeiten verfestigen ein Oben und Unten im Lernbereich, wenn Kinder mit sehr unterschiedlichem Niveau aufeinandertreffen.

Die festgestellte Asymmetrie der Beziehungen lässt sich mit den Lern- und Entwicklungsrückständen der Kinder mit Förderbedarf erklären. Die Verzögerungen beziehen sich typischerweise auf kognitive und soziale Kompetenzen und sind teilweise Folge der Armutsverhältnisse. Die Mitschüler reagieren also durchaus angepasst an das Niveau dieser Kinder, deren Lern- und Entwicklungsalter generell um ein bis zwei Jahre zurück ist. Unsere Schüler mit Förderbedarf ähneln weitgehend Vorschulkindern, bei denen einseitige Beziehungen vorherrschen.

Die aufgezeigten Vorteile, die Kinder mit Förderbedarf durch den Einfluss der Gleichaltrigen beim Lernen haben, sprechen für Integration. Welche Vorteile sind für die Mitschüler auszumachen? In integrativen schulischen Settings haben sie die Möglichkeit, Hilfsbereitschaft und -fähigkeit gegenüber Schwächeren zu lernen. Sie können eine differenzierte Fähigkeit zur sozialen Perspektivenübernahme und eine erweiterte Handlungskompetenz im Umgang mit Benachteiligten und Behinderten erwerben sowie Fürsorge und Solidarität praktizieren. Dies lässt sich bei unseren Beobachtungen besonders gut an den allgemeinen nichterbetenen Hilfen der Kompetenteren aufzeigen, wenn sie die Identitäten der Schwachen positiv hervorheben oder bei Bedrohung schützen. Der Erwerb fürsorglichen und solidarischen Verhaltens erscheint für den gesellschaftlichen Zusammenhalt um so wichtiger, je stärker die soziale Ungleichheit wächst. Daher sollte überdacht werden, ob Kinder mit besonderem Förderbedarf von den anderen getrennt und in Sondereinrichtungen beschult werden.

Gelänge es in Schule und Unterricht Stärken und interessante Erfahrungen lernschwacher Kinder in unaufdringlicher Art, etwa im Spiel, zu verdeutlichen und einzubeziehen, könnten sie als Partner für kompetentere Kinder, deren Entwicklungsniveau nicht zu weit entfernt liegt, attraktiv sein. Lehrkräfte tragen dazu bei, indem sie Bedingungen schaffen, die es den Kindern erleichtern, solche Beziehungen einzugehen. Für die Kompetenteren hat nämlich die Zuwendung zu den Lernschwachen im Unterricht eine entlastende Funktion. Sie müssen sich nicht mit anderen Gleichaltrigen ähnlichen Niveaus messen und auseinandersetzen, was in der Regel mit erheblichen Mühen verbunden ist. Ob Beziehungen zwischen Kindern sehr unterschiedlichen Niveaus allerdings außerhalb der Schule tragfähig sind, hängt sicherlich auch von anderen Bedingungen, zum Beispiel räumlicher Distanz der Elternhäuser, ab. Gleichwohl ist es sehr wichtig, wenn es allein in der Schule gelänge, die durch viele Untersuchungen festgestellte Ablehnung und Isolierung eines Teils lernschwacher Kinder zu verringern.

Unsere Beobachtungsdaten geben Anlass zur Hoffnung, dass dies gelingen kann, denn sie weisen auf die Existenz von Partnerschaften mit Lernschwachen hin. Der Frage, ob es sich dabei nach erst einigen Monaten Schulbesuch um festere Freundschaften handelte, wurde nicht nachgegangen. Doch vielleicht bilden schon Partnerschaften ähnlich wie freundschaftliche Beziehungen einen lern- und entwicklungsförderlichen Rahmen, wie es die Gleichaltrigenforschung betont (Krappmann & Oswald, 1995). Lernschwache Kinder hätten die Chance, Lern- und Entwicklungsverzögerungen aufzuholen, insbesondere die sogenannten resilienten Kinder unter ihnen. Resiliente Kinder entwickeln sich trotz Arbeitslosigkeit, Armut und psychischer Störungen der Eltern „normal", wenn sich ihnen die Gelegenheit bietet, engere Beziehungen einzugehen. „Die Verbindungen mit Freunden aus stabilen Familien sowie auch den Eltern dieser Freunde helfen den widerstandsfähigen Kindern, eine positive Lebensperspektive zu entwickeln" (Werner, 1999: 30). Hier stimmen Gleichaltrigen- und Resilienzforschung überein und helfen, die Forderung nach verstärkter schulischer Integration benachteiligter und behinderter Kinder zu stützen.

In einer anderen Beobachtungsstudie wurden Viertklässler durch Helfensprozesse in massive Aushandlungen mit Nörgelei und Widerspruch verstrickt (Krappmann & Oswald, 1995: 163ff.). Dies war in unseren Klassen von Erst- und Zweitklässlern kaum festzustellen. Ging es um lernbezogene Hilfen, die den größten Anteil aller Hilfen ausmachten, steigerten unsere Kinder die Asymmetrie, ohne dass sich die lernschwachen Empfänger zur Wehr setzten. Aushandlungen entfielen. Dieser Unterschied zwischen Viertklässlern und jüngeren Schulkindern kann entwicklungsbedingt sein. Zu Beginn der Grundschulzeit ist das Pochen auf die Einhaltung des Gleichheitspostulats noch nicht so bedeutsam wie in der mittleren Kindheit. Auch regionale Unterschiede sind nicht auszuschließen. Kinder aus dem ländlichen Raum, wie in unserem Fall, verhalten sich in der Regel „gebremster" als Großstadtkinder wie die Viertklässler in der Studie von Krappmann & Oswald. Es kann mit den veränderten Unterrichtsbedingungen wie Offener Unterricht und Altersheterogenität zusammenhängen, die eher Kooperation und weniger Wettbewerb und Konkurrenz nahe legen. Je nachdem, ob Hilfen in „kooperativen oder kompetitiven Beziehungskontexten" stattfinden, verlaufen sie problemlos oder konflikthaft (Kauke & Auhagen, 1996: 241). Schließlich verdeutlicht das Ausbleiben des Widerstands gegenüber Beleidigungen und Dominanz kompetentes Verhalten derjenigen mit Förderbedarf: Bei Widerstand bestände die Gefahr, dass Hilfe eingestellt wird.

Daher versuchen die Lernschwachen, diese ungleichen Verhältnisse mit den enthaltenen Verletzungen der Identität auszugleichen, indem sie in anderen Interaktionsbereichen die Asymmetrie verringern. Ihre Strategien zur Dominanzausübung führen zu Problemen der Hilfe und deren Verweigerung, indem die Gleichaltrigen das Verhalten scharf zurechtweisen. In der Literatur werden solche Phänomene bekanntlich als Aggression und soziale Inkompetenz der Lernschwachen sowie als Ablehnung der Mitschüler gesehen. Doch gerade in diesen Auseinandersetzungen können Kinder mit besonderem Förderbedarf lernen, die aufkommende Gleichheitsvorstellung zu berücksichtigen und die Grenzen der anderen zu respektieren. Die Sanktionen der Mitschüler lassen erkennen, welche Regeln in der Kinderwelt gelten sollen. Unsere Ausgangsfrage, welche Lern- und Entwicklungsimpulse von den Helfensprozessen integrativ beschulter, junger Kinder ausgehen, lässt sich nun beantworten: Schüler mit besonderem Förderbedarf holen Versäumtes im Lernen nach und erwerben weiteren Respekt vor Regeln; diejenigen ohne Förderbedarf erweitern ihre Hilfsbereitschaft und -fähigkeit als wichtige Elemente von Solidarität und Fürsorge und stabilisieren zugleich entwicklungsangemessenes Handeln unter allen Kindern.

Literatur

Baier, H.: Untersuchung zur Schullaufbahn der Schüler der Schule für Lernbehinderte. In: Baier, H./Klein, G. (Hrsg.): Spektrum der Lernbehindertenpädagogik. Donauwörth: Auer, 1984, S. 234-249

Bardmann, T.H.: Dummheit – ein Zugang zum konstruktivistischen Denken? In: Rusch, G./Schmidt; S.J. (Hrsg.): Piaget und der radikale Konstruktivismus. Frankfurt am Main: Suhrkamp, 1994, S. 233-255

Begemann, E.: Die Erziehung der sozio-kulturell benachteiligten Schüler. Hannover: Schroedel, 1970

Benkmann, R.: Entwicklungspädagogik und Kooperation. Sozial-konstruktivistische Perspektiven der Förderung von Kindern mit gravierenden Lernschwierigkeiten in der allgemeinen Schule. Weinheim: Deutscher Studien Verlag, 1998

Bierhoff, W.: Verantwortungszuschreibung und Hilfsbereitschaft. In: Bierhoff, H.W./ Montada, L. (Hrsg.): Altruismus. Bedingungen der Hilfsbereitschaft. Göttingen: Hogrefe, 1998, S. 224-252

Bless, G.: Zur Wirksamkeit der Integration. Bern, Stuttgart, Wien: Haupt, 1995

Bryan, T.H.: Personality and situational factors in learning disabilities. In: Pavlidis, G.T./Fisher, D.F. (Eds.): Dyslexia: Its neuropsychology and treatment. Cichester, UK: Wiley, 1986, pp. 215-230

Büttner, G.: Gedächtnisleistungen von Lernbehinderten: Kompetenzen und Defizite. In: Greisbach, M./Kullik, U./Souvignier, E. (Hrsg.): Von der Lernbehindertenpädagogik zur Praxis schulischer Lernförderung. Lengerich, Berlin, Düsseldorf: Pabst, 1998, S. 45-53

Eisenberg, N./Mussen, P.H.: The roots of prosocial behavior in children. Cambridge: University Press, 1995

Hartup, W.W.: Peer relations. In: Mussen, P.H. (Ed.): Handbook of Child Psychology. Vol. 4: Hetherington, E.M. (Ed.): Sozialization, Personality, and Social Development. New York: Wiley, 1983, pp. 1-250

Helmcke, A.: Determinanten der Schulleistung: Forschungsstand und Forschungsdefizit. In: Nold, G. (Hrsg.): Lernbedingungen und Lernstrategien. Welche Rolle spielen kognitive Verstehensstrukturen? Tübingen: Narr, 1992, S. 23-34

Helmcke, A.: Das Stereotyp des schlechten Schülers: Ergebnisse aus dem SCHOLASTIK-Projekt. In: Weinert, F.E./Helmke, A. (Hrsg.): Entwicklung im Grundschulalter. Weinheim: Psychologie VerlagsUnion, 1997, S. 269-279

Hildeschmidt, A./Sander, A.: Zur Effizienz der Beschulung sogenannter Lernbehinderter. In: Eberwein, H. (Hrsg.): Handbuch Lernen und Lern-Behinderungen. Aneignungsprobleme. Neues Verständnis von Lernen. Integrationspädagogische Lösungsansätze. Weinheim und Basel: Beltz, 1996, S. 115-134

Homfeldt, H.G.: Die Schule für Lernbehinderte unter labelingtheoretischen Aspekten – Konsequenzen für schulisches Lernen. In: Eberwein, H. (Hrsg.): Handbuch Lernen und Lern-Behinderungen. Aneignungsprobleme. Neues Verständnis von Lernen. Integrationspädagogische Lösungsansätze. Weinheim und Basel: Beltz, 1996, S. 176-191

Kauke, M./Auhagen, A.E.: Wenn Kinder Kindern helfen – Eine Beobachtungsstudie prosozialen Verhaltens. In: Zeitschrift für Sozialpsychologie 26(1996)2, S. 224-241

Kemmler, L.: Schulerfolg und Schulversagen. Göttingen: Hogrefe, 1976

Klauer, K.J./Lauth, G.W.: Lernbehinderungen und Leistungsschwierigkeiten bei Schülern. In: Weinert, F.E. (Hrsg.): Psychologie des Unterrichts und der Schule. Enzyklopädie der Psychologie, Pädagogische Psychologie, Bd. 3. Göttingen: Hogrefe, 1997, S. 701-738

Klein, G.: Die soziale Benachteiligung der Lernbehinderten im Vergleich zu den Hauptschülern. In: Heese, G./ Reinartz, A. (Hrsg.): Aktuelle Probleme der Lernbehindertenpädagogik. Berlin: Marhold, 1973, S. 7-21

Klein, G.: Spezielle Fragen soziokultureller Determinanten bei Lernbehinderung. In: Kanter, G.O./Speck, O. (Hrsg.): Pädagogik der Lernbehinderten. Handbuch der Sonderpädagogik, Bd. 4. Berlin: Marhold, 1977, S. 65-75

Körkel, J.: Zur Relevanz von bereichsspezifischen Vorkenntnissen bei der Verarbeitung und Reproduktion von Geschichten. In: Knopf, M./Schneider, W. (Hrsg.): Entwicklung – Festschrift zum 60. Geburtstag von Franz Emanuel Weinert. Göttingen: Hogrefe, 1990, S. 144-161

Korenman, S./Miller, J.E./Sjaastad, J.E.: Long-term poverty and child development in the United States. Results from the NLSY. In: Children and Youth Services Review 1(1995)2, pp. 127-155

Kornmann, R.: Die pädagogische Grundhaltung und das Unterrichtskonzept überprüfen. In: Burk, K./Mangelsdorf, M./Schoeler, U. et al. (Hrsg.): Die neue Schuleingangsstufe. Lernen und Lehren in entwicklungsheterogenen Gruppen. Weinheim und Basel: Beltz, 1998, S. 40-50

Krappmann, L./Oser, F.: Moralische Konstruktion und konstruktive Moral. Eine Expertise über Voraussetzungen und Bedingungen einer förderlichen Moralerziehung in Kindheit und Jugendalter. Berlin: Max-Planck-Institut für Bildungsforschung, 1991

Krappmann, L./Oswald, H.: Alltag der Schulkinder. Beobachtungen und Analysen von Interaktionen und Sozialbeziehungen. Weinheim und München: Juventa, 1995

Laucht, M./Esser, G./Schmidt, M.H.: Frühe Mutter-Kind-Beziehung: Risiko- und Schutzfaktor für die Entwicklung von Kindern mit organischen und psychosozialen Belastungen – Ergebnisse einer prospektiven Studie von der Geburt bis zum Schulalter. In: Vierteljahreszeitschrift für Heilpädagogik und ihre Nachbargebiete 67(1998)3, S. 381-391

Lauth, G./Schwarz, K.H.: Anspruchsniveau im Vergleich von Schülern der Grundschule und der Schule für Lernbehinderte. In: Zeitschrift für Heilpädagogik 31(1980)3, S. 169-173

Margalit, M.: Resiliente Kinder mit speziellen Lernstörungen. In: Opp, G./Fingerle, M./Freytag, A. (Hrsg.): Was Kinder stärkt. Erziehung zwischen Risiko und Resilienz. München, Basel: E. Reinhardt, 1999, S. 204-220

Mayr, T.: Entwicklungsrisiken bei armen und sozial benachteiligten Kindern und die Wirksamkeit früher Hilfen. In: Weiß, H. (Hrsg.): Frühförderung mit Kindern und Familien in Armutslagen. München, Basel: E. Reinhardt, 2000, S. 142-163

Moser, U.: Das Selbstkonzept des lernbehinderten Schülers – Untersuchung in Hilfsklassen, Regelklassen und Regelklassen mit heilpädagogischer Schülerhilfe. In: Vierteljahresschrift für Heilpädagogik und ihre Nachbargebiete 55(1986)2, S. 151-160

Pabst, K.: Wie Kinder einander helfen – Teilnehmende Beobachtung in der veränderten Schuleingangsphase. Diplomarbeit (unveröff.), PH Erfurt, 2000

Petillon, H.: Soziale Erfahrungen in der Schulanfangszeit. In: Pekrun, R./Fend, H. (Hrsg.): Schule und Persönlichkeitsentwicklung. Stuttgart: Enke, 1991, S. 183-200

Piaget, J.: Das moralische Urteil beim Kinde. Frankfurt am Main: Suhrkamp, 1973 (zuerst 1932)

Rogoff, B.: Apprenticeship in thinking. Cognitive development in social context. New York: Oxford University Press, 1990

Roßbach, H.-G./Tietze, W.: Schullaufbahnen in der Primarstufe – Eine empirische Untersuchung zu Integration und Segregation von Grundschülern. Münster: Waxmann, 1996

Schmidt, M.H./Esser, G./Laucht, M.: Die Entwicklung nach biologischen und psychosozialen Risiken in der frühen Kindheit. In: Leyendecker, C./Horstmann, T. (Hrsg.): Frühförderung und Frühbehandlung. Heidelberg: Winter, Programm Ed. Schindele, 1997, S. 174-191

Schröder, U.: Piagets Psychologie und ihr Beitrag zur Lernbehindertenpädagogik. In: Heilpädagogische Forschung 9(1981)2, S. 95-115

Schröder, U.: Lernbehindertenpädagogik. Grundlagen und Perspektiven der sonderpädagogischen Lernhilfe. Stuttgart: Kohlhammer, 2000a

Schröder, U.: Metakognition. In: Borchert, J. (Hrsg.): Handbuch der Sonderpädagogischen Psychologie. Göttingen: Hogrefe, 2000b, S. 642-653

Selman, R.L.: Die Entwicklung des sozialen Verstehens. Frankfurt am Main: Suhrkamp, 1984

Tent, L./Witt, M./Zschoche-Lieberum, C./Bürger, W.: Über die pädagogische Wirksamkeit der Schule für Lernbehinderte. In: Zeitschrift für Heilpädagogik 42 (1991)5, S. 289-320

Thimm, W./Funke, E.: Soziologische Aspekte der Lernbehinderung. In: Kanter, G.O./Speck, O. (Hrsg.): Pädagogik der Lernbehinderten. Handbuch der Sonderpädagogik, Bd. 4. Berlin: Marhold, 1977, S. 581-611

Torgesen, J.K.: Learning disabilities: Historical and conceptual issues. In: Wong, B.Y.L. (Ed.): Learning about learning disabilities. San Diego: Academic Press, 1991, S. 3-37

Weinert, F.E./Helmke, A.: Theoretischer Ertrag und praktischer Nutzen der SCHOLASTIK-Studie zur Entwicklung im Grundschulalter. In: Weinert, F.E./ Helmke, A. (Hrsg.): Entwicklung im Grundschulalter. Weinheim: Psychologie VerlagsUnion, 1997, S. 459-474

Weinert, F.E./Helmke, A./Schneider, W.: Individual differences in learning performance and school achievement. In: Mandl, H./Corte, E. de/Bennett, N./Friedrich, H.F. (Eds.): Learning and instruction. Oxford: Pergamon Press, 1989, pp. 461-479

Weinert, F.E./Stefanik, J.: Entwicklung vor, während und nach der Grundschulzeit: Ergebnisse aus dem SCHOLASTIK-Projekt. In: Weinert, F.E./Helmke, A. (Hrsg.): Entwicklung im Grundschulalter. Weinheim: Psychologie VerlagsUnion, 1997, S. 423-451

Weiß, H.: Kindliche Entwicklungsgefährdungen im Kontext von Armut und Benachteiligung. In: Weiß, H. (Hrsg.): Frühförderung mit Kindern und Familien in Armutslagen. München, Basel: E. Reinhardt, 2000, S. 50-70

Wember, F.B.: Piagets Bedeutung für die Lernbehindertenpädagogik. Untersuchung zur kognitiven Entwicklung und zum schulischen Lernen bei Sonderschülern. Heidelberg: Edition Schindele, 1986

Wember, F.B.: Empirische Befunde zum konkret-operatorischen Denken und schulischen Lernen bei Schülerinnen und Schülern der Schule für Lernbehinderte. In: Heilpädagogische Forschung 13(1987)2, S. 103-113

Werner, E.E.: Entwicklung zwischen Risiko und Resilienz. In: Opp, G./Fingerle, M./Freytag, A. (Hrsg.): Was Kinder stärkt. Erziehung zwischen Risiko und Resilienz. München, Basel: E. Reinhardt, 1999, S. 204-220

Wilgosh, L.: Learned helplessness in normally achieving and learning disabled girls. In: The Mental Retardation and Learning Disabilities Bulletin, 12(1984)1, S. 64-70.

Wocken, H.: Leistung, Intelligenz und Soziallage von Schülern mit Lernbehinderungen. In: Zeitschrift für Heilpädagogik, 51(2000)12, S. 492-503

Youniss, J.: Soziale Konstruktion und psychische Entwicklung. Hrsg. von L. Krappmann und H. Oswald. Frankfurt am Main: Suhrkamp, 1994

III: Autonomie und Verbundenheit im Übergang zur Jugendphase: Empirische Befunde

Beziehungen zwischen Pubertät und Individuation in der Präadoleszenz

Beate Schuster

1. Einleitung

In der amerikanischen (Steinberg, 1989) wie auch der europäischen Forschungsliteratur (Alsaker, 1995; Fend, 1994) zum Jugendalter werden übereinstimmend drei „Entwicklungsereignisse" beschrieben, durch die der Übergang von der Kindheit in die Adoleszenz forciert wird. Neben dem biologischen Ereignis der pubertären Reifung sind dies soziale und kognitive Veränderungen. Der biologischen Pubertät fällt dabei eine zentrale Rolle zu, denn einerseits stellt sie die Heranwachsenden vor die Aufgabe, die körperlichen Veränderungen zu akzeptieren und sie in ihr Selbst zu integrieren. Andererseits ist die biologische Pubertät aber auch eng mit dem zweiten Entwicklungsereignis, den sozialen Veränderungen in der Adoleszenz verknüpft, die insbesondere in veränderten sozialen Erwartungen an die Heranwachsenden bestehen. Da in unserer Kultur keine für alle Heranwachsenden gleichermaßen bestehenden rituellen Prozeduren existieren, die die Statuspassage vom Kind zum Jugendlichen bzw. jungen Erwachsenen markieren (Stecher & Zinnecker, 1996; Alsaker, 1995), hat die Pubertät große soziale Bedeutung; sie ist für die Heranwachsenden selbst, aber vor allem auch für andere ein wesentlicher Maßstab für die Einschätzung als Kind oder Jugendlicher. Wenn Eltern, Lehrer und Gleichaltrige beginnen, ein unabhängigeres und erwachseneres Verhalten von Heranwachsenden zu erwarten, orientieren sie sich dabei maßgeblich an deren körperlicher Reife (Johnson & Collins, 1988; Simmons & Blyth, 1987). Mit dem dritten Entwicklungsereignis, den kognitiven Veränderungen, ist das Erreichen der Stufe des formal-operatorischen Denkens mit ungefähr elf Jahren gemeint, das den Entwicklungsschritt hin zum hypothetischen Denken einschließt (Piaget & Inhelder, 1972). Dieser Entwicklungsschritt ermöglicht wichtige gedankliche Unterscheidungen. Die Heranwachsenden beginnen, „Realselbst" und „Idealselbst" zu differenzieren und sie unterscheiden zwischen dem, wie andere auf sie reagieren und dem, wie sie gerne wahrgenommen würden (Fend, 1994: 210). Da die pubertären Veränderungen mit erhöhter und oftmals ängstlicher Selbstbeobachtung einhergehen (Remschmidt, 1992) sind sie für diese neue Form des Nachdenkens über sich selbst ein wichtiger Stimulus. Die Pubertät löst demnach neue soziale Reaktionen und Erfahrungen aus, die wiederum Anreize schaffen, sich mehr und in reflektierenderer Weise mit sich selbst zu beschäftigen. Insgesamt tragen die Pubertät und die mit ihr verknüpften Entwicklungsereignisse auf diese Weise dazu bei, dass sich die

Selbstbezüglichkeit der Heranwachsenden fundamental verändert und die Beschäftigung mit der Frage: „Wer bin ich?" zu einem zentralen Anliegen wird (Fend, 1994).

Die Entstehung des eigenen Selbst bestimmt das Entwicklungsgeschehen in der Präadoleszenz. Der Übergang von der Kindheit ins Jugendalter ist aber noch durch einen weiteren Veränderungsprozess geprägt, den der „Individuation". Das Ergebnis dieses Prozesses bezieht sich nicht allein auf den Jugendlichen, auf sein in sozialen Interaktionen entstehendes Selbst, sondern auf die Beziehung zu seinen Eltern. Mit „Individuation" ist der Prozess der strukturellen und emotionalen Umgestaltung der Beziehung zu den Eltern gemeint, der von einer stark unilateral-komplementären zu einer eher symmetrischen Struktur (Youniss, 1983; 1994) und von einem Überwiegen der emotionalen Verbundenheit mit den Eltern hin zu einem ausgewogenen Verhältnis (Balance) zwischen emotionaler Verbundenheit einerseits und der Möglichkeit zur Abgrenzung und Individualität andererseits, verläuft (Cooper et al., 1983). Forscher, die Entwicklung aus einer sozialkonstruktivistischen Perspektive betrachten, verstehen diese beiden in der Präadoleszenz einsetzenden Prozesse als ein wechselseitiges Geschehen (z.B. Youniss, 1994). Die Entstehung des Selbst und der Prozess der Individuation seien miteinander verbunden, weil das Selbst in sozialen Interaktionen konstruiert wird und weil die Interaktionen durch die Struktur der Beziehung der Interaktionspartner mitgeformt wird (Krappmann et al., 1998).

Obwohl im Jugendalter Gleichaltrige zunehmend bedeutsame Partner in diesen Interaktionen werden, hat sich gezeigt, dass Eltern die wichtigsten Mitkonstrukteure des jugendlichen Selbst sind (Fend, 1997). Viel Aufmerksamkeit ist deshalb der Frage geschenkt worden, welchen Einfluss der Individuationsprozess, also die Umgestaltung der Beziehung zwischen Eltern und Kindern, auf die Selbstentwicklung im Jugendalter nimmt. Ergebnisse verschiedener Untersuchungen bestätigen, dass Jugendliche, denen es mit ihren Eltern gelingt, eigene Entscheidungsspielräume auszuhandeln und abgegrenzte Standpunkte zu vertreten, dabei aber die emotionale Verbundenheit aufrecht zu erhalten, sich psychosozial positiver entwickeln. In Gesprächen über Themen wie Beruf, Religion und Politik äußerten sie autonomere und elaboriertere Vorstellungen, die auf einen höheren Identitätsstatus hinweisen, als Jugendliche, denen es nicht gelang, sich von ihren Eltern abzugrenzen oder die dies nur auf Kosten einer Abnahme der emotionalen Verbundenheit mit den Eltern erreichen konnten. Auch hinsichtlich solcher Indikatoren wie beispielsweise Delinquenz und Depression erwiesen sich Jugendliche, die eine Balance zwischen Individualität und Verbundenheit in der Beziehung zu ihren Eltern erreicht hatten, psychosozial besser angepasst (Grotevant & Cooper 1985; Hauser et al., 1984; Noack & Puschner, 1999).

Ausgehend von diesen Vorstellungen zur Bedeutung der pubertären Reifung und der Individuation in der Beziehung zu den Eltern für die Selbstentwicklung soll in diesem Beitrag das Zusammenspiel dieser beiden Prozesse in den Blick genommen und anhand eigener Daten illustriert werden. Dazu werden im Folgenden zunächst die zwei möglichen Richtungen des Zusammenhangs zwischen dem Prozess der biologischen Pubertät und dem der Individuation in der Eltern-Kind-Beziehung besprochen.

2. Pubertät als Motor der Individuation in der Eltern-Kind-Beziehung

Die Pubertät ihrer Kinder beschreiben viele Eltern als eine anstrengende und turbulente Zeit, in der es ihnen oftmals nicht leicht fällt, die Gefühle, Gedanken und Reaktionen ihrer Söhne oder Töchter zu verstehen. Dies wird verständlich, wenn man Beschreibungen heranreifender Kinder liest (Fend, 1994). Sie sind unausgeglichen, reagieren empfindlich auf Kritik, sind oft verschlossen. Aber nicht nur die Eltern empfinden die oftmals in Unverständnis mündenden Auseinandersetzungen in dieser Phase als belastend. Apter konnte aus Gesprächen, die sie allerdings nur mit Mädchen in der Pubertät führte, herausarbeiten, dass diese unter dem Unverständnis ihrer Mütter litten und es ihnen in vielen Auseinandersetzungen nicht darum ging, etwas durchzusetzen, sondern vielmehr darum, von ihren Müttern besser verstanden zu werden (Apter, 1990). Andere Studien, in denen Interaktionen in Familien mit Kindern beobachtet wurden, deuten darauf hin, dass während der körperlichen Reifung der Kinder die wechselseitigen Sichtweisen in der Eltern-Kind-Beziehung neu ausgehandelt werden. So beobachteten Papini et al. (1988) eine Verschlechterung des affektiven Klimas und eine Zunahme von anmaßenden, rechthaberischen Äußerungen (assertive statements) bei Kindern nach dem Beginn der Pubertät. Flannery et al. (1993) fanden, dass Eltern und Kinder im Verlauf der physischen Entwicklung insgesamt mehr negative und weniger positive Emotionen zeigten. Mütter reagierten in dieser Untersuchung zudem häufiger affektiv uneindeutig auf ihre Töchter, wenn diese in die Pubertät kamen. Dies deckt sich mit Ergebnissen von Alsaker (1995), wonach Eltern zunächst verunsichert sind und deshalb unklar reagieren, wenn sie die ersten Anzeichen körperlicher Reife bei ihren Kindern feststellen. Laursen und Mitarbeiter (1998) kommen nach einer Metaanalyse zu dem Schluss, dass die Pubertät keinen Effekt auf die Häufigkeit von Konflikten mit den Eltern hat, dass sie aber mit einem leichten Anstieg negativer Affekte in der Interaktion einhergeht. Auch Steinberg (1989) beschreibt zusammenfassend die Wirkung der Pubertät vor allem auf der affektiven Ebene der Beziehung zu den Eltern. Nach der von ihm entwickelten „Distanzierungshypothese" führt die pubertäre Reifung zu einer emotionalen Distanzierung im Eltern-Kind-Verhältnis. Insgesamt scheint demnach das „Entwicklungsereignis Pubertät" ein wichtiger Stimulus für den Individuationsprozess in der Eltern-Kind-Beziehung zu sein.

Trotz der beobachtbaren Veränderungen in Interaktionen zwischen heranreifenden Kindern und ihren Eltern erscheint es aus einer sozialkonstruktivistischen Perspektive aber unwahrscheinlich, dass unmittelbar durch die Pubertät Entwicklungsprozesse wie die Individuation der Beziehung zu den Eltern stimuliert werden sollen. Einflussreicher als das Ereignis selbst müsste vielmehr seine Einschätzung durch das Kind und seine Eltern sein. In der Pubertätsforschung wird die Einschätzung der Pubertät in Abgrenzung zum Stand der körperlichen Entwicklung durch die Unterscheidung zwischen Pubertal status und Pubertal timing berücksichtigt (siehe im Überblick: Kracke & Silbereisen, 1994; Silbereisen & Schmitt-Rodermund, 1999). Mit Pubertal status ist dabei der zumeist anhand mehrerer körperbezogener Indikatoren (z.B. Größe, Gewicht, Achsel-, Schambehaarung, Jungen: Bartwuchs; Mädchen: Brustwachstum) gemessene absolute Entwicklungsstand gemeint, während sich Pubertal timing auf den relativen Entwicklungsstand gegenüber Gleichaltrigen bezieht, also aussagt, wie früh oder spät ein Heranwachsender im Vergleich zu einer Gruppe von Gleichaltrigen entwickelt ist.

In zahlreichen Untersuchungen hat sich gezeigt, dass das Pubertal timing für die weitere psychosoziale Entwicklung von größerer Bedeutung ist als der Pubertal status. Bei Mädchen geht eine im Vergleich zur Altersgruppe frühe pubertäre Reifung kurz- und längerfristig mit Entwicklungsrisiken einher (siehe zusammenfassend: Silbereisen & Kracke, 1997). Frühentwickelte Mädchen sind oft unzufriedener mit ihrem Aussehen, finden sich oftmals zu dick und sind eher depressiv verstimmt; ihre Schulleistungen sind schlechter und sie zeigen mehr Problemverhalten als normal- und spätentwickelte Mädchen. Langfristige ungünstige Konsequenzen der Frühreife sind vor allem frühe Partnerbindung und Elternschaft, die zu einer Verkürzung des Bildungsweges beitragen (Alsaker, 1992; Magnusson et al., 1985; Simmons & Blyth, 1987). Auch wenn frühentwickelte Jungen mit ihrem Körper (außer wenn sie überproportional an Gewicht zunehmen) zufriedener sind als spätentwickelte (Blyth et al., 1982), haben sie wie frühentwickelte Mädchen emotionale Probleme (depressive Verstimmungen) und neigen stärker zu Problemverhalten, insbesondere haben sie mehr Kontakte zu normverletzenden Jugendlichen. Langfristig zeigte sich, dass frühentwickelte Jungen in ihrer Altergruppe dominierten und ihre Dominanz in sozialen Interaktionen auch nach der Pubertät beibehielten (Ewert, 1984).

Verwirrung entsteht bei der Unterscheidung zwischen Pubertal status und Pubertal timing oftmals dadurch, dass das Pubertal timing auf unterschiedliche Weise ermittelt wird. Bei der einen Vorgehensweise wird Alter zu Pubertal status in Beziehung gesetzt. Heranwachsende gleichen Alters, deren Pubertal status man bereits erfasst hat, werden anhand der Verteilung des Indikators für Pubertal status in der Gesamtgruppe jeweils einer von drei Stufen des Pubertal timings zugeordnet: (1) Frühentwickelte, (2) durchschnittlich Entwickelte und (3) Spätentwickelte („early", „on time", „late" timing). Erfasst wird damit der *relative Entwicklungsstatus in Bezug zu einer Referenzgruppe*. Bei der anderen Erhebungsmethode, die sich als ebenso valide, aber einfacher anwendbar erwiesen hat, werden die Heranwachsenden selbst (oder ihre Eltern) gebeten, ihren Entwicklungsstand im Vergleich zu Gleichaltrigen einzuschätzen. Bei dieser Form, die als *Selbstberichtetes pubertal timing* bezeichnet wird (Schmitt-Rodermund & Ittel,

1999), wird der vom Kind (oder den Eltern) *wahrgenommene und eingeschätzte pubertäre Entwicklungsstand* im Vergleich zu Gleichaltrigen erfasst.

Im Hinblick auf die Frage nach dem Einfluss der Pubertät auf die Umgestaltung der Eltern-Kind-Beziehung müsste ausgehend von den eingangs genannten Überlegungen, vor allem das von den Kindern selbst berichtete, also wahrgenommene und eingeschätzte, Pubertal timing eine Rolle spielen. Nur in wenigen Untersuchungen wurden aber überhaupt bisher sowohl Pubertal status als auch Pubertal timing als jeweils eigene Einflussfaktoren auf die Beziehung betrachtet. Dekovic (1999) fand in ihrer Stichprobe von Familien mit Jugendlichen nur bei den unter 16jährigen Jungen ungefähr gleich starke Effekte für Pubertal status und Pubertal timing auf die Konflikthäufigkeit mit ihren Müttern. In den anderen Dyaden und bei den älteren Jugendlichen hatten beide Pubertätsindikatoren keinen Einfluss. Das Pubertal timing wurde in dieser Untersuchung allerdings nicht von den Jugendlichen eingeschätzt, sondern über die Stichprobenverteilung des Indikators für den Pubertal status ermittelt. In einer Untersuchung mit neun- bis zwölfjährigen Kindern und ihren Eltern fanden Sagrestano und Kollegen (1999) unterschiedliche Effekte von Pubertal status und Pubertal timing: Bei den Jungen hatte häufiger der Pubertal status Einfluss auf die jeweils von Eltern und Kindern erfragte Häufigkeit und emotionale Qualität von Konflikten. Bei den Mädchen hatte nur das Pubertal timing einen entsprechenden Einfluss (Sagrestano et al., 1999). In dieser Untersuchung wurde zwar das wahrgenommene Selbstberichtete pubertal timing durch die Fragemethode (s.o.) erfasst, aber die Einschätzung erfolgte durch die Eltern, die Kinder wurden nicht befragt. Es gibt daher unseres Wissens bisher keine Untersuchung, in der der Einfluss der Wahrnehmung des Entwicklungsereignisses Pubertät, wie er durch das von Kindern selbstberichtete Pubertal timing erfasst wird, im Vergleich zu dem mit dem Pubertal status erfassten Ereignis selbst, auf den Individuationsprozess in der Beziehung zu den Eltern betrachtet wurde.

3. Die Qualität der Eltern-Kind-Beziehung als Stimulus für die pubertäre Reifung

Eine andere Vermutung bezüglich des Zusammenspiels von Pubertät und Eltern-Kind-Beziehung geht in die Richtung, dass die Qualität der Beziehung – gemessen z.B. an der emotionalen Intensität und Häufigkeit von Konflikten – ein Faktor ist, der das Tempo der körperlichen Entwicklung in der Pubertät mitbestimmt. Ausgangspunkt für die Überlegungen zu dieser Einflussrichtung war die schon erwähnte Arbeit von Steinberg (1989), in der er nicht nur die in der Distanzierungshypothese vermutete Einflussrichtung von Pubertät auf die Qualität der Beziehung zu den Eltern untersuchte, sondern auch den Einfluss der Beziehungsqualität auf das körperliche Entwicklungstempo. Diese als „Beschleunigungshypothese" benannte Einflussrichtung konnte Steinberg allerdings nur für Mädchen bestätigen: Je emotional enger die Beziehungen zwischen Müttern und Töchtern waren, desto später erfolgte die pubertäre Entwicklung. Die theoretische Fundierung dieser Forschungsrichtung erfolgte durch eine Arbeit von Belsky, Steinberg und Draper (1991), in der sie ein soziobiologisches Erklärungsmodell für den Einfluss psychosozialer Faktoren auf das körperliche Entwicklungstempo vorschlagen. Sie nehmen an, dass Heranwachsende aufgrund von Erfahrungen, die sie ungefähr zwischen dem fünften und siebten Lebensjahr hinsichtlich der Verfügbarkeit und Vorhersagbarkeit von Ressourcen sowie hinsichtlich der Verlässlichkeit und Dauerhaftigkeit enger sozialer Beziehungen machen, einer von zwei prototypischen Reproduktionsstrategien zuneigen. Heranwachsende, die hinsichtlich der angesprochenen Aspekte negative Erfahrungen in ihrer Kindheit machen, tendieren eher zu einer frühen körperlichen Entwicklung. Sie tragen den ungünstigen familiären Bedingungen durch ein zügigeres Erreichen ihrer Reproduktionsfähigkeit Rechnung. Die andere, bei Heranwachsenden mit positiven Kindheitsbedingungen vermutete Strategie ist dagegen darauf angelegt, für die eigene Reproduktion die qualitativ bestmöglichen Bedingungen herzustellen und sie deshalb hinauszuschieben. Diese Heranwachsenden erleben die pubertäre Reifung nicht verfrüht. Die Autoren nehmen an, dass sich die Bedingungen des familiären Kontextes über die Zwischenschritte (im Sinne von Mediatoren): 1. Erziehungsverhalten der Eltern (z.B. Konflikte, Wärme), 2. psychisches Befinden und Verhalten des Kindes (inter-/externalisierende Störungen) und 3. die somatische Entwicklung des Kindes (im Vergleich zur Altersgruppe frühe/späte körperliche Reifung = relativer Entwicklungsstatus) auf die Verfolgung einer der beiden Reproduktionsstrategien auswirken. In Anlehnung an die Arbeit von Belsky u.a. (1991) sind mehrere Versuche unternommen worden, den Einfluss ungünstiger familiärer Bedingungen in der Kindheit auf den Zeitpunkt des Auftretens der Menarche bei Mädchen nachzuweisen (Moffit et al., 1992; Graber et al., 1995; Schmitt-Rodermund & Ittel, 1999; Ellis et al., 1999; 2000). Als abhängige Variable wurde in diesen Untersuchungen nicht die Reproduktionsstrategie, sondern der letzte Zwischenschritt in dem Modell gewählt, das Tempo der somatischen Entwicklung (der relative Entwicklungsstatus), das anhand des Menarchealters der Mädchen ermittelt wurde. Es zeigte sich jedoch in keiner dieser Untersuchungen, dass sich die Bedingungen des Familienkontextes vermittelt über die von Belsky et al. (1991) angenommenen Zwischenschritte auf den Zeitpunkt der Menarche auswirkten. Moffit sowie Graber und Mitarbeiter (Moffit et al., 1992; Graber et al., 1995) fanden, dass Streitigkeiten in der Familie zu einer frühen Menarche beitrugen und dass dieser Einfluss auch dann bestehen blieb, wenn genetische (Menarchealter der Mutter) und physiologische Faktoren (Gewicht, Brustwachstum) berücksichtigt wurden. In beiden Untersuchungen bestätigte sich aber nicht, dass dieser Einfluss über die nach dem Belsky-Modell anzunehmenden Zwischenschritte, Depression und Körpergewicht, vermittelt wird. Auch bei Schmitt-Rodermund und Ittel (1999) bestätigte sich die Modellannahme der über die Zwischenschritte vermittelten Wirkung nicht; sie fanden vielmehr eine Verkettung der einzelnen Einflussfaktoren: Ungünstige Familienbedingungen bewirkten stärkere depressive Verstimmungen der Mädchen, welche wiederum zu einer Erhöhung des Körperfettanteils beitrugen, der dann zu einer früheren Menarche führte. In den Untersuchungen von Ellis und Mitarbeitern (1999; 2000) zeigten sich zwar dem Modell von Belsky et al. (1991) entsprechende vermittelnde Prozesse zwischen Familienkontextvariablen und Menarchealter; die Ergebnisse sind aber mit Vorsicht zu betrachten, weil in beiden Untersuchungen der Einfluss physiologischer Prädiktoren, wie insbesondere der Körperfettanteil, der einen maßgeblichen Einfluss auf das Menarchealter hat, nicht berücksichtigt wurde. Dennoch zeigt sich insgesamt, dass die Fragerichtung, ob psychosoziale Merkmale der Familie, der Eltern und der Eltern-Kind-Beziehung das körperliche Entwicklungstempo beeinflussen, sinnvoll und vielversprechend ist, auch wenn die vermittelnden Prozesse noch weiterer Klärung bedürfen und eine Ausweitung der Forschung auf Jungen noch aussteht.

4. Fragestellung der eigenen Untersuchung

In diesem Beitrag sollen zwei für den Übergang von der Kindheit ins Jugendalter bedeutsame Prozesse untersucht werden: (1) der Prozess der Individuation der Beziehung zwischen Eltern und Kindern und (2) der Prozess der körperlichen Reifung, einschließlich seiner Wahrnehmung und Einschätzung durch die Kinder. Beide Prozesse beginnen in der Präadoleszenz; sie sind für die Entwicklung des Selbst im Jugendalter von maßgeblicher Bedeutung. Mit Blick auf Kinder in der Präadoleszenz, die am Beginn dieser Entwicklung stehen, soll hier das Zusammenspiel dieser beiden die Selbstentwicklung vorbereitenden Prozesse untersucht werden. Betrachtet werden deshalb beide Einflussrichtungen zwischen den beiden Prozessen: (1) der Einfluss der pubertären Reifung und ihrer Wahrnehmung durch die Kinder (als unabhängige Variablen) auf die *Individuation* (als abhängige Variable) und (2) der Einfluss der Individuation (als unabhängige Variable) auf die *pubertäre Reifung* (als abhängige Variable).

Anhand der ersten Analyse, mit *Individuation als abhängiger Variable*, soll in Anlehnung an die „Distanzierungshypothese" von Steinberg (1989) der Frage nachgegangen werden, ob das Einsetzen und Erleben der pubertären Reifung bei Kindern den Individuationsprozess in der Beziehung zu ihren Müttern forciert. Geprüft werden soll konkret, ob das Ausmaß, in dem präadoleszente Kinder bereits versuchen, in Interaktionen mit ihren Müttern die Beziehung in Richtung auf mehr Gleichberechtigung und Unabhängigkeit umzugestalten, durch den Stand und die Wahrnehmung ihrer körperlichen Entwicklung beeinflusst wird. Dabei soll der Einfluss des mütterlichen Verhaltens, das Ausmaß, in dem diese sich kontrollierend und einseitig lenkend verhalten und damit die Individuation zulassen oder behindern, als zusätzlicher Einflussfaktor auf das Verhalten der Kinder berücksichtigt werden. Anders als in den meisten der bisherigen Untersuchungen (Ausnahme: Dekovic, 1999) wird in die Analyse sowohl der absolute Entwicklungsstand (Pubertal status) als auch der von den Kindern wahrgenommene und eingeschätzte Entwicklungsstand im Vergleich zu Gleichaltrigen (Selbstberichtetes pubertal timing) einbezogen werden, um die Annahme prüfen zu können, dass nicht das Ereignis Pubertät an sich, sondern seine Einschätzung durch das betroffene Kind den Prozess der Individuation beeinflusst. Schließlich sollen das Alter der Kinder, die Familienstruktur und das Geschlecht der Kinder in die Analyse einbezogen werden, um auch den Einfluss dieser Variablen kontrollieren zu können.

Hypothese 1: Erwartet wird, dass unabhängig vom (zulassenden oder behindernden) Verhalten der Mütter das Selbstberichtete pubertal timing der Kinder – und nicht der Pubertal status – die Individuation beeinflusst. Kinder, die sich im Alter von etwa 11 Jahren bereits als vergleichsweise früh entwickelt einschätzen, sollten eineinhalb Jahre später stärker versuchen, die Beziehung zu ihren Müttern gleichberechtigter und unabhängiger zu gestalten als Kinder, die sich mit etwa 11 Jahren als gleich weit oder später entwickelt als Gleichaltrige einschätzen.

Mit der zweiten Analyse, in der die *pubertäre Reifung* die *abhängige Variable* ist, soll in Anlehnung an die „Beschleunigungshypothese" von Steinberg (1989) und das Modell von Belsky und Kollegen (1991) der Frage nachgegangen werden, welchen Einfluss die Individuation der Beziehung zwischen Müttern und Kindern auf das Voranschreiten der körperlichen Entwicklung, das heißt die Veränderung des pubertal status, zwischen etwa 11 und 12,5 Jahren hat.

Hypothese 2: Erwartet wird, dass der stärkste Prädiktor für das Voranschreiten der körperlichen Entwicklung zwar der bereits mit etwa 11 Jahren erreichte Status der körperlichen Entwicklung sein wird. Dennoch wird im Sinne von Steinberg (1989) bzw. Belsky et al. (1991) vermutet, dass auch das Ausmaß, in dem die Kinder bereits in diesem Alter versuchen, in konflikthaften, das Beziehungsklima belastenden Auseinandersetzungen mehr Gleichberechtigung und Unabhängigkeit in der Beziehung zu ihren Müttern zu erreichen, einen signifikanten Beitrag zur Vorhersage des Voranschreitens der körperlichen Entwicklung leistet.

5. Methode

Zweimal im Abstand von 18 Monaten wurden 129 Mutter-Kind-Paare in einer Spielsituation im Labor videografiert und dann einzeln anhand eines standardisierten Fragebogens interviewt. Die Kinder, 60 Jungen und 69 Mädchen, waren zum ersten Messzeitpunkt etwa 11 Jahre (m: 10;8 Jahre, sd: 4,3 Monate) und zum zweiten Messzeitpunkt etwa 12,5 Jahre alt (m: 12;4 Jahre, sd: 4,8 Monate). Von den Müttern waren 55 alleinerziehend (43%); diese Mütter wohnten nicht mit einem Partner in einem gemeinsamen Haushalt. Die anderen 74 Mütter (57%) lebten mit einem (Ehe-)Partner zusammen. Alle Mütter waren berufstätig; 37 Prozent hatten einen Hochschulabschluss.

Variablen zur Erfassung des Individuationsprozesses

Um den Prozess der Individuation untersuchen zu können, wurde das Verhalten der Mütter und Kinder in einem sogenannten „Aushandlungsspiel" (Schuster, 1998) beobachtet und videografiert. In dem Spiel mussten die Paare gemeinsam einen Urlaub planen, dabei sollte jeder versuchen, bestimmte Interessen durchzusetzen, um so möglichst viele Gewinnpunkte zu erreichen. Die Spiele wurden in Szenen eingeteilt und das Verhalten der Mütter und der Kinder szenenweise nach einem zehn Kategorien umfassenden Kategoriensystem, das an anderer Stelle ausführlich beschrieben ist, kodiert (Schuster, 1999; 2000). Die zwei folgenden Verhaltenskategorien gingen als Variablen in die Auswertungen für den vorliegenden Beitrag ein:

„Umgestalten". Mit dieser Kategorie für das Verhalten der *Kinder* wurde erfasst, wie stark die Kinder im Spiel versuchten, sich von ihren Müttern abzugrenzen und ihren eigenen Standpunkt deutlich zu machen, um so eine gleichberechtigtere, unabhängigere Position in der Beziehung zu erreichen. Äußerungs- oder Verhaltensmerkmale, die zur Vergabe dieser Kategorie führten, waren beispielsweise: unnachgiebige, trotzige Reaktionen; provozierende Äußerungen, ironische Kommentare oder kritische Nachfragen der Kinder gegenüber ihren Müttern. Der prozentuale Anteil an Szenen, in denen die Kategorie „Umgestalten" kodiert wurde, war zu beiden Messzeitpunkten relativ niedrig (t1: MW= 10%, s=15,2; t2: MW= 8%, s=12,2); zum 1. Messzeitpunkt wurde sie überhaupt nur bei 53 Kindern (41%) und zum 2. Messzeitpunkt bei 50 Kindern (39%) beobachtet. Bei der Variablenbildung wurde deshalb eine Dichotomisierung vorgenommen: Kinder, für die die Kategorie kodiert worden war, erhielten (unabhängig von der Häufigkeit) den Wert 1, alle anderen behielten den Wert 0. Die Variable „Umgestalten" korrelierte über die beiden Messzeitpunkte mit r=.42 (p<.001), d.h. Kinder, die zum ersten Messzeitpunkt die in diese Kategorie fallenden Verhaltensweisen zeigten, taten dies tendenziell auch zum zweiten Messzeitpunkt wieder. In den Analysen zur Überprüfung der 1. Hypothese (Einfluss von Individuation auf Pubertät) ist die Variable „Umgestalten" (zu t2) die abhängige, bei der Überprüfung der 2. Hypothese (Einfluss von Pubertät auf Individuation) ist „Umgestalten" (zu t1) eine der unabhängigen Variablen.

„Kontrollieren/Lenken" Mit dieser Kategorie für das Verhalten der *Mütter* wurde erfasst, in welchem Ausmaß die Mütter Gleichberechtigung und Unabhängigkeit ihrer Kinder zuließen oder durch ihr eigenes kontrollierendes, lenkendes Verhalten behinderten, also Individuation erschwerten. Äußerungen oder Verhaltensmerkmale, die zur Kodierung dieser Kategorie führten, waren beispielsweise belehrende und unangemessen verallgemeinernde Behauptungen oder Meinungen (z.B. „Am besten ist es immer, man macht zuerst eine Stadtrundfahrt."); das Kind vereinnahmende Äußerungen (z.B. „Kirchen interessieren uns doch.") oder einseitige Setzungen (z.B. „Jetzt ist aber Vormittag, da gibt's noch kein Kino."), die den Kindern umgekehrt so nicht zugestanden wurden. Die Kategorie „Kon-

trollieren/Lenken" kam, trotz abnehmender Tendenz zu beiden Messzeitpunkten ausreichend häufig vor, so dass für die beiden Messzeitpunkte Häufigkeitsvariablen gebildet werden konnten (t1: MW=43%, s=26,4; t2: MW= 28%, s=21,6). Die Korrelation zwischen den Messzeitpunkten betrug r=.20 (p<.05). Die Variablen „Kontrollieren/Lenken" zu t1 und t2 sind in den Analysen zu beiden Hypothesen unabhängige Variablen.

Pubertät

Pubertal status. Die Erfassung der Indikatoren der körperlichen Entwicklung der Kinder orientierte sich an der von Petersen et al. (1988) entwickelten Pubertal Development Scale (PDS), bei der die Kinder auf einer vierstufigen Skala, von „Noch kein Wachstum" (1) bis „Wachstum schon abgeschlossen" (4), den Stand ihrer Achsel- und Schambehaarung angeben und die Mädchen zusätzlich ihr Brustwachstum einschätzen. Außerdem werden Größe und Gewicht erfragt und bei den Jungen wird zusätzlich nach dem Wachstumsschub und bei den Mädchen nach der Periode gefragt.

- *„Pubertal status zu t1" (Jungen und Mädchen).* Da die meisten Mädchen und Jungen der Stichprobe zum ersten Messzeitpunkt noch keine Pubertätsmerkmale aufwiesen, ließen die entsprechenden Einzelindikatoren der PDS keine Differenzierung zu. Die Variable „Pubertal status" (t1) wurde deshalb für alle einheitlich aus den standardisierten Angaben für *„Größe"* und *„Gewicht"* gebildet. „Pubertal status zu t1" ist in den Analysen zu beiden Hypothesen eine der unabhängigen Variablen.
- *„Pubertal status zu t2" (Mädchen).* Zum zweiten Messzeitpunkt hatten 21 Mädchen (30%) ihre Periode, so dass für die Mädchen der *Menarchestatus* (Periode: ja /nein), der als ein maßgebliches und sehr zuverlässiges Merkmal für den Entwicklungsstatus von Mädchen gilt und in vielen Untersuchungen verwendet wird, als Indikator für den Pubertal status (zu t2) herangezogen werden konnte. In den Analysen zur 2. Hypothese, die getrennt für Jungen und Mädchen erfolgten, ist „Pubertal status" (t2) (=Menarchestatus) die abhängige Variable.
- *„Pubertal status" (t2) (Jungen).* Zum zweiten Messzeitpunkt trafen bei den Jungen die für die PDS zu erfragenden Einzelindikatoren in ausreichender Häufigkeit zu, so dass für die Variable „Pubertal status" (t2) die vollständige PDS-Skala verwendet werden konnte. Für die Bildung der Skala wurden die standardisierten Angaben zu Größe, Gewicht, Scham-, Achselbehaarung und Wachstumsschub der Jungen summiert (m = 0,00, sd = 2,8, range: -5,5 bis 5,2). In den Analysen zur 2. Hypothese bei den Jungen ist diese Variable die abhängige.

Selbstberichtetes pubertal timing. Diese Variable wurde in Anlehnung an Hasenberg et al. (1994) mit der Frage: „Wie würdest Du Deine körperliche Entwicklung im Vergleich zu Deinen Klassenkameraden/dinnen einschätzen?" erfasst. Die Frage konnte auf einer fünfstufigen Skala von „Ich bin deutlich später als die anderen entwickelt." (1) bis „Ich bin deutlich früher ... entwickelt." (5) beantwortet werden (t1: m= 2,9, sd = 0,8; t2: m= 2,9, sd = 0,8). Das „Selbstberichtete pubertal timing" ist in den Analysen zur 1. und zur 2. Hypothese eine der unabhängigen Variablen.

Weitere unabhängige Variablen. In die Analysen zu beiden Hypothesen gehen die Variablen „*Alter des Kindes*", „*Geschlecht des Kindes*" und „*Familienstruktur*" (Alleinerziehende versus Mütter mit Partner) als unabhängige Variablen ein.

In Tabelle 1 sind die bivariaten Zusammenhänge (Korrelationen) zwischen allen Variablen dargestellt, die als unabhängige und/oder abhängige Variablen in die Analysen eingingen.

Tabelle 1: **Bivariate Korrelationen aller Variablen (n=129; 60 Jungen, 69 Mädchen)**

		2.	3.	4.	5.	6.	7.	8.	9.	10.	11.	12.
1.	Kinder: „Umgestalten" (t2)	.42**	.23+	-.03	-.01	.22+	.25**	.33**	.22*	-.18*	-.03	.12
2.	Kinder: „Umgestalten" (t1)	--	.22+	.24*	-.05	.10	.02	.16+	.22*	.00	-.02	.00
3.	Pubertal status (t2) Jungen		--	.69**	.47**	.37**	-.03	.02	-.19*			-.04
4.	Pubertal status (t2) Mädchen			--	.34**	.58**	.35**	-.01	-.09	-.05		-.11
5.	Pubertal status (t1)				--	.38**	.38**	-.09	-.02	.22*	-.09	-.01
6.	Selbstberichtetes pubertal timing (t2)					--	.58**	.06	.08	-.11	-.08	.05
7.	Selbstberichtetes pubertal timing (t1)						--	.12	-.07	-.09	-.11	.01
8.	Mütter: „Kontrollieren/Lenken" (t2)							--	.20**	-.01	-.07	.06
9.	Mütter: „Kontrollieren/Lenken" (t1)								--	-.30**	-.17*	.23**
10.	Alter des Kindes									--	.01	-.26**
11.	Geschlecht des Kindes[a]										--	.01
12.	Familienstruktur[b]											--

+ = p<.10, * p<.05, ** = p<.01;

a) Jungen=1, Mädchen=2; b) Alleinerziehende=0, Mütter mit Partner=1

6. Ergebnisse

Zur Überprüfung der beiden Hypothesen wurden hierarchische Regressionsanalysen durchgeführt.

Die erste Hypothese: Der Einfluss des Selbstberichteten pubertal timings auf die Individuation in der Beziehung

In die zur Überprüfung der ersten Hypothese durchgeführten Regressionsanalyse[1] ging die Kategorie „Umgestalten" der Kinder (zu t2) als abhängige Variable ein. Die Ergebnisse sind in Tabelle 2 dargestellt.

Tabelle 2: Hierarchische Regression von Kinder: „Umgestalten"(t2) auf 1.) „Umgestalten" (t1), 2.) Pubertal status (t1), 3.) Selbstberichtetes pubertal timing (t1), 4.) Mütter: „Kontrollieren/ Lenken" (t2) und (t1), 5.) Alter, Geschlecht des Kindes und Familienstruktur (Beta-Gewichte, n=129)

Regressionsmodelle	„Umgestalten" (t2)				
	Modell 1 Beta	Modell 2 Beta	Modell 3 Beta	Modell 4 Beta	Modell 5 Beta
Kinder: „Umgestalten" (t1)	.39**	.39**	.38**	.32**	.33**
Pubertal status (t1)	--	.02	-.01	-.06	-.06.
Selbstberichtetes pubertal timing (t1)	--	--	.27**	.25**	.25**
Mütter:					
„Kontrollieren/Lenken"(t2)				.21*	.21*
„Kontrollieren/Lenken"(t1)	--	--	--	.12	.10
Alter des Kindes	--	--	--	--	-.11
Geschlecht des Kindes[a]				--	.02
Familienstruktur[b]	--	--	--	--	.08
R^2 (korrigiertes R^2)	.15 (.15)	.15 (.14)	.22 (.20)	.28 (.25)	.30 (.26)
F	22,72**	11,30**	11,48**	9,61**	6,49**
Änderung in R^2		0,00	0,06	0,07	0,02
Änderung in F (Sig.)		0,05 n.s.	10,19**	5,54**	1,22 n.s.

* = p<.05, ** = p<.01;
a) Jungen = 1, Mädchen = 2;
b) Alleinerziehende = 0, Mütter mit Partner = 1

Im oberen Teil der Tabelle 2 sind die aufeinander folgenden Schritte der hierarchischen Regression in den Modellen 1 bis 5 und die Beta-Gewichte, die die

---

[1] Da die abhängige Variable in diesem Fall dichotom war, wurde zur Absicherung zusätzlich eine Diskriminanzanalyse durchgeführt. Die Ergebnisse entsprachen denen der Regressionsanalyse. Aus Gründen der Übersichtlichkeit und der Einheitlichkeit sind nur die Ergebnisse der Regressionsanalyse dargestellt.

Vorhersagekraft der Prädiktoren angeben, dargestellt. Im unteren Teil sind die Kennzahlen R^2 und R^2-change aufgeführt. Das R^2 gibt den Anteil der durch das jeweilige Modell aufgeklärten Varianz der abhängigen Variable an. Das R^2-change bzw. der dazugehörige F-Wert zeigt, ob der Zuwachs an Varianzaufklärung von einem zum nächsten Modell signifikant ist.

Der gewichtigste Prädiktor ist in allen Modellen das „Umgestalten" der Kinder zum ersten Messzeitpunkt. Die Zugehörigkeit zur Gruppe der bereits mit etwa elf Jahren die Beziehung umgestaltenden Kinder sagt die Zugehörigkeit zu dieser Gruppe zum zweiten Messzeitpunkt, wie aufgrund des bivariaten Zusammenhangs zu erwarten war, am besten vorher. Der im zweiten Modell als zusätzlicher Prädiktor aufgenommene Pubertal status (t1) hat keinen Einfluss auf das Umgestalten der Beziehung durch die Kinder zum zweiten Messzeitpunkt. Erst im dritten Modell, in das das Selbstberichtete pubertal timing als zusätzlicher Prädiktor einbezogen wurde, ergibt sich ein signifikanter Aufklärungszuwachs. Im Gegensatz zum Pubertal status hat das Selbstberichtete pubertal timing einen signifikanten Einfluss auf das Umgestalten zum zweiten Messzeitpunkt. Aber auch die Hinzunahme des Verhaltens der Mütter im Modell 4, das „Kontrollieren/Lenken", führt zu einem signifikanten Aufklärungszuwachs, der auf dieses Verhalten der Mütter zum zweiten Messzeitpunkt zurückgeht. Durch die im fünften Modell zusätzlich zur Kontrolle berücksichtigten Variablen „Alter des Kindes", „Geschlecht des Kindes" und „Familienstruktur" verändert sich das Gesamtergebnis nicht weiter, sie haben keinen Einfluss.

Insgesamt bestätigt sich damit, dass das Selbstberichtete pubertal timing, also die vom Kind wahrgenommene und eingeschätzte körperliche Entwicklung und nicht der Pubertal status, also das Ereignis „Pubertät" an sich, den Prozess der Umgestaltung der Mutter-Kind-Beziehung beeinflusst. Je weiter entwickelt sich die Kinder im Alter von etwa elf Jahren einschätzten, desto eher gehörten sie eineinhalb Jahre später zu denjenigen, die bereits die Beziehung zu ihren Müttern umzugestalten versuchten. Dass das Selbstberichtete pubertal timing als Prädiktor signifikant wurde, obwohl in der hierarchischen Regression zuvor bereits das „Umgestalten" der Kinder zum ersten Messzeitpunkt berücksichtigt worden war, zeigt dabei, dass es einen unabhängigen Einfluss auf die Beziehung hat, der nicht auf die schon vorher bestehenden Unterschiede im Verhalten der Kinder (Umgestalten zu t1) zurückzuführen ist. Darüber hinaus hängt das Umgestalten der Kinder zum zweiten Messzeitpunkt mit dem Verhalten der Mütter zu diesem Zeitpunkt zusammen: Je kontrollierender und lenkender die Mütter sich (zu t2) gegenüber ihren Kindern verhielten, desto eher versuchten diese die Beziehung umzugestalten. Da diese beiden Variablen aber zum selben Messzeitpunkt erfasst wurden, könnte hier auch die andere Zusammenhangsrichtung zutreffen: Je stärker die Kinder die Beziehung umgestalteten, desto kontrollierender und lenkender verhielten sich die Mütter.

Die zweite Hypothese: Der Einfluss der Individuation in der Beziehung auf die Veränderung des Pubertal status

In die zur Überprüfung der zweiten Hypothese (in Anlehnung an die „Beschleunigungshypothese") durchgeführten hierarchischen Regressionsanalyse wurde Pubertal status (t2) als abhängige Variable einbezogen. Wegen der unterschiedlichen Indikatoren für Pubertal status zum zweiten Messzeitpunkt bei Jungen (PDS-Skala) und Mädchen (Menarchestatus) wurden die Analysen getrennt durchgeführt.

Ergebnisse für die Jungen

In Tabelle 3 sind die Ergebnisse für die Jungen dargestellt. Um den Einfluss der bereits zum ersten Messzeitpunkt bei den Jungen bestehenden Unterschiede im Status der körperlichen Entwicklung kontrollieren zu können, wurde im ersten Schritt (Modell 1) der Pubertal status zum ersten Messzeitpunkt als unabhängige Variable in die Regression eingegeben.

Tabelle 3: Hierarchische Regression von Pubertal status (t2) auf 1.) Pubertal status (t1), 2.) Kinder: „Umgestalten" (t1), 3.) Selbstberichtetes pubertal timing, 4.) Mütter: „Kontrollieren/Lenken" (t2) und (t1), 5.) Alter des Kindes, Familienstruktur (Beta-Gewichte, n= 60 Jungen)

	Pubertal status (t2)				
Regressionsmodelle	Modell 1 Beta	Modell 2 Beta	Modell 3 Beta	Modell 4 Beta	Modell 5 Beta
Pubertal status (t1)	.70**	.70**	.67**	.67**	.67**
Kinder: „Umgestalten" (t1)	--	.20*	.20*	.22*	.22*
Selbstberichtetes pubertal timing (t1)	--	--	.09	.07	.07
Mütter: „Kontrollieren/Lenken"(t2)	--	--	--	-.06	-.06
„Kontrollieren/Lenken"(t1)	--	--	--	-.01	.00
Alter des Kindes	--	--	--	--	.07
Familienstruktur[b)]					-.01
R² (korrigiertes R²)	.49 (.48)	.53 (.51)	.53 (.41)	.54 (.39)	.54 (.38)
F	52,42**	30,27**	20,27**	11,87**	8,15**
Änderung in R²		0,04	0,01	0,00	0,00
Änderung in F (Sig.)		4,65*	0,65 n.s.	0,19 n.s.	0,01 n.s.

+= p<.10, * = p<.05, ** = p<.01;
a) Alleinerziehende = 0, Mütter mit Partner = 1

Den stärksten Einfluss auf den Status der körperlichen Entwicklung zum zweiten Messzeitpunkt hat, wie zu erwarten war, der bereits zum ersten Messzeitpunkt erreichte Status der körperlichen Entwicklung der Jungen. Die Vorhersagekraft dieser Variablen nimmt auch nach Berücksichtigung der weiteren Prädiktoren kaum ab (von Beta= .70 auf Beta= .67), sondern bleibt als stärkster Prädiktor erhalten. Demnach sind die Unterschiede im Status der körperlichen Entwicklung der Jungen zum zweiten Messzeitpunkt zum weitaus größten Teil durch die bereits zum ersten Messzeitpunkt bestehende Varianz im körperlichen Entwicklungsstand zu erklären. Dennoch zeigt sich im 2. Regressionsmodell, dass die Kategorie „Umgestalten" (t1) auch nach der Berücksichtigung dieses stärksten Prädiktors einen eigenen, unabhängigen Einfluss auf den „Pubertal status" der Jungen zum zweiten Messzeitpunkt hat. Mit einem Beta-Gewicht von .20 führt diese Variable zu einem signifikanten Aufklärungszuwachs (von R^2= .49 auf R^2= .53). Der im 3. Modell hinzugenommene Prädiktor „Selbstberichtetes pubertal timing" wird nicht signifikant, hat also keinen Einfluss auf den Pubertal status zum zweiten Messzeitpunkt. Auch die im 4. und im 5. Modell hinzugefügten Prädiktoren führen zu keiner substantiellen Änderung der aufgeklärten Varianz insgesamt und sie verändern nicht die Vorhersagekraft der signifikanten Prädiktoren. Demnach kann als Ergebnis dieser Analyse festgehalten werden, dass das anhand der Kategorie „Umgestalten" (t1) erfasste Streben der Jungen nach mehr Gleichberechtigung und Unabhängigkeit von ihren Müttern sich auf ihre weitere körperliche Entwicklung auswirkte. Jungen, die schon mit etwa elf Jahren versuchten, die Beziehung zu ihren Müttern umzugestalten, waren eineinhalb Jahre später tendenziell weiter entwickelt als Jungen, die dieses Verhalten noch nicht zeigten. Allerdings ist die durch den Prädiktor „Umgestalten" (t1) aufgeklärte Varianz von 4 Prozent der Unterschiede in der körperlichen Entwicklung zum zweiten Messzeitpunkt nicht sehr hoch; der größte Varianzanteil (49%) wird durch die bereits zum ersten Messzeitpunkt bestehenden körperlichen Unterschiede unter den Jungen erklärt.

Ergebnisse für die Mädchen

Die Ergebnisse für die Mädchen sind in Tabelle 4 dargestellt.[2] Wie bei den Jungen wurde im ersten Schritt der Regression zunächst der Einfluss der bereits zum ersten Messzeitpunkt bestehenden Unterschiede in der körperlichen Entwicklung der Mädchen (Pubertal status, t1) auf die abhängige Variable (Pubertal status, t2) kontrolliert.

Auch bei den Mädchen hat der bereits zum ersten Messzeitpunkt erreichte Stand der körperlichen Entwicklung erwartungsgemäß den deutlichsten Einfluss auf den Pubertal status zum zweiten Messzeitpunkt (Menarchestatus). Je weiter entwickelt die Mädchen mit etwa elf Jahren waren, desto eher hatten sie eineinhalb Jahre später bereits ihre Menarche erlebt. Das im 2. Modell einbezogene Umgestalten (t1) leistet aber einen eigenen signifikant um 9 Prozent (R^2-change=.09, Änderung in Sig. von F=.01) über die Varianzaufklärung durch den Prädiktor „Pubertal status" (t1) hinausgehenden Beitrag zur Erklärung des

---

[2] Da auch hier die abhängige Variable dichotom war, wurde zur Absicherung wieder zusätzlich eine Diskriminanzanalyse durchgeführt. Auch in diesem Fall entsprachen die Ergebnisse denen der dargestellten Regressionsanalyse.

Tabelle 4: Hierarchische Regression von Pubertal status (t2) auf 1.) Pubertal status (t1), 2.) Kinder: „Umgestalten" (t1), 3.) Selbstberichtetes pubertal timing, 4.) Mütter: „Kontrollieren/Lenken" (t2) und (t1), 5.) Alter des Kindes, Familienstruktur (Beta-Gewichte, n=69 Mädchen)

Regressionsmodelle	Pubertal status (t2)				
	Modell 1 Beta	Modell 2 Beta	Modell 3 Beta	Modell 4 Beta	Modell 5 Beta
Pubertal status (t1)	.34**	.37**	.29*	.28*	.30*
Kinder: „Umgestalten" (t1)	--	.30**	.29*	.32**	.32**
Selbstberichtetes pubertal timing (t1)	--	--	.26*	.26*	.24+
Mütter: „Kontrollieren/Lenken"(t2)	--	--	--	.04	.03
„Kontrollieren/Lenken"(t1)	--	--	--	-.16	-.15
Alter des Kindes	--	--	--	--	.16
Familienstruktur[b]					-.12
R^2 (korrigiertes R^2)	.11 (.10)	.20 (.18)	.26 (.23)	.28 (.22)	.31 (.23)
F	8,38**	8,10**	7,53**	4,87**	3,80**
Änderung in R^2		0,09	0,06	0,02	0,03
Änderung in F (Sig.)		7,05**	5,32*	0,91 n.s.	1,10 n.s.

+ = p<.10, * = p<.05, ** = p<.01;
a) Alleinerziehende = 0, Mütter mit Partner = 1

Pubertal status zu t2. Auch das im 3. Modell hinzugenommene Selbstberichtete pubertal timing erhöht mit einem Beta-Gewicht von .26 die Aufklärung signifikant um 6 Prozent (R^2-change=.06, Änderung in Sig. von F<.05); es wirkt sich demnach auch auf den Pubertal status zum zweiten Messzeitpunkt aus.[3] Wie bei den Jungen haben das Verhalten der Mütter (Modell 4: Mütter „Kontrollieren/Lenken" zu t1 und t2) sowie das Alter der Kinder und die Familienstruktur (Modell 5) keinen signifikanten Einfluss auf den Pubertal status der Mädchen zum zweiten Messzeitpunkt. Insgesamt finden sich damit auch bei den Mädchen Hinweise darauf, dass ihr zum ersten Messzeitpunkt erfolgendes Bemühen, die Beziehung zu ihren Müttern gleichberechtigter zu gestalten und mehr Unabhän-

---

[3] Bei diesem Einfluss handelt es sich aber um einen methodisch bedingten Effekt, der darauf zurückzuführen ist, dass a) die aus den Einzelindikatoren „Gewicht" und „Größe" gebildete Variable „Pubertal status" (t1) bei den Mädchen nicht der beste (am höchsten korrelierende) Prädiktor für den Pubertal status (t2) ist und b) „Pubertal status" (t1) relativ hoch mit dem Selbstberichteten pubertal timing (t1) korreliert ist. Beides zusammen führt dazu, dass ein Teil der Varianz im Pubertal status (t2) (Menarchestatus) bei den Mädchen nicht, wie zu erwarten wäre, durch den Pubertal status zum ersten Messzeitpunkt aufgeklärt wird, sondern durch das damit eng zusammenhängende Selbstberichtete pubertal timing (t1). Gibt man dagegen das mit dem Menarchestatus zu t2 viel höher korrelierende Gewicht (t1) bei den Mädchen als ersten Prädiktor in die Regression ein, so verschwindet der Einfluss des Selbstberichteten pubertal timings.

gigkeit zu erreichen, sich auf das Voranschreiten ihrer körperlichen Entwicklung (hier: Menarche) auswirkt.

7. Zusammenfassung und Integration der Ergebnisse

Die erste in Anlehnung an die Distanzierungshypothese von Steinberg untersuchte Frage, ob der Entwicklungsstatus, d.h. der anhand von körperbezogenen Merkmalen (Größe, Gewicht) ermittelte Pubertal status oder aber der vom Kind wahrgenommene und eingeschätzte relative Entwicklungsstand, das Selbstberichtete pubertal timing, einen stärkeren Einfluss auf die Individuation in der Beziehung von Seiten der Kinder hat, kann klar beantwortet werden: Nicht der pubertäre Entwicklungsstatus an sich, sondern die Einschätzung der Kinder, wie weit sie im Vergleich zu Gleichaltrigen entwickelt sind, beeinflusste in dieser Untersuchung die Beziehung. Je weiter entwickelt die Kinder sich mit etwa 11 Jahren bereits einschätzten, desto eher versuchten sie eineinhalb Jahre später die Beziehung zu ihren Müttern gleichberechtigter und unabhängiger zu gestalten. Dieser Einfluss blieb auch bestehen, nachdem das kontrollierende und lenkende Verhalten der Mütter als möglicher Auslöser für das umgestaltende Verhalten der Kinder berücksichtigt wurde. Das kontrollierende und lenkende Verhalten der Mütter zum zweiten Messzeitpunkt hing zwar mit dem Umgestalten der Kinder zum selben Messzeitpunkt zusammen, sagte aber im Gegensatz zum Pubertal timing zum ersten Messzeitpunkt dieses Verhalten nicht längsschnittlich vorher. Obwohl der Anteil der durch das Selbstberichtete pubertal timing aufgeklärten Unterschiede bei der Beziehungsgestaltung mit ca. 6 Prozent nicht groß ist, illustriert das Ergebnis, dass es angemessen ist, Entwicklung als einen sozialkonstruktiven Prozess zu verstehen, bei dem Heranwachsende den Ereignissen in ihrer Entwicklung (wie hier der pubertären Reife) nicht passiv gegenüberstehen, sondern die Wirkung dieses Ereignisses durch die Art, wie sie es wahrnehmen und einschätzen, aktiv mitgestalten. Erst durch die subjektive Wahrnehmung und Einschätzung, schon etwas weiter entwickelt zu sein, werden die körperlichen Veränderungen zu einem Anreiz, auch in der Beziehung zur Mutter eine erwachsenere, gleichberechtigtere Position anzustreben und sie dementsprechend umzugestalten.

Der zweite Teil dieser Untersuchung orientierte sich an der mit der Beschleunigungshypothese von Steinberg (1989) verknüpften Vorstellung, dass eine durch Konflikte, wie sie im Individuationsprozess auftreten, emotional belastete Beziehung zwischen Eltern und Kindern die körperliche Entwicklung beschleunigt. Auch zu der dazu untersuchten Frage, ob Kinder, die bereits vor oder ganz zu Beginn ihrer pubertären Entwicklung (mit etwa 11 Jahren) versuchen, die Beziehung zu ihren Müttern in Richtung auf mehr Gleichberechtigung und Unabhängigkeit umzugestalten, in ihrer weiteren körperlichen Entwicklung schneller voranschreiten, finden sich Hinweise. Die für Jungen und Mädchen getrennt durchgeführten Analysen zeigen, dass auch nach der Berücksichtigung des erwartungsgemäß stärksten Prädiktors, dem bereits zum ersten Messzeitpunkt erreichten körperlichen Entwicklungsstatus, das Bestreben der Kinder, die Beziehung umzugestalten, einen signifikanten, die körperliche Entwicklung beschleunigenden Einfluss hat. Auch dieses zweite Ergebnis untermauert wichtige theoretische Vorstellungen. Es zeigt, dass psychosoziale Prozesse, wie hier die Individuation in der Beziehung zwischen Müttern und Kindern, die pubertäre Entwicklung der Kinder beeinflussen und damit in einen hochgradig genetisch determinierten biologischen Prozess eingreifen. Das Ergebnis ist deshalb ein deutliches Beispiel für die interaktionistische Vorstellung von Entwicklung als einer Wechselwirkung zwischen psychosozialen Merkmalen der Umwelt und genetischen Einflüssen.

Als „Ausblick" sollen nun abschließend einige theoretische Gedanken zu dem Zusammenspiel biologischer, kognitiver und psychosozialer Prozesse in der Präadoleszenz vorgestellt werden. Die Gedanken sind in der folgenden Abbildung als graphisches Modell dargestellt.

Abbildung 1:

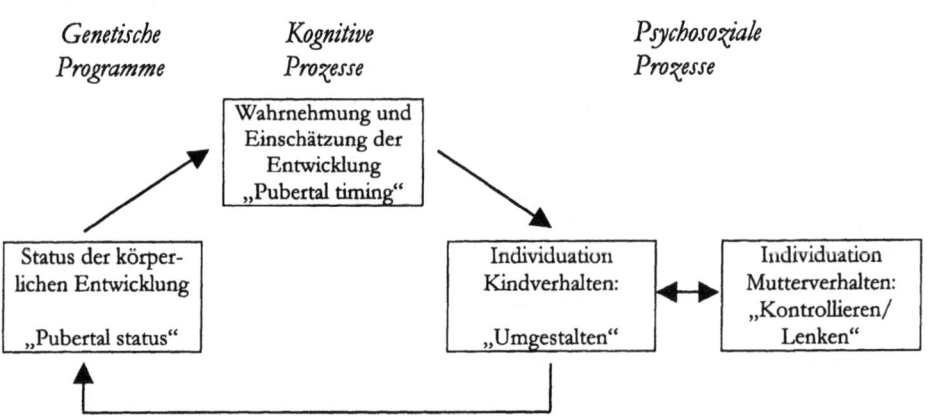

Das Zusammenspiel der beiden in der Präadoleszenz einsetzenden Prozesse der biologischen Pubertät und der Individuation besteht nach diesem Gedankenmodell in einem Kreislauf, bei dem biologische, genetisch verankerte Entwicklungen mit kognitiven Reaktionen einhergehen, durch die soziale Prozesse stimuliert werden, welche ihrerseits wieder Einfluss nehmen auf die biologischen Ereignisse.

Im Einzelnen lässt sich dieser Kreislauf folgendermaßen vorstellen: Überwiegend durch genetische Programme gesteuert werden Heranwachsende irgendwann zwischen ungefähr neun und zwölf Jahren mit den ersten Veränderungen ihres Körpers, dem Ereignis der Pubertät, konfrontiert. Dafür, wie sie dieses Ereignis kognitiv verarbeiten, d.h. welche Bedeutung sie ihm zuschreiben, ist der soziale Vergleich und die subjektive Einschätzung der eigenen körperlichen Entwicklung, als im Durchschnitt der Gleichaltrigen oder aber darüber oder darunter liegend, maßgeblich. In einer Gesellschaft, die kaum verbindliche Anhaltspunkte für die eigene Definition als „noch Kind" oder „schon Jugendlicher" bietet, erhält diese im sozialen Vergleich vorgenommene Einschätzung weit reichende Bedeutung. Erst die kognitive Verarbeitung der Pubertät als ein Anhaltspunkt für den eigenen sozialen Status (Kind/Jugendlicher) ist der Stimulus für das Bemühen, diesen Status auch in der durch (mehr oder weniger) Ungleichheit und Autorität gekennzeichneten Beziehung zu den Eltern einzufordern. Je weiter entwickelt Kinder sich selbst einschätzen, desto vehementer fordern sie den gleichberechtigteren Status des Jugendlichen in der Beziehung ein. Eltern geben den Forderungen ihrer Kinder aber nicht uneingeschränkt nach, sondern steuern aus erzieherischen Gründen dagegen. Die in Abhängigkeit der Vehemenz des Kindes entstehende Belastung für die Beziehung wirkt, wie in dem soziobiologischen Modell von Belsky und Kollegen (1991) vermutet, zurück auf das genetische Programm. Je stärker die Beziehung durch die Aushandlung der Umgestaltungsforderungen der Kinder belastet wird, desto weniger erweist sie sich als tragfähig und desto stärker werden demzufolge die genetischen Programme in Richtung einer beschleunigten (schnell zur eigenen Reproduktionsfähigkeit führenden) biologischen Entwicklung ausgerichtet. – Durch weitere Analysen an größeren Stichproben, die über mehr als nur zwei Messzeitpunkte verfolgt werden können, muss indes geprüft werden, inwieweit diese theoretischen Vorstellungen tragfähig und weiterführend sind.

Literatur

Alsaker, F.D.: Pubertal timing, overweight, and psychological adjustment. In: Journal of Early Adolescence 12(1992), pp. 396-419

Alsaker, F.D.: Is puberty a critical period for socialization? In: Journal of Adolescence 18(1995), pp. 427-444

Apter, T.: Altered loves. Mothers and daughters during adolescence. New York: St. Martin's Press Inc, 1990

Belsky, J./Steinberg, L. /Draper, P.: Childhood experience, interpersonal development, and reproductive strategy: An evolutionary theory of socialisation. In: Child Development 62(1991), pp. 647-670

Blyth, D.A./Simmons, R.G./Bulcroft, R./Felt, D./van Claeve, E.F./Bush, D.M.: The effects of physical development on self-image and satisfaction with body-image for early adolescent males. In: Research in Community and mental Health 2(1982), pp. 43-73

Cooper, C./Grotevant, H./Condon, S.: Individuality and connectedness in the family as a context for adolescent identity formation and role taking-skills. In: Grotevant, H./Cooper, C. (Eds.): Adolescent development in the family. San Francisco: Jossey-Bass, 1983

Dekovic, M.: Parent-adolescent conflict: Possible determinants and consequences. In: International Journal of Behavioral Development 23(1999), pp. 977-1000

Ellis, B.J./McFadyen-Ketchum, S./Dodge, K.A./Pettit, G.S./Bates, J.E.: Quality of early family relationships and individual differences in the timing of pubertal maturation in girls: A longitudinal test of an evolutionary model. In: Journal of Personality and Social psychology 77(1999), pp. 387-401

Ellis, B.J./Garber, J.: Psychosocial antecedents of variation in girls' pubertal timing: Maternal depression, stepfather presence, and marital and family stress. In: Child Development 71(2000), pp. 485-501

Ewert, O.M.: Psychische Begleiterscheinungen des puberalen Wachstumsschubs bei männlichen Jugendlichen – eine retrospektive Untersuchung. In: Zeitschrift für Entwicklungspsychologie und Pädagogische Psychologie 26(1984), S. 1-11

Fend, H.: Die Entdeckung des Selbst und die Verarbeitung der Pubertät. Entwicklungspsychologie der Adoleszenz in der Moderne. Bd. III. Bern, Göttingen, Toronto, Seattle: Huber, 1994

Fend, H.: Der Umgang mit Schule in der Adoleszenz. Aufbau und Verlust von Lernmotivation, Selbstachtung und Empathie. Entwicklungspsychologie der Adoleszenz in der Moderne. Bd. IV. Bern: Huber, 1997

Flannery, D./Montemayor, R./Eberly, M./Torquati, J.: Unraveling the ties that bind: affective expression and perceived conflict in parent-adolescent interactions. In: Journal of Social and Interpersonal Relationships 10(1993), pp. 495-509

Graber, J.A./Brooks-Gunn, J./Warren, M.P.: The antecedents of menarcheal age: Heredity, family environment and stressful life events. In: Child Development 66(1995), pp. 346-359

Grotevant, H.D./Cooper, C.R.: Patterns of interaction in family relationships and the development of identity exploration in adolescence. In: Child Development 56(1985), pp. 415-428

Hasenberg, R./Marx, B./Strzoda, C./Zinnecker, J.: Projekt Bildungsmoratorium. Kindersurvey 1993. Grundauszählung und Skalen. Projektbericht Nr. 7/8 1994. Universität-Gesamthochschule-Siegen, 1994

Hauser, T.S./Powers, S./Noam, G.G./Jacobson, A.M./Weiss, B./Follansbee, D.J.: Family contexts of adolescent ego development. In: Child Development 55(1984), pp. 195-213

Johnson, B.M./Collins, W.A: Perceived maturity as a function of appearance cues in early adolescence: Ratings by unacquainted adults, parents and teachers. In: Journal of Early Adolescence 8(1988), pp. 357-372

Kracke, B./Silbereisen, R.K.: Körperliches Entwicklungstempo und psychosoziale Anpassung im Jugendalter: Ein Überblick zur neueren Forschung. Zeitschrift für Entwicklungspsychologie und Pädagogische Psychologie, Bd. XXVI, Heft 4 (1994), S. 293-330

Krappmann, L./Schuster, B./Youniss, J.: Can mothers win? The transformation of mother-daughter relationships in late childhood. In: Hofer, M./Youniss, J./Noack, P. (Eds.): Verbal interaction and development in families with adolescents. Vol. 15 in Advances in applied developmental psychology. Stamford, Connecticut: Ablex, 1998

Magnusson, D./Stattin, H./Allen, V.L.: Biological maturation and social development: A longitudinal study of some adjustment processes from mid-adolescence to adulthood. In: Journal of Youth and Adolescence 14(1985), pp. 267-283

Laursen, B./Coy, K.C./Collins, W.A.: Reconsidering changes in parent-child conflict across adolescence: A meta-analyses. Child Development 69(1998), pp. 817-832

Moffit, T.E./Caspi, A./Belsky, J./Silva, P.A.: Childhood experience and the onset of menarche: A test of a sociobiological model. In: Child Development 63(1992), pp. 47-58

Noack, P./Puschner, B.: Differential trajectories of parent-child relationships and psychosocial adjustment in adolescents. In: Journal of Adolescence 22(1999), pp. 795-804

Papini, D.R./Datan, N./McCluskey-Fawcett, K.A.: An observational study of affective and assertive family interactions during adolescence. In: Journal of Youth and Adolescence 17(1988) pp. 477-492

Petersen, A.C./Crockett, L./Richards, M./Boxer, A.: A self-report measure of pubertal status: reliability, validity, and initial norms. In: Journal of Youth and Adolescence 17(1988), pp. 117-133

Piaget, J./Inhelder, B.: Die Psychologie des Kindes. München: dtv, 1972 (zuerst 1966)

Remschmidt, H.: Adoleszenz. Entwicklung und Entwicklungskrisen im Jugendalter. Stuttgart: Thieme, 1992

Sagrestano, L.M./McCormick, S.H./Paikoff, R.L./Holmbeck, G.N.: Pubertal development and parent-child conflict in low-income, urban, African, American adolescents. In: Journal of Research on Adolescence 9(1999), pp. 85-107

Schmitt-Rodermund, E./Ittel, A.: Noch Kind oder schon Frau – Was macht den Zeitpunkt aus? Voraussetzungen für Unterschiede im Entwicklungstempo bei Mädchen. In: Silbereisen, R.K./Zinnecker, J. (Hrsg.): Entwicklung im sozialen Wandel. Weinheim: Beltz, Psychologie Verlags Union, 1999, S. 203-219

Schuster, B.: Interaktionen zwischen Müttern und Kindern. Die Konstruktion sozialer Wirklichkeit in Autoritätsbeziehungen. Weinheim: Juventa, 1998

Schuster, B.: Mutter-Kind-Interaktionen und Selbstentwicklung in der Präadoleszenz. Ergebnisse einer Beobachtungsstudie mit Müttern und zehnjährigen Kindern in einer Spielsituation. In: Renner, E. (Hrsg.): Kindsein in der Schule. Weinheim: Deutscher Studienverlag, 1999

Schuster, B.: Mother-Child Interactions at the Passage from Childhood to Youth: A Comparison of East and West-German Families. In: Flockton, C./Kolinsky, E./Pritchard, R. (Eds.): The New Germany in the East: Policy Agendas and Social Developments since Unification, London: Cass, 2000

Silbereisen, R.K./Kracke: Self-reported maturational timing and adaptation in adolescence. In: Schulenberg, J./Maggs, J.L./Hurrelmann, K. (Eds.): Health risks and developmental transitions during adolescence. Cambridge: Cambridge University Press, 1997, pp. 85-109

Silbereisen, R.K./Schmitt-Rodermund, E. : Prognostische Bedeutung von Unterschieden im Entwicklungstempo während der Pubertät. In: Oerter, R./von Hagen, C./Röper, G./Noam, G. (Hrsg.): Klinische Entwicklungspsychologie. Weinheim: Beltz Psychologie Verlags Union, 1999, S. 218-239

Simmons, R.G./Blyth, D.A.: Moving into adolescence: The impact of pubertal change and school context. New York: Aldine, 1987

Simmons, R.G./Blyth, D.A./Bulcroft, R.A.: The social-psychological effects of puberty on white males. In: Simmons, R.G./Blyth, D.A. (Eds.): Moving into adolescence. The impact of pubertal change and school context. Hawthorne, NY: de Gruyter, 1987, pp. 171-199

Stecher, L./Zinnecker, J.: Kind oder Jugendlicher? Biographische Selbst- und Fremdwahrnehmung im Übergang. In: Zinnecker, J./Silbereisen, R.K. (Hrsg.): Kindheit in Deutschland. Aktueller Survey über Kinder und ihre Eltern.Weinheim: Juventa, 1996, S. 175-191

Steinberg, L.: Pubertal maturation and parent-adolescent distance: An evolutionary perspective. In: Adams, G./Montemayor, R./Gullotta, T. (Eds.): Biology of adolescent behavior and development. Newbury Park: Sage, 1989, pp. 82-114

Youniss, J.: Soziale Konstruktion und psychische Entwicklung. Frankfurt am Main: Suhrkamp, 1994

Alleinsein als mehrdeutige Erfahrung für Kinder im Grundschulalter[1]

Harald Uhlendorff

1. Einführung

Bereits Kinder im Grundschulalter haben von Zeit zu Zeit den Wunsch allein zu sein. Das geschieht oftmals unauffällig, z.b. wenn sie ungestört lesen oder Musik hören wollen oder auch demonstrativ, wenn sie sich z.b. nach einem Streit mit den Eltern wütend in das eigene Zimmer zurückziehen. Manchmal ist Alleinsein für Kinder ein unangenehmer Zustand, den sie möglichst schnell beenden wollen. Wieder mit anderen beisammen zu sein, ist dann ihr dringender Wunsch. Um die identitätsrelevanten Aspekte des Wechselspiels zwischen Alleinsein und Beisammensein zu beleuchten, wird in diesem Aufsatz zuerst auf Forschungsarbeiten über Erwachsene und Jugendliche zurückgegriffen, anschließend soll die Bedeutung des Alleinseins für Kinder genauer untersucht werden.

Alleinsein, Beisammensein und Identität

Auf den ersten Blick ist es überraschend, wenn aus tiefenpsychologischer und existenz-philosophischer Sicht zwischenmenschliches Beisammensein mit dem Alleinsein, genauer gesagt, mit der Fähigkeit zum Alleinsein, verknüpft wird. C. G. Jung formulierte den Zusammenhang wie folgt: „Nur der Mensch, der wirklich und ohne Bitterkeit imstande ist allein zu sein, zieht andere Menschen an. Er braucht sie dann gar nicht mehr zu suchen. Sie kommen von ganz allein und zwar diejenigen, die auch er selber braucht" (Schwab, 1997: 25). Nach dieser Idee wird die Fähigkeit zum Alleinsein als ein Wesenszug des autonomen Individuums verstanden. Die Fähigkeit zum Alleinsein ist für andere Menschen spürbar, wirkt anziehend, ist nach Winnicott (1958) sogar ein Zeichen emotionaler Reife und ermöglicht zwischenmenschliche Begegnungen, in denen die Bedürfnisse beider Interaktionspartner angemessen berücksichtigt werden können. Aus existenz-philosophischer Perspektive schreibt Karl Jaspers „Ich kann nicht ich selbst werden, ohne in Kommunikation zu treten und nicht in Kommunikation

---

[1] Dieser Aufsatz entstand auf der Grundlage eines Posters, das der Autor gemeinsam mit Janette Brauer und Lothar Krappmann beim 40. Kongress der Deutschen Gesellschaft für Psychologie im September 1996 in München vorstellte.

treten, ohne einsam zu sein" (Elbing, 1991: 4).[2] In diesem Gedankengang wird zuerst die soziale Dimension von Identität betont, wie sie Lothar Krappmann (1969) aus soziologischer Sicht auffächerte, und anschließend wird, ähnlich wie bei C.G. Jung, Alleinsein als Voraussetzung für soziale Interaktionen hervorgehoben. Nach Jung und Jaspers wird also die Fähigkeit zum Alleinsein bzw. der Mut, sich existentieller Einsamkeit zu stellen, als Voraussetzung für ein erfülltes, befriedigendes und damit auch entwicklungsförderliches Beisammensein angesehen.

Schwab und Barkmann (1999) haben sich mit dem Alleinsein aus sozialwissenschaftlicher Perspektive auseinandergesetzt. Sie betonen eine andere gedankliche Verbindung zwischen Alleinsein und Beisammensein. Danach setzt die Fähigkeit zum Alleinsein eine innere Verbundenheit zu nahe stehenden Menschen voraus, die vor allem ein Resultat kindlicher Bindungserfahrungen mit den Eltern ist und sich in aktuellen sozialen Beziehungen widerspiegelt (s. auch Röhrle & Osterlow, 1999). Entsprechend der Bindungstheorie (z.B. Main, 2001) haben bereits einjährige Kinder anhand ihrer Erfahrungen mit Eltern oder anderen Bezugspersonen ein Arbeitsmodell von Beziehungen entwickelt, das im weiteren Lebenslauf den Umgang mit eng vertrauten Menschen und – nach Schwab und Barkmann (1999) – auch mit dem Alleinsein beeinflusst. Empirisch können sie zeigen, dass die Fähigkeit zum Alleinsein bei jungen Erwachsenen tatsächlich mit der von ihnen erlebten Sicherheit innerhalb sozialer Beziehungen zusammenhängt. Insgesamt entfaltet sich hier aus philosophischer, psychologischer und soziologischer Sicht ein Zusammenspiel, nach dem bindungsspezifische Beziehungserfahrungen die Fähigkeit zum Alleinsein stärken können, die Fähigkeit zum Alleinsein ein befriedigendes Beisammensein ermöglicht und dieses Beisammensein wiederum zur Bildung und Wahrung von Identität beitragen kann.

Alleinsein und Einsamkeit

Alleinsein und vor allem Einsamkeit sind uneindeutige Begriffe, die sich im Sprachgebrauch der letzten Jahrzehnte verändert haben und deshalb genauer definiert werden müssen. Eine empirische Untersuchung von Hofstätter zum Begriffsverständnis von „Einsamkeit" aus den 50er Jahren zeigte durchaus positive Sichtweisen auf Einsamkeit. Danach wurde Einsamkeit damals u.a. mit heroischer Größe, mit Stärke und positiv getönter Selbstfindung assoziiert (s. Elbing, 1988; Hofstätter, 1990). Wenn bei diesem Verständnis von Einsamkeit die schmerzvollen Aspekte angesprochen werden sollten, wurde z.B. die Bezeich-

---

2 Einsamkeit und Alleinsein werden im Existenzialismus als unausweichlich zum menschlichen Schicksal dazugehörig angesehen. Aus der Einsamkeit des Menschen vor Gott oder vor dem Nichts ergibt sich zwar zunächst Angst, die jedoch letztlich zur Freiheit des Menschen führt. Deshalb soll diese Angst angenommen und ertragen werden (Schmidt, 1982).

nung „Vereinsamung" benutzt (z.B. Schipperges, 1985).³ Neuere Untersuchungen aus den 80er und 90er Jahren, in denen die Begriffe „allein" und „einsam" anhand anderer Eigenschaften beurteilt werden sollten, zeigen, dass Einsamkeit inzwischen eindeutig negativ besetzt ist und mit Adjektiven wir „traurig", „passiv" oder „träge" beschrieben wird (Elbing, 1988; Schwab, 1997). Alleinsein wird dagegen deutlich positiver bewertet und sogar mit Mut und Aktivität in Verbindung gebracht. Besonders positiv, z.b. als schöpferisch, klar und stark, wurde Alleinsein von Personen eingeschätzt, die sich selbst als wenig einsam definierten.

Im vorliegenden Aufsatz soll diesem veränderten Verständnis von Einsamkeit und Alleinsein Rechnung getragen werden. Unter Einsamkeit wird daher „das quälende Bewusstsein eines inneren Abstandes zu den anderen Menschen und die damit einher gehende Sehnsucht nach Verbundenheit in befriedigenden, sinngebenden Beziehungen" (Schwab, 1997: 22) verstanden. Alleinsein dagegen soll den „objektiven Zustand des Abgesondertseins von anderen Menschen" bezeichnen, der sowohl „positiv als auch negativ erlebt werden" kann (Schwab, 1997: 24f). Nach Schwab und Barkmann (1999) korreliert die Fähigkeit zum Alleinsein bei jungen Erwachsenen deutlich negativ mit ihren Einsamkeitsgefühlen, d.h. einsame Menschen können Alleinsein weniger gut ertragen als Personen, die sich nicht einsam fühlen. Larson und Lee (1996) fanden zusätzlich, dass die Fähigkeit zum Alleinsein mit relativ hoher Lebenszufriedenheit und wenigen depressiven Verstimmungen und physischen Krankheitssymptomen einhergeht. Einsamkeit hängt dagegen mit einem mangelndem Selbstwertgefühl und negativem Selbstbild, mit Neurotizismus und Introversion, mit sozialer Angst und Schüchternheit, mit Depressionen und subjektiv berichteten körperlichen Beschwerden zusammen (Schwab, 1997).

Neben der Fähigkeit zum Alleinsein kann auch das Erleben des augenblicklichen Alleinseins direkter ausgeleuchtet werden. Ein eindrucksvolles Forschungsprogramm zu diesem Thema haben Reed Larson und Mitarbeiter in den letzten zwei Jahrzehnten vorgestellt (z.B. Larson & Csikszentmihalyi, 1978; Larson, 1990; Larson, 1997). Jugendliche und Erwachsene wurden mit Signalgeräten ausgerüstet, die sie an zufällig ausgewählten Zeitpunkten – außerhalb der Schlafphasen – aufforderten zu dokumentieren, ob sie allein oder mit wem sie zusammen waren und wie sie sich gerade dabei fühlten. Larson (1990) zeigte, dass die Dauer des Alleinseins von Kindheit an bis ins späte Erwachsenenalter kontinu-

---

3   Einsamkeit wird in der Forschung manchmal als eindimensionales, zum Teil aber auch als mehrdimensionales Konstrukt verstanden. Am bekanntesten ist die Unterscheidung zwischen emotionaler Einsamkeit (Fehlen einer festen Partnerschaft) und sozialer Einsamkeit (Mangel an Freunden und Bekannten) nach Weiss (1973). Erlich (2000) unterscheidet eine Einsamkeitserfahrung, die durch den Verlust des (psychoanalytisch verstandenen) Objekts entsteht und durch anschließendes Sehnen, Hoffen, Verzweifeln und Trauern bearbeitet wird, von einer nicht objektbezogenen quälenden inneren Leere, die z.B. in die Sucht oder in religiöse Wahnvorstellungen führen kann.

ierlich zunimmt (s. a. Larson et al., 1996). Nur wenn Erwachsene ihre Kinder betreuen, wird diese Kontinuität für wenige Jahre unterbrochen. Während des Alleinseins berichteten die Befragten deutlich mehr Einsamkeitsgefühle als in Zeiten des Beisammenseins mit anderen. Das galt auch in Phasen ausdrücklich freiwilligen Alleinseins und beim Alleinsein über kurze Zeitspannen. Direkt nach dem Alleinsein, wenn sie sich wieder in Gesellschaft anderer Menschen aufhielten, fühlten sich die Befragten aller Altersgruppen besonders fröhlich und lebhaft. Diesen Effekt diskutiert Larson als eine positive Folge des Alleinseins im Sinne einer Erfrischung oder Erneuerung.

Vergleiche zwischen verschiedenen Altersgruppen zeigten, dass sich Personen im späten Erwachsenenalter beim Alleinsein am wenigsten einsam fühlten. Jugendliche erlebten Alleinsein als besonders schmerzvoll, einsam und passiv. Allerdings hatte das Alleinsein auch für Jugendliche seine positiven Seiten. Sie fühlten sich dabei weniger verlegen und gehemmt und gaben an, konzentrierter arbeiten und nachdenken zu können (Larson, 1990).

In weiteren Untersuchungen mit Jugendlichen wurden nicht nur die Stimmungslage im Augenblick des Alleinseins erfragt, sondern auch allgemeine Aspekte des Wohlbefindens und der Leistungsfähigkeit (Larson, 1997). Hier ergaben sich keine linearen, sondern U-förmige Zusammenhänge mit dem Ausmaß des Alleinseins. Jugendliche (Siebt- bis Neuntklässler), die durchschnittlich oft allein waren, hatten bessere Schulnoten und schätzten sich selbst als weniger depressiv ein im Vergleich zu Jugendlichen, die ihre Zeit sehr oft oder fast nie allein verbrachten. Zusätzlich berichteten Eltern und Lehrer mehr Probleme im Umgang mit Jugendlichen, die sehr viel oder sehr wenig allein waren. Larson deutet dieses Ergebnismuster so, dass persönliche Schwierigkeiten bei Jugendlichen dazu führen können, dass sie sehr viel allein sein wollen. Möglicherweise verstärken sich die Probleme sogar durch die selbst gewählte Isolation. Ein gewisses Ausmaß von Alleinsein scheint in der Jugendphase aber durchaus wertvoll zu sein, weil mit den neuen persönlichen Bedürfnissen, den veränderten Erwartungen anderer und den wachsenden kognitiven Fähigkeiten der Jugendlichen nun auch Gefühle der Verwirrung, Verlegenheit und Gehemmtheit auftreten, die durch Alleinsein begrenzt und vielleicht sogar bearbeitet werden können.

Marcoen, Goossens und Caes (1987, s.a. Marcoen & Goossens, 1993) befragten Jugendliche nach ihrem Wunsch allein zu sein (affinity to be alone) und entwickelten ein entsprechendes Forschungsinstrument. Die Skala ist – wie die Autoren inzwischen selbst bedauern – so aufgebaut, dass sowohl ein defensiver Rückzug von anderen als auch der aktive Wunsch allein zu sein, abgefragt wird. Vermutlich ergeben sich aus diesem Grund keine Zusammenhänge zur Bindungsrepräsentation und nur widersprüchliche, auch von den Autoren nicht sinnvoll interpretierbare Zusammenhänge zur Identitätsentwicklung. Eindeutig ist aber der Zusammenhang zu Einsamkeitsgefühlen: Innerhalb einer Stichprobe, die vor allem aus Siebt- bis Elftklässlern besteht, geht der Wunsch allein zu sein deutlich mit Einsamkeitsgefühlen einher. Dieses Ergebnis wird mit einem ähnlich konstruierten Instrument bestätigt, das bei chinesischen Jugendlichen eingesetzt wurde (Lau et al., 1999).

Alleinsein in der Kindheit

Zum Alleinsein jüngerer Kinder gibt es kaum Forschungsergebnisse. Nur ganz am Rande hat sich Larson mit dem Alleinsein bei Fünft- und Sechstklässlern auseinandergesetzt. Dort konnte er keine positiven Effekte des maßvollen Alleinseins auf Wohlbefinden und Leistungsfähigkeit zeigen, und auch die für Jugendliche und Erwachsene gut belegten positiven Stimmungsveränderungen nach dem Alleinsein galten nicht für die Kinder (Larson, 1997). Larson hält Alleinsein in der Kindheit für eine rein negative und unfreiwillige Erfahrung. Kinder in der mittleren Kindheit nennt er „not yet Goffmanian". Dabei bezieht er sich auf Erving Goffman und dessen Forschung zu den strengen Verpflichtungen und Erwartungen, denen Teilnehmer an sozialen Interaktionen ausgesetzt sind, wenn sie ein bestimmtes Bild von sich abgeben und vor den Augen der anderen bestehen wollen (Imagepflege; Goffman, 1996). Larson meint, dass sich jüngere Kinder – wegen ihrer erst ansatzweise ausgebildeten Fähigkeit zur Perspektivenverschränkung – über diese Verpflichtungen und Erwartungen noch gar nicht recht im Klaren sind und deshalb auch nicht die Entspannung und Erleichterung zu schätzen wissen, diesem Druck durch Alleinsein manchmal entgehen zu können.

Seit Mitte der 90er Jahre hat Ester Buchholz einige Aufsätze zum Alleinsein in der Kindheit aus psychoanalytischer Sicht veröffentlicht (z.B. Buchholz & Chinlund, 1994; Buchholz & Helbraun, 1999). Sie postuliert im Gegensatz zu Larson, dass es bereits in der frühen Kindheit ein psychobiologisches Bedürfnis nach Alleinsein gebe. Dieses Bedürfnis nach Alleinsein hält sie für genauso zentral wie das Bedürfnis nach Bindung. Alleinsein ist für sie ein Rückzug mit dem Ziel der Stimuluskontrolle, um so die Wahrnehmung und andere kognitive Prozesse neu zu organisieren und das eigene Wohlbefinden zu erhöhen. Als Beleg für das Bedürfnis nach Alleinsein beschreibt sie, wie Kleinkinder sich die Ohren zuhalten, sich abwenden oder die Augen schließen, wenn sie von einer wenig einfühlsamen und intrusiven Mutter versorgt werden. Ältere Kinder finden andere Wege, manchmal ungestört und allein zu sein (Buchholz & Chinlund, 1994). Der Sichtweise von Buchholz, die die Selbstregulation im Alleinsein bei Kindern betont, steht die Überzeugung von Larson gegenüber, der Alleinsein in der Kindheit für eine rein aversive Erfahrung hält, die im Entwicklungsgeschehen noch keinen produktiven Platz findet.

Um mehr über das Alleinsein bei jüngeren Kindern zu erfahren, werden im vorliegenden Aufsatz Grundschüler nach ihrem Wunsch allein zu sein befragt. Wegen fehlender empirischer Studien in diesem Bereich müssen die Hypothesen unspezifisch bleiben. Zur Zeit ist noch unklar, ob Kinder dieses Alters schon in der Lage sind, reliable und differenzierte Angaben zu dem Thema zu machen. Wenn Alleinsein, wie Larson vermutet, in der Kindheit vor allem ein unangenehmer, schmerzvoller Zustand ist, den es so schnell wie möglich zu beenden gilt, werden vermutlich nur wenige ein Bedürfnis nach Alleinsein äußern. Weiter soll gefragt werden, womit sich Kinder beim freiwilligen Alleinsein beschäftigen und ob Kinder, die gerne allein sind, andere oder mehr Ideen haben, was sie im Alleinsein unternehmen könnten.

Anschließend wird der Zusammenhang zwischen dem Wunsch von Grundschulkindern nach Alleinsein und ihrer sozialen Integration in die Gleichaltrigengruppe beleuchtet. Möglicherweise sind die gut integrierten Kinder, die sich ihrer Beziehungen zu Freunden und ihrer Position unter Gleichaltrigen sicher sind, zumindest ab und zu gern allein, um ihre Gedanken zu ordnen oder Beschäftigungen wie Lesen oder Musikhören nachzugehen, wo andere nur stören würden. Für diese Kinder dürfte das Alleinsein weniger beängstigend sein als für schlecht integrierte Kinder, die sich einer inneren Verbundenheit zu Gleichaltrigen weniger sicher sein können. Denkbar sind aber auch ganz andere Zusammenhänge zwischen dem Wunsch nach Alleinsein und der sozialen Einbindung in die Gleichaltrigenwelt. Vielleicht sind gerade schlecht integrierte Kinder gern allein, weil sie sich damit schmerzvollen Zurückweisungen durch Gleichaltrige entziehen können.

In einem weiteren Schritt soll der Zusammenhang zwischen der Fähigkeit zur Perspektivenübernahme bei Grundschülern als zentralem Bereich ihrer sozio-kognitiven Entwicklung und ihrem Wunsch nach Alleinsein untersucht werden. Möglicherweise ergibt sich hier ein U-förmiger Zusammenhang wie bei Larson (1997), der zeigte, dass eine günstige kognitive Entwicklung bei Jugendlichen, gemessen anhand der Schulleistung, mit etwa durchschnittlich häufigem Alleinsein zusammenhing. Vielleicht besteht aber statt dessen eine positiv-lineare Beziehung zwischen der Fähigkeit zur Perspektivenübernahme und dem Wunsch nach Alleinsein. Auch das passt zu Larsons Überlegungen. Er argumentierte, dass Entlastungen durch das Alleinsein erst dann erlebt werden, wenn Heranwachsenden die Verpflichtungen und Erwartungen bewusst werden, die soziale Interaktionen immer mehr von ihnen fordern. Insofern dürften Wünsche nach entspannendem Alleinsein erst bei fortgeschrittener Fähigkeit zur Perspektivenübernahme entstehen.

2. Methode

Datenerhebung und Stichprobe

Die erste Phase der Befragung fand in einer Westberliner Grundschule im innerstädtischen Bereich statt.[4] Es gelang uns, fast alle Klassen dieser dreizügigen Schule von der zweiten bis zur fünften Jahrgangsstufe einzubeziehen. Aus schulinternen Gründen musste eine fünfte Klasse ausgeschlossen werden. Als Ersatz diente eine fünfte Klasse der nächstgelegenen Grundschule. Da nur 24 von 279 Kindern die Teilnahme am sog. „Freundesinterview" verweigerten (8,6%), besteht die Stichprobe aus nahezu der gesamten Kinderpopulation eines Schuleinzugsbezirks. Einige Tage vor der Durchführung des Freundesinterviews führten die Lehrer eine soziometrische Befragung durch, an der sich alle Schüler beteiligten.

Nach der ersten Phase der Befragung wurden die Eltern der Kinder gebeten, gemeinsam mit ihren Kindern an weiteren Interviews teilzunehmen. An dieser zweiten Phase der Datenerhebung nahmen insgesamt 116 Kinder teil. In der elterlichen Wohnung wurden die Kinder (52 Mädchen und 64 Jungen im Alter von 8 Jahren bis 12 Jahren; 28 Zweit-, 29 Dritt-, 25 Viert- und 34 Fünftklässler) u.a. nach der von ihnen erlebten sozialen Akzeptanz unter Gleichaltrigen, ihren Einsamkeitsgefühlen, ihrem Freundschaftskonzept und nach dem Alleinsein befragt. Die Unterstichprobe der Kinder, die an der zweiten Phase der Befragung teilnahm, unterschied sich nicht von der Unterstichprobe der nicht teilnehmenden Kinder nach den Merkmalen Alter, Klassenstufe, Geschlecht, Familienstruktur (Ein-Eltern- vs. Zwei-Eltern-Familien) sowie nach zentralen Variablen des Freundesinterviews, nämlich der Anzahl aller Freunde und der Anzahl enger Freunde (s.u.).

Instrumente

Alleinsein

Um die Haltung der Kinder zum Alleinsein herauszufinden fragten wir: „Nehmen wir an, dass du während der Woche zwölf Stunden Freizeit hast, in der du tun kannst, was immer du willst. Wieviel Zeit würdest du allein verbringen" (M = 1,71; SD = 1,13; range: 0 – 5). Daneben wurde ermittelt, wieviel Zeit die Kin-

---

4 Die für diese Arbeit verwendeten Daten wurden innerhalb eines von der Deutschen Forschungsgemeinschaft, dem Max-Planck-Institut für Bildungsforschung, der Freien Universität Berlin und der Universität Potsdam geförderten Projektes „Kinder, Freunde und Familie" gesammelt. Lothar Krappmann und Hans Oswald leiteten die Arbeitsgruppe. Das Projekt ist bei Oswald, Krappmann, Uhlendorff und Weiss (1994) genauer beschrieben.

der mit Freunden (M = 6,30; SD = 1,81; range: 0 – 12) und mit ihrer Familie (M = 3,97; SD = 1,70; range: 0 – 12) verleben möchten.

Zusätzlich wurden die Kinder befragt: „Hast du manchmal auch Lust allein zu sein? Wie häufig geht dir das so?" Dazu wurden die Antwortvorgaben „meistens", „manchmal", „selten" oder „nie" angeboten (M = 2,36; SD = 0,77; range 1 – 4). Anschließend baten wir die Kinder uns zu erzählen, was sie tun, wenn sie allein sind: „Was machst Du, wenn Du allein bist?" Hier waren keine Antwortmöglichkeiten vorgeschlagen. Die Kinder nannten im Durchschnitt 3,10 Aktivitäten (SD = 1,46; range 0 – 7). Die Antworten der Kinder wurden folgendermaßen kategorisiert: lesen, fernsehen, Musik hören, sich mit dem Computer beschäftigen, malen und basteln.

Soziale Integration

Freundesinterview: Das Freundesinterview ist an anderer Stelle ausführlicher beschrieben (Krappmann et al., 1999) und als vervielfältigtes Manuskript zugänglich (Krappmann et al., 1991). Jedes Kind wurde in einer Einzelbefragung aufgefordert, alle Namen von Kindern zu benennen, mit denen es auch außerhalb der Schule Kontakt hat. Gefragt wurde nach unterschiedlichen Gelegenheiten, Orten und Zeiten, um sicherzustellen, dass sich die Kinder an alle ihre Freunde erinnern. Anschließend beschrieben die Kinder jede Beziehung nach qualitativen Merkmalen. Im vorliegenden Aufsatz wird mit zwei aus dem Freundesinterview abgeleiteten Variablen gearbeitet: Die „Anzahl aller Freunde" umfasst alle Kinder, die vom befragten Kind im Freundesinterview genannt wurden (M = 8,78; SD = 3,60; range = 0 – 18). Die „Anzahl enger Freunde" umfasst dagegen nur die Gleichaltrigenbeziehungen, die als „gute" oder „beste" Freundschaften unter gleichgeschlechtlichen Kindern eingeschätzt wurden und die gleichzeitig vom Freund oder der Freundin als „gute" oder „beste" Freundschaft im Freundesinterview genannt wurden (M = 1,37; SD = 1,19; range = 0 – 4). Da wir die Reziprozität von Freundschaften nur innerhalb der Schulklassen bestimmen konnten, bezieht sich die Anzahl enger Freundschaften auf den Schulbereich.

Soziometrische Stellung in der Klasse: Bei der soziometrischen Befragung wurden die Kinder aufgefordert, schriftlich jeweils drei Klassenkameraden zu benennen, die sie am liebsten mögen und drei weitere Klassenkameraden, die sie am wenigsten mögen. Einigen Kindern fiel es schwer, drei Klassenkameraden auszuwählen, die sie nicht so gerne mochten. Diesen Kindern wurde erlaubt, weniger Klassenkameraden zu benennen. Für die Auswertungen wurden zwei Variablen gebildet, die sich aus der Anzahl positiver erhaltener Wahlen (M = 3,01; SD = 1,98; range = 0 – 9) und aus der Anzahl negativer erhaltener Wahlen (M = 2,09; SD = 2,59; range = 0 – 15) für das jeweilige Kind ergaben.

Soziale Akzeptanz: Die von den Kindern eingeschätzte eigene soziale Akzeptanz innerhalb der Gleichaltrigengruppe wurde anhand des Selbst-Fragebogens von Harter in der Adaption von Wünsche und Schneewind (1989) erfasst (M = 15,36; SD = 2,95; Cronbachs Alpha = .61; range 7 – 20). Anhand von fünf Items wurden die Kinder gefragt, ob es schwer für sie ist, Freunde zu finden, ob sie viele Freunde haben, ob sie leicht jemanden finden, der sie mag, ob sie vieles allein oder eher mit Freunden tun und ob sie meinen, dass andere Kinder sie mögen.

Einsamkeit: Mit der Einsamkeitsskala von Asher, Hymel und Renshaw (1984) werden sowohl der Mangel an Gleichaltrigenbeziehungen als auch allgemeinere Einsamkeitsgefühle angesprochen (z.B. Es fällt mir schwer, Freunde zu finden. Ich habe niemanden, mit dem ich reden könnte. Ich fühle mich ausgeschlossen. Ich bin einsam.) Die Skala enthält 16 Items (M = 29,13; SD = 8,28; Cronbachs Alpha = .81; range 16 – 56).

Freundschaftskonzept

Die sozio-kognitive Entwicklung der Kinder wurde anhand des Freundschaftskonzepts gemessen. Das Freundschaftskonzept (Selman, 1984; deutsche Adaption: Kurzversion ohne Freundschaftsdilemma nach Keller, von Essen und Mönnig, 1987) wird mit einem halboffenen Interview erhoben und erfragt wichtige Freundschaftsaspekte: Motiv (Warum sind Freunde wichtig?), Nähe (Was ist der Unterschied zwischen einem Spielkameraden und einem besten Freund?), Freundschaftsideal (Welche Eigenschaft sollte ein bester Freund haben?), Vertrauen (Was bedeutet es, einem Freund zu vertrauen?), Eifersucht (Was bedeutet es eifersüchtig zu sein?) und Konfliktlösung (Bleiben Freunde befreundet, auch wenn sie sich streiten?). Die Antworten der Kinder wurden entsprechend eines Stufenkonzeptes von Selman eingeordnet, dem die Entwicklung der Perspektivenübernahmefähigkeit zugrunde liegt (M = 1,58; SD = 0,42; range = 0,8 – 2,5). Danach befinden sich die hier befragten Kinder im Durchschnitt auf dem Weg von Stufe „1" (Enge Freundschaft als einseitige Hilfestellung: An Freunde wird der Anspruch gestellt, zu wissen, was man mag und was man nicht möchte. An sich selbst stellen die Kinder diesen Anspruch noch nicht.) nach Stufe „2" (enge Freundschaft als „Schönwetter"-Kooperation: Die Vorlieben und Abneigungen des Freundes werden inzwischen mitberücksichtigt. Diese Wechselseitigkeit wird aber bei leichten Störungen, etwa bei Streit unterbrochen.).

3. Ergebnisse

Machen die Kinder reliable Angaben zum Alleinsein?

Da in der vorliegenden Studie die Neigung zum Alleinsein mit zwei Fragen erhoben wurde (Hast du manchmal Lust allein zu sein? Wie viele Stunden möchtest du allein sein?), besteht die Möglichkeit, die Zuverlässigkeit der Angaben zu prüfen. Besonders bei den jüngeren Grundschulkindern ist fraglich, ob sie die Fragen bereits richtig verstehen konnten. Tatsächlich findet sich keine statistisch auffällige Korrelation (Pearsons r) für die Angaben der Zweitklässler (r = -.08, p

= n.s.).[5] Erst bei den Dritt-, Viert- und Fünftklässlern ergaben sich Zusammenhänge in der erwarteten Richtung (r = .34, p < .01), d.h. Kinder, die häufiger Lust hatten allein zu sein, wollten auch mehr Stunden ihrer Freizeit allein verbringen (Klassenstufe 3: r = .33; Klassenstufe 4: r = .28; Klassenstufe 5: r = .49). Da wir erst ab der dritten Klassenstufe verlässliche Antworten von den Kindern erhielten, werden die weiteren Analysen nur für Dritt- bis Fünftklässler durchgeführt. Die Zweitklässler werden dagegen von den folgenden Berechnungen ausgeschlossen.

Wollen Grundschulkinder manchmal allein sein?

In Abbildung 1 wird gezeigt, dass bereits Grundschulkinder einen Teil ihrer Freizeit gerne allein verbringen. Von zwölf Stunden Freizeit wollten die Dritt- bis Fünftklässler im Durchschnitt immerhin 1,82 Stunden allein verbringen (SD = 1,09). Viel mehr Freizeit, nämlich 6,26 Stunden mochten sie allerdings mit Freunden (SD = 1,81) und 3,89 Stunden mit ihrer Familie (SD = 1,72) zubringen.

Abbildung 1: Frage: Nehmen wir an, dass du während der Woche zwölf Stunden Freizeit hast, in der du tun kannst, was immer du willst. Wieviel Zeit würdest du allein verbringen, wieviel mit Freunden, wieviel mit deiner Familie? (angegeben sind Mittelwerte in Stunden; N = 88)

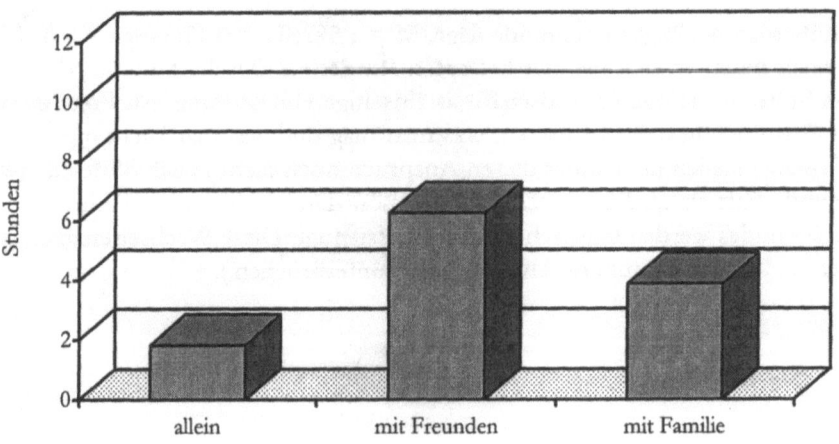

Nach Abbildung 2 wollten nur 12,5 Prozent der befragten Kinder niemals allein sein (0 Stunden in Abbildung 2). Etwa 20,5 Prozent wollten eine Stunde allein

---

5 Möglicherweise waren die Zweitklässler noch nicht in der Lage, ihre Freizeit stundenweise – entsprechend ihrer Vorlieben – auf die Bereiche Alleinsein, Freunde und Familie zu verteilen.

sein und fast die Hälfte der Kinder, 48 Prozent, wollten zwei von zwölf Stunden Freizeit allein verbringen. Drei Stunden allein sein mochten elf Prozent und vier Stunden immerhin noch sieben Prozent der Kinder. Fünf Stunden wollte nur ein Kind (1%) allein zubringen.

Je mehr Stunden ihrer Freizeit die Kinder allein verbringen wollten, desto weniger Zeit mochten sie mit Freunden (r = -.38, p < .01) und ihrer Familie (r = -.24, p < .05) zubringen. Diese negativen Zusammenhänge sind zwar auf Grund der Struktur der Fragen zu erwarten, überraschend ist aber, dass der Wunsch, viele Stunden allein zu verbringen, deutlich negativer mit der Zeit für Freunde als mit der Zeit für Familie einhergeht. Ergänzend sei bemerkt, dass die Anzahl der Stunden, die die Kinder allein verbringen möchten, weder mit ihrem Alter (r = .03, p = n.s.) noch mit ihrem Geschlecht (r = .08, p = n.s.) einhergeht.

Abbildung 2: **Prozentualer Anteil von Kindern, die 0 bis 5 Stunden Freizeit allein verbringen möchten (N = 88)**

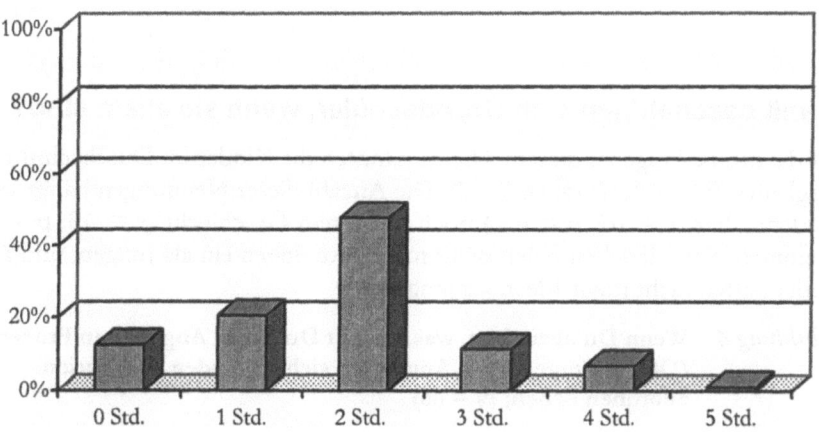

Die Kinder wurden zusätzlich gefragt, ob sie manchmal den Wunsch haben allein zu sein (Abbildung 3). Niemals Lust allein zu sein hatten nur fünf Prozent der Kinder. Jeweils 45 Prozent wollten selten oder manchmal allein sein. Wiederum 5 Prozent wollten meistens allein sein. Für die meisten Kinder ist Alleinsein nicht so eindeutig negativ besetzt, dass sie es völlig meiden wollen. Zwischen dem Wunsch allein zu sein und dem Alter (r = -.05, p = n.s.) und dem Geschlecht der Kinder (r = -.02, p = n.s.) ergaben sich wieder keine statistisch auffälligen Zusammenhänge.

Abbildung 3: Frage: Hast du manchmal auch Lust allein zu sein? (N = 88)

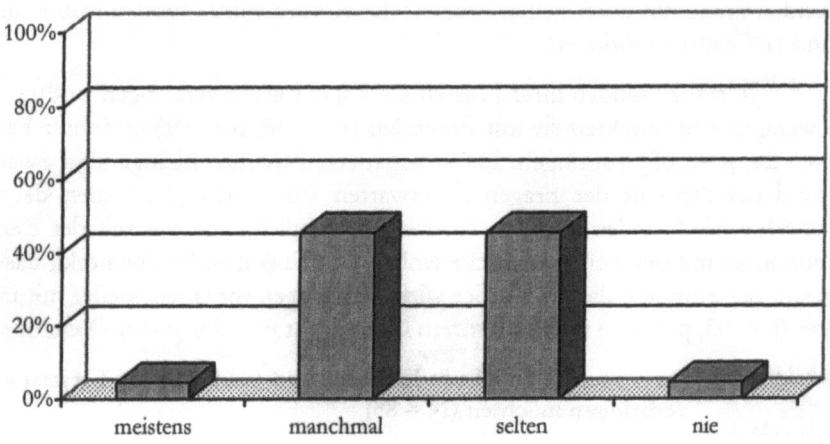

Womit beschäftigen sich Grundschüler, wenn sie allein sind?

Auf die offene Frage zu diesem Thema nannten die Kinder im Durchschnitt 3,28 Tätigkeiten (SD = 1,42; range 0 – 7). Die Anzahl dieser Nennungen hängt weder mit dem Alter (r = .09, p = n.s.) noch mit ihrem Geschlecht (r = .13; p = n.s.) zusammen, d.h. Mädchen fielen nicht mehr Aktivitäten ein als Jungen, und ältere Kinder hatten nicht mehr Ideen als jüngere.

Abbildung 4: Wenn Du allein bist, was machst Du dann? Angaben in Prozent (Offene Frage, deren Antworten sich folgenden Kategorien zuordnen ließen; N = 88)

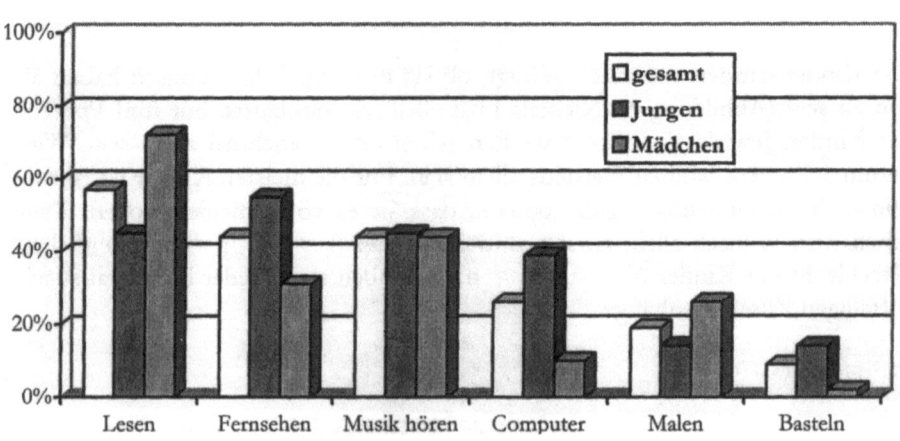

Zur weiteren Auswertung wurden die Tätigkeiten kategorisiert (s. Abbildung 4). Etwa 57 Prozent der Kinder gaben an zu lesen, wenn sie allein sind. Jeweils 44 Prozent sahen fern oder hörten Musik. Mit dem Computer beschäftigten sich 26 Prozent, 19 Prozent der Kinder malten und 9 Prozent bastelten und bauten. Je älter die Kinder waren, desto häufiger gaben sie an zu lesen ($r = .18$, $p < .10$). Die anderen Kategorien hängen nicht mit dem Alter der Kinder zusammen. Mädchen lasen häufiger als Jungen ($r = .27$, $p < .05$). Jungen beschäftigten sich dagegen eher mit dem Computer ($r = -.32$, $p < .01$), sahen mehr fern ($r = -.24$, $p < .05$) und bastelten öfter ($r = -.20$, $p < .10$) als Mädchen.

Möglicherweise sind Kinder, die viele Ideen haben, was sie allein tun könnten, lieber allein, als Kinder, denen nur wenig einfällt. Die Anzahl der von den Kindern genannten Aktivitäten hing aber weder mit der Lust, manchmal allein zu sein ($r = .02$, $p = $ n.s) noch mit der Anzahl Stunden, die die Kinder gern allein sein wollten ($r = .04$, $p = $ n.s.), in statistisch auffälliger Weise zusammen: Ob Kinder also viele oder wenige Ideen haben, was sie beim Alleinsein tun könnten, hat nichts damit zu tun, wie oft sie allein sein möchten. Auch die einzelnen Beschäftigungen (lesen, fernsehen usw.) wurden von Kindern, die öfter mal gern allein sind, genauso oft genannt wie von Kindern, die das Alleinsein meiden.

Alleinsein und soziale Integration der Kinder

Anhand der folgenden Analysen soll untersucht werden, ob die Neigung von Kindern, mehr oder weniger häufig allein zu sein, mit ihrer Einbindung in Freundschaften, ihrer sozialen Akzeptanz, ihrer soziometrischen Stellung in der Schulklasse und ihren Einsamkeitsgefühlen zusammenhängt. Dazu werden Multiple Regressionen durchgeführt.

Larson (1997) hat gezeigt, dass bei Untersuchungen zum Alleinsein nicht nur lineare Zusammenhänge, sondern auch U-förmige Zusammenhänge berücksichtigt werden müssen. Die U-förmigen Zusammenhänge deckten auf, dass ein mittleres Ausmaß an Alleinsein mit günstigeren Anpassungsleistungen von Kindern einherging als ein sehr hohes oder ein sehr niedriges Ausmaß. Zur Analyse von U-förmigen Zusammenhängen orientiere ich mich eng an der Vorgehensweise von Larson (1997: 86). Danach werden die beiden Variablen, die das Alleinsein messen (Hast du manchmal Lust allein zu sein? Wie viele Stunden möchtest du allein sein?), jede für sich allein, wie folgt verarbeitet. Zuerst wird der Mittelwert der Stichprobe von dem Wert jedes einzelnen Individuums abgezogen. Dieser neu gebildete Wert wird anschließend quadriert. So entsteht eine neue Variable, die Kindern, die durchschnittlich oft allein sein wollen, niedrige Werte zuweist und Kindern, die sehr oft oder sehr selten allein sein wollen, hohe Werte zuordnet. Die neue Variable, die den U-förmigen Zusammenhang messen soll, korreliert nur geringfügig mit der Variablen, die den linearen Zusammenhang messen soll (Hast du manchmal Lust allein zu sein?: $r = .00$, $p = $ n.s.; Wie viele Stunden möchtest du allein sein?: r = .21, p < .10), daher können beide Variablen gleichzeitig in Multiple Regressionen als unabhängige Variablen eingegeben werden. Larson konnte auf diese Weise das Verhältnis von U-förmigen und linearen Zusammenhängen klären und sogar aufdecken, dass manchmal beide Trends nebeneinander bestehen. Als weitere unabhängige Variablen werden das Alter und das Geschlecht der Kinder berücksichtigt.

Freundschaften der Kinder

Zunächst wird geprüft, wie groß die Freundeskreise von Kindern sind, die öfter bzw. weniger häufig den Wunsch haben allein zu sein (Tabelle 1). In Modell 1 werden lineare und U-förmige Zusammenhänge zwischen der Variablen „Hast du manchmal Lust allein zu sein" und der Anzahl aller Freunde der Kinder berechnet; die Anzahl der Stunden, die Kinder gern allein sein wollen, wird nicht in die Analyse einbezogen. In Modell 2 werden lineare und U-förmige Zusammenhänge der Variablen „Wie viele Stunden möchtest du allein sein" und der Anzahl aller Freunde dargestellt; die „Lust, manchmal allein zu sein" wird nicht in die Berechnung einbezogen. Die Modelle 3 und 4 beziehen sich auf die Anzahl enger Freunde der Kinder.

Tabelle 1: Multiple Regressionen der Anzahl aller Freunde (Modelle 1 und 2) und der Anzahl enger Freunde (gegenseitig bestätigte, gleichgeschlechtliche, gute und beste Freundschaften; Modelle 3 und 4) auf den Wunsch allein zu sein (beta-Gewichte)

	Anzahl aller Freunde		Anzahl enger Freunde	
	Modell 1	Modell 2	Modell 3	Modell 4
Lust allein zu sein+ (linearer Zusammenhang)	-.21*		.02	
Lust allein zu sein (U-förmiger Zusammenhang)	.11		-.10	
Anzahl Stunden allein verbringen (linearer Zusammenhang)		-.29**		-.10
Anzahl Stunden allein verbringen (U-förmiger Zusammenhang)		.02		.05
Geschlecht des Kindes++	.17	.20(*)	.19(*)	.20(*)
Alter des Kindes in Monaten	-.01	.01	-.09	-.07
R-Quadrat	.09	.11	.05	.05
F-Wert	2,02(*)	2,66*	1,09	1,09
N	87	87	87	87

\+ nie = 1; selten = 2; manchmal = 3; meistens = 4
++ 0 = Junge; 1 = Mädchen
(*) p < .10; * p < .05; ** p < .01

Insgesamt ergibt sich ein eindeutiges Ergebnismuster: Kinder, die öfter den Wunsch haben allein zu sein, nennen im Freundesinterview weniger Freunde als andere Kinder (Lust allein zu sein: beta = -.21, p < .05, linearer Zusammenhang in Modell 1; Anzahl Stunden allein verbringen: beta: -.29, p < .01, linearer Zusammenhang in Modell 2). Diese Kinder haben also den Eindruck, relativ wenige Freunde zu haben. Berücksichtigt man aber nur die engen Freunde, also die gegenseitig bestätigten, gleichgeschlechtlichen „guten" und „besten" Freundschaften in der Schulklasse, zeigt sich dieser Zusammenhang nicht (Modelle 3 und 4). Die Analysen der U-förmigen Zusammenhänge ergeben ebenfalls keine statistisch auffälligen Ergebnisse.

Soziale Akzeptanz und soziometrische Stellung in der Schulklasse

Hier wird der Frage nachgegangen, ob das Ausmaß selbst erlebter sozialer Akzeptanz mit dem Wunsch zusammenhängt allein zu sein (Tabelle 2).

Tabelle 2: **Multiple Regressionen der sozialen Akzeptanz auf den Wunsch allein zu sein (beta-Gewichte)**

	Soziale Akzeptanz	
	Modell 1	Modell 2
Lust allein zu sein+ (linearer Zusammenhang)	-.26*	
Lust allein zu sein (U-förmiger Zusammenhang)	-.20(*)	
Anzahl Stunden allein verbringen (linearer Zusammenhang)		-.21(*)
Anzahl Stunden allein verbringen (U-förmiger Zusammenhang)		.11
Geschlecht des Kindes++	.08	.11
Alter des Kindes in Monaten	-.06	.10
R-Quadrat	.12	.05
F-Wert	2,56*	1,11
N	87	87

+ nie = 1; selten = 2; manchmal = 3; meistens = 4
++ 0 = Junge; 1 = Mädchen
(*) $p < .10$; * $p < .05$; ** $p < .01$

Wieder ergeben sich eindeutige Ergebnisse: Je mehr Zeit Kinder allein verbringen wollen, desto weniger sozial akzeptiert fühlen sie sich von anderen Kindern (Lust allein zu sein: beta = -.26, p < 05, linearer Zusammenhang in Modell 1; Anzahl Stunden allein verbringen: beta: -.21, p < .10, linearer Zusammenhang in Modell 2).

Außerdem ergibt sich ein weiterer Effekt: Kinder die etwa durchschnittlich oft Lust haben (also „selten" oder „manchmal") allein zu sein, fühlen sich sozial stärker akzeptiert als Kinder, die „meistens" oder „nie" allein sein wollen (beta = -.20, p < .10). Dieser U-förmige Zusammenhang in Modell 1 ist zwar nicht so stark wie der lineare, dennoch gibt er einen ersten Hinweis darauf, dass maßvolles Alleinsein auch schon während der mittleren Kindheit mit günstiger sozialer Integration zusammenhängen kann. Dass aber der Wunsch nach sehr häufigem Alleinsein mit einer ungünstigen Integration einhergeht, steht auch nach dieser Analyse außer Frage. Wie in der Untersuchung von Larson (1997) kann bei der sozialen Akzeptanz gezeigt werden, dass lineare und U-förmige Zusammenhänge nebeneinander bestehen.

Die soziometrische Stellung in der Schulklasse, gemessen als die Anzahl positiver und negativer Wahlen, die auf ein Kind entfallen, hängt weder linear noch U-förmig mit dem Wunsch der Kinder nach Alleinsein zusammen (ohne Tabelle). Festzuhalten bleibt, dass bisher Zusammenhänge auftreten, wenn die Perspektive des nach dem Alleinsein befragten Kindes beibehalten wird, wenn also das Kind nach der Anzahl seiner Freunde und der selbst erlebten sozialen Akzeptanz befragt wird. Wird aber die Perspektive anderer Kinder mitberücksichtigt oder gar allein berücksichtigt, wie bei den gegenseitig bestätigten engen Freundschaften und bei der soziometrischen Stellung, ergeben sich keine auffälligen statistischen Assoziationen mit dem Alleinsein.

Einsamkeit

Hängen die Einsamkeitsgefühle von Kindern mit ihrer Neigung allein zu sein zusammen? Unmissverständlich zeigt sich in Tabelle 3, dass der Wunsch der Kinder nach Alleinsein mit Einsamkeitsgefühlen einhergeht. Je einsamer sich die Kinder fühlen, desto stärker ist ihr Wunsch allein zu sein (Lust allein zu sein: beta = .30, p < 01, linearer Zusammenhang in Modell 1; Anzahl Stunden allein verbringen: beta: .26, p < .05, linearer Zusammenhang in Modell 2). Auf den ersten Blick mag es erstaunen, dass Einsamkeitsgefühle nicht dazu führen, möglichst wenig allein sein zu wollen und sich in Gesellschaft anderer aufzuhalten. Wahrscheinlich ist es aber weniger schmerzvoll für die Kinder, Einsamkeit allein zu erleben als sich einsam zu fühlen, während sie mit anderen zusammen sind. Insgesamt gesehen passt dieses Ergebnis sehr gut zu den Analysen, die oben für die Größe des Freundeskreises und die soziale Akzeptanz dargestellt wurden. In jedem Fall geht der Wunsch allein zu sein mit einer als ungünstig erlebten sozialen Integration einher.

Tabelle 3: Multiple Regressionen der Einsamkeitskala auf den Wunsch allein zu sein (beta-Gewichte)

	Einsamkeit	
	Modell 1	Modell 2
Lust allein zu sein+ (linearer Zusammenhang)	.30**	
Lust allein zu sein (U-förmiger Zusammenhang)	.17	
Anzahl Stunden allein verbringen (linearer Zusammenhang)		.26*
Anzahl Stunden allein verbringen (U-förmiger Zusammenhang)		-.18(*)
Geschlecht des Kindes++	-.10	-.11
Alter des Kindes in Monaten	.15	.13
R-Quadrat	.14	.11
F-Wert	3,49*	2,45(*)
N	87	87

+ nie = 1; selten = 2; manchmal = 3; meistens = 4
++ 0 = Junge; 1 = Mädchen
(*) p < .10; * p < .05; ** p < .01

Zusätzlich zeigt sich in Tabelle 3 ein U-förmiger Trend, der nicht leicht zu interpretieren ist: Kinder, die etwa durchschnittlich oft allein sein wollen, fühlen sich einsamer als Kinder, die nie allein oder immer allein sein möchten (beta = -.18, p < .10, U-förmiger Zusammenhang in Modell 2). Vielleicht neigen die Kinder in den Extremgruppen dazu, Einsamkeitsgefühle zu verleugnen.

Alleinsein und Freundschaftskonzept

Mit dem Freundschaftskonzept, einem zentralen Maß der sozio-kognitiven Entwicklung, kann die Fähigkeit von Kindern, die Perspektive von anderen zu übernehmen, ermittelt werden. Tabelle 4 zeigt, dass es weder in Modell 1 noch in Modell 2 einen linearen Zusammenhang zwischen dem Wunsch allein zu sein und dem Freundschaftskonzept gibt, d.h. Kinder mit weiter entwickelter Fähigkeit zur Perspektivenübernahme haben nicht häufiger als andere Kinder den Wunsch allein zu sein. Gleichzeitig findet sich aber ein U-förmiger Zusammenhang in Modell 2: Kinder, die durchschnittlich viele Stunden allein sein wollen (also etwa zwei von zwölf Stunden Freizeit), sind sozio-kognitiv weiter entwickelt als Kinder die deutlich mehr oder auch deutlich weniger Stunden allein sein wollen (beta = -.21, p < .05). Wie zu erwarten war, steigt das Freundschaftskonzept mit dem Alter der Kinder (beta = .34, p < .01), und Mädchen sind weiter entwickelt als Jungen (beta = .26, p < .05).

Tabelle 4: Multiple Regressionen des Freundschaftskonzepts auf den Wunsch allein zu sein (beta-Gewichte)

	Freundschaftskonzept	
	Modell 1	Modell 2
Lust allein zu sein+ (linearer Zusammenhang)	.00	
Lust allein zu sein (U-förmiger Zusammenhang)	-.08	
Anzahl Stunden allein verbringen (linearer Zusammenhang)		.00
Anzahl Stunden allein verbringen (U-förmiger Zusammenhang)		-.21*
Geschlecht des Kindes++	.26*	.27**
Alter des Kindes in Monaten	.34**	.36**
R-Quadrat	.22	.26
F-Wert	5,66**	7,03**
N	87	87

\+   nie = 1; selten = 2; manchmal = 3; meistens = 4
++   0 = Junge; 1 = Mädchen
(*) p < .10; * p < .05; ** p < .01

4. Zusammenfassung und Diskussion

Das zentrale Anliegen des Aufsatzes besteht darin, den Wunsch von Kindern nach Alleinsein besser zu verstehen. Besteht solch ein Wunsch in der mittleren Kindheit nur ausnahmsweise oder bereits regelmäßig? Ist er ein Zeichen sozialer Probleme in der Gleichaltrigenwelt oder ein Merkmal einer sicheren Einbindung in Freundschaften, verbunden mit emotionaler und sozio-kognitiver Reife? Zur Interpretation der statistischen Analysen wird auf die Forschung zur Fähigkeit zum Alleinsein (z.B. Schwab & Barkmann, 1999) und zum Erleben des augenblicklichen Alleinseins (z.B. Larson, 1990) zurückgegriffen.

Für Dritt- bis Fünftklässler – nicht aber für Zweitklässler – ist es gelungen, den Wunsch allein zu sein reliabel zu erfassen. Die weitaus meisten Dritt- bis Fünftklässler äußern den Wunsch nach maßvollem Alleinsein. Je nach Frageformulierung sind es nur 5 Prozent bzw. 12,5 Prozent der Kinder, die niemals allein sein wollen. Die anderen möchten zumindest ab und zu ihre Zeit allein verbringen. Das spricht für die Ideen von Buchholz und Helbraun (1999), nach denen Kinder ein Bedürfnis nach Alleinsein haben. Durch das Alleinsein wird laut Buchholz und ihren Mitarbeitern das Wohlbefinden von Kindern erhöht, und es bleibt Raum für ungestört ablaufende selbstregulierende kognitive Prozesse. So kann nach einem Streit mit Gleichaltrigen oder mit den Eltern die entstandene Erregung durch kurzzeitiges Alleinsein vermutlich besser verarbeitet werden als durch fortgesetzte Interaktionen, in denen Verstimmtheiten noch

Alleinsein als mehrdeutige Erfahrung

mitschwingen. Wäre Alleinsein nur schmerzvoll, wie Larson (1997) für die mittlere Kindheit vermutet, dann würden nicht die weitaus meisten Kinder einige Zeit gerne allein verbringen, sondern sie würden das Alleinsein eindeutiger ablehnen.

Mehr als die Hälfte der Kinder geben an zu lesen, wenn sie allein sind, fast die Hälfte berichten fernzusehen oder Musik zu hören. Ein Viertel der Kinder beschäftigen sich mit ihrem Computer, und nicht ganz so viele Kinder geben an zu malen oder zu basteln. Kinder, die öfter allein sein mögen, haben genauso viele Ideen und auch die gleichen Vorstellungen darüber, womit sie sich beim Alleinsein beschäftigen können, wie Kinder, die nicht gern allein sein wollen. Der Wunsch öfter allein zu sein geht also nicht mit einem auffälligen Ideenreichtum einher. Zu einem gleichartigen Ergebnis kamen auch Mahon, Yarcheski und Yarcheski (1996), die untersuchten, ob einsame Kinder und Jugendliche kreativer waren als weniger einsame. Sie mussten diese Hypothese eindeutig verwerfen. Einsame Kinder waren sogar weniger kreativ.

Schwab und Barkmann (1999) belegen, dass die Fähigkeit zum Alleinsein bei jungen Erwachsenen mit sicheren sozialen Bindungen zu anderen Menschen einhergeht. So gesehen könnten auch Kinder, die gerne allein sind, besonders gut in ihre Gleichaltrigenwelt eingebunden sein. Eindeutige, aber völlig anders gerichtete Ergebnisse zeigten sich bei unseren Analysen: Kinder, die oft allein sein wollen, geben an, nicht viele Freunde zu haben, sie fühlen sich gleichzeitig sozial weniger akzeptiert und berichten einsamer zu sein als Kinder, die weniger oft allein sein möchten. Ähnliche Ergebnisse zur Einsamkeit und dem Wunsch allein zu sein legten bereits andere Forscher für ältere Kinder vor (Marcoen et al., 1987; Lau et al., 1999). Hier entsteht der Eindruck, als würden sich die Kinder durch die Neigung zum Alleinsein von einer als problematisch erlebten Gleichaltrigenwelt zurückziehen. Im Gegensatz dazu scheint der Wunsch von Grundschülern nur selten oder gar nicht allein zu sein, mit einer guten sozialen Integration einherzugehen.

All diesen Ergebnissen liegt ausschließlich die Sichtweise der befragten Kinder zugrunde, d.h. nur die Kinder selbst wurden nach dem Alleinsein, nach der Anzahl ihrer Freunde, nach ihrer sozialen Akzeptanz und nach ihren Einsamkeitsgefühlen befragt. Wird dagegen die Sichtweise anderer Kinder mitberücksichtigt, dann verändert sich das Bild: Kinder, die oft allein sein wollen, haben genauso viele gegenseitig bestätigte, enge Freundschaften und sie werden nicht auffällig oft von den Klassenkameraden zurückgewiesen, d.h. Kinder, die gerne allein sein wollen, sind bei den Mitschülern gar nicht schlecht angesehen, und ihr sozialer Rückzug wird nicht durch besonders negative Haltungen der Gleichaltrigen veranlasst. Wenn die Kinder genauer wahrnehmen könnten, was die Mitschüler von ihnen denken, gäbe es vermutlich weniger Gründe, sich zurückzuziehen. In der mittleren Kindheit ist allerdings die Fähigkeit zur Perspektivenübernahme noch nicht voll ausgebildet. Wahrscheinlich werden die Kinder erst im Laufe der folgenden Jahre lernen, ihre Sichtweise hinsichtlich einer vermeintlich schwachen sozialen Integration zu relativieren und ihre Stellung in der Gleichaltrigengruppe realistischer einzuschätzen. Dabei werden die intensiven Interaktionen innerhalb enger Freundschaften und auch die lockeren Beziehungen zu anderen Gleichaltrigen neue Entwicklungschancen bieten (Uhlendorff & Krappmann, 1999). Das dürfte ihrem Wunsch nach Alleinsein entgegenwirken.

Larson konnte für Jugendliche U-förmige Zusammenhänge zwischen dem Ausmaß ihres Alleinseins und ihrer sozialen Anpassung zeigen, d.h. Jugendliche, die etwa durchschnittlich oft allein waren, waren besser angepasst als andere Jugendliche, die sehr viel oder sehr wenig allein waren. Die vorliegenden Analysen für Grundschulkinder bieten nur wenige derartige Anhaltspunkte. Zwischen der Größe der kindlichen Freundeskreise bzw. ihrer soziometrischen Stellung und dem Wunsch nach Alleinsein fanden sich keine U-förmigen Zusammenhänge. Bei der Einsamkeit fand sich zwar eine entsprechende Tendenz, aber sie war deutlich geringer als der lineare Zusammenhang und wies in die nicht erwartete Richtung, d.h. Kinder, die durchschnittlich oft allein sein wollten, beschrieben sich als einsamer im Vergleich zu Kindern, die niemals oder immer allein sein wollten. Möglicherweise gibt es in den Extremgruppen, also bei Kindern, die niemals oder meistens allein sein wollen eine Tendenz, Einsamkeitsgefühle zu verleugnen. Kinder die durchschnittlich oft allein sind, können sich dagegen den Einsamkeitsgefühlen stellen.

Ein leichter zu interpretierendes Bild ergibt sich bei der Prüfung des U-förmigen Zusammenhangs zwischen dem Wunsch allein zu sein und der sozialen Akzeptanz. Kinder die etwa durchschnittlich oft allein sein wollen, fühlen sich sozial akzeptierter als andere Kinder. Dieses Ergebnis weist in die Richtung, die Larson für Jugendliche so deutlich herausarbeiten konnte. Maßvolles Alleinsein geht mit günstiger sozialer Integration im Sinne des Eindrucks, von Gleichaltrigen akzeptiert zu werden, einher.

Zwischen der sozio-kognitiven Entwicklung – gemessen als Fähigkeit zur Perspektivenübernahme anhand des Freundschaftskonzepts – und dem Wunsch nach Alleinsein zeigte sich ebenfalls ein U-förmiger Zusammenhang: Kinder, die etwa durchschnittlich oft allein sein wollen, haben ein weiter entwickeltes Freundschaftskonzept als Kinder, die gar nicht oder sehr oft allein sein wollten. Dieses Ergebnis passt wieder zu den Analysen von Larson, der zeigen konnte, dass Jugendliche, die durchschnittlich oft allein waren, bessere Schulleistungen erreichten als andere Kinder. Insofern weist dieses Ergebnis bereits auf die Bedeutung, die Alleinsein im Jugendalter erlangen wird, voraus.

Zusätzlich wurde der lineare Zusammenhang zwischen sozio-kognitiver Entwicklung und Alleinsein untersucht. Erwartet wurde, dass Kinder, die eine ausgeprägtere Fähigkeit zur Perspektivenübernahme entwickelt haben, lieber allein sind als andere Kinder, weil Alleinsein erst dann als entlastend und entspannend erlebt werden dürfte, wenn sich Heranwachsende den Erwartungen und Verpflichtungen gegenüber anderen Menschen, denen sie in sozialen Interaktionen begegnen, bewusster werden. Dieser lineare Zusammenhang ließ sich empirisch nicht bestätigen. Möglicherweise sind die befragten Kinder in ihrer sozio-kognitiven Entwicklung noch nicht weit genug fortgeschritten, und der erwartete Effekt tritt erst im Jugendalter auf.

Wie die Ergebnisse zur sozio-kognitiven Entwicklung und zur sozialen Akzeptanz zeigen, finden sich bereits in der mittleren Kindheit erste Anhaltspunkte dafür, dass maßvolles, durchschnittlich häufiges Alleinsein positiv bewertet werden kann. Nach diesem Verständnis kann maßvolles Alleinsein tatsächlich, wie eingangs, angeregt durch die Zitate von Jung und Jaspers, vorgeschlagen, eine Voraussetzung für befriedigendes, identitätsstiftendes und -wahrendes Beisammensein sein oder zumindest damit einhergehen. Ein starker Wunsch von Kindern nach Alleinsein ist dagegen als sozialer Rückzug aus der Gleichaltrigenwelt zu verstehen und nicht als Zeichen einer sicheren Einbindung, wie die Analysen von Schwab und Barkmann (1999) für Erwachsene nahelegten. Weiterführend wäre nun, die Voraussetzungen eines starken Wunsches nach Alleinsein zu untersuchen. Haben Kinder, die oft allein sein wollen, besonders intrusive Eltern (Buchholz & Helbraun, 1999), und haben Kinder auf diesem Hintergrund ein Arbeitsmodell von Beziehungen aufgebaut, das ihnen Alleinsein attraktiv erscheinen lässt und den sozialen Rückzug aus der Welt der Gleichaltrigen nahelegt? Diesen Fragen sollten sich zukünftige Forschungsarbeiten widmen.

Literatur

Asher, S.R./Hymel, S./Renshaw, P.D.: Loneliness in children. In: Child Development 55(1984), pp. 1456-1464

Buchholz, E.S./Chinlund, C.: En route to a harmony of being: Viewing aloneness as a need in development and child analytic work. In: Psychoanalytic Psychology 11(1994), pp. 357-374

Buchholz, E.S./Helbraun, E.: A psychobiological developmental model for an „alontime" need in infancy. In: Bulletin of the Menninger Clinic 63(1999), pp. 143-158

Elbing, E.: Allein und einsam – Abwenden der erste Impuls? – Befunde zum Begriffsverständnis von allein und einsam. Psychologische Arbeiten und Berichte der Universität München Nr. 24. Institut für Empirische Pädagogik und Pädagogische Psychologie, 1988

Elbing, E.: Einsamkeit: Psychologische Konzepte, Forschungsbefunde und Treatmentansätze. Göttingen: Hogrefe, 1991

Erlich, H.S.: Narzißmus und Beziehung – Auf Erfahrung beruhende Aspekte von Identität und Einsamkeit. In: Wiese, J. (Hrsg.): Identität und Einsamkeit – Zur Psychoanalyse von Narzißmus und Beziehung. Göttingen: Vandenhoek und Ruprecht, 2000, S. 91-115

Goffman, E.: Interaktionsrituale. Frankfurt am Main: Suhrkamp, 1996

Hofstätter, P.R.: Gruppendynamik. Kritik der Massenpsychologie. Reinbek: rororo, 1990

Keller, M./Essen, C. von/Mönnig, M.: Manual zur Entwicklung von Freundschaftsvorstellungen. Berlin: Max-Planck-Institut für Bildungsforschung (unveröffentlichtes Manuskript), 1987

Krappmann, L.: Soziologische Dimensionen der Identität. Stuttgart: Klett, 1969

Krappmann, L./Oswald, H./Salisch, M. von/Schuster, B./Uhlendorff, H./Weiss, K.: Das Freundesinterview. Ein Instrument zur Erhebung der Sozialbeziehungen von Kindern im Alter von sechs bis zwölf Jahren. Berlin: Max-Planck-Institut für Bildungsforschung, 1991

Krappmann, L./Uhlendorff, H./Oswald, H.: Qualities of children's friendships in middle childhood in East- and West-Berlin. In: Silbereisen, R.K./Eye, A. von (Eds.): Growing up in times of social change. Berlin, New York: de Gruyter, 1999, pp. 91-106

Larson, R.W.: The solitary side of life: An examination of the time people spend alone from childhood to old age. In: Developmental Review 10(1990), pp. 155-183

Larson, R. W.: The emergence of solitude as a constructive domain of experience in early adolescence. In: Child Development 68(1997), pp. 80-93

Larson, R./Csikszentmihalyi, M.: Experiential correlates of time alone in adolescence. In: Journal of Personality 46(1978), pp. 677-693

Larson, R./Lee, M.: The capacity to be alone as a stress buffer. In: The Journal of Social Psychology 136(1996), pp. 5-16

Larson, R.W./Richards, M.H./Moneta, G./Holmbeck, G./Duckett, E.: Changes in adolescents' daily interactions with their families from ages 10 to 18: disengagement and transformation. In: Developmental Psychology 32(1996), pp. 744-754

Lau, S./Chan, D.W.K./Lau, P.SY.: Facets of loneliness an depression among Chinese children and adolescents. In: The Journal of Social Psychology 139(1999), pp. 713-729

Main, M.: Aktuell Studien zur Bindung. In: Gloger-Tippelt, G. (Hrsg.): Bindung im Erwachsenenalter: Ein Handbuch für Forschung und Praxis. Bern: Huber, 2001, S. 1-51

Mahon, N.E./Yarcheski, T.J./Yarcheski, A.: Loneliniess and creativity in adolescents. In: Psychological Reports 71(1996), pp. 51-56

Marcoen, A./Goossens, L: Loneliness, attitude toward aloneness, and solitude: Age differences and developmental significance during adolescence. In: Jackson, S./Rodriguez-Tomé, H. (Eds.): Adolescence and its social worlds. Hove: Lawrence Erlbaum, 1993, pp. 197-225

Marcoen, A./Goossens, L./Caes, P.: Loneliness in pre- through late adolescence: Exploring the contributions of a multidimensional approach. In: Journal of Youth and Adolescence 16(1987), pp. 561-577

Oswald, H./Krappmann, L./Uhlendorff, H./Weiss, K.: Social relationships and support among children of the same age in middle childhood. In: Nestmann, F./Hurrelmann, K. (Eds.): Social support and social networks in childhood and adolescence. Berlin and New York: de Gruyter, 1994, pp. 171-189

Röhrle, B./Osterlow, J.: Gemeinsam allein? Zur Psychologie der Einsamkeit. Universitas 54(1999), S. 572-585

Schipperges, H.: Einsamsein – Motive und Motivationen. In: Eggers, C. (Hrsg.): Emotionalität und Motivation im Kindes- und Jugendalter. Frankfurt am Main: Fachbuchhandlung für Psychologie, 1985, S. 153–181

Schmidt, H.: Philosophisches Wörterbuch. Stuttgart: Kröner, 1982

Schwab, R.: Einsamkeit – Grundlagen für die klinisch-psychologische Diagnostik und Intervention. Bern: Huber, 1997

Schwab, R./Barkmann, C.: Räumliches Alleinsein im Alltag: Zur Bedeutung des Alleinseins für die seelische Gesundheit. In: Zeitschrift für Klinische Psychologie, Psychiatrie und Psychotherapie 47(1999), S. 141-154

Selman, R.L.: Die Entwicklung des sozialen Verstehens. Entwicklungspsychologische und klinische Untersuchungen. Frankfurt am Main: Suhrkamp, 1984

Uhlendorff, H./Krappmann, L.: Kinderfreundschaften und Freundschaftskonzept. In: Giest, H./Scheerer-Neumann, G. (Hrsg.): Jahrbuch Grundschulforschung, Band 2. Weinheim: Beltz, 1999, S. 149-162

Weiss, R.S.: Loneliness: The experience of emotional and social isolation. Cambridge: M.I.T. Press, 1973

Winnicott, D.W.: The capacity to be alone. International Journal of Psycho-Analysis 39(1958), pp. 416-420

Wünsche, P./Schneewind, K.A.: Entwicklung eines Fragebogens zur Erfassung von Selbst- und Kompetenzeinschätzungen bei Kindern (FSK-K). In: Diagnostica, 35(1989), S. 217-235

Identitätsentwicklung und soziales Engagement bei amerikanischen Jugendlichen

James Youniss und Olaf Reis

Einleitung

In diesem Kapitel soll etwas zur Entwicklung von Identität gesagt werden, zu einem Thema also, durch welches sich der Erstautor mit Lothar Krappmann besonders verbunden fühlt. Wir glauben uns mit Krappmann darin einig zu sein, dass Identität kein nur psychologisches Konstrukt ist, kein zwar authentisches, aber doch verborgenes Selbst, dem man sich durch Introspektion annähern kann. Vielmehr nehmen wir an, dass „Identität" in täglichen Interaktionen mit Personen und sozialen Institutionen konstruiert wird. Das Ergebnis dieses Prozesses ist ein nach außen gerichtetes und aktives Selbst, das sich bezüglich einer historisch konkreten Gesellschaft definiert.

Auch die Arbeiten Erik Eriksons sind an diesem Schnittpunkt psychologischer und soziologischer Theorien angesiedelt (Erikson, 1968). Schon vor mehr als dreißig Jahren nahm er an, dass jeder Jugendliche unausweichlich vor der Aufgabe steht, ein eigenes Sinnsystem zu erarbeiten, welches das Hier-und-Jetzt transzendiert und somit dauerhafte Mitmenschlichkeit erst möglich macht. Ein derartiges Sinnsystem kann beispielsweise im ethnisch-kulturellen Erbe liegen, in einer politischen Orientierung, einer religiösen Tradition, einem kreativen Beruf oder der sozialen Kultur im Allgemeinen. Jedes dieser Systeme lässt Jugendliche an der Geschichte teilhaftig werden, indem es sie mit der jüngeren Vergangenheit verbindet und ihnen eine Deutung der Gegenwart sowie optimistische, klare Zukunftsorientierungen vermittelt. In diesem Sinne kann Identität keine private Angelegenheit oder persönliche Leistung sein, vielmehr ist sie vom Wesen her ein sozialer Prozess. Jedes Selbst ist untrennbar mit dem Leben und den Bestrebungen anderer vor ihm verbunden und setzt diese fort, indem es seinerseits Sinnkonstruktionen produziert. Dafür sollte ein Individuum die Herausforderungen seiner Zeit erkennen und annehmen können.

Die Studie

In diesem Kapitel werden einige Ergebnisse präsentiert, die die eher abstrakte These von der interaktiven Entwicklung des Selbst untermauern. Dafür wird zunächst eine Gruppe amerikanischer Jugendlicher hinsichtlich ihrer Identitätsentwicklung betrachtet. Dann wird diese Gruppe in vier Untergruppen aufgeteilt, wobei das Kriterium die von den Schülern selbst berichtete Identitätsentwicklung in den letzten drei Schuljahren ist. Daraufhin werden wir zeigen, dass die Studenten mit am weitesten geklärten Identitäten diejenigen sind, welche sich besonders herausfordernden sozialen Tätigkeiten verschreiben.

Unsere vorläufigen Resultate hierzu haben eher Hypothesen generierenden Charakter. Dennoch können sie im Sinne der obigen These interpretiert werden, nach der Identitätsentwicklung ein aktiver Prozess der Auseinandersetzung mit der Umwelt ist.

Die Teilnehmer der Studie besuchen zwei private katholische High Schools aus Washingtoner Vorstädten. Die Eltern dieser Schüler entstammen allesamt der oberen Mittelklasse und entschieden sich für die katholische Oberschule sowohl aus religiösen als auch aus akademischen Gründen. Mehr als 80 Prozent der Schüler beider Schulen besuchen nach dem Abschluss der zwölften Klasse die Universität oder das College, was etwas über dem amerikanischen Durchschnitt für High Schools von ca. 75 Prozent liegt.[1] Der Religionsunterricht ist an beiden Schulen Pflichtfach. Zum Curriculum gehören auch 75 Stunden außerschulischer sozialer Tätigkeit pro Jahr. Der Nachweis dieser Stunden ist Teil der Zugangsberechtigung für viele Universitäten.

Die Effekte sozialer Tätigkeit sind seit einigen Jahren Gegenstand unserer Forschungen, in denen wir nach Bedingungen suchen, die die politische, moralische und soziale Entwicklung von Schülern positiv beeinflussen (z.B. McLellan & Youniss, 2001; Youniss & Yates, 1997). Mit den beiden Schulen bot sich eine gute Gelegenheit, Schüler über einen längeren Zeitraum hinweg zu beobachten, um so besser zu verstehen, wie sich die Erfahrungen mit sozialer Tätigkeit in der politisch-moralischen Entwicklung der Jugendlichen niederschlagen.

Die erste der beiden Schulen (A) verfügte zur Zeit der Untersuchung über ein gut ausgearbeitetes Programm außerschulischer sozialer Tätigkeit. Ein Lehrer war dafür verantwortlich, die Art der sozialen Tätigkeit mit den Schülern abzustimmen und die Orte für die Tätigkeit auszuwählen. Die andere Schule (B) verfolgte eher eine Laisser-faire-Politik, nach der sich die Schüler ihre Betätigungsfelder selbst auswählen konnten. Während es in Schule A zum Programm gehörte, die Erfahrungen aus der sozialen Tätigkeit in den Religionsunterricht einzubeziehen, liefen soziale Tätigkeit und Religionsunterricht in Schule B unverbunden nebeneinander her.

Während der letzten Jahre ist soziale Tätigkeit an amerikanischen High Schools als Teil des Schuljahres sehr populär geworden. Mehr und mehr High

---

[1] Dazu ist anzumerken, dass der Besuch einer Universität oder eines College in den USA nicht dem Studium in Deutschland entspricht. Da es in den Vereinigten Staaten keine strukturierte außeruniversitäre Berufsausbildung gibt, wie in Deutschland die Lehrausbildung, gilt der Collegebesuch als Voraussetzung für den Einstieg in einen Beruf.

Schools haben während des letzten Jahrzehnts soziale Tätigkeiten in den Lehrplan aufgenommen mit dem ausdrücklichen Ziel, zu Verantwortlichkeit und Mitbürgerlichkeit zu erziehen. In repräsentativen Untersuchungen konnte gezeigt werden, dass mehr als zwei Drittel aller Schüler irgendeine soziale Tätigkeit verrichten, davon 25 bis 30 Prozent regelmäßig. Religiös orientierte Oberschulen übernehmen diese Ziele normalerweise, ergänzen sie jedoch um den religiösen Imperativ, anderen zu helfen. Insofern sind beide untersuchten Schulen repräsentativ für einen gegenwärtigen Trend zu sozialer Tätigkeit an amerikanischen Schulen, mit der Ergänzung, dass an beiden untersuchten Schulen gesteigerter Wert auf die religiöse Entwicklung der Schüler gelegt wird, wofür die außerunterrichtliche soziale Tätigkeit ein wichtiges Mittel ist.

Die Erhebung begann, als die Schüler 15 Jahre alt waren und als „Sophomores" ihr zweites Jahr auf der High School absolvierten, ihre zehnte Klasse insgesamt. Zu Beginn und zum Ende jeden Jahres fand je eine Erhebung statt, bis die Schüler als „Seniors" mit 18 Jahren ihren Abschluß erlangten. Die Fragebögen waren im Klassenraum auszufüllen. In der vorgestellten Analyse stammen die Daten aus einer Sophomore-Senior-Stichprobe mit n = 294 vollständig ausgefüllten Fragebögen vom Ende jeden Schuljahres.

Verwendete Maße

In der vorliegenden Studie ist mit sozialer Tätigkeit jene Aktivität gemeint, für die sich die Schüler in der Schule einschreiben, um ihre geforderten 75 Stunden pro Schuljahr nachweisen zu können. Die Schüler arbeiteten in sehr unterschiedlichen Bereichen, die von der Teilnahme an Benefiz-Veranstaltungen über Tutoring, Training mit Jüngeren, Kinderbeaufsichtigung oder Mitarbeit in gemeinnützigen Verbänden wie Greenpeace bis zu direkten Hilfeleistungen reichten. Zu den letzteren zählen Aktivitäten wie Essenausgabe in einer Suppenküche, Unterstützung älterer Menschen in Pflegeheimen oder Beratung von Teenagern in Krisenzentren.

In früheren Arbeiten haben wir soziale Tätigkeit in vier Kategorien unterteilt. Die erste Kategorie beschreibt Tätigkeiten, in denen die Schüler keinen direkten Kontakt zu hilfebedürftigen Personen haben. Derartige Tätigkeiten werden häufig von Hilfsorganisationen vermittelt. Ein Beispiel sind Spendenaufrufe per Telefon bei potentiellen Geldgebern im Namen dieser Organisation. Die zweite Kategorie betrifft Tätigkeiten, in denen die Schüler zwar direkten Kontakt zu anderen Personen haben, sich von diesen Personen jedoch kaum unterscheiden. Derartige Tätigkeiten stellen insofern kaum eine Herausforderung für die Schüler dar. Beispiele sind Nachhilfeunterricht für Klassenkameraden oder die Arbeit mit einer Kindermannschaft im Basketball. Tätigkeiten der dritten Kategorie meinen das Engagement in zielorientierten, meist von hoch motivierten Mitarbeitern getragenen Organisationen, wie z.B. Greenpeace. In diesen Fällen wechselt die Art der Tätigkeit häufig während des Jahres, je nach den Anforderungen, die die Organisation stellt. In der vierten Kategorie sind Tätigkeiten vereint, die direkte Interaktion mit hilfebedürftigen Personen verlangen. Für die meisten Schüler dürften derartige Tätigkeiten, wie Essenverteilen an Obdachlose, Krisenintervention mit Straßenkindern oder das Instandsetzen von Nachtasylen, der erste Blick hinter ihre Klassenschranken sein. Diese Tätigkeiten werden ebenso wie die der dritten Kategorie häufig von Organisationen vermittelt, d.h. dass die Schüler auch mit den expliziten Zielen dieser Organisationen konfrontiert werden. Insofern eröffnen Tätigkeiten des dritten und vierten Typs bessere Möglichkeiten für eine aktionale Identitätskonstruktion im Sinne der eingangs vorgestellten These. Die beteiligten Organisationen fördern soziale Tätigkeit, weil dies Teil ihrer institutionellen Ideologie ist, die konkrete Weltverbesserung im Rahmen der existierenden Gesellschaft zum Ziel hat. Genauer gesagt, sollen derartige Tätigkeiten reale Verbesserungen bewirken, indem sie sich auf konkrete und damit erlebbare Probleme wie politische Ungleichheit, Armut, Umweltschutz usw. richten.

Die Fragebögen enthielten Items zu psychologischen, sozialen und moralischen Faktoren. Für uns sind hier nur die Fragen zur sozialen Tätigkeit und zur Identitätsentwicklung relevant. Die Art der sozialen Tätigkeit wurde durch die Codierung offener Fragen zum Thema gewonnen, während Identität mit einer 11-Item Skala gemessen wurde, die nach Rosenthal, Gurney, und Moore (1981) Identität mit „Klarheit über sich selbst" operationalisiert. Die Items dieser Skala sind:

1. Ich habe eine klare Vorstellung von dem, was ich will.
2. Ich habe meinen Weg gefunden.
3. Ich kann mich gut leiden und bin stolz der zu sein, der ich bin.
4. Ich kann mich nicht entscheiden, was ich mit meinem Leben anfange.
5. Ich mache anderen etwas vor.
6. Ich weiß nicht, was für ein Typ ich bin.
7. Ich gehöre nicht wirklich dazu.
8. Ich bin mir klar über die wichtigen Dinge des Lebens.
9. Ich fühle mich mehr so „wischiwaschi".
10. Ich weiß nicht wirklich, wer ich bin.
11. Meine Meinung über mich selbst ändert sich häufig.

Alle Items wurden auf einer 5-stufigen Likert-Skala eingeschätzt, die von „stimme überhaupt nicht zu" bis „stimme vollkommen zu" reichte. Die internen Konsistenzen der Skalen erwiesen sich zu beiden Zeitpunkten als zufriedenstellend ($\alpha_{Sophomore} = .83$; $\alpha_{Senior} = .83$).

Ergebnisse

Zunächst sollen die Identitätsverläufe im dreijährigen Längsschnitt betrachtet werden. Zu allen Messzeitpunkten erwies sich das Identitätsmaß, gebildet aus dem Mittelwert aller Items, als normalverteilt. Die Korrelationen der Identitätsmaße zwischen den Messzeitpunkten sind einerseits hoch genug, um für ausreichende Retest-Reliabilität zu sprechen, andererseits auch nicht zu hoch, sodass man auf Wandelphänomene abstellen kann (r_b Sophomore-Senior = .37, p < .05, n = 294). Die Mittelwerte für Zehntklässler (Sophomores, M = 3.64, SD = .64) und Zwölftklässler (Seniors, M = 3.7, SD = .66) unterschieden sich nicht (t (293) = -1.58, p > .05).

Um zwischen stabilen und instabilen Identitätsverläufen zu unterscheiden, wurde eine Clusteranalyse durchgeführt. Die hierarchische Analyse, in die die Z-Werte der Zehnt- und Zwölftklässler eingingen, ergab eine robuste 4-Cluster-Lösung (Ward-Algorithmus). Die Diskriminanzanalyse erbrachte eine Reklassifikationsrate von 98 Prozent und gut interpretierbare Diskriminanzfunktionen. Die Lösung für die Z-Werte unterschied sich lediglich in einem Fall von der 4-Cluster-Lösung für die Originalwerte, sodass wir in Analyse und Darstellung bei den nicht standardisierten Skalenwerten verbleiben können.

Abbildung 1: **Vier Verlaufstypen für die Identitätsentwicklung zwischen zweitem und viertem High School Jahr**

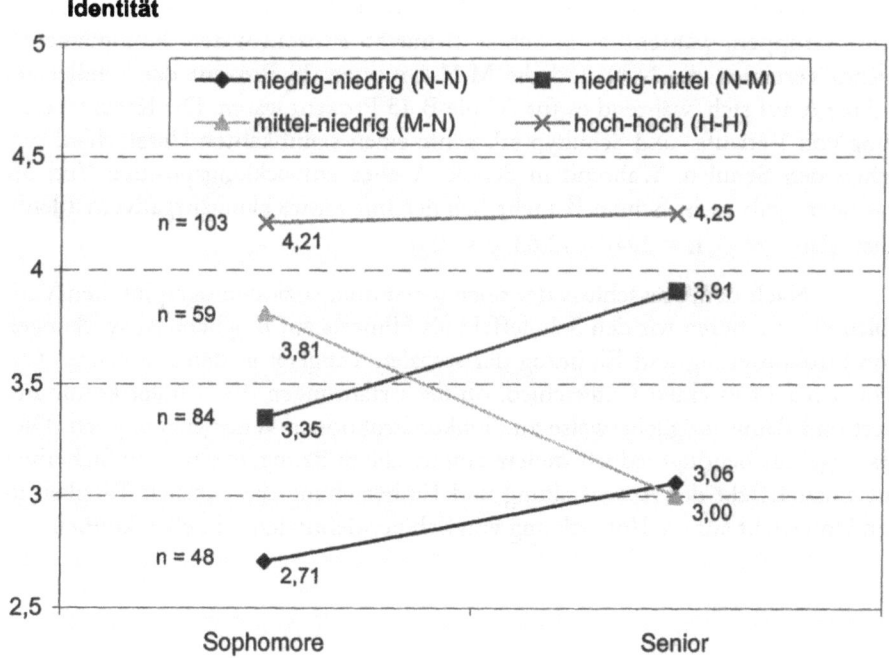

n = Anzahl der Versuchspersonen

In Abbildung 1 sind die unstandardisierten Mittelwerte für alle vier Verlaufsmuster abgebildet. Die Gruppe mit stabil niedrigen Identitätswerten (N-N-Gruppe, n = 48) liegt zu beiden Zeitpunkten fast zwei Standardabweichungen unter dem Gesamtmittelwert der Stichprobe. Eine Gruppe mit n = 84 Schülern verbessert sich zwischen dem zweiten und vierten Jahr von einem niedrigen Ausgangswert auf ein mittleres Niveau (N-M-Gruppe). Diese Schüler gewinnen also deutlich an Klarheit über sich selbst. Die Schüler der M-N-Gruppe beginnen als Sophomores mit einer mittleren Ausprägung auf der Identitätsskala und sinken auf ein niedriges Niveau zum Ende ihrer Schulzeit (n = 59). Die größte Gruppe mit n = 103 Schülern verfügt bereits im zweiten Jahr ihrer Oberschulzeit über eine ausgeprägte Identität im Sinne von Rosenthal et al. (1981) und bewahrt diese bis zum Abgang von der Schule (H-H-Gruppe). Sowohl als Sophomores als auch als Seniors liegen diese Schüler eine Standardabweichung über dem Stichprobenmittel.

Zu Beginn der Analyse wurde geprüft, ob sich die vier Verlaufsgruppen bezüglich soziodemographischer Merkmale unterscheiden. Für keine der Variablen „Geschlecht", „Hautfarbe", „Bildung des Vaters", „religiöse Orientierung" und „Familieneinkommen" ergaben sich signifikant unterschiedliche Verteilungen in den Verlaufsgruppen. Bezüglich der Schulen ergab sich ein signifikanter Unterschied zugunsten von Schule A, an der es ein strukturiertes Programm für soziale Tätigkeit gibt. Unter der Annahme, dass sowohl ein stabil hoher Identitätswert (H-H-Gruppe) als auch die Verbesserung (N-M-Gruppe) zu favorisierende Verläufe darstellen, entfielen 71 Prozent der Schüler aus Schule A auf diese Gruppen, während es in Schule B nur 55 Prozent waren. Komplementär hierzu vereinten die N-N und die M-N-Gruppen 29 Prozent der Schüler aus Schule A auf sich, während es für Schule B 45 Prozent waren. Die Kreuztabellierung von Verlaufs- und Schultyp erbrachte einen signifikanten Unterschied zwischen den Schulen. Während in Schule A eher entwicklungspositive Verläufe auftraten, gab es in Schule B mehr Schüler mit entwicklungsnegativem Identitätsverlauf (χ^2 (3, n = 294) = 13.63, p < .05).

Nach dem Ausschluss der oben genannten soziodemographischen Variablen interpretieren wir den Schuleffekt als Hinweis auf mögliche Auswirkungen von Strukturierung und Einbezug der sozialen Tätigkeit in den Schulalltag. Offenbar macht es einen Unterschied, ob die Erfahrungen der Schüler kommuniziert und damit möglicherweise zu Sinnkonstruktionen verarbeitet werden. Dieses Ergebnis benötigt jedoch weitere empirische Stützung, ehe wir mit Sicherheit auf einen Effekt der Ausgestaltung und Einbeziehung der sozialen Tätigkeit in den Unterricht auf die Entwicklung von Schüleridentitäten schließen können.

Identität und soziale Tätigkeit

Um die Relation von Identitätsverlauf und Art der sozialen Tätigkeit zu untersuchen, wurden verschiedene Analysen durchgeführt. Hier werden einige ausgewählte Analysen vorgestellt, die auf einen Zusammenhang hinweisen.

Bezüglich der Identitätsentwicklung lassen sich die ersten beiden Typen sozialer Tätigkeit als „weniger herausfordernd" und die letzten beiden als „herausfordernd" beschreiben. Während die ersten beiden Arten keinen direkten Kontakt zu offensichtlich hilfsbedürftigen Personen oder das Mitwirken in ideologisch motivierten Organisationen vermitteln, sind die beiden letzten Arten genau darauf ausgerichtet. Möglicherweise liegt es an diesen Merkmalen, dass diese Arten sozialer Tätigkeit mit hohen Identitätswerten und positiven Entwicklungen assoziiert sind. In diesem Sinne sollen die vier Arten sozialer Tätigkeit fürderhin in „herausfordernde" und „weniger herausfordernde" zusammengefasst werden.

Ein konsistentes Ergebnis ist, dass sich Schüler der H-H und der N-N-Gruppe bereits im zweiten Jahr auf der High School bezüglich ihrer sozialen Tätigkeiten unterschieden. Während 73 Prozent der Schüler mit stabil niedrigen Identitätswerten wenig herausfordernde Tätigkeiten verrichteten, waren es in der H-H-Gruppe nur 56 Prozent. Der signifikante Chiquadrat-Wert von 3.86 (1, n = 143, $p < .05$) indiziert die Differenz zwischen den beiden Gruppen. Die Wechselgruppen (N-M, M-N) unterscheiden sich nicht. In beiden Gruppen leisteten etwa zwei Drittel aller Schüler weniger herausfordernde soziale Arbeit.

Interessanterweise erbrachte die entsprechende Analyse keine signifikanten Unterschiede für das letzte Jahr auf der High School. Ungefähr die Hälfte aller Seniors setzte sich herausfordernden sozialen Tätigkeiten aus, unabhängig davon, in welcher Verlaufsgruppe diese Schüler waren. Dieser Unterschied zwischen zweitem und viertem Jahr legt nahe, dass der Schlüssel für die Identitätsentwicklung möglicherweise in der Einführung in die soziale Tätigkeit liegt und die Weichen für eine positive Identitätsentwicklung schon früh gestellt werden.

Glücklicherweise verfügen wir über ein unabhängiges Maß, das uns Aufschluss über diesen Prozess der Identitätsentwicklung geben kann. Es soll hier kurz beschrieben werden, um nachvollziehbar zu machen, wie vorgegangen wurde.

Zum Ende jeden Schuljahres, wenn die Schüler beschrieben, welche sozialen Tätigkeiten sie verrichtet hatten, um ihr 75-Stunden-Soll zu erfüllen, wurden sie auch nach ihrem Erleben dabei befragt. Die Schüler beantworteten mehrere 5-stufig Likert-skalierte Items, die von Newman & Rutter (1983) zur „Entwicklungsanreiz"-Skala aggregiert wurden. Hier beurteilten die Schüler, inwieweit die soziale Tätigkeit sie verändert hatte. Die Skala erbrachte ebenfalls zufriedenstellende Reliabilitäten ($\alpha_{Sophomore} = .82$; $\alpha_{Senior} = .84$) und umfasste Items wie: „Seitdem ich soziale Tätigkeit verrichte, sehe ich die Welt mit anderen Augen",

„Ich habe mir bewiesen, daß ich Dinge tun kann, die ich mir nie zugetraut hätte", oder „Ich habe einige meiner Einstellungen und Meinungen geändert".

Tabelle 1: **Mittelwerte der Skala „Entwicklungsanreiz" für verschiedene Identitäts-Verlaufsmuster zwischen zweitem und viertem High School Jahr**

	Identitäts-Verlaufsmuster											
	niedrig - niedrig (N-N)			niedrig - mittel (N-M)			mittel - niedrig (M-N)			hoch - hoch (H-H)		
	M	SD	n	M	SD	n	M	SD	n	M	SD	n
Sophomore	3,29	0,66	43	3,58	0,79	73	3,46	1,04	50	3,74	0,92	95
Senior	3,59	0,98	46	3,59	0,83	77	3,53	0,95	58	3,87	0,84	101

M = Mittelwert; SD = Standardabweichung; n = Anzahl der Versuchspersonen

In Tabelle 1 werden die Mittelwerte der Entwicklungsanreiz-Skala für die vier Verlaufsgruppen zu beiden Messzeitpunkten gezeigt. Wieder wird deutlich, dass im zweiten Jahr auf der High School die Schüler aus der Gruppe mit stabil hohen Identitätswerten auch die bei weitem höchsten Werte auf der Entwicklungsanreiz-Skala haben. Demgegenüber weisen die Schüler mit stabil niedrigen Identitätswerten (N-N-Gruppe) auch die niedrigsten Werte auf der Entwicklungsanreiz-Skala auf ($F (3, 260) = 3.00$, $p < .05$). Die beiden Wechselgruppen liegen dazwischen. Ein ähnliches Muster tritt gegen Ende der Schulzeit auf, wenn auch die Schüler mit unklarer Identität sich etwas verbessert haben. Sie liegen dennoch weit unter den Werten der Gruppe mit stabil hohen Identitätswerten ($F (3, 278) = 2.61$, $p = .05$).

Dieses Ergebnis führt uns zu einer interessanten Hypothese zum Zusammenhang von sozialer Tätigkeit und Identitätsentwicklung. Schüler, die bereits relativ früh über eine klare Identität verfügen, verrichten nicht nur herausforderndere soziale Tätigkeiten, sondern lernen auch mehr dabei für sich selbst. Soziale Tätigkeit enthält für diese Gruppe offenbar mehr Entwicklungsanreize als für die anderen. Zirkuläre Rückmeldungsmechanismen, wie etwa selbsterfüllende Prophezeiungen, könnten hier für die stabile Identität dieser Schüler verantwortlich sein.[2] Dieser Identitäts-Tätigkeits-Zirkel wird offensichtlich mit der frühen Annahme einer Herausforderung, namentlich der bewussten Entscheidung für die eher herausfordernde soziale Tätigkeit, in Gang gesetzt. In der schweren sozialen Tätigkeit, für die sie sich entschieden haben, werden sie innerer und äußerer Veränderungen gewahr und lernen sie zu verstehen. Diese Verstehensprozesse wiederum klären Identität und artikulieren sie als Relation von Ich und Gesellschaft. Die Gruppe mit stabil niedrigen Identitätswerten leistet

---

[2] Ein hypothetisches Beispiel für solch eine Konstruktion: „Ich gehe nächstes Jahr wieder nach downtown ins Obdachlosenasyl, weil ich jetzt weiß, dass ich das kann. Ich wusste vielleicht immer, dass ich das kann. Von dort aus sieht die Welt ganz anders aus, und ich glaub, das hab ich kapiert dabei."

Identitätsentwicklung und soziales Engagement

eher Tätigkeiten ohne besonderen Aufforderungscharakter und entnimmt diesen weniger Entwicklungsanreize. Jedoch auch für die Schüler dieser Gruppe ist zu bemerken, dass sich ihre Klarheit über sich selbst eher verbessert denn verschlechtert. Dennoch, zum Zeitpunkt des Schulabschlusses liegen sie immer noch weit unter den Schülern der H-H-Gruppe. Nichtsdestoweniger mag es sein, dass diese Schüler erst als Seniors über soviel Klarheit bezüglich ihrer selbst verfügen, dass sie ihre Erfahrungen mit sozialer Tätigkeit für sich verwerten können.

Um unsere Ergebnisse zum angenommenen Entwicklungsprozess abzurunden, soll ein weiterer Ansatz vorgestellt werden. Die Verlaufstypen von Identität einmal beiseite lassend, wurden die Daten nach dem Verlauf der sozialen Tätigkeit reorganisiert. Danach sind vier Grundmuster für die soziale Tätigkeit selbst möglich, wenn der Zeitraum zwischen zweitem und viertem Oberschuljahr betrachtet wird: herausfordernd – herausfordernd, weniger herausfordernd – herausfordernd, herausfordernd – weniger herausfordernd, und weniger herausfordernd – weniger herausfordernd.

Abbildung 2: **Verlaufsformen von sozialer Tätigkeit und Identitätsentwicklung zwischen zweitem und viertem High School Jahr**

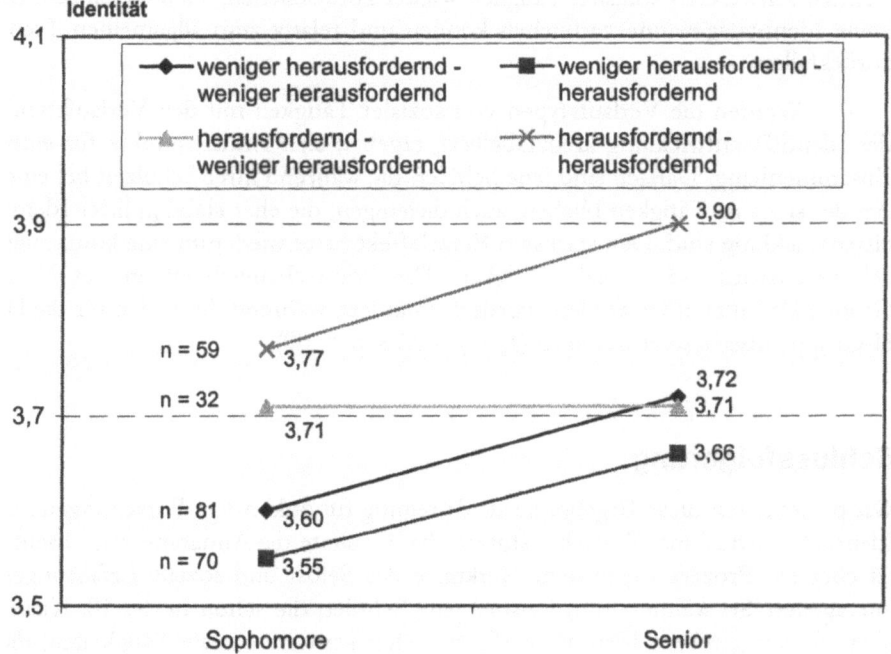

n = Anzahl der Versuchspersonen

Abbildung 2 zeigt die Identitätswerte für die vier Gruppen. Es wird deutlich, dass Schüler, die bereits als Sophomores die herausfordernde soziale Tätigkeit verrichteten, die höchsten Identitätswerte aufweisen. Diesen Vorsprung an Klarheit über sich selbst halten sie aufrecht, wenn sie bei einer herausfordernden sozialen Tätigkeit bleiben. Ein interessanter Vergleich ergibt sich zur Gruppe, die ebenfalls mit herausfordernder sozialer Tätigkeit beginnt, dann aber zu eher leichten, weniger fordernden Tätigkeiten wechselt. Diese Gruppe büßt ihren Vorsprung gegenüber den anderen ein und verbleibt auf dem Sophomore-Level der Identitätsentwicklung.

Die anderen beiden Gruppen zeigen leichte Zunahmen der Identitätswerte über die Zeit, erreichen allerdings in keinem Fall die Klarheit der Schüler, die konstant herausfordernde soziale Tätigkeit verrichten. Mehr noch, keine dieser Gruppen erreicht zum Ende der Schulzeit den Ausgangswert der ersten Gruppe. Diese Ergebnisse stützen wiederum die eingangs formulierte Hypothese und lassen an einen Schwellen-Effekt denken. Schüler, die schon früh wissen, was sie wollen, stellen sich eher den Herausforderungen schwerer sozialer Tätigkeit und ziehen daraus letztendlich größeren Nutzen. Schüler, die ohne klare Konzepte mit sozialer Tätigkeit beginnen, zeigen ebenfalls einen Zugewinn an Identität. Nichtsdestoweniger erreichen sie am Ende der zwölften Klasse kaum jene Klarheit über sich, die die Schüler der ersten Gruppe bereits in der zehnten Klasse äußerten. Und schließlich sind die Schüler, die sich von der einmal gewählten schwereren sozialen Tätigkeit wieder zurückziehen, auch diejenigen, die keine Identitätsgewinne verbuchen können und relativ zum allgemeinen Trend zurückfallen.

Werden die Verlaufstypen von sozialer Tätigkeit mit den Verlaufstypen der Identitätsentwicklung kreuztabelliert, ergeben sich Anhaltspunkte für einen Zusammenhang. Danach sind jene Schüler, die während ihrer Schulzeit bei einer Art der sozialen Tätigkeit blieben, auch diejenigen, die eher stabil in ihrer Identitätsentwicklung sind. Den stärksten Einzeleffekt hatte wiederum eine kontinuierlich herausfordernde soziale Tätigkeit: Die Wahrscheinlichkeit, in der N-N-Gruppe klassifiziert zu werden, wurde vermindert, während die Zellen für die H-H-Gruppe überbesetzt waren ($F (1, 75) = 2.78$, $p = .09$).

Schlussfolgerung

Wir präsentieren diese Ergebnisse als Anregung für zukünftige Forschungen zur Identitätsentwicklung. Zunächst stützen die Resultate die Annahme, dass Identität eher ein Prozess ist, in dem Merkmale des Selbst und soziale Erfahrungen interagieren. So wählten zum Beispiel jene Schüler, die schon in der 10. Klasse über eine ausgeprägte Identität verfügten, eher schwere soziale Tätigkeiten, die sie auch als entsprechende Herausforderung wahrnahmen. Umgekehrt erhielten sich die Schüler ihre Identität, ja verfestigten sie zunehmend, indem sie herausfordernde soziale Tätigkeit verrichteten. Der größte Unterschied ergab sich zu jenen Schülern, die an die soziale Tätigkeit ohne klare Idee von sich selbst, d.h. mit niedrigem Identitätsstatus, herangingen.

Zweitens konnten die instabilen Identitätsmuster kaum aus der sozialen Tätigkeit heraus erklärt werden. Es scheint klar zu sein, dass bei jenen, die eher turbulente Identitätsentwicklungen während ihrer Oberschulzeit durchmachen, andere Faktoren eine Rolle spielen. Insbesondere soziale Beziehungen zu Eltern und Gleichaltrigen scheinen hier von besonderer Bedeutung zu sein (Reis & Youniss, in Vorb.). Im Sinne der eingangs formulierten These verstehen wir auch diese als Begegnungen mit der Gesellschaft und nehmen Effekte bezüglich der Identitätsentwicklung an.

Ausgehend von der Tatsache, dass die Gruppe mit stabil hohen Identitätswerten auch zum Ende der Oberschulzeit weit über den anderen drei Gruppen lag, scheint es interessant hier weiterzudenken. Man könnte annehmen, dass diese Gruppe sich nicht nur in Art und Beurteilung der Tätigkeit, sondern auch bezüglich anderer Merkmale von den anderen unterscheidet. Ebenso ließe sich über die drei anderen Gruppen spekulieren, die alle mit ungefähr derselben Klarheit über sich selbst enden, und ob diese Schüler mit denen der ersten Gruppe während der nächsten Jahre gleichziehen oder nicht.

Es soll darauf hingewiesen werden, dass soziale Tätigkeit und andere Arten bedeutsamer sozialer Interaktion in den Studien zur Identität bisher kaum auftauchen. Der Identitätsprozess wurde zu oft auf private Konstruktionen beschränkt, dabei annehmend, dass die sozialen Erfahrungen, die Jugendliche machen, historisch unverändert bleiben. Insbesondere vor dem Hintergrund verlängerter Ausbildungszeiten und unübersichtlicher sozialer Strukturen sollte diese Annahme hinterfragt werden. Neuere Befunde zeigen, dass soziale Interaktionen mit hilfsbedürftigen Personen Jugendliche mit eben jenen gesellschaftlichen Problemen konfrontieren, die die Notlage dieser Menschen zumindest beeinflussen. Jugendliche, die sich diesen Situationen aussetzen und über genügend Ressourcen verfügen, mit dieser Herausforderung umzugehen, entwickeln nicht nur eher politisch-moralische Orientierungen (siehe Youniss & Yates, 1997), sondern erhalten sich auch eine klare und positive Idee von sich selbst.

Dieser Ansatz scheint in der Identitätsforschung vernachlässigt worden zu sein, obgleich sich diese nun schon auf mehr als drei Jahrzehnte erstreckt. Es war Eriksons Einsicht, dass Identität nicht etwas ist, was als privates Ergebnis adoleszenter Grübeleien entsteht. Denn schließlich, wie sollten derartig selbstreferentielle Reflexionen je von negativen Rückmeldungen gestört werden, wenn nicht durch externale Reize? Hierin liegt der Wert von Tätigkeiten, die Jugendliche sozialen Ereignissen aussetzen, neue Wege der Reflexion provozieren und damit gleichzeitig die Person als Ganzes auffordern, sich mit Dingen auseinanderzusetzen, die ihr vorher fremd erschienen.

Schließlich werden derartige Ideen zur „Erziehung der Zukunft" in beiden Ländern, den USA und Deutschland gegenwärtig diskutiert (siehe Der Spiegel, 14/2001). Der Erwerb und das Beibehalten einer klaren Idee von sich selbst wird gerade in Zeiten raschen sozialen Wandels und zunehmenden Druckes zu einer wichtigen Quelle von Motivation und Leistung. Sobald die Idee vom

"Selbst" raum-zeitliche Kontinuität (van Hoof, 1999) mit Flexibilität verbindet, wird sie zum "Identitätskapital" (Côté, 1997). Heute und in Zukunft wird derjenige einen Entwicklungsvorteil haben, der "weiß, was er will" und klare Ziele hat. Damit wächst modernen Gesellschaften die Aufgabe zu, neben dem schulvermittelten Wissen, Möglichkeiten für "reale" Alltags- und persönlich relevante Erfahrungen zu schaffen.

Literatur

Côté, J.: An empirical test of the identity capital model. In: Journal of Adolescence 20 (1997), pp. 577-597

Der Spiegel: Was sollen Kinder lernen? Reportage in Heft 14, 02.04.2001

Erikson, E.: Identity, Youth and Crisis. New York: Norton, 1968

McLellan, J.A./Youniss, J.: Conditions for effective school-based service: identity outcomes in youth. Under review, 2001

Newman, F.M./Rutter, R.A.: The effects of high school community service programs on student's social development. Final Report. Madison, WI: Wisconsin Center for Education Research. (ERIC Document No. ED 240 043), 1983

Reis, O./Youniss, J.: Patterns in identity change and development in relationships with mothers and friends. (in Vorb.)

Rosenthal, D./Gurney, R./Moore, S.: From trust to intimacy: a new inventory for examining Erikson's stages of psyosocial development. In: Journal of Youth and Adolescence 10 (1981), pp. 525-537

van Hoof, A.: The identity status field re-rewieved: An update of unresolved and neglected issues with a view on some alternative approaches. In: Developmental Review 19 (1999), pp. 497-556

Youniss, J./Yates, M.: Community service and social responsibility in youth. Chicago: University of Chicago Press, 1997

Kinder haben keine Zukunft

Fritz Oser

Einleitung: Kinder können Zukunft nur dunkel denken

Die Bedeutung des Titels ist, dass die Kraft der Kognition der Kinder kaum dazu ausreicht, dass sie sich eine klare Vorstellung von der Zukunft machen können. Kinder glauben einerseits, dass die Zukunft gleich wie die Gegenwart aussehen werde; andererseits ist das Nachvornesehen an sich ziemlich unscharf (dunkel) und wenig handlungsleitend. Da sie nicht mehr im Generationenfluss stehen, d.h. der Sohn nicht mehr gleich wie sein Vater sein wird (meistens kennt er auch die Arbeit des Vaters gar nicht), die Tochter nicht wie die Mutter (auch sie hat den Bezug zu deren Beschäftigung verloren), und dies schon früh akzeptiert ist, hat die Kraft der Zukunftsvorstellungen wenig Reichweite. Weil das, was sie über sich und die Mitwelt als Zukunft denken, etwas ganz anderes sein kann als das, was die Gegenwart von außen, eben einerseits als Vorbild bietet, andererseits aber keine attraktiven, weil bindenden Modelle der Veränderung der erwachsenen Bezugspersonen aufscheinen, bleibt ihnen nichts anderes übrig als ihre eigene kleine Erfahrungswelt nach vorne zu projizieren. Und diese ist wenig flexibel, eher stabil und eben weil von dieser Gegenwart determiniert, als Zukunft an sich unbestimmt.

Dieser Zwiespalt ist für jemanden wie Lothar Krappmann, der sich ein Leben lang mit Kinderwelten beschäftigt hat, sicher kaum sehr neu; denn die großen Bereiche der Kindheit und Jugend, wie Identitätsfindung, Freundschaftsaufbau, Gruppenleben in der Schule, missbrauchte Kindheit, Eltern-Kind-Beziehung, Ablösung etc. sind ja die, in denen sich das gegenwärtige Leben in seiner Brüchigkeit und Zufälligkeit so gestalten lässt, dass eine gelungene Zukunft erst entstehen kann. Die zentralen Dinge kreisen also um das Verständnis der Kindheit in der Gegenwart. Der Versuch, die andere Seite entwicklungsbedingter Vorstellungskraft, eben mögliche Zukunft in den Köpfen der Kinder, zu artikulieren, ist schnell einmal angesichts dieser Gegenwart zur Unscheinbarkeit verurteilt. Lothar Krappmann möge verzeihen, wenn dieser Versuch nur einen vorläufigen Charakter hat.

Zukunft hat ihre Wurzel in der Herkunft

Zukunft als individuell vorgestellte Größe spricht in ihrer natürlichen Form etwas an, was mit Taylor (1996: 122 ff.) als Hypergut des Menschen bezeichnet werden kann. Hypergüter werden durch Themen wie z.B. „grundlegende Beziehung mit anderen Menschen aufbauen", „Kinder aufziehen", „einen Beruf, der erfüllend ist, ausüben", „Besitz haben", „in einer Freundschaft eingebunden sein" etc. abgedeckt. In diese Dinge werden viel Kraft und Hoffnung der einzelnen Personen, wenn auch in unterschiedlicher Art, investiert und das Handeln von Menschen ist immer wieder neu auf sie gerichtet. Sie geistig nach vorne zu entwerfen, als einmal erfüllt zu sehen, beansprucht eine ganze Menge kognitiver Energie, die auf diese Weise gebunden wird.

Der Zusammenhang dieser erwünschten und damit vorgestellten Güter mit dem Ausmaß an nach vorne entworfenen Bildern ist aber nicht so eindeutig wie dies unmittelbar scheint. Menschen – obwohl sie diese Güter anstreben – wissen im allgemeinen nicht, wie man sie erreicht, wie sie umgesetzt aussehen werden, welche Zeit ihre Realisierung beansprucht, wieviel Risiko ihre Erreichung in jedem Falle beinhaltet und was es wirklich bedeutet, sie zu haben. Eigenartig ist aber, dass sie gleichsam als Sinnhorizonte stets in ihrem Denken vorhanden sind und kaum hinterfragt werden. Sie sind das im Kleinen abgebildete Zukunftspotential, das einerseits aus der Gegenwart und andererseits aus einer, wenn auch noch so unklaren, Herkunft auch unter spätmodernen Gegebenheiten des Denkens gespeist zu werden scheint. Bei Kindern ist dieser Prozess noch überhöht. Sie entwerfen ihre Zukunft als das, was sie Angenehmes erfahren oder erfahren haben. Das Eingebettetsein in eine positive Umgebung ihrer eigenen kleinen Gegenwart und die guten Erlebnisse ihrer kleinen Vergangenheit werden zum ausgebauten Wunsch für die Zukunft. Da diese Vergangenheit in Bezug auf die Eltern aber dunkel bleibt, ist der Wurf nach vorne nochmals eingeschränkt.

Inhaltlich gesehen gelingt ja dieser Entwurf einer Zukunft auf dreierlei Art nicht: Einmal kann man sehr vieles, was erwartet wird, als unrealistisch abschminken. Bei vielen gelingt die Beziehung nicht, der Beruf ist nur ein Job und Nachwuchs stellt sich nicht ein, weil man das Risiko dafür nicht eingehen will. Es müssen dann je andere Sinnentwürfe, andere Zukunftsinhalte vorausgedacht werden. Es sind dann die zusätzlichen Dinge, denen Menschen anhängen und nachtrauern, die Briefmarkensammlung, der kleine Garten, die Hundehaltung, die elektrische Spieleisenbahn u.a., welche Zukunft abbilden, unbestimmt, aber doch ein Nochmehr erheischend. Man muss also auch in diesem Falle Zukunft über einen noch nicht erfüllten Zustand als Sinnspanne entwerfen. Die gleichen Regeln gelten, nur ist das Sinnpotential nicht mehr universell, sondern „lächerlich" partikulär.

Hier wird sichtbar, was die Forschung über das Zukunftsdenken von Kindern so schwierig macht: der erwähnte radikale Bruch mit der Vergangenheit im Generationenfluss. Der einzelne Mensch schafft sich die Wurzeln des Sinnes neu, indem er um sich schaut, nicht aber, indem er zurückschaut. Krampfhaft Sinn in etwas anderem als dem dem „natürlichen" Leben Nahestehenden zu entwickeln, ist der Urtypus des verlorengegangenen Bewusstseins von der Bedingtheit der Zukunft in der Vergangenheit. Es ist eine unermessliche Kreativität notwendig, um sich Zukunftsentwürfe, die allesamt auf neue Weise zerbrechlich sind, vorzustellen.

Die zweite Form des Misslingens bezieht sich auf Sprache. Kinder, aber auch Erwachsene, können nicht über Zukunft sprechen, weil sie nicht über das sprechen können, was Vergangenheit und damit für sie sinnvoll geworden ist. Vergangenheit im Sinne des Sich-Erinnerns an Vorfahren, Erinnerungsgemeinschaft also, findet weder in Bräuchen, noch familiär-religiös einen Niederschlag mehr. Dieses Nichtkönnen äußert sich darin, dass kognitiv und emotional die Zukunft als etwas Verwischtes gesehen wird, das vielleicht nur noch in Extrem-Kategorien des Pessimismus oder des generellen Optimismus zur Sprache gebracht werden kann. Je mehr die Zukunft der beruflichen und familiären Gestaltung aber offen ist, desto weniger ist auch hier die Verwurzelung in der Vergangenheit gegeben, was denn auch zu einer Verunsicherung über das Wünschenswerte in den Feldern der inhaltlichen Bedeutsamkeiten führt. Dies hat schon Beck (1986) in der Zwiespältigkeit des je-mehr-desto-weniger ziemlich präzise herausgearbeitet: „Die Kinder kennen schon nicht mehr den Lebenszusammenhang der Eltern, geschweige den der Großeltern. D.h., die Zeithorizonte der Lebenswahrnehmung verengen sich immer mehr, bis schließlich im Grenzfall Geschichte zur (ewigen) Gegenwart schrumpft und sich alles um die Achse des eigenen Ichs, des eigenen Lebens dreht. Andererseits nehmen die Bereiche ab, in denen gemeinsam verfasstes Handeln das eigene Leben affiziert, und es nehmen Zwänge zu, den eigenen Lebenslauf selbst zu gestalten, und zwar auch und gerade dort, wo er nichts als das Produkt der Verhältnisse ist" (S. 216). Genau dieses ist es, was die Sprache abwürgt. Man kann nichts über die Zukunft sagen, wenn man sie erst erfinden muss und wenn sie nicht in den Niederungen des Vergangenen beheimatet ist. (Vielleicht ist auch dies ein Grund, warum der Handlungsansatz von Boesch, 1976; 1980, wie er von Oettingen, 1997 immer wieder postuliert wird, für die Entdeckung des Zukunftsdenkens von Kindern nicht taugt. Zielorientiertes Handeln kann in diesem Meer von Unbestimmtheiten kaum mehr griffig abbilden, was längerfristige Zukunftsentwürfe beinhalten könnten).

Die Nichtfähigkeit, die Zukunft emotional und kognitiv in Sprache zu kleiden, hängt also damit zusammen, dass diese Zukunft kein Bezugssystem in der Vergangenheit, dem Erfahrenen hat, aber doch nur über diese überhaupt Worte und Begrifflichkeiten finden könnte. Das bedeutet, dass wir methodisch beides stimulieren müssten, die inhaltliche Schärfe der Gegenwart und das daraus folgende unscharfe Zukunftsdenken mit den zeitlichen Abständen, mit denen diese Inhalte überhaupt erst geweckt werden können.

Das dritte Hindernis, das Zukunft nicht leicht erfassbar erscheinen lässt, besteht darin, dass Menschen sich nicht an die Zukunft „erinnern" *wollen*. Sich

Zukunft kognitiv als ernsten Lebensentwurf oder Teillebensentwurf vorzustellen ist schmerzhaft, denn man sieht überall um sich herum die Unfreiheiten, solche der Abhängigkeit, solche des Nichtvermögens, solche des Alleinseins, solche des Älterseins und die damit einhergehende Bewunderung für die Jugend, der es gesellschaftlich leicht möglich ist, nicht vorgegebene Rollen auszuprobieren. Der Wert des Gegenwärtigen, sofern es jung ist, wehrt alle Entwürfe nach vorne ab. Wer die Zukunft denkt, entmythologisiert sich selber. Es gibt kaum eine längerfristige Illusion und schon kleine Kinder haben einen Sinn dafür, dass das meiste, was Menschen sich vornehmen, nicht erfüllbar ist und man sich deshalb sehr eng an Gegebenes halten müsste.

Die Frage, die Margalit in seinem Buch „Ethik der Erinnerung" stellt, ob jemand es bevorzuge, dass eher sein großes Werk ohne seinen Namen erinnert würde, oder eher sein Name ohne ein grosses Werk, wie etwa Daedalus (vgl. Margalit, 2000: 16), richtet sich letztlich darauf, wie man sich Zukunft vorstellt; es ist also nicht eine Frage der Vergangenheit. Zukunft ist der nach vorne entworfene Bedeutungsgehalt der eigenen Lebensspur. Deshalb gibt es keine Zukunftsvorstellung ohne Zielvorstellung darüber, was zu erreichen sein müsste, auch unter widrigsten Bedingungen.

Soziologische und psychologische Sichtweise des Zukunftsdenkens

Nun muss man, um zu verstehen, was Zukunft als Zeitentwurf, aus dem Jetzt als Zustand oder aus dem Vergangenen als entworfene Handlung, bedeuten kann, eine weitere wichtige Unterscheidung vornehmen, nämlich diejenige zwischen einer soziologischen Sichtweise und einer psychologischen Vorbedingung des Denkens. Die soziologische Sichtweise beschreibt und diagnostiziert globale gesellschaftliche Trends; sie sagt z.B., dass heute allgemein viel weniger Personen einen einzigen Beruf über die ganze Lebenszeit ausüben werden, oder aber dass Menschen durch die Offenheit der Zukunft ihre Bindungen als variabel betrachten und sich ihnen gegenüber weder religiös noch vor dem Gesetz als absolut verpflichtet sehen. Die psychologische Sichtweise hingegen untersucht eher, wie ein einzelnes Urteil zustande kommt, wie ein Individuum die Zukunft denkt, welche Hemmnisse ein Individuum erfährt und welche Denkkraft eine solche Zukunftsvision ermöglicht.

Wenn nun z.B. jemand einen Aspekt der Zukunft negativ in dem Sinne formuliert, dass etwas Bestimmtes nie mehr vorkommen sollte, dann hängt dies tatsächlich davon ab, welche Betrachtungsweise verwendet wird. Wenn ich etwa mit Adorno sage „Nie wieder Auschwitz", dann können beide Betrachtungsweisen gemeint sein, diejenige, die einen gesellschaftlichen Trend im Visier hat und diejenige, die einen einzelnen Menschen in seiner moralischen Integrität meint. Wer etwas auf welche Art und Weise gebraucht, verweist lediglich auf eine Präzisierung des Gemeinten, die in unserer, weiter unten besprochenen, Untersuchung oft nicht möglich ist; wenn wir nämlich Kinder befragen, haben wir oft keine Ahnung darüber, ob sie das, was sie sagen, aus dem Fernsehen übernommen haben (allgemeiner Trend), oder ob es einer persönlichen Erfahrung entspricht.

In unserer Untersuchung verwenden wir keine Negativfragen; wir wollen nicht herausfinden, was nicht sein soll, denn diese Fragen führen nur dazu, dass die Schüler und Schülerinnen oft einfach gegenwärtige Ängstlichkeiten, die meistens von Erziehungspersonen artikuliert worden sind, ansprechen. Dass Kinder wirklich Angst haben vor einem Atomkrieg, ist solch eine typische zweifelhafte Widerspiegelung, die nicht wirklich etwas darüber aussagt, was nicht sein soll. Wenn Eltern davon sprechen, dass ihre Kinder Angst vor der Zukunft hätten, dann ist es gegeben, dass sie und andere Erziehungsverantwortliche eine solche Behauptung sehr sorgfältig interpretieren. Denn Kinder haben keine Angst vor der Zukunft, sie haben höchstens Angst vor der Gegenwart. Wenn aber diese Angst vor der Gegenwart vorhanden ist, dann prognostizieren Eltern und Erziehungsverantwortliche sehr schnell, dass in Zukunft beim Kind, beim Jugendlichen oder beim jungen Erwachsenen auch solche Ängste auftauchen würden. Die Gegenwart wird so quasi in die Zukunft projiziert; und diese angenommene Zukunft hat keinen anderen Garant als die Erfahrung in der Gegenwart. Wir schließen also unbewusst von der Ängstlichkeit in der Gegenwart auf so etwas wie einen vorhandenen *trait*, der darin besteht, dass bestimmte Wahrnehmungen und expressive Leistungen auch in Zukunft bei der gleichen Person in ähnlicher Weise auftreten würden. Aber dies ist ein Konstrukt der Gegenwart; es wird Gegenwart abgebildet, um Zukunft denken zu können.

Die qualitative Methode der vorweggenommenen Zukunft

Man muss sich fragen, wie Kinder und Jugendliche dazu gebracht werden können, den Blick nach vorne zu werfen und das auszusprechen, was für sie tatsächlich relevant sein wird. Aus dem Nebel der Vergangenheit müssen sie, wenn dies verlangt wird, unscharfe Umrisse der Zukunft entwerfen. Gibt es in diesem Tun irgend etwas, das geordnet werden kann? Kann man annehmen, dass die Unplanbarkeit der Zukunft irgendeine Gewissheit bei Kindern und Jugendlichen bewirkt?

Obwohl Kinder immer wieder an die Zukunft denken, ist es für sie – wie angedeutet – schwierig, Inhalte, die sie betreffen, in bestimmten Zukunftszeiträumen richtig einzuschätzen und Vorstellungen über diese Zeiträume zu entwickeln. In einem unserer Generationengespräche, das eine Methode darstellt, unterschiedliche Lebensalter (10-, 20-, 30-, 40-, 50-, 60- und 70-Jährige) über gleiche Themen halbstandardisiert an einem Tisch miteinander sprechen zu lassen, meinte das zehnjährige Mädchen, die 50jährige Frau sei sehr, sehr weit weg von ihm und es könne sich kaum vorstellen, wie sein Leben mit 50 aussehen würde. Es finde auch, dass Frauen mit 50 bedeutend jünger seien als Männer im gleichen Alter und dass sie ganz anderes tun würden als Männer. Für dieses Kind ist vorgestelltes Leben, wenn jemand 50 Jahre alt ist, unendlich entfernt. Lebensplanung, so weit gedacht, existiert für es nicht. Es ist schwer für es, den zeitlichen Abstand nach vorne zu begreifen bzw. sich damit zu beschäftigen. Auch hier ist es so, dass vermutlich das Kind nichts anderes tut, als die Gegenwart als Zukunft zu begreifen. Für es ist das, was es räumlich und zeitlich umgibt, zugleich Zukunft und zwar nicht lineare Zukunft, sondern globale Zukunftswirklichkeit. Nicht ich werde einmal so aussehen und so denken, sondern die Gegenwart wird immer so, wie sie jetzt ist, sein.

Um wichtige Themen des Lebens wie Bindung an Menschen, die man liebt, Geld haben, einen Beruf ausüben, religiös sein u.a. von Kindern und Jugendlichen besser erfassen zu können, haben wir eine spezifische Methode entwickelt, die Technik der sogenannten verdeckten biographischen Bildreihen. Solche biographischen Bildreihen sind als Anregung in Flammers Buch „Entwicklungstheorie" (1988) zu finden. Es sind dies Fotografien von einer und derselben Person, quasi mit einem Lebensrückblick, von hinten her gesehen, wenn diese also z.B. 10-jährig, 30-jährig, 50-järig und 70-jährig gewesen sind. Man sieht immer das gleiche Gesicht, aber jeweils zeitlich durch den Alterungsprozess verändert.

Wir legen in unserer Untersuchung den Kindern und Jugendlichen eine solche Bildreihe einer Frau oder eines Mannes vor und erklären ihnen, dass es sich hier um ein und dieselbe Person handelt, die dann jeweils 5 Jahre älter, 25 Jahre älter oder 50 Jahre älter ist. Wir decken dann alle Fotografien zu und lassen zuerst nur die Abbildung des 10jährigen Mädchens oder Knaben offen. Wir stellen dann eine Reihe von standardisierten Fragen zu je einem Thema (Religion, Politik, Geld, Beziehung, Beruf etc.) um herauszufinden, wie das Kind im Gegenwartsraum urteilt. Später decken wir das Foto der 15-jährigen Person (je nach Geschlecht der Probanden) auf. Wir fragen das Kind, ob es sich vorstellen kann, was es tun werde, wenn es so alt sei wie die Person auf dem Foto, wobei wir nur die vorher gestellten Fragen beim Gegenwartsbezug wiederholen. Dasselbe geschieht auch anhand der Fotos der weiteren höheren Altersstufen, also 25 Jahre später und 50 Jahre später.

Auf diese Weise ist es möglich, das Zukunftsdenken von Kindern in einen Rahmen des Alterns zu gießen, der viel konkreter ist als allgemeine Aussagen über die Zukunft. Die Themen sind – wie oben angedeutet – existenziell; die Altersspanne kann anhand der Bilder sehr leicht imaginiert werden und das Forschungsziel der Aufdeckung der projizierten Gegenwart kann bezüglich Sicherheit/Unsicherheit, Konventionalität/Nichtkonventionalität, Aktivität/Passivität, Eigenstrukturiertheit/Fremdstrukturiertheit, Verantwortung vs. keine Verantwortung, Optimismus vs. Pessimismus festgehalten werden.

Diese Methode gibt einen Zeitalgorithmus vor, der es ermöglicht, dass das Kind oder der Jugendliche die eigene Lebenstreppe oder eine äquivalente Vorstellung davon mit hypothetisierten zukünftigen Ereignissen so weit wie möglich entwerfen kann. So wird rekonstruiert, ob und in welchem Maße Kinder unterschiedlichen Alters und/oder Entwicklungsstandes Zukunftsvorstellungen haben, die der „Patch-Work-Biographie"-These von Kohli und dem Individualisierungstheorem entsprechen (vgl. Kohli, 1978). Diese Thesen verneinen die Linearität und das Verhaftetbleiben im Gleichen über das ganze Leben.

Im Allgemeinen haben wir im Interview zwei Sorten von Fragerichtungen anvisiert, nämlich a) „Wie wird es sein", und b) welche Bedeutungen und Valenzen spielen dabei eine Rolle. Im Interview sollen Kinder und Jugendliche also formulieren, welche Aspekte und Teilbereiche der erwähnten Inhalte als Vorstellungs- und Urteilswelten die Zukunft wirklich beeinflussen werden.

Design

Für die Gesamtstudie, von der wir hier nur ganz wenige Ausschnitte vorlegen, ist das Design in Tabelle 1 sichtbar. Diese Tabelle zeigt, dass wir sowohl Kinder wie auch Jugendliche und junge Erwachsene befragt haben. Die Themenbereiche waren dabei: 1. Familie/Partnerschaft/Kinder; 2. Ausbildung/Beruf/Arbeit; 3. Geselligkeit/Vereine/Freizeit; 4. Geld; 5. Religion/Werte/Gerechtigkeit; 6. Schweiz/Europa/Welt. Alle Personen werden zu den Themenbereichen Familie/Partnerschaft/Kinder und Ausbildung/Beruf/Arbeit sowie zu einem weiteren Themenbereich für die Gegenwart, für die Zukunft in fünf Jahren, für die Zukunft in 25 und 50 Jahren gefragt. Für den Religionsbereich, der in diesem Aufsatz als einziger dargestellt werden soll, geht es etwa um Fragen nach der Vorstellung von Gott, nach dem Leben nach dem Tod, nach der Art und Weise,

Tabelle 1: **Verteilung der Themenbereiche auf die Altersgruppen**

			Anzahl befragter Personen zu jedem Themenbereich					
			(1)	(2)	(3)	(4)	(5)	(6)
Stichprobe	Alter in Jahren	Anzahl befragter Personen	Familie/ Partnerschaft/ Kinder	Ausbildung/ Beruf/ Arbeit	Geselligkeit/ Vereine/ Freizeit	Geld	Religion/ Werte/ Gerechtigkeit	Schweiz/ Europa/ Welt
Kinder	7-8	12	12	12	3	3	3	3
	10-11	12	12	12	3	3	3	3
Jugendliche	14-15	12	12	12	3	3	3	3
	17-18	12	12	12	3	3	3	3
Junge Erwachsene	20-21	12	12	12	3	3	3	3
Gesamt		60	60	60	15	15	15	15

wie gebetet wird, nach dem Einfluss der Kirchen, nach dem, was der Mensch für Gott tun soll, nach dem Willen Gottes, nach Gottes Macht und Gerechtigkeit, nach Risiken und Gefahren bezüglich dieser Gerechtigkeit etc.

Zur Auswertung muss folgendes bedacht werden: Wenn wir davon sprechen, dass Kinder in Zukunft das und jenes tun, denken und fühlen würden, dann müssten wir zuerst untersuchen, was dieses Sprechen bedeutet, warum Kinder so und nicht anders sprechen und ob Zukunftsvorstellungen bei Kindern nicht einfach nur Gegenwartsvorstellungen, beladen mit einem gewissen Unsicherheitsfaktor, sind. Dazu ein paar Beispiele: Nehmen wir an, jemand sagt, er würde morgen zu seinem Freund nach Frankfurt reisen, nehmen wir zusätzlich an, er sei schon oft bei seinem Freund in Frankfurt gewesen, dann bedeutet dieser Zukunftsentwurf, dass in dieser Aussage wahrscheinlich drei unterschiedlich prägnante Schichten von Erwartungen auftreten. Erstens einmal sind da ganz klare Vorstellungen, wo man dem Freund begegnet, was man ihm mitbringt, wie er sich verhält, wie sein Haus aussieht, welches seine Forderungen hinsichtlich des Besuchsablaufes sein könnten. Diese ersten Erwartungen sind aus der Vergangenheit abgeleitet; man erwartet auf dem Hintergrund des schon Erlebten, dass wichtige Ereignisse sich in gleicher Weise, wie sie schon einmal abgelaufen sind, wieder vonstatten gehen. – Eine zweite Schicht von Erwartungen hat unscharfen Charakter. Es sind Erwartungen, die zwar auch durch die Vergangenheit fokussiert oder hervorgebracht werden könnten, die aber als etwas gesehen werden, das nur mehr Eckpunkte, Rahmungen (frames) oder grundlegende Algorithmen beinhaltet. Innerhalb dieses Rahmens ist Zukunft offen; alles ist möglich; es kann ein plötzliches Glück eintreten und ein Freund auftauchen, den man schon lange nicht mehr gesehen hat. Es kann eine bisherige, als fest angenommene Form durch Rebellion eines Mitglieds der Familie oder einer Gruppe, in der man lebt, gesprengt werden.

Die dritte Schicht betrifft das Nichtklare, das weder als Rahmen noch als Regelsystem Geltung beansprucht. Das, was sein wird, hat keine Form mehr; es könnte in jedem Falle anders sein. Es ist eine Reise ins Unbekannte. Es bleibt nur jener kleine Rest von Sicherheiten bezüglich Erwartungen, die das Leben gesamthaft betreffen, angedeutet. Hier wird Zukunft als sehr risikoreich empfunden. Das Sprechen über sie kann dann so spitzfindig werden, dass man sich vielleicht gegenseitig kaum mehr versteht. Hier kann nicht mehr vorausgesehen werden, wem man begegnet und wie diese Reise verläuft; hier weiß ich nicht, wann ich zurückkomme und wie Beziehungen sein werden. Hier kenne ich meine Rolle in einer späteren Gesellschaft nicht. Hier kann ich letztlich nur die vorhandene oder nicht vorhandene Bereitschaft, auf die Welt und das, was sie zur Verfügung hält, einzugehen, diagnostizieren.

Man muss also wissen, wann welche Art von Zukunftssprechen in Gebrauch ist, damit man die Struktur und die Kraft des Zukunftsdenkens von Kindern richtig einschätzt. Die erste Ebene ist banal; sie ist aber die realistisch vorhandene. Die zweite Ebene kommt seltener vor. Menschen, die in dieser

Weise Zukunft artikulieren, machen einen betroffen, weil sie ein Vertrauen in das Gelingen von Unternehmungen mit ihrem Reden gleichsam mitliefern. Die dritte Art finden wir sehr selten. Niemand macht sich auf, ohne eine Vorstellung von dem, was kommt, mit sich zu tragen. Am ehesten finden wir diese Art des Denkens noch bei Flüchtlingen, die ins Ungewisse mit viel Hoffnung auf bessere Zustände aufbrechen. Sie finden oft keine Sprache für dieses Nachvornesehen.

Resultate

Wir möchten nun zuerst ein Beispiel eines Themas zur Religion vorlegen und kurz kommentieren. Es geht in diesem Beispiel um ein Interview mit Jean Claude (Name verändert), 4. Grundschulklasse:

I: Jetzt gibt es noch einen Themenbereich, der ein bisschen schwierig ist. Da nehme ich dies hier wieder zusammen (nimmt die Fotos mit des Kn. Namen drauf), so, damit man Klaus wieder sehen kann (so wurde die Person auf den Fotos am Anfang des Interviews, der hier nicht abgedruckt ist, genannt), und dann muss ich noch schauen, ja, das läuft noch tipp topp. Und jetzt geht es wieder um Jean Claude heute.
Kn: Mhm.
I: Ehm, hier geht es nun um Religion. (Pause) Es geht hier auch nicht darum, was richtig oder falsch ist, sondern was du darüber denkst (Kn. nickt). Es gibt ja viele Vorstellungen von Leuten, die sich Gott vorstellen.
Kn: Ja.
I: Und stellst du dir Gott vor und wie stellst du dir ihn vor?
Kn: (Etwas verlegen) Ich kann mir ihn nicht vorstellen.
I: Also wenn ich „Gott" sage, dann stellst du dir gar nichts vor?
Kn: Also, doch, schon, aber, aber einfach nur so ein also eigentlich also, also das kann man ja nicht sagen, aber ich stelle mir der Gott so in einem weißen Gewand, so dünne Finger, lange.
I: Aha.
Kn: Und, und so weiße Haare und ein ganz langer Bart.
I: Mhm. Und alt dann?
Kn: Ja, alt.
I: Alt (Pause). Ehm, hast du irgendeine Vorstellung davon, was geschieht, wenn man stirbt, was danach kommt?
Kn: Nein, das weiß ich nicht.
I: Mhm, und du hast auch, du stellst dir auch nichts vor?
Kn: Nein.
I: Muss man etwas dazu beitragen, damit man zu Gott kommt?
Kn: Ja, schon.
I: Was muss man tun?
Kn: Ja ein bisschen ehm nett sein zu andern und hilfsbe- reit und ja, sonst weiß ich nichts mehr.
I: Mhm, ehm helfen Gebete?
Kn: Ja, wenn man fest daran glaubt, manchmal sogar helfen sie.
I: Mhm, und wenn man nicht betet, ist das schlimm?
Kn: Nein, auch nicht.
I: Es gibt ja verschiedene Kirchen und Glaubensgemeinschaften, zum Beispiel reformiert, katholisch, muslimisch, jüdisch und so weiter, sind die wichtig?
Kn: Ja, schon.
I: Haben sie irgendeinen Einfluss?

Kn: Hm (überlegt), also, es gibt jetzt zum Beispiel Juden, das sind jetzt ganz „Gläubische", ja.
I: Und wenn du sagst, sie seien wichtig, kannst du sagen, wieso?
Kn: Ja, sie ehm ja, glauben einfach fest an Gott und, und ja, wollen keinen Krieg auf Erden, ja, sonst weiß ich nichts mehr.
I: Mhm, gehst du in die Kirche, oder zu einer Glaubensgemeinschaft oder so?
Kn: Also ehm ich bin Ministrant einfach.
I: Du bist Ministrant, ja. Ehm, kann der Mensch etwas für Gott tun?
Kn: Ja.
I: Was denn?
Kn: Ein bisschen zur Umwelt schauen.
I: Aha, sonst noch etwas?
Kn: Ich weiß nichts mehr, nein.
I: Und das soll er?
Kn: Ja.
I: Mhm. Kann man sagen, es sei eh der Wille Gottes, dass es einigen Menschen gut geht auf der Welt und den andern schlecht?
Kn: Nein.
I: Und warum denkst du, kannst du das sagen, dass dies nicht sein –
Kn: Ja, weil, ehm es gibt Leute die machen einfach, die machen einfach schlecht mit, dass die Leute gar nicht zu sich schauen, die trinken zum Beispiel einfach Alkohol und rauchen und (lacht etwas verlegen).
I: Mhm, glaubst du, dass es Gott besser machen kann auf der Welt?
Kn: Nein (bestimmt).
I: Warum nicht?
Kn: Das mü- das haben wir, also er hat schon die Welt in der Hand, aber wir, wir müssen zur Welt schauen (i. S. von Sorge tragen).
I: Mhm. Denkst du, dass es Gott will, dass es gerecht zu- und hergeht auf der Welt?
Kn: Ja.
I: Was denkst du, warum will er dies?
Kn: Mhm, weil das blöd ist, wenn man streitet.
I: Mhm, und was denkst du, wie kann er das machen?
Kn: Eh, das weiß ich nicht, nein.
I: Was empfindest du als ungerecht?
Kn: Weiß ich nicht, nein, kann ich (auch) nicht sagen.
I: Kannst du nicht sagen, was richtig und was falsch ist?
Kn: Also (überlegt) richtig ist, wenn man ehm, ehm Entschuldigung sagen, und nicht richtig ist, wenn man miteinander streitet.
I: Mhm, kannst du selbst etwas tun dafür, dass es mehr Gerechtigkeit gibt?
Kn: Hm, das ist schwierig, schwierig.
I: Kannst du dir etwas vorstellen, das du tun könntest?
Kn: (Zögernd) nein.
I: Und warum nicht?
Kn: Ja, ehm es gibt so viele Menschen auf der Welt, die Krieg haben, zum Beispiel oder so, hm, da müsste ich jetzt in jedes Land fliegen und sagen, macht doch Frieden.
I: Mhm, und meinst du, die würden auf dich hören, wenn du in solch ein Land fliegen würdest?
Kn: Hm, wahrscheinlich nicht, nein.
I: Gibt es in der Welt, die dich umgibt, Lüge?
Kn: Ja, schon, also es gi- es gibt viele, die lügen und so.
I: Warum meinst du, dass die lügen?
Kn: Das weiß ich nicht, nein.
I: Die Welt, die dich umgibt, also die Menschen, die darin leben, denkst du, dass die gut sind?
Kn: Mhm (überlegt) ja, schon ja.

Es scheint auf den ersten Blick, dass die Interviewerin etwas forsch fragt. Aber wer das Gesprochene hört, schätzt das Klima der Begegnung mit diesem Kinde sehr positiv ein.

Einerseits hat das Kind eine religiöse Anschauung, deren bildliche Vorstellungsbereiche recht primitiv sind, aber deren Urteilsstruktur schon in Richtung Stufe 2-3 des religiösen Urteils (vgl. Oser & Gmünder, 1996) geht. Das Kind kann einerseits das Religiöse vom Weltlichen klar trennen, andererseits sind die Dinge, die Menschen tun müssen, ihr religiöses Handeln also, nur weltlich bestimmt (zur Umwelt schauen). Verantwortung soll zwar übernommen werden, aber irgendwo ist auch Gott verantwortlich. Auch ist eine gewisse Eigenstrukturiertheit im Urteil festzustellen. Allerdings sind die Ansichten konventionell und eher pessimistisch.

Betrachten wir nun den zweiten Teil des Interviews. Wie sieht das Kind sein religiöses Denken in fünf Jahren?

I: Schon. Gut, das wäre es. Und jetzt noch Jean Claude in fünf Jahren. Wenn du fünfzehn bist.
Kn: Ja.
I: Sag doch mal, wie wichtig ist Gott dann für dich und was soll er tun und was kann er tun?
Kn: Hm, ja, also ich weiß nicht.
I: Mhm. Denkst du, dass du dir Gott in fünf Jahren, wenn du fünfzehn bist, immer noch so vorstellst, wie heute?
Kn: Ja, wahrscheinlich schon noch.
I: Wahrscheinlich schon noch, denkst du, du hast dann eine Ahnung, was geschieht, wenn man stirbt?
Kn: Eh, nein, noch nicht.
I: In fünf Jahren, muss man dann etwas tun, um zu Gott zu kommen?
Kn: Ja, schon.
I: Was denn, immer noch dasselbe?
Kn: Ja, immer noch dasselbe, ja.
I: Werden in fünf Jahren Gebete auch noch helfen?
Kn: Ehm, wahrscheinlich schon noch, ja.
I: Warum denkst du, dass sie helfen?
Kn: Ehm, weil ehm, so, ehm, also, weil unsere Religionslehrerin immer gesagt (hat), so kann man mit Gott reden und ihn um etwas bitten.
I: Wenn du betest in fünf Jahren, wenn du fünfzehn bist, ist das schlimm?
Kn: Ich glaube nicht, nein.
I: Sind die Kirchen auch in fünf Jahren noch wichtig?
Kn: Für gewisse Leute schon, ja.
I: Und für dich?
Kn: Das kann ich nicht sagen, das weiß ich nicht.
I: Das weißt du nicht, und was denkst du, warum sind sie wichtig für gewisse Leute?
Kn: Weil sie fest an Gott glauben und manchmal vielleicht beten gehen und so.
I: Gehst du, wenn du fünfzehn bist, auch noch zur Kirche?
Kn: Könnte schon sein.
I: Aber du bist dir nicht sicher?
Kn: Nein, bin ich nicht so sicher.
I: (Pause) In fünf Jahren, wenn du fünfzehn bist, kann der Mensch etwas für Gott tun und soll er das?

Kn: Also, nein, ich glaube nicht, nein, er kann nichts für uns tun, aber sollen sollte er schon.
I: Aha, und was dann?
Kn: Ja, ein bisschen etwas tun wegen der Umwelt.
I: Aha, und warum soll er das tun?
Kn: Weil es so Umweltverschmutzung ist.
I: Aha. Glaubst du, dass Gott in fünf Jahren alles besser machen kann auf der Welt?
Kn: Nein.
I: Und warum glaubst du das nicht?
Kn: Weil er kann nicht irgend so ein Zauberspruch auf die Erde schicken und dass es gerade besser wird.
I: Mhm, will Gott, dass es in fünf Jahren gerecht zu- und hergeht auf der Welt?
Kn: Ja.
I: Und warum meinst du will er dies?
Kn: Weil Streit blöd ist.
I: Aha. Was denkst du, in fünf Jahren, was empfindest du als ungerecht, ist das anders als heute?
Kn: Hm, ich weiß nicht, nein, es ist noch etwa gleich.
I: Kannst du selbst etwas dazu beitragen, dass es in fünf Jahren mehr Gerechtigkeit gibt, wenn du fünfzehn bist?
Kn: Nein, ich glaube nicht, nein.
I: Wenn du dir, also wenn du könntest, also wenn du träumst, und du könntest dir etwas wünschen und so, bis- wie sieht Gerechtigkeit aus in fünf Jahren, was machen die Menschen, wie gehen sie miteinander um?
Kn: Nicht mehr streiten und dann entschuldigen sie sich immer, wenn sie mal Streit hatten und so.
I: Mhm. Siehst du irgendwelche Gefahren und Risiken für die Gerechtigkeit auf der Welt in fünf Jahren?
Kn: Ja.
I: Was für welche?
Kn: Das kann ich nicht sagen, nein, viele.
I: Viele, hast du auch Angst?
Kn: Mm (nein).
I: In fünf Jahren gibt es immer noch Lügen um dich herum in der Welt?
Kn: Ja, wahrscheinlich schon.
I: Wahrscheinlich schon, und die Menschen sind gut oder schlecht in (Pause) fünf (Jahren)?
Kn: Unterschiedlich.
I: Unterschiedlich, aber mehrheitlich so?
Kn: Ja, gerecht.

Es ist erstaunlich, wie dieses Kind die gleichen Aussagen, auf der Basis der gleichen Denkstruktur, für die Zeit nach fünf Jahren entwirft. Es sagt im Grunde genommen das Gleiche für die Zukunft nochmals, was für die Gegenwart Geltung hat. Die Ökologie als „Tun für Gott", der Aspekt Kirche, das Konzept der Gerechtigkeit, das Nichtvorstellen des Todes, all das bleibt sich gleich.

Betrachten wir nun den Zeitsprung nach 25 Jahren (Alter 35). Das Kind sieht wiederum ein Foto von einem Mann, dessen Bild schon mit 10 und mit 15 Jahren vor ihm liegt.

I: Mhm, gut, und Jean Claude in 25 Jahren.
Kn: Dann bin ich 35.

Kinder haben keine Zukunft 273

I: Bist du 35 (Pause), was hast du für ein Gefühl, mit 35, ist Gott für dich wichtig?
Kn: Mhm (nachdenklich), ja, schon.
I: Schon, warum meinst du?
Kn: Weil, weil da kann man sich manchmal zu ihm wenden, wenn man fest daran glaubt und wenn man betet, geht es manchmal in Erfüllung, man weiß ja nie.
I: Mhm, stellst du dir ihn in 25 Jahren, wenn du 35 bist, anders vor als jetzt?
Kn: Mm (überlegt).
I: Was denkst du?
Kn: Nein.
I: Immer noch gleich?
Kn: Ja.
I: Meinst du, du habest dann eine Ahnung, was ist nach dem Tod?
Kn: Nein, immer noch nicht.
I: Immer noch nicht, wenn du 35 bist, (Pause). Wenn du 35 bist, musst du dann etwas Besonderes tun, damit du zu Gott kommst?
Kn: Wahrscheinlich schon, aber ich wüsste nicht was.
I: Mhm, Gebete werden immer noch helfen, wenn du 35 bist?
Kn: Mhm (überlegt, dann zögernd) ja (und bestimmter) ja.
I: Ja, und wenn du aber nicht betest, wenn du 35 bist, ist das schlimm?
Kn: Mm (überlegend), nein, auch nicht.
I: Auch nicht, und warum ist es nicht schlimm?
Kn: Weil der Gott verlangt nicht von uns, dass wir immer beten müssen.
I: In 25 Jahren, wenn du 35 bist, denkst du, dass dann die Kirchen noch wichtig sind?
Kn: Mhm (ja).
I: Und wie?
Kn: Also es sind einfach, es gibt immer noch (dort) gewisse Leute, die einfach noch gläubisch sind, ja, und auch ehm viele gehen in die Kirche beten.
I: Mhm, gehst du auch zur Kirche, wenn du 35 bist?
Kn: Weiß ich noch nicht.
I: Weißt du noch nicht, und kann der Mensch etwas für Gott tun, in 25 Jahren, wenn du 35 bist.
Kn: Ich weiß nicht, nein.
I: Glaubst du, dass Gott in 25 Jahren alles besser machen kann auf der Welt?
Kn: Nein, nicht alles, vielleicht ein bisschen, aber nicht alles.
I: Was könnte er denn besser machen?
Kn: Eh, weiß ich nicht.
I: Will Gott auch in 25 Jahren, dass es gerecht zu- und hergeht auf der Welt?
Kn: Ja.
I: Das schon, und warum will er dies?
Kn: Weil ehm, Streit ist blöd.
I: Kannst du selbst etwas dazu beitragen, dass es mehr Gerechtigkeit gibt, wenn du 35 bist?
Kn: Nein.
I: Immer noch nicht, und warum nicht?
Kn: Weil ehm, das geht nicht.
I: Wenn du dir – wenn du wieder träumst, wenn du 35 bist, was denkst du, was würdest du träumen – wie die Menschen miteinander umgehen sollten und wie sie sein sollten?
Kn: Ganz friedlich.
I: Gleich wie vorher?
Kn: Ja.
I: Ja, ehm, siehst du dann irgendwelche Gefahren und Risiken für die Gerechtigkeit?
Kn: Wird schon welche geben, ja.
I: Mhm, aber siehst du jetzt noch nicht?
Kn: Nein.
I: Mhm, und wenn du 35 bist, gibt es dann noch Lügen um dich herum?

Kn: Wahrscheinlich schon, ja.
I: Mhm, und kannst du dir vorstellen, warum es diese Lügen gibt?
Kn: Als Ausreden und solche Dinge.
I: Aha, und die Menschen, die dich dann umgeben, wenn du 35 bist, sind die gut?
Kn: (Überlegt) Hm, mm, ich weiß nicht ob alle, aber sicher, es gibt sicher solche.

Auch für die Zeit, wenn das Kind 35 Jahre alt sein wird, werden die gleichen Dinge gleich gesehen. Die Bedeutung der einzelnen Aussagen ist gleich oder ähnlich, die Beweglichkeit bzw. die Veränderbarkeit bleiben stabil.

Das Kind betrachtet jetzt das Foto für das Alter nach 50 Jahren und soll an die Zeit denken, wenn es 60 Jahre alt sein wird.

I: Mhm, so, noch das letzte Mal, dann hast du's geschafft, Jean Claude in 50 Jahren (Kn. lacht). Also, wenn du 50 bist, nein, wenn du 60 wirst in 50 Jahren, je- jetzt bekomme *ich* Probleme, gell (beide lachen) also, eben dann, sag doch mal, ist dir dann Gott wichtig, was denkst du?
Kn: Wahrscheinlich schon, ja.
I: Wahrscheinlich schon, ziemlich sicher?
Kn: Ja.
I: Warum bist du dir da so sicher?
Kn: Weil alte Leute denken meistens mehr an Gott als –
I: Als junge.
Kn: Ja.
I: Hast du da Erfahrungen?
Kn: Ja, also ich bete jetzt nicht viel.
I: Aha.
Kn: Und so.
I: Aber kennst du denn alte Leute, die viel beten?
Kn: Ja, meine Großmutter.
I: Mhm (ja), kommst du gut aus mit ihr?
Kn: Ja, i- ist eine sehr nette.
I: Und hast du das Gefühl, du stellst dir Gott anders vor, wenn du 60 bist?
Kn: Mhm (überlegt), nein.
I: Und hast du das Gefühl, wenn du 60 bist, du hast eine Vorstellung von dem, was ist, wenn du stirbst?
Kn: Nein, immer noch nicht.
I: Immer noch nicht, (Pause) und wenn du 60 bist, musst du dann etwas machen, damit du zu Gott kommst?
Kn: Mm (überlegt), ich weiß nicht was, nein.
I: Werden Gebete dann helfen, wenn du 60 bist, in 50 Jahren?
Kn: Ja, schon.
I: Und wie werden sie helfen?
Kn: Also vielleicht ist es einfach durch ein Wunder und vielleicht ist es auch, einfach so einfach so gerade Zufall so.
I: Aha, und wenn du dann aber nicht betest mit 60, ist das schlimm?
Kn: Auch nicht, nein.
I: Und wieder aus demselben Grund nicht schlimm, wie du zuvor schon gesagt hast?
Kn: Nein, nicht schlimm.
I: Aha, in 50 Jahren, sind dann Kirchen noch wichtig?
Kn: Mhm (ja).
I: Und du selbst, gehst du dann in die Kirche, wenn du 60 bist?
Kn: Ja, schon.
I: Warum?

Kinder haben keine Zukunft 275

Kn: Ja, schon.
I: Warum?
Kn: Ja, weil das ist noch schön manchmal, dort in der Kirche, manchmal ist es auch langweilig.
I: Mhm, kann der Mensch in 50 Jahren etwas für Gott tun?
Kn: Mhm (überlegt), ich wüsste nicht was, nein.
I: Mhm, glaubst du, dass Gott in 50 Jahren alles besser machen könnte auf der Welt?
Kn: Nicht alles, aber es gibt Sachen, die er besser machen könnte, ja.
I: Was denn?
Kn: Eh (verlegen), so ehm mehr Frieden auf der Erde und gleich wie vorher einfach.
I: Gleich wie vorher ja, ehm, hast du eine Ahnung, was du in 50 Jahren, wenn du 60 bist, als ungerecht empfinden wirst, ist das anders als heute?
Kn: Hm (überlegt kurz), wenn man einen Schneeball, eh nein, wenn man Lüütistreich macht (= bei Leuten klingelt und dann abhaut) und wenn man nicht mehr so gut gehen kann.
I: (lacht) Kennst du das aus eigener Erfahrung?
Kn: Hm? Ja. (Lacht mit)
I: Kannst du etwas dafür tun, wenn du 60 bist, dass es mehr Gerechtigkeit gibt?
Kn: Nein.
I: Nicht, und warum nicht?
Kn: Das kann man, kann man nicht machen.
I: Kann man nie?
Kn: Nein, geht nicht aber, aber vielleicht ist ja dann Frieden auf der Erde, man weiß ja nie.
I: Man weiß nie, und wenn du dir Gerechtigkeit erträumen könntest, in 50 Jahren, dann wäre es gleich, wie das, was du schon gesagt hast?
Kn: Mhm (stimmt zögernd zu) ja.
I: Mhm, siehst du irgendwelche Gefahren oder Risiken für die Gerechtigkeit, wenn du 60 bist, in 50 Jahren?
Kn: Mhm (überlegt), ja, schon.
I: Kannst du sagen, was für welche?
Kn: Ja, so Leute, die immer einbrechen gehen und Brände stiften und Bomben legen und solche Sachen.
I: Und das wäre schlimmer als heute?
Kn: He? Ja.
I: Mhm, und wie ist es mit der Lüge, gibt es die noch, wenn du 60 bist?
Kn: Ja.
I: Mehr oder weniger als jetzt?
Kn: (Lacht ein bisschen) Gleichviel.
I: Gleichviel, und die letzte Frage, die Leute, die dich umgeben, wenn du 60 bist, sind die gut?
Kn: Viele, ja, nicht alle, aber viele.

Zwei Dinge haben hier ein anderes Maß erhalten, nämlich dass die Menschen mehr beten und dass sie „einbrechen gehen und Brände stiften und Bomben legen und solche Sachen". Alles andere bleibt unverändert. Das gleiche Wissen wird in gleicher Weise als stabil, eigenstrukturiert, undifferenziert konventionell gesehen. Die Zukunft ist zur Gegenwart geworden, das Kind sucht keine Zukunft.

Dieses Interview soll durch folgende drei Skizzen, die auch Befunde der anderen Altersstufen zum Bereich Religion wiedergeben, ergänzt werden. Diese Skizzen zeigen gemittelte Werte jener Stichproben, die sich im oben dargestellten Untersuchungsplan für den Bereich Religion ergeben. Sie haben kaum statistischen Aussagewert, sie stellen lediglich eine Tendenz dar, auf die es uns ankommt, nämlich dass in den Dimensionen Optimismus-Pessimismus, Eigenstrukturiertheit-Fremdstrukturiertheit und Sicherheit-Unsicherheit alle Alterstufen entweder das gleiche gleich diagnostizieren oder eine Verbesserung erwünschen. Diese Daten sind sehr vorläufig.

Abbildung 1 zeigt, dass die Gott-in-Welt-Spannung, also was Gott in der Welt soll, durchgängig von allen Altersstufen für die Zukunft als stabil optimistisch eingeschätzt wird. Dies ist deshalb ein interessanter Befund, weil die Kinder, die Jugendlichen und die jungen Erwachsenen keine Krise prognostizieren. Sie glauben allgemein, dass dieses Verhältnis gleich bleibe.

Abbildung 1: **Vorstellung zur Gott-Welt-Dyade unter dem Gesichtspunkt Optimismus-Pessimismus**

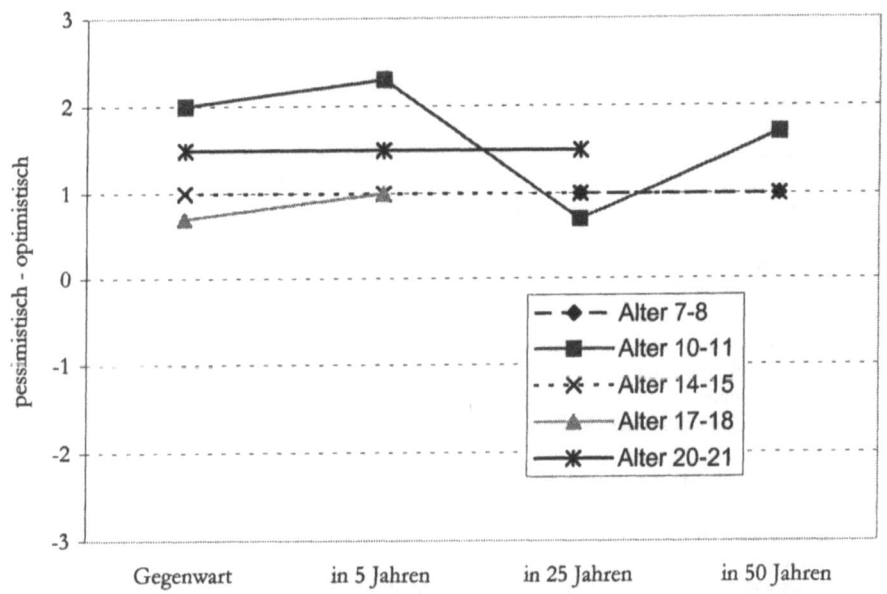

Abbildung 2 zeigt ein eigenartiges Phänomen. Die meisten Altersstufen drücken sich dahingehend aus, dass in Zukunft eben mehr und mehr für Gott getan werden müsse (Eigenstrukturiertheit), damit man zu Gott kommen könne. Nur das Alter von zehn Jahren, von dem auch unser Interview stammt, sieht dies anders, nämlich, dass man nichts tun kann, um diese Frage zu lösen. Das bedeutet, dass die Zehnjährigen, die wir befragt haben, auf einer Stufe der religiösen Entwicklung stehen, bei der das Ultimate etwas tut (Fremdstrukturiertheit), der Mensch aber etwas anderes macht, das nichts mit diesem anderen zu tun hat. Hier ist allerdings ein Widerspruch zum Alter von sieben bis acht Jahren festzustellen, der nicht aufgelöst werden kann.

Abbildung 2: **Ausmaß an Eigenstrukturiertheit bzw. Fremdstrukturiertheit im Zukunftsentwurf der unterschiedlichen Altersstufen bezüglich der Frage, ob die Menschen „zu Gott kommen"**

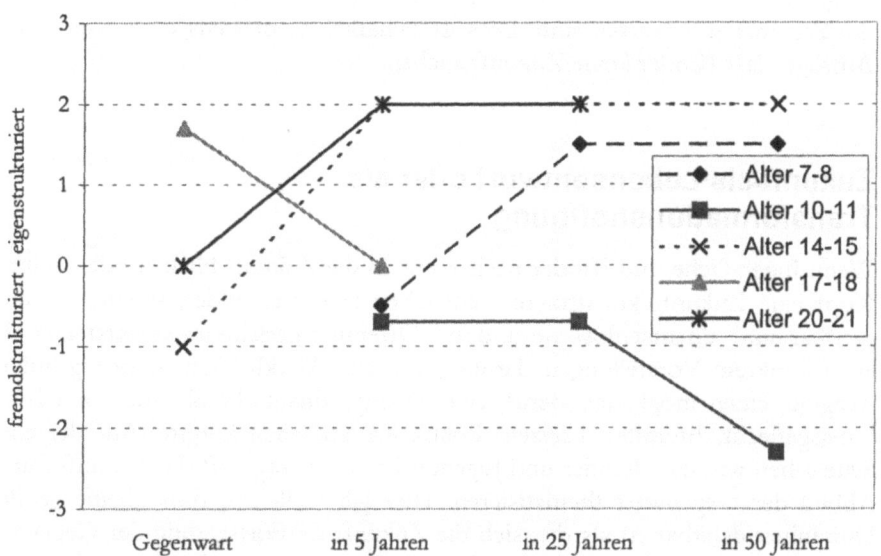

Abbildung 3 besagt, dass die Zukunftseinschätzung des „Glaubens an eine fürsorgliche Welt" ziemlich hohe Sicherheit aufweist: Die Personen aller Altersstufen sehen in diesem Sinne das, was sie erleben, als gesichert für die Zukunft.

Abbildung 3: **Das Konzept der „fürsorglichen Welt" unter dem Aspekt der „Sicherheit" als Zukunftsentwurf**

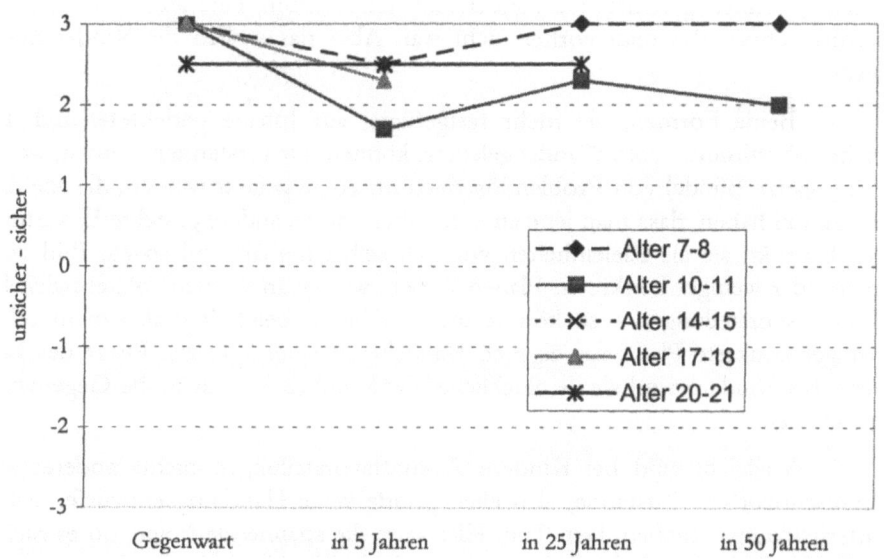

Diese Abbildungen bestätigen wenigstens teilweise, dass die Zukunft im Wesentlichen nichts anderes als eine artikulierte Gegenwart ist, dies wenigstens für die Zehn- bis Elfjährigen, die damit auch zum Ausdruck bringen, dass für sie die Gegenwart erfüllt ist und dass deshalb keine großen religiösen Enthüllungen in der Zukunft zu erwarten sind. Dies ist sicherlich wenigstens ein Grund für die Aussage, dass Kinder keine Zukunft suchen.

Zukunft als Lebensentwurf oder als Transformationshoffnung

Wenn Jugendliche und Kinder nach vorne in die Zukunft blicken oder in ihrem Kopf eine Zukunft konstruieren, entstehen zweierlei Bilder, solche, die nicht greifbar sind, unentschlossene und auf Offenheit gerichtete; es entstehen aber auch konkrete Vorstellungen darüber, wie eine Wirklichkeit in Bezug auf die Religion, einen möglichen Beruf, eine günstige finanzielle Situation, ein Beziehungsgeflecht, Intimität, Freizeit, Politik u.a. aussehen könnte. Auf der einen Seite sehen wir, dass Kinder und Jugendliche, wie gesagt, oft die Zukunft nur als Abbild der Gegenwart thematisieren. Hier gilt vielleicht, dass „keine größere Dummheit denkbar ist als die, sich die Zukunft als Fortsetzung der Gegenwart vorzustellen" (Noack 1996: 9). Auf der anderen Seite greifen Zukunftsvorstellungen als Entscheidungsmöglichkeiten in die Gegenwart ein; sie bestimmen von vorne rückwärts, was wir an einer bestimmten Stelle unseres Lebens tun werden. Hier gilt das Lob der Transformation, auch wenn nicht gewusst wird, ob man entsprechend einem gewünschten idealen Entwurf von einer Zukunft handelt. Reichenbach (1999: S.4) zeigt in Bezug auf die Selbstsorge bei Foucault, dass das Pathos des Selbstsorgegedankens in diesem Falle nicht auf Vollkommenheit und Geschlossenheit gerichtet ist, sondern auf das Faktum, eine andere Person zu werden, etwas, das man vorher nicht war. Aber das wollen die Kinder noch nicht.

Beide Formen, die mehr festgefügte, auf Inhalte gerichtete, und die mehr unbestimmte, vom Wandel geleitete, können nur verstanden werden, wenn damit ganze Bündel von Problemlösungen ins Auge gefasst werden, die alle damit zu tun haben, dass man jene an sich selber und an andere gestellte Erwartungen bedenkt, sie als Zieleinheiten vor sich selbst hinhält und so ein Bild von mehr oder weniger konkreten Plänen dessen, was getan werden soll, entwickelt. Zukunftsvorstellungen – so könnte man glauben – beinhalten also mehr oder weniger konkrete Pläne des eigenen Handelns in einer späteren Phase des Lebens. Bei Kindern sind sie, je glücklicher die Kindheit ist, nur in die Gegenwart eingebettet.

Vielleicht sind bei Kindern Zukunftsvorstellungen nichts anderes als vorausentworfene Zustände, also eben gerade keine Handlungsentwürfe, keine Entscheidungsvorhaben, kein Tun. Hier wäre die spannende Frage, ob es nicht doch Handlungsentwürfe gibt, die wir durch die Grobheit unserer Instrumente nicht erfassen konnten. Es gibt nach Noack viele Pendants in der Geschichte, so Gottesreichsvorstellungen mit den chiliastischen Enttäuschungen, Gesellschaftsentwürfe wie „die klassenlose Gesellschaft mit ihren unerfüllten Visionen" oder irgendein „goldenes" konkretes oder geistiges Zeitalter (das Reich des Friedens oder die Vision der Aufklärung, die darin besteht zu glauben, dass mit der Autonomie des Menschen auch seine Probleme gelöst wären).

Aber das alles zeigt sich wenig bei Kindern. Sie wollen die Gegenwart, in der sie leben, als Zukunft behalten. Man könnte sagen, Kinder haben keine Zukunft, weil sie glücklich sind in der Gegenwart.

Literatur

Beck, U.: Risikogesellschaft. Auf dem Weg in eine andere Moderne. Frankfurt am Main: Suhrkamp, 1986

Boesch, E.E.: Psychopathologie des Alltags: Zur Ökopsychologie des Handelns und seiner Störungen. Bern: Huber, 1976

Boesch, E.E.: Kultur und Handlung: Einführung in die Kulturpsychologie. Bern: Huber, 1980

Flammer, A.: Entwicklungstheorien. Psychologische Theorien der menschlichen Entwicklung. Bern: Huber, 1988

Kohli, M.: Erwartungen an eine Soziologie des Lebenslaufs. In: Kohli, M. (Hrsg.): Soziologie des Lebenslaufs. Darmstadt, Neuwied: Luchterhand, 1978, S. 9-31

Margalit, A.: Ethik der Erinnerung. Stuttgart: Fischer, 2000

Noack, P.: Eine Geschichte der Zukunft. Bonn: Bouvier, 1996

Oettingen, G.: Culture and Future Thought. In: Culture & Psychology 3(1997)3, pp. 353-381

Oser, F./Gmünder, P.: Der Mensch – Stufen seiner religiösen Entwicklung. Ein struktur-genetischer Ansatz. Gütersloh: Chr. Kaiser Verlagshaus, 1996

Reichenbach, R.: Aufklärungseschatologische Insuffizienzen. Ein Plädoyer für die pädagogische Provinz der Gegenwart. In: Referat an der Halbjahrestagung der Kommission Bildungs- und Erziehungsphilosophie der Deutschen Gesellschaft für Erziehungswissenschaften (DGfE), Eichstätt, 1999

Taylor, C.: Quellen des Selbst. Die Entstehung der neuzeitlichen Identität. Frankfurt am Main: Suhrkamp, 1996

IV. Pädagogische und politische Bezüge

Verantwortung und Identität. Bemerkungen zu einem pädagogischen Problem[1]

Peter Fauser

1. „Wer ist hier verantwortlich?" – Ein ganz persönlicher Einstieg

Bei einer Veranstaltung mit großen physikalischen Experimenten bei der Imaginata in Jena war eine der Attraktionen das „Fahrrad auf dem Hochseil". Man konnte dabei mit einem dafür präparierten Fahrrad auf einem Stahlseil fahren, das dreieinhalb Meter hoch quer über den Hof gespannt war. Am Fahrradrahmen war ein senkrecht nach unten ragender Ausleger angebracht mit einem achtzig Kilogramm schweren Gewicht an seinem Ende zwei Meter unter dem Seil. Dadurch wurde der Schwerpunkt des gesamten Gefährts unter das Seil verlagert – physikalisch gesehen, hingen also Fahrzeug und Fahrer unter dem Seil, obwohl es so aussah und sich so anfühlte, als balanciere das Rad auf dem Seil – und das Rad konnte zwar ein wenig schwanken, aber praktisch nicht umkippen. Doch es kam zu einem Unfall. Plötzlich hieß es, ein Junge sei abgestürzt. Es war Bernd, ein Zehntklässler. Benommen torkelte er ins Organisationsbüro. Er lag, als der Notarzt eintraf, schweißgebadet und bleich auf einer Couch und klagte über Schmerzen in Brust und Bauch. Das von uns alarmierte Rettungszentrum hatte auch die Polizei gerufen, die zu mehreren anrückte. Der leitende Beamte sprang aus dem Einsatzfahrzeug mit der Frage: „Wer hat hier die Verantwortung?" Obwohl ich den Vorfall nicht gesehen hatte und diese Station an dem Vormittag von Ludwig G., einem Oberstufenschüler, betreut worden war, meldete ich mich – ich bin Vorsitzender des Imaginata-Vereins. Ludwig hatte sich bei der morgendlichen Besprechungsrunde auf meine Frage, wer heute die Verantwortung für das Fahrrad auf dem Hochseil übernehmen wolle, gemeldet. Ich war froh, denn diese Aufgabe fordert Aufmerksamkeit, Selbstdisziplin und Autorität; der Andrang bei der Station ist erfahrungsgemäß sehr groß, und man muss mit der Ungeduld der Wartenden, der Nervosität oder Ungeschicklichkeit der Fahrer und mit dem Gerät klarkommen. Wenn sich der Fahrgast aufs Rad

---

[1] Der folgende Text geht zurück auf einen Vortrag beim Symposium der Stiftung „Brandenburger Tor" zum Thema „Verantwortung lernen in der Schule. Aufgaben für die Lehrerbildung" am 25./26. Mai 2000 in Berlin. Eine ausgearbeitete Fassung des Vortrags wurde veröffentlicht (Stiftung Brandenburger Tor, 2000). Demgegenüber ist der vorliegende Text überarbeitet und gekürzt worden. Für entsprechende Hinweise danke ich Hans Oswald. Ich greife teilweise auf frühere Auseinandersetzungen mit diesem Problem zurück (Fauser, 1990; 1992; 1996).

gesetzt hat, begleitet der Betreuer am Boden die Fahrt, eine Hand immer am Ausleger, und achtet darauf, dass die Pendelbewegungen nicht zu stark werden und niemand zu schnell fährt. Ludwig war schon das dritte Jahr Betreuer und kannte alle Stationen sehr gut. Überhaupt jemand, der verlässlich und intelligent überall zu gebrauchen war, wo Sorgfalt und schnelle Auffassung gefordert waren. Eine gute Besetzung.

Bernd wurde nach einer Woche aus der Klinik nach Hause entlassen. Außer einer unangenehmen Bauchprellung, zum Glück ohne innere Verletzungen, und einigen Schürfwunden an den Händen waren keine körperlichen Folgen zu beklagen. Die Polizei vernahm eine ganze Reihe von Zeugen – den Betreuer Ludwig, Bernd selbst und Mitschüler, die Lehrerin, die Eltern, mich, sie zog sofort den Technischen Überwachungsverein heran und ließ die Anlage überprüfen, fragte nach Genehmigungen und Prüfunterlagen. Bernd wurde zweimal vernommen; beim zweitenmal rückte er damit heraus, er sei nicht abgestürzt, sondern abgesprungen, vermutlich um den Zuschauern zu imponieren. Lehrerin und Eltern erklärten dies seufzend als glaubhaft: Bernd mache ihnen seit längerem wegen vergleichbarer Ausfälle große Sorgen. – Wir haben das Hochseilrad nicht wieder in Betrieb genommen, trotz seiner Freigabe durch die Kripo und den TÜV.

2. Erste Annäherung

Was bedeutet „Verantwortung"? Der hier geschilderte Fall vermittelt einen Eindruck von der Komplexität der Verantwortung. Verantwortung kommt hier verschiedenen Beteiligten zu, bei jedem sind Bedeutung und Umfang der Verantwortung verschieden. Gesetzt den Fall, Bernd wäre in Wahrheit nicht gesprungen, sondern doch gestürzt, die Anlage wäre schadhaft gewesen oder Ludwig hätte, schlecht eingewiesen und desinteressiert, statt zu betreuen, Zigarettenpause außer Sichtweite gemacht, dann hätte ich als Vereinsvorsitzender mit einer Strafanzeige und mit entsprechenden Folgen rechnen müssen, ebenso vielleicht Ludwig, ja möglicherweise auch die Lehrerin, die Bernd an der Fahrt hätte hindern müssen. Am Ende wurde das Verschulden im strafrechtlichen Sinne hier Bernd selbst zugeschrieben – wieweit die anderen Beteiligten von den Klassenkameraden über Ludwig und mich bis zur Lehrerin oder dem TÜV – sich aber auch als mitverantwortlich ansehen und zu dem Ergebnis kommen, sie hätten vielleicht nicht alles getan oder unterlassen, was Bernds Fehlverhalten hätte verhindern können, ist mit einer straf- und versicherungsrechtlichen Beurteilung und Erledigung des Falls nicht miterledigt. Sie alle mögen sich Fragen gestellt und aus den Antworten daraus Folgerungen gezogen haben: Ludwig vielleicht die Frage, ob er sich auf eine vergleichbar riskante Aufgabe nochmals einlassen will, die Klassenkameraden die Frage, ob es recht war, Bernds Geltungsdrang zu einer pubertären Mutprobe aufzustacheln, die Lehrerin, ob sie nicht besser ihre Schüler begleitet hätte, statt sich auf die Betreuer zu verlassen und sich mit Kollegen zu unterhalten. Ich hatte mich zu fragen, ob das Experiment bei großem Besucherandrang nicht doch unkontrollierbar war, ob Ludwig der Sache gewachsen sein konnte, ob die technischen Sicherheitsvorkehrungen – TÜV hin oder her – wirklich ausreichend waren. Ich fragte mich auch, ob es Fälle und Unfälle geben könnte, die mich veranlassen mussten, mein Amt aufzugeben – im ersten Moment, als ich sah, wie Bernd der Schweiß ausbrach und er bleich wurde, erfasste mich Panik und ich musste an den Unfalltod eines Verwandten denken, der nach einem Aufprall durch einen Riss in der Bauchschlagader verblutet war.

Das Thema der Verantwortung nimmt unser In-der-Welt-Sein als Person umfassend in den Blick: Es betrifft das Problem der Identität unter dem Aspekt der ethischen Verbindlichkeit und der Verpflichtung zwischen Menschen. Verantwortung fragt nach unseren Entscheidungen, die Tun und Lassen vorbereiten und begleiten, die Verpflichtung und Bindung nach sich ziehen, das Handeln bestimmen; der Begriff fragt danach, ob diese Entscheidungen richtig waren, was unser Handeln, das Tun und Lassen, bewirkt hat, welche Folgen, welches Verdienst, welche Schuld daraus erwachsen, ob wir unsere Möglichkeiten wahrgenommen haben und ihnen gerecht geworden sind oder nicht. Unsere moderne Kultur mit ihrem institutionalisierten Individualismus wendet außerordentlich viel Zeit und Arbeitskraft auf dieses Thema: Ganze Komplexe von Institutionen beschäftigen sich mit der Vorbereitung von Entscheidungen, mit der Zuweisung von verbindlicher Kompetenz, der Verleihung von Verdienst, der Klärung von Haftungsfragen, von Schuld. Verantwortung ist also ein schwieriges Thema, umfassend, unabschließbar, komplex, wie das Problem der Identität überhaupt. Schon das deutsche Wort selbst verbreitet, ähnlich wie das Wort „Erziehung", so Waldenfels, einen „unangemessenen Geist der Schwere". Die Schwere der Sache wird durch die typisch deutsche Wortbildung noch verstärkt. Der Begriff der „Antwort" wird durch die Nachsilbe „ung" und die Vorsilbe „ver" aus der alltagsnahen Ebene des Dialogs, aus dem konkreten Hin und Her von Frage und Antwort, herausgehoben. Wie bei der sprachlichen Transformation vom „Wandel" zur „Verwandlung" oder vom „Fehler" zur „Verfehlung", so führt diejenige von der „Anwort" zur „Verantwortung" zu etwas Umfassendem, Endgültigem; „Verantwortung" ist ein Synthesebegriff, der Prozess und Ergebnis einschließt. Wer zur Verantwortung gezogen wird, muss sich allen möglichen Fragen aussetzen.

Diese Perspektive rückt die Bedeutung von „Verantwortung" als Zurechnungsfrage in den Mittelpunkt. Dabei ist zum einen die Klärung eines Sachverhalts angesprochen, etwa von der Art: „Wer hat heute nacht im Wohnzimmer das Licht brennen lassen (und ist zu rügen)?", oder: „Wer hat dem Hausmeister heute diesen wunderschönen Blumenstrauß gebracht (und verdient gelobt zu werden)?" Zugleich kommt damit die weitergehende und schwierige Frage nach den Bedingungen der Möglichkeit von Zurechnung in den Blick, einfach gesagt, die Frage danach, ob und wie wir überhaupt zu verbindlichen, rational nachvollziehbaren Zurechnungen kommen können. Bei dem „Fall Bernd" kommen wir in dieser Hinsicht zu sehr unterschiedlichen Perspektiven, ja nachdem ob wir das

Wer, Warum und Wie unter technischen, strafrechtlichen, sozialpsychologischen, entwicklungspsychologischen oder moralischen Aspekten betrachten. Welcher Aspekt ist der (pädagogisch) entscheidende?[2]

Neben der Frage nach der Zurechnung enthält der Begriff der Verantwortung jedoch noch eine andere Bedeutungsdimension – diese ist angesprochen, wenn der Begriff vom Handeln her aufgefasst wird. Es geht dann nicht primär um die Fragen von Schuld und Verdienst, nicht um Zurechnung, sondern um die Bereitschaft sich zu engagieren, Aufgaben verlässlich zu übernehmen, sich verbindlich für eine Sache im Interesse des Gemeinwohls einzusetzen. Anders als im Deutschen, gibt es in der angelsächsischen Welt für diese zweite Dimension einen eigenen Begriff, der dem pragmatischen Sinn der Verantwortung mehr entspricht: Neben dem Wort „responsibility", das wörtlich der „Verantwortung" entspricht, steht das Wort „commitment", mit dem die entschiedene, bindende Übernahme einer Aufgabe oder Funktion gemeint ist. (Auch das deutsche Wort „Verpflichtung" hat durch die typische Wortbildung einen anderen Klang.) Wir können also Verantwortung als Zurechnungsbegriff und als Handlungsbegriff auffassen – eine analytische Unterscheidung allerdings von begrenzter Reichweite; denn wenn wir die Frage der Zurechnung untersuchen, ist dies immer ein Aspekt im Zusammenhang menschlicher Handlungsverhältnisse. Die Frage nach der Verantwortung läuft ohne die Voraussetzung einer Handlungsmöglichkeit ins Leere – und umgekehrt gilt: Verantwortlichkeit betrachten wir als eine notwendige Qualität menschlichen Handelns im vollen Sinne. – Ich setze meine Bemerkungen mit einer Untersuchung von „Verantwortung" als Zurechnungsbegriff fort und schließe daran einige pädagogische Überlegungen an.

3. Verantwortung als Zurechnungsbegriff

„Zurechnungsfähigkeit" und Einsicht

Wenn wir jemandem die Folgen eines Verhaltens, sei es ein Verdienst oder eine Schuld, zurechnen, dann setzen wir, nicht nur im Recht, sondern auch im Alltag, voraus, dass er oder sie auch wirklich zurechnungsfähig ist. Unser Verständnis dessen, was „Person" bedeutet und was „Mündigkeit" ausmacht, ist damit eng

---

[2] Theoretisch gesehen, geht es um das Problem, das Jürgen Habermas mit dem Begriff des „praktischen Diskurses" untersucht hat. Dahinter liegt die für unser modernes Verständnis von Wahrheit und Gerechtigkeit fundamentale Frage nach den Möglichkeiten und Grenzen rationaler Begründung und Argumentation, die Habermas (1981) in seiner „Theorie des kommunikativen Handelns" untersucht. Für die Frage nach den denknotwendigen Voraussetzungen und Bedingungen kommunikativer Rationalität hat sich der Begriff der „Transzendentalpragmatik" eingebürgert.

verknüpft. Bei Kant heißt es: „Person ist dasjenige Subjekt, dessen Handlungen einer Zurechnung fähig sind" (1979: 329). Ob jemand voll zurechnungsfähig ist, das sehen wir im Alltag wie im Recht als von einer ganzen Reihe von Umständen abhängig an: berücksichtigt wird unter anderem das Alter (volljährig oder nicht – „Eltern haften für ihre Kinder" –, „mündig" oder „entmündigt"), die körperliche, seelische und geistige Verfassung (wer im Fieberwahn ist, an einer Psychose leidet, unter Drogeneinfluss steht, ist nicht voll zurechnungsfähig), die Unabhängigkeit (wer zum Handeln gezwungen wird, kann nicht voll verantwortlich gemacht werden). Idealtypisch unterstellt die Zurechnung von Verantwortung, dass eine mündige Person aus eigenem Willen eine Tat vollbracht hat und dass diese Tat Folgen hatte.[3]

Zu unserem Verständnis von Verantwortung und Mündigkeit gehört es dabei, dass die Zurechnung des Tuns und seiner Folgen nicht nur von anderen, von außen zugesprochen, sondern von der Person selbst eingesehen und anerkannt werden kann. Mit Hoffmeister können wir deshalb sagen: Verantwortung ist „das Aufsichnehmen der Folgen des eigenen Tuns, zu dem der Mensch als sittliche Person sich innerlich genötigt fühlt, da er sie sich selbst, seinem eigenen freien Willensentschluß zurechnen muß" (Schwartländer, 1974). Mit dieser Formulierung wird auch deutlich, dass die Zurechnung von Verantwortung von den Folgen her erfolgt. Die Sequenz von Wollen – Tun – Folgen ist gewissermaßen in eine Untersuchung, in eine Rekonstruktion, eingebettet, durch die erst in rückblickender Analyse entschieden werden kann, ob die Zurechnung zutrifft oder nicht. Durch diesen Kreis von Wollen – Tun – Folgen – Rekonstruktion – Zurechnung konstruieren wir unser Verständnis von „Person" und umgekehrt: nur der Person schreiben wir einen solchen Reflexions- und Verantwortungszusammenhang zu.

Verantwortungsdiskurs

Drei Aspekte sollen nun noch genauer betrachtet werden:

a) Was bedeutet „Rekonstruktion"/Untersuchung?
b) In welchem Verhältnis stehen Tun und Zurechnung zeitlich und logisch zueinander?
c) Wer entscheidet über die Gültigkeit/Richtigkeit der Zurechnung?

Zu a) Bei der Rekonstruktion – man denke an die Rekonstruktion von Ereignisfolgen vor Gericht – können alle Momente des Zusammenhangs für sich betrachtet und differenziert bewertet werden: die Frage nach der Freiheit des Wollens (ich greife auf den „Fall Bernd" zurück: vielleicht wollte er nicht, sondern

---

[3] Der wichtige Aspekt, dass wir dabei Nicht-Tun oder „Unterlassen" als ein Tun betrachten können – es gibt deshalb Begriffe wie „Unterlassungssünde" oder der „unterlassenen Hilfeleistung" –, sei erwähnt, aber nicht weiter verfolgt.

"musste" etwas ganz Tolles tun, um Eindruck zu schinden), nach dem Verlauf des Tuns (etwa: hat sich jemand beteiligt, eingemischt, sind plötzlich Umstände eingetreten, die nicht vorhersehbar waren: hat Bernd plötzlich Angst bekommen, hat ihn jemand beleidigt, hat das Seil geschwankt ...), welche Folgen sind eingetreten und welche Nebenfolgen? Schon dieser kurze Blick auf die „Rekonstruktion" lässt erkennen, dass eine vollkommen eindeutige Zurechnung praktisch nicht möglich ist. Wir täuschen uns im Rückblick, von jeder Geschichte werden mehrere Versionen erzählt, und sogar geschulte, fachkundige Beobachter nehmen Ereignisse verschieden wahr und berichten verschieden – bei der Notengebung, beim Streit um politisches Verdienst, vor Gericht oder in der Forschung ein allseits anerkannter Grundsachverhalt.

Bei wichtigen Ereignissen und Zurechnungsproblemen wird deshalb die Rekonstruktion selbst rekonstruiert und kritisch untersucht – Gerichtsverfahren können revidiert und neu aufgerollt, Hypothesen und Beobachtungsdaten verworfen, Urteile aufgehoben, Noten geändert, Olympiasiege aberkannt, Verurteilte rehabilitiert, Preise posthum zuerkannt werden. Oft ist es nötig, dass dabei auch die Rekonstrukteure mit in den Blick genommen werden: welche Rolle spielt die Sympathie bei der Notengebung bei Lehrern, welche Rolle die Nationalität bei Kampfrichtern, die politische oder religiöse Überzeugung bei Richtern, die Weltanschauung bei Historikern usw. Theoretisch gesehen kann ein Verantwortungsdiskurs unendlich fortgeführt werden, weil wir niemals ein vollkommen richtiges Bild des Geschehenen erlangen – normalerweise beenden wir deshalb solche Diskurse und Verfahren durch Entscheidungen, oftmals verlaufen entsprechende Bemühungen auch im Sande, werden aus Erschöpfung oder unter dem Druck neuer Probleme fallen gelassen.

Zu b) Der Verantwortungsdiskurs verfährt rückblickend, rekonstruktiv. Allerdings unterstellen wir beim Handeln mündiger Personen, dass sie bei ihren Entscheidungen vor und während ihres Handelns, soweit irgend möglich, die Frage nach der Verantwortbarkeit ihres Tuns und die möglichen Folgen ihres Tuns und Lassens bedenken. Angesichts der wissenschaftlich-technischen Entwicklung in der Moderne, durch die die Folgen menschlichen Handelns gleichsam übermächtig geworden sind, wird die Frage nach der Handlungsverantwortung in eine ganz besondere Dimension gerückt. Dass die Folgen des Tuns die Reichweite der Voraussicht und die Reichweite der möglichen Verantwortung oder Haftung für die Folgen beim einzelnen ebenso wie bei Unternehmen, bei Staat und Gesellschaft übersteigen, ist grundsätzlich gesehen keine Besonderheit der Moderne, wenn es auch in der Moderne zu einer extremen Ausweitung der Folgerisiken des Handels kommt (vgl. Jonas, 1979). Georg Picht (1980) hat in scharfer Zuspitzung dieses Problems geradezu von der „Verantwortungslosigkeit" der technischen Zivilisation gesprochen, James Coleman (1986) sieht in der Rechtsform der „Gesellschaft mit beschränkter Haftung" eine Art Grundmuster des modernen Homo faber, des Menschen, der immer mehr tun, aber für immer weniger die Verantwortung und Haftung wirklich übernehmen kann. Praktische

Antworten auf das Problem, dass wir die Handlungsfolgen nicht überblicken, aber dafür einzutreten haben, geben wir beispielsweise durch (Haftpflicht-) Versicherungen, durch Rechtsnachfolge-Regelungen im Völkerrecht, durch Haftungsbeschränkung und Haftungsgarantien, durch Technikfolgen-Abschätzung und Ethikkommissionen.

Wie man sehen kann, weist das Verantwortungsproblem eine eigenartige zeitliche Struktur auf: *Prospektiv* versuchen wir, das noch nicht begonnene Handeln wie eine künftige Vergangenheit aufzufassen und beurteilen es im Lichte möglicher Folgen in einer möglichen Zukunft. *Retrospektiv* gehört zur Analyse der Verantwortung die Vergegenwärtigung des Vergangenen und seine Beurteilung angesichts anderer damals vorhandener, nun auch vergangener Möglichkeiten. Immer schließt die Analyse der Verantwortung ein, dass nach Entscheiden und Handeln angesichts eines Überschusses freibleibender Möglichkeiten gefragt wird, dass das Mögliche und das Wirkliche, das Geschehene und das Unterbliebene, gegeneinander gehalten werden. Kognitiv gesehen erfordert die Analyse der Verantwortung im vollen Sinne die Fähigkeit, vom eigenen Standort in der Zeit zu abstrahieren und alternative Standpunkte und Sichtweisen einzunehmen –, entwicklungspsychologisch gesprochen die Fähigkeit zu prinzipienorientiertem, formalem Denken und Urteilen – darauf komme ich noch zurück.

Zu c) Mit dem Begriff der Verantwortung beziehen wir uns grundsätzlich gesehen also auf das Gesamt menschlicher Handlungs- oder Verhaltensverhältnisse. Wenn wir Verantwortung zuschreiben oder übernehmen, dann konstruieren wir einen auf die Person bezogenen ethisch verbindlichen Zusammenhang von Wollen, Tun und Haftung. Dieser Zusammenhang wird durch die Zuschreibung von Verantwortung gleichsam aus der Totalität der Verhältnisse herausgehoben und begründet unser Verständnis von personaler Identität, Freiheit und Mündigkeit, die Fähigkeit zu selbständigem Leben.

Wie wird über die Zurechnung entschieden? „Verantwortung" ist ein ko-konstruktives Konzept. Das Wort „Verantwortung" selbst geht auf Fragen und Antworten, auf Wort und Gegen(=Ant)wort und auf das Gesamt der Worte und Gegenworte zurück, auf das Rede-und-Antwort-stehen vor anderen, vor Gericht, vor dem eigenen Gewissen, vor Gott; es bezeichnet ein (äußeres oder inneres) Gespräch. Handlungs- und kommunikationstheoretisch gesehen ist der Verantwortungsdiskurs ein „praktischer Diskurs" – er sucht eine Entscheidung über richtig und falsch. Unter mündigen Gesprächsteilnehmern muss eine solche Entscheidung idealiter auf Konsens beruhen, auf der freien Zustimmung aller Beteiligten, die sich im Kern auf einleuchtende Argumente stützt.

Es ist klar, dass in einer Gesellschaft, die auf den Prinzipien der Freiheit, Gleichheit und Solidarität beruht, jede und jeder Einzelne die Möglichkeit haben muss, für gemeinsame Angelegenheiten Verantwortung zu übernehmen und ebenso die Möglichkeit gegeben sein muss, jede und jeden Einzelnen zur Verantwortung zu ziehen. Dies ist zugleich eine Konsequenz und Voraussetzung unseres Verständnisses von Freiheit. Diesem Verständnis liegt das Prinzip der Gegenseitigkeit zugrunde. Das gilt für die *Rekonstruktion* des Geschehenen: das Beteiligtsein anderer am Handeln erfordert deren Beteiligung an der Rekonstruktion des Handelns; die eigene Perspektive und Erfahrung kann diejenigen der anderen nicht ersetzen. Es gilt auch für die *Zurechnung*. Wie die Zuschreibung von Verdienst, Haftung oder Schuld allein durch andere, heteronom, den einzelnen dem Willen anderer unterwirft und seine Freiheit beschneidet, bedeutet die reine Selbstzuschreibung, bei der der Einzelne sich in die Brust wirft, „die Verantwortung übernimmt" oder Verdienste beansprucht, dass die Freiheit der anderen beschnitten wird.

Zum Verantwortungsdiskurs gehören mindestens zwei Partner und der gemeinsam zu bedenkende „Gegenstand", bei einer Verantwortungsübernahme unter mündigen Partnern muss das Fragen und Antworten die Form einer reversiblen Kommunikation annehmen; die aufgeworfene Frage, wer verantwortlich ist, stellt dann eine wechselseitig eröffnete Option dar und ist durch eine gemeinsam akzeptierte Entscheidung zu beantworten – nur dann wird mit der Übernahme der Verantwortung zugleich die Mündigkeit und die Freiheit der Beteiligten gesichert. „Der tiefere Aspekt der Welt-Verantwortung", so fasst Schwartländer diesen Gedanken zusammen, „ist also die Verantwortung für ein freies Mitsein" (Schwartländer, 1974: 1582). Vor diesem Hintergrund wird sichtbar, dass die Praxis der Verantwortung grundsätzlich zwei Ebenen berührt: die Ebene des individuellen Handelns, Kommunizierens und Verhaltens und eine zweite Ebene, auf der es um die normativen Voraussetzungen einer mitmenschlichen, einer ko-konstruktiven Praxis geht, in der das Handeln und Urteilen dem Prinzip universalistisch orientierter Anerkennungsverhältnisse folgt.

Wie man sieht, ist der vom Begriff der Verantwortung, nimmt man ihn in seinem vollen theoretischen Sinne, eröffnete Anspruch immens: Die verlässlich begründete Zurechnung von Handlungsfolgen verlangt zweierlei, erstens die überprüfbare Rekonstruktion eines Handlungszusammenhanges und zweitens die ethische Beurteilung der dabei gegebenen Willens- und Handlungsverhältnisse. Die Rekonstruktion der Ereignisse muss wahr sein, die Zurechnung der Verantwortung fair, gerecht, richtig. Und es kommt hinzu, dass wir mit unserem Wollen, Entscheiden und Handeln immer schon in den Strom von Handlungszusammenhängen oder Verhaltensverhältnissen, in den Raum der menschlichen Geschichte, hineingestellt sind und durch unser Handeln zwar etwas Neues beginnen können, uns zugleich aber unvermeidlich zu dem, was wir vorfinden, verhalten müssen. Die theoretische Sequenz von Willensbildung – Tun – Folgen und deren Analyse, von der ich hier ausgegangen bin, bedeutet mithin eine starke Verkürzung, sie abstrahiert von der Geschichte und argumentiert so, als lasse sich eine solche Sequenz und mit ihr der individuelle Anteil gleichsam aus dem Fluss der Ereignisse herausstanzen.

Der Horizont des Verantwortungsproblems wird durch diese Überlegungen noch einmal entscheidend ausgeweitet. Es geht bei der Verantwortung nicht allein um das, was dem Wollen und Handeln des Einzelnen als dessen Ursprung zugeschrieben werden kann, sondern immer auch um unser Verhalten zu dem, was wir vorfinden. „Die volle Erfahrung der Verantwortung", so drückt Schwartländer (1974) dies aus, „fordert also, die beiden Grundbeziehungen: Verantwortung für sein eigenes Handeln und Verantwortung für die Welt konkret zu vereinigen. Ja, in dieser konkreten Vereinigung besteht die eigentliche Praxis der Verantwortung."[4]

4. Pädagogische Überlegungen

Idealstruktur und Praxis

Können wir aus diesem Versuch einer praxisphilosophischen Analyse von Verantwortung als Zurechnungsproblem etwas für die Erziehung lernen? Was ich hier umrissen habe, ist eine rational konstruierte Idealstruktur der Verantwortung, wie wir sie in der modernen Welt im gedanklichen Kontext universeller moralischer Prinzipien begreifen. Vollkommene Verantwortung im Sinne der zuletzt formulierten Definition könnte nur ein vollkommenes, gewissermaßen außerweltliches Subjekt übernehmen, das in der Lage ist, Voraussetzungen und Folgen seines Tuns im Zusammenhang der Totalität der Realisierungsbedingungen zu erkennen. So sind wir nicht. Wir überblicken höchst selten die Voraussetzungen, Bedingungen und Folgen unseres Tuns angemessen. Wir machen Fehler, werden schuldig auch bei besten Vorsätzen und bestem Willen. Und die Frage, worin Qualität und Umfang unserer Verantwortung besteht, wird nie vollkommen beantwortet. Verantwortungsdiskurse werden nicht zu Ende geführt, sondern abgebrochen, durch Schuldeingeständnisse, Wiedergutmachung, Verzeihen, Strafe, Versöhnung, Trennung, Lob, Auszeichnung. Eine vollkommene moralische „Aufarbeitung" unserer eigenen wie der kollektiven Vergangenheit ist unmöglich.

Diesseits des Ideals muss also gedacht, geurteilt, gehandelt werden. Deshalb brauchen wir, da wir nicht moralische Subjekte im kantischen Sinne sind, Sitte, Regeln, Gesetze, Polizei. Dabei zeigt sich, dass verschiedene Zeiten und Kulturen mit der Mündigkeit, der Rechtsfähigkeit der Person sehr unterschiedlich umgegangen sind und noch umgehen. Fast alle wesentlichen Rechte – die Geschäftsfähigkeit, die Heiratsfähigkeit, die Wahlrechte, das Recht auf Eigentum usw. werden in verschiedenen Gesellschaften verschieden geregelt. Das gilt nicht

---

4   Für eine solche Praxis, die aus dem menschlichen Handeln und der menschlichen Erfahrung heraus gebildet wird und sich kritisch und reflexiv auf das Handeln bezieht, ohne dessen nicht aufzuhebende geschichtliche Kontextbindung abzustreifen, habe ich an anderer Stelle einen von Dietmar Mieth geprägten Begriff, den der „Metapraxis" vorgeschlagen (Fauser, 2000).

nur in kulturvergleichender Perspektive, das gilt auch bei der Rechtsanwendung – Gerichte urteilen verschieden und schätzen die Schuld- und Zurechnungsfähigkeit von Angeklagten unterschiedlich ein. Und nicht nur im rechtlichen Raum, sondern auch in der Erziehung wird der Umfang von Freiheit und Verantwortung individuell unterschiedlich praktiziert. Das ist auch im Alltag von Kindern und Jugendlichen selbstverständlich. Schülerinnen und Schüler wissen beispielsweise in der Regel sehr genau, wen sie als Klassensprecherin oder Klassensprecher nicht wählen, wer als Vertrauens- oder Verbindungslehrer in Frage kommt, wem man die Klassenkasse überlässt und wem nicht.

Pädagogisch und gesellschaftlich konkret wird der Zusammenhang von Freiheit und Verantwortung als ein differenzierter Komplex von Rechten und Pflichten etabliert. Der für die Moderne grundlegende und universelle personale Anerkennungszusammenhang, der durch Garantie unveräußerlicher Menschenrechte gestiftet wird, ist in einem differenzierten System von Konventionen und Rechten institutionalisiert. Aber auch wenn auf diese Weise „Verantwortung" gleichsam auf ein Gefüge alltagspraktischer Regelungen heruntergebrochen wird, bleibt doch die Idealstruktur von „Verantwortung" der kontrafaktische Bezugsrahmen, durch den jedem Menschen die Fähigkeit zur Verantwortung und damit auch die Freiheit des Urteilens, Entscheidens, Handelns zugesprochen wird. So wie geltende Gesetze und geltendes Recht immer wieder an der Idee der Gerechtigkeit und dem Ideal der Menschenrechte gemessen und entsprechend korrigiert werden müssen, müssen die Konventionen, nach denen wir Verantwortung übernehmen oder zuschreiben, am Ideal der Verantwortung gemessen werden.

Pädagogisch gesehen ergibt sich daraus als Konsequenz, dass das Lernen von Kindern und Jugendlichen dieser kontrafaktischen Struktur entsprechen und beides ermöglichen muss: die Einübung in verantwortliches Mitreden, Mitbedenken, Mitentscheiden, Mittun und ebenso die Ausbildung der Fähigkeit, am kritischen Verantwortungsdiskurs teilzunehmen.

Die Frage lautet: Wie können wir die Bereitschaft von Kindern und Jugendlichen fördern, Aufgaben zu übernehmen und sie verlässlich zu erledigen, und wie werden Kinder und Jugendliche frei, selbst zu denken, zu urteilen, zu handeln, für das eigene Tun selbst geradezustehen, abzuschätzen, was aus dem eigenen Wollen resultiert und nicht aus dem der Eltern oder Lehrer. Mir kommt es hier auf einen ganz bestimmten Punkt an. Nicht auf das Problem der Freiheit als philosophisches Grundproblem, sondern auf die Frage, wie sich der Einzelne so aus dem Zwang oder der Verwicklung bestehender Verhältnisse herauslösen kann, dass er sein Denken und Handeln als eigenes und zu verantwortendes wahrzunehmen vermag. Diese Frage beleuchten die beiden folgenden kurzen Überlegungen zum Verhältnis von Entwicklung und Erziehung.

Verantwortung und Entwicklung

a) Denken

Der moderne Verantwortungsbegriff unterstellt eine kognitive Struktur, die, wie wir aus den Forschungen zur kognitiven, moralischen und sozialen Entwicklung wissen, erst im Verlauf der Adoleszenz erworben wird. Erst dann beginnt das hypothetische, axiomatische, kausale Denken, das sowohl für die naturwissenschaftlichen und technischen Verfahrensweisen maßgeblich ist als auch für die Denkformen des modernen Rechts oder die philologischen Methoden.

Mit dem Ende der Kindheit sind demnach kognitive Erwerbungen verbunden, die für das ganze personale Universum grundstürzende Veränderungen bedeuten, nach innen wie nach außen. Es wird jetzt das eigene Innere entdeckt als Raum des Erlebens und Erforschens, in den man sich in einer reflexiven Wendung hineinbegeben kann, ohne andere mitzunehmen. Plötzlich sind die Türen des inneren und des äußeren Kinderzimmers verschlossen, Tagebücher entstehen, Freundschaften werden zu intimen, exklusiven, romantischen Partnerschaften, die aus der Sehnsucht zum Teilen und Mitteilen des neu entdeckten und grenzenlosen inneren Kontinents leben. Jetzt kann auch die Frage nach eigener Schuld und Verantwortung als Herausforderung an die eigene moralische Urteilsfähigkeit erlebt und aufgeworfen werden und sich von den Urteilen und Erwartungen fremder Autorität absetzen, von den herrschenden Konventionen und Überzeugungen der eigenen Herkunftsfamilie, der Gruppe der Gleichaltrigen und Freunde, und sich dann auch von der eigenen Gesellschaft, Kultur und Zeit hypothetisch lösen. In der moralpsychologischen Forschung in der Tradition Piagets und Kohlbergs ist dies als der Schritt von der konventionellen zur postkonventionellen Moral beschrieben worden. Es ist evident, dass die Geschlechtsreife mit der Fähigkeit zur Fortpflanzung und zur frei gewählten Partnerschaft außerhalb der Herkunftsfamilie die Perspektive über die eigene Person hinaus und in die Zukunft in einen gleichsam existentiell geweiteten Raum generativer Ernsthaftigkeit und Verantwortung hineinrückt. Tiefes Grübeln und moralische Verzweiflung, fanatische Überidentifikation und blinde Gefolgsbereitschaft, selbstausbeuterische Leistungswut und Vergammeln sind hier möglich und liegen dicht beisammen.

Erst mit diesem hier nur angedeuteten komplexen und dramatischen Übergang betreten wir den individuellen und gesellschaftlichen Möglichkeitsraum des Denkens, Fühlens und Handelns, der in unserer Kultur das Konzept der Identität begründet und mit diesem das des Erwachsenseins und der vollen personalen Verantwortung. Rousseau hat für diesen Übergang das Bild von der „zweiten Geburt" geprägt als Ausdruck für den weitreichenden Gestaltwandel, den wir vollziehen müssen, wenn wir nach der Kindheit die Welt betreten, mundan werden, uns von der Gesellschaft Weltfähigkeit, Mündigkeit zugesprochen wird. Wir können daher die Struktur des Verantwortungsbegriffs auch aus dem Ensemble von Erwerbungen herauspräparieren, die diesen Übergang ausmachen: Verantwortung im vollen Sinne setzt die Freiheit voraus, zwischen Möglichkeiten des Urteilens und Handelns abwägen und entscheiden zu können und fordert, aufgrund solcher Entscheidung für das eigene Denken und Handeln einzustehen. Es wird unterstellt, dass wir über die einem Erwachsenen zugesprochene Erkenntnisfähigkeit verfügen, oder kurz gesagt, erwachsen sind im Blick auf uns selbst – d.h. nicht ungebrochen unseren Stimmungen und unserem Triebdruck folgen, ich nenne dies Reflexivität – erwachsen sind im Blick auf äußere Voraussetzungen und Folgen des Tuns – ich nenne dies Objektivität – und erwachsen sind im Hinblick auf das Ganze der menschlichen Gemeinschaft, der wir angehören, und seine ethischen Koordinaten – ich nenne dies Universalität.

b) Handeln

Je jünger wir sind, desto mehr ist unser Erkennen und Handeln in ganzheitliche, personale Erfahrungs- und Erlebenszusammenhänge eingebettet. Und auch der Objektivitätsbegriff von Recht und Schule muss erst aus einem ganzheitlichen Erlebnis- und Wahrnehmungsfeld heraus gebildet werden, aus einer symbiotischen Dyade zwischen Mutter und Kind, in die Person und Welt, Subjekt und Objekt, Ego und Alter eingeschmolzen sind. Die Entwicklung vom kindlichen zum erwachsenen Weltverständnis ist von Anfang an pädagogisch mitbestimmt, d.h. von der Qualität personaler Zuwendungen abhängig. Lebensgeschichtlich lässt nämlich eine als verlässlich erfahrene personale Beziehung, mit Eriksons Begriff, das Urvertrauen bzw. Grundvertrauen entstehen, das die Voraussetzung für die spätere Hinwendung zur äußeren Welt bildet. Man kann sogar sagen: Die spezifische Leistung, auf der die neuzeitlichen – objektiven – Weltverhältnisse beruhen, also die naturwissenschaftliche, technische, instrumentelle oder moralische Gegenstellung zu Natur und Gesellschaft – durch die wir uns als individuelle Subjekte von der uns umgebenden sozialen und natürlichen Welt zu unterscheiden und zu trennen suchen, diese Leistung muss zuerst in der Sphäre der Personalität ermöglicht werden. Grundlage ist die Ablösung des Kindes aus der symbiotischen Beziehung zur Mutter und die Wiederannäherung, mit der das lebenslange Wechselspiel zwischen Trennung und subjektiver Wiederaneignung, oder mit den Begriffen der kognitiven Entwicklungspsychologie, der Akkommodation und Assimilation. Das Kind muss die Erfahrung machen können, dass es sich von der als Teil des eigenen Selbst besetzten Mutter trennen kann – dass es sie zum „Objekt" machen darf – ohne dass die Mutter und mit ihr die Welt verschwindet und das Selbst zusammenbricht. Erst dann kann es sich in eine überdauernde objektive Haltung zur Welt begeben, wie sie auch Schule, Recht und Moral als selbstverständlich unterstellen.

Eine solche Objektivität und die Freiheit eigener Stellungnahme, eigenen Handelns und eigener Verantwortung, beruht also lebensgeschichtlich – und übrigens auch anthropologisch – auf einer tiefer liegenden pädagogischen Voraussetzung. Pädagogisch bedarf dies einer Verbundenheit, die das lernende Ich existentiell absichert. Lernen will Veränderung und erfordert die Preisgabe des sicheren Standes – das ist in gesteigerter Weise der Fall, wenn Kinder und Jugendliche verantwortlich eigene Aufgaben übernehmen und dann für deren Erfüllung Rede und Antwort stehen sollen. Erwachsene müssen bei diesem Gang ins Ungesicherte eine Kontinuität der Verbundenheit sichern, die die Lernenden über die Veränderung hinweg in ihrer Identität bestätigt und damit ein *Anerkennungsverhältnis* begründet. Freiheit des Handelns als Basis persönlicher Verantwortung setzt die Freigabe zum Handeln voraus. Grundlage dieser Freigabe ist ein generatives Verhältnis der Anerkennung, das Grundvertrauen zur Welt stiftet anstelle des Grundmisstrauens, das, wie wir vor allem aus der Hospitalismusforschung wissen, zur Abwendung von der Welt und zum psychischen und physischen Tod führt. Der Zusammenhang zwischen Freiheit und befreiender Zugehörigkeit bzw. Anerkennung ist übrigens auch wortgeschichtlich belegbar. „Frei" und „Freie" werden etymologisch mit „lieb" und „Freund" zusammen gesehen und bezeichnen die Zugehörigkeit zu einer schützenden Gemeinschaft.

Was hier für das Verhältnis zwischen Mutter und Kind erläutert worden ist, gilt, wie wir aus den schon erwähnten Untersuchungen zur sozialen und moralischen Entwicklung wissen, auch im Blick auf die späteren Formen der Zugehörigkeit und kritischen Distanz. Die elterliche Autorität und moralische Heteronomie, die damit etabliert ist, kann nicht verlassen werden, wenn diese Beziehung nicht zugleich Verbundenheit auch in der Distanzierung gewährt. Die Normen und Regeln der Freundes- oder Gleichaltrigengruppe werden erst kritisierbar auf der Grundlage der Erfahrung, als Partner und Mitglied der Gruppe anerkannt zu sein; wir können uns nicht loyal und zugleich kritisch zu den größeren und kleineren Gemeinschaften verhalten, wenn diese uns nicht ein Anerkennungsverhältnis gewähren.

So gesehen sind Freiheit, kritisches Denken und Verantwortungsfähigkeit auf entscheidende Weise erfahrungsbasiert. Dieser Gedankengang lässt sich mit einem Zitat abschließen, in dem Krappmann und Kleineidam entsprechende Einsichten aus ihren Forschungen zum Interaktionsverhalten zwischen Kindern eindrucksvoll zusammenfassen: „Der Blick in diese Sozialwelt der Kinder relativiert die Hoffnung, eine intensivere Erziehung, eine Klärung der Werte oder vermehrte Kontrolle würden ausreichen, um Kinder zu kompetenten und verantwortlichen Lebenspartnern, Erwerbstätigen und Mitbürgern zu machen. Sie brauchen das soziale Feld, in dem sie aus Erfahrungen bei der Verfolgung von vielfältigen und zum Teil widersprüchlichen Zielen pragmatische Urteils- und Handlungsrepertoires konstruieren. Kein noch so lern- sowie wert- und rollenübernahmewilliges Objekt von Unterweisung und Belehrung könnte die Voraussetzungen erwerben, in diesen sozialen Prozessen seinen Part zu spielen. Vielmehr sind es die Erfahrungen in diesen Prozessen selber, welche die Handelnden zwingen, Stellung zu nehmen und sich darin als Subjekt zu offenbaren" (Krappmann & Kleineidam, 1999: 262).

5. Schluss: Bemerkungen zur Schule

Die heutige allgemeine Pflichtschule ist im Zuge der gesellschaftlichen Modernisierung entstanden und ist an den tief greifenden Veränderungen des Aufwachsens beteiligt, die dieser Prozess mit sich gebracht hat. Grundlegend ist die gesellschaftliche Ausgliederung von Kindern und Jugendlichen durch die Schule. Diese Ausgliederung bedeutet, positiv gesprochen, eine gesellschaftliche Freisetzung, kritisch gesprochen, eine gesellschaftliche Ausgrenzung der Kinder und Jugendlichen. Diese Ausgrenzung lässt sich durch zwei Schnittlinien beschreiben. Ein „vertikaler" Schnitt trennt das Lernen von der gesellschaftlichen Praxis, auch von der Politik, ein „horizontaler" Schnitt trennt die Generationen voneinander. Seit es die Schule gibt, ist die Tatsache der Ausgrenzung des Lernens immer wieder schulkritisch zum Thema gemacht worden – als Problem der Erfahrungs-Praxis und Lebensferne, als Frage danach, wie sich „Lernwelt und Lebenswelt" (Edelstein, 2000) verbinden lassen.

Die Möglichkeiten einer gesellschaftlichen Mitwirkung von Kindern und Jugendlichen werden durch diese doppelte Ausgrenzung des Lernens auf grundlegende Weise beeinflusst. Hervorheben will ich die Ambivalenz dieser Ausgrenzung – auch und gerade, wenn man deren Folgen für die Übernahme von Verantwortung, für das Mitwollen, das Mithandeln, das Mitdenken und Mithaften, bedenkt: Einerseits setzt die Schule Kinder und Jugendliche teilweise frei vom Sog der Herkunft, der herrschenden Verhältnisse, der gesellschaftlichen und sozialen Bedingungen und auch vom Sog der herrschenden Institutionen, von den „Systemzwängen" der Moderne. Die so entstehende Distanz erlaubt es, den Blick über die Gegenwart hinaus auf die Zukunft zu lenken und eigene und neue Vorstellungen herauszubilden, an der Differenz zwischen dem Wirklichen und dem Möglichen zu arbeiten, ohne die die Freiheit des Entscheidens und damit die persönliche eingegangene Verbindlichkeit verantwortlichen Handelns nicht erfahren werden kann. Die Schule eröffnet einen intergenerativen Überschuss an Reflexivität, an Rationalität – dieser Gewinn an Bildung ist auch ein Gewinn für die Rationalität von Handeln und Verantwortung.

Andererseits können wir das Risiko nicht von der Hand weisen, dass durch die Schule der rationale Zusammenhang zwischen Wollen, Tun und kritischer Reflexion gleichsam zerschnitten und „wegrationalisiert" wird. Die Schule tritt als Organisation zwischen Jung und Alt, zwischen Jugend und Politik, zwischen Lernen und Handeln, Bildung und Arbeit. Institutionell vorgefertigte Entscheidungen, Gehorsamsleistungen, wissenschaftlich geprüfte Objekte der Erkenntnis oder Unterrichtsverfahren treten an die Stelle des Dialogs zwischen den Generationen und an die Stelle einer gemeinsamen Willensbildung in der Auseinandersetzung mit gemeinsamen Aufgaben. An die Stelle ursprünglicher Fragen und Antworten treten Schulfragen, die nachträglich zu vorgegebenen Antworten konstruiert sind. Die Schule gefährdet deshalb die intergenerative Verbundenheit, in der Wille und Verantwortung sich gemeinsam bilden können.

Diese Überlegungen bekräftigen die Erfahrung, dass demokratische Verantwortung durch Themen und Formen des praktischen Lernens besonders gut gefördert werden kann (vgl. Beutel & Fauser, 2001). Praktisches Lernen kann Willensbildung, Handeln und bewertende Reflexion in einen für alle Beteiligten verbindlichen Zusammenhang treten lassen. Lernen ist dabei in eine Praxis eingebettet, für deren Gelingen die laufende wechselseitige Abstimmung zwischen den Beteiligten wesentlich ist. Zielsetzung, Entscheidung, Durchhalten, Überprüfung der Einzelschritte, Korrekturen, Darstellung der Ergebnisse für die Beteiligten, die Schule und darüber hinaus sind Elemente eines Prozesses, für den – bei aller Planung – doch die Unvorgreiflichkeit direkten Handelns und Entscheidens bestimmend ist. Nicht von ungefähr verdanken wir „Projekt" als pädagogische Form dem demokratischen Geist des angelsächsischen Pragmatismus.

Besonders im Blick auf das Verhältnis der Generationen zueinander lassen sich Willensbildung, Handeln und Verantwortung als zusammengehörende Aspekte menschlichen Handelns in der Geschichte verstehen. Für Jung und Alt bestehen lebensgeschichtlich und gesellschaftsgeschichtlich, persönlich und politisch naturgemäß unterschiedliche Konstellationen hinsichtlich des Wollens, des Handelns und der Verantwortung. Die damit natürlich vorgegebene Gleichzeitigkeit des Ungleichzeitigen im Generationenverhältnis bildet eine Quelle für demokratisches Lernen. Die eigenen und neuen Fragen, Absichten, Interessen, das Wollen der Jüngeren, die Provokationen, müssen von den Älteren auch als notwendige Prüfung ihrer Überzeugungen begriffen und als Fragen an die eigene Erfahrung aufgenommen und beantwortet werden. Es ist in unseren Schulen noch wenig selbstverständlich, die Kultivierung einer demokratischen Atmosphäre und Schulöffentlichkeit, die Wahrnehmung von Schulordnung und Klima des Umgangs nicht nur als Sekundärfunktionen oder Randphänomene, sondern als wichtige Aufgaben wahrzunehmen; zumeist werden solche Themen erst bewusst wahrgenommen, wenn der reibungslose Ablauf des Unterrichtsbetriebs gestört ist. Ein Schulklima, das die Übernahme von Verantwortung und demokratischen Umgang begünstigt, stellt sich aber nicht gewissermaßen naturwüchsig ein, sondern bedarf bewusster Aufmerksamkeit und kontinuierlicher Arbeit. Die Zunahme entsprechender Projekte im Förderprogramm „Demokratisch Handeln" in den vergangenen zehn Jahren vermittelt den Eindruck, dass immer mehr Schulen dies erkennen und darauf praktisch reagieren: durch Streitschlichter- und Moderatorengruppen, durch aktive Informationspolitik und stärkere Aufmerksamkeit für Gremien und deren Effizienz. Das Machtgefälle zwischen den Generationen macht pädagogisch gesehen Mitwirkung und die Ermutigung zur Verantwortungsübernahme zu einer Bringschuld der Erwachsenen.

Welche Leistungen die Schule zulässt oder ausschließt, was gefördert wird und was nicht, ob Leistungen für das schulische Gemeinwesen, die nicht zum fachlichen Lernen im engeren Sinne gehören, ebenso wertgeschätzt werden wie fachliche Leistungen, darin liegt der strukturelle Kern dessen, wodurch die Schule ihr Anerkennungsverhältnis als Institution, ihr Koordinatensystem für

Identität und Verantwortung etabliert. Nicht nur Wissen und Können, auch Selbstkonzept, Leistungsmotivation, Selbstvertrauen, Zurechnungsmuster („War das meine Leistung oder eine leichte Aufgabe?"), die Vorstellung darüber, was man kann oder nicht, wird von diesem strukturellen Kern der Schule maßgeblich beeinflusst. Von Schülern Leistungswillen zu erwarten und die Bereitschaft, Verantwortung zu übernehmen, setzt voraus, dass Schule und Gesellschaft auf solche Leistungen überzeugende Antworten geben und selbst durch solche Leistungen überzeugen.

„Verantwortung" fragt – das sollten die knappen Überlegungen zur Schule erkennen lassen – nicht nur nach der ethischen Qualität moderner Identität, sondern ebenso nach der ethischen Identität der Moderne, nicht nur nach unserem Konzept der Person, sondern ebenso nach den gesellschaftlichen und institutionellen Voraussetzungen, die unsere Vorstellung von Person und Mündigkeit einschließen. Richtig gewendet entfaltet so gesehen der Diskurs über Verantwortung ein selbstkritisches Potential für den Einzelnen wie für die Gesellschaft. Wer Lothar Krappmanns Auseinandersetzung mit dem Identitätsproblem verfolgt hat, wird von einer solchen theoretischen Folgerung nicht überrascht sein.

Literatur

Beutel, W./Fauser, P.: Erfahrene Demokratie. Wie Politik praktisch gelernt werden kann. Pädagogische Analysen. Berichte und Anstöße aus dem Förderprogramm Demokratisch Handeln. Opladen: Leske und Budrich, 2001

Coleman, J.: Die asymmetrische Gesellschaft. Vom Aufwachsen mit unpersönlichen Systemen. Weinheim und Basel: Beltz, 1986

Edelstein, W.: Lernwelt und Lebenswelt. Überlegungen zur Schulreform. In: Neue Sammlung 40(2000), S. 369-382

Fauser, P.: Erziehung zur Verantwortung in der Demokratie. In: Beutel, W./Fauser, P. (Hrsg.): Demokratisch Handeln. Tübingen und Hamburg: Schöppe und Schwarzenbart 1990, S. 129-150

Fauser, P.: Ist Erziehung sittlich erlaubt? In: Neue Sammlung 36(1996), S. 517-530

Fauser, P.: Was heißt schon Erfahrung? In: Neue Sammlung 40(2000) , S. 583-599

Fauser, P./Meyer-Drawe, K./Luther, H.: Jahresheft Verantwortung. Seelze: Friedrich Verlag, 1992

Jonas, H.: Das Prinzip Verantwortung. Versuch einer Ethik für die technische Zivilisation. Frankfurt am Main: Suhrkamp, 1979

Habermas, J.: Theorie des kommunikativen Handelns. Frankfurt am Main: Suhrkamp, 1981

Kant, I.: Die Metaphysik der Sitten. Frankfurt am Main: Suhrkamp, 1979

Krappmann, L./Kleineidam, V.: Interaktionspragmatische Herausforderungen des Subjekts – Beobachtungen der Interaktionen zehnjähriger Kinder. In: Leu, H.R./ Krappmann, L. (Hrsg.): Zwischen Autonomie und Verbundenheit. Bedingungen und Formen der Behauptung von Subjektivität. Frankfurt am Main: Suhrkamp, 1999, S. 241-265

Picht, G.: Rechtfertigung und Gerechtigkeit – zum Begriff der Verantwortung. In: Picht, G. (Hrsg.): Hier und Jetzt. Philosophieren nach Auschwitz und Hiroshima (2 Bde.) Bd. I. Stuttgart: Klett-Cotta, 1980, S. 202-220

Schwartländer, J.: Verantwortung. In: Krings, H. et al. (Hrsg.): Handbuch philosophischer Grundbegriffe, Bd.6. München: Koesel, 1974, S. 1577-1588

Stiftung Brandenburger Tor (Hrsg): Jugend übernimmt Verantwortung. Verantwortung lernen. Berlin: 2000. Eigendruck

Tageseinrichtungen für Kinder – Wege zur Institutionalisierung von Kindheit

Hans Rudolf Leu

Eine wachsende Zahl von Kindern verbringt einen großen Teil ihrer vor- und außerschulischen Lebenszeit in speziell für sie eingerichteten Institutionen. Oberhuemer (2000: 173) spricht von einem „epochalen Trend zur Auslagerung von Betreuung und Bildung/Erziehung aus den Herkunftsfamilien in öffentliche Sozialisationsfelder", der in allen Industrieländern zu beobachten ist. Charakteristisch für Deutschland sind auf der einen Seite eine Versorgungsquote von 90 Prozent für die Altersgruppe der 3- bis 6-Jährigen, auf der anderen Seite große Unterschiede zwischen Ost- und Westdeutschland im Angebot für die jüngeren und älteren Kinder, die auf unterschiedliche Traditionen zurückgehen (s.u.). Während laut Kinder- und Jugendhilfestatistik die Versorgungsquote für die unter 3-Jährigen im Westen 1998 bei lediglich 3 Prozent lag, gab es im Osten für 36 Prozent dieser Kinder Plätze. Entsprechend beträgt das Hortangebot für 6- bis 10-Jährige Schulkinder im Westen 6 Prozent, im Osten 48 Prozent. Es besteht aber Einigkeit darüber, dass die geringen Versorgungsquoten im Westen dringend angehoben werden müssen.

Dieser Prozess der Institutionalisierung ist ein wichtiger Beitrag zur „Konstruktion von Kindheit". Seine Geschichte ist ein anschauliches Beispiel dafür, wie aufgrund wechselnder und vielschichtiger Interessenkonstellationen Kindheit gesellschaftlich definiert wird, indem Bereiche des Kinderalltags in öffentliche Regie genommen und Einrichtungen „für Kinder" geschaffen werden. Sie ist eine gute Illustration der These der Kindheitsforschung, dass grundlegend für die Struktur und Gestaltung der Lebensphase Kindheit nicht so sehr biologische oder psychosoziale Entwicklungsprozesse sind, sondern gesellschaftliche „Konstruktionen".

Anliegen dieses Beitrages ist es, zunächst in aller Kürze die sich wandelnden Funktionen von Kindertageseinrichtungen in Deutschland aufzuzeigen. Anschließend wird auf Entwicklungen v.a. in der Fachdiskussion eingegangen, in der seit den 70er Jahren des vergangenen Jahrhunderts diese Institutionalisierung von Kindheit kritisch gesehen und gefordert wird, Kindertageseinrichtungen zum kommunalen Umfeld zu öffnen und Kinder dabei nicht einem quasi schulischen Curriculum zu unterwerfen, sondern ihre Kompetenzen in der Auseinandersetzung mit Alltagssituationen zu fördern und sie als eigenständige Akteure ernst zu nehmen. Das sind Postulate, die in der aktuellen Diskussion um die Qualität von Kindertageseinrichtungen auch wieder eine wichtige Rolle spielen, wobei Ergebnisse und Positionen der Kindheitsforschung auf der einen Seite und eine neue Sicht auf Lern- und Bildungsprozesse auf der anderen Seite Ansatzpunkte zur Weiterführung des fachlichen Diskurses bieten.

Ein Problem besteht darin, dass die aufgezeigten Trends im wesentlichen den Fachdiskurs spiegeln. Die Frage, inwiefern die dort vertretenen Positionen in der alltäglichen Praxis in Kindertageseinrichtungen umgesetzt werden, kann kaum beantwortet werden, weil es dazu nur äußerst spärliche Informationen gibt. Trotz dieses Vorbehalts ist doch davon auszugehen, dass der Fachdiskurs für die Weiterentwicklung von Kindertageseinrichtungen seine eigene Bedeutung hat und eine solche Darstellung dort vertretener Positionen sinnvoll ist.

Von der Kompensation familiärer Defizite zur Minderung „struktureller Rücksichtslosigkeit" gegenüber Familien und Kindern[1]

Die Einrichtungen für Vorschulkinder entwickelten sich in Deutschland von Anbeginn an entlang einer zweifachen Zielsetzung. Es ging einerseits darum, Müttern aus armen Bevölkerungsschichten eine Erwerbstätigkeit zu ermöglichen, damit sie die wirtschaftliche Situation ihrer Familien verbessern konnten, andererseits um einen Erziehungsauftrag. Eine der ersten pädagogischen Konzeptionen für diese Institutionen stammt von Friedrich Fröbel, der 1837 seine „Anstalt für Kleinkinderpflege" gründete. Beeinflusst von Ideen von Pestalozzi stellte er das Spiel als kindgemäßes Lernmedium in den Mittelpunkt seiner Pädagogik und grenzte damit den „Kindergarten", wie er seine Einrichtung nannte, gegen die Bewahranstalt auf der einen und eine schulische Ausbildung auf der anderen Seite ab.

Während es Fröbel darum ging, die schöpferischen Kräfte in den Kindern zu wecken und zur Entfaltung zu bringen, verfolgte der Staat mit der Erziehung in Tageseinrichtungen das Ziel einer auf den Arbeiterstand zugeschnittenen Erziehung. In einem Bayerischen Ministerialerlass aus dem 19. Jahrhundert wird als pädagogische Aufgabe die Vorbereitung für einen Stand hervorgehoben, „welcher vorzugsweise einen gesunden, kräftigen und gewandten Körper, Lust und Liebe zu anstrengender Arbeit und möglichste Beschränkung seiner Bedürfnisse zu seinem künftigen Fortkommen und seinem äußeren Lebensglücke nöthig hat ..." (zit. nach Becker-Textor, 1993: 50). Dabei hatten Kindergärten auch die Aufgabe, Kinder von der Straße zu holen und ihre Verwahrlosung zu verhindern.

---

1 Diese Darstellung ist notwendigerweise sehr knapp und pointiert. Für eine differenziertere Darstellung der Kindergartengeschichte vgl. Erning et al., 1987.

Bis in die Mitte des 20. Jahrhunderts hatten außerfamiliäre Angebote für die Betreuung und Erziehung von Kindern das Image einer Ausfallbürgschaft für Leistungen, die eigentlich die Familien erbringen sollten. Es ging um die Kompensation familiärer Defizite, die häufig durch Armut und die Notwendigkeit der Erwerbstätigkeit auch der Mütter bedingt waren. Träger solcher Tageseinrichtungen für Kinder waren dementsprechend überwiegend humanitär oder religiös motivierte Initiativen oder Vereine.

Diese Sicht änderte sich nach dem Zweiten Weltkrieg in der DDR grundlegend. Seit den 50er Jahren wurden dort flächendeckend für die große Mehrzahl der Kinder im Krippen-, Kindergarten- und Grundschulalter Betreuungsplätze eingerichtet. Ein Ziel dieser Maßnahmen war die volle Erwerbstätigkeit von Männern und Frauen. Zudem hatten Staat und Gesellschaft eine primäre Verantwortung für Kinder, was sich auch in verbindlichen und zentral definierten Erziehungszielen niederschlug. Entsprechend dieser Vorgaben gab es einheitliche Curricula, in denen differenziert Lernziele für alle Altersgruppen vorgegeben wurden.

Demgegenüber sind Kindertageseinrichtungen in Westdeutschland traditionsgemäß Institutionen, die von sehr unterschiedlichen Trägern geführt werden, wobei über 40 Prozent der Plätze in der Trägerschaft von Caritas und Diakonie, den Verbänden der beiden großen Kirchen, sind. Anders als in der DDR galt dabei sowohl staatlicherseits als auch in der Sicht der Kirchen grundsätzlich das Modell der primären Verantwortung der Familie für die Kinder. Der Staat war deshalb lange Zeit äußerst zurückhaltend in seiner Unterstützung von Familien. Auch der Ausbau von Kindertageseinrichtungen verlief viel langsamer und zögerlicher als in der DDR und hat, mit Ausnahme der Altersgruppe der 3- bis 6-Jährigen, auch heute noch nicht annähernd den Stand einer vollständigen Bedarfsdeckung wie in der DDR erreicht.

Ein deutlicher Schritt hin zu einer Übernahme von mehr öffentlicher Verantwortung für vorschulische Betreuung und Bildung fand in den 70er Jahren im Zuge der allgemeinen Bildungsexpansion statt. Um gesellschaftliche Bildungsressourcen besser „auszuschöpfen" und im internationalen Konkurrenzkampf mithalten zu können, wurde damals die Frage debattiert, ob Kinder früher eingeschult oder ob eine Vorschule zur besseren Vorbereitung der Kinder auf die schulischen Anforderungen eingerichtet werden soll. Durchgesetzt hat sich in dieser Auseinandersetzung letztlich eine sozialpädagogische Konzeption für den Kindergarten, die, ganz auf der Linie von Fröbels Anliegen, schulische Lernformen für diese Altersgruppe zurückwies und dem Kindergarten seine konzeptionelle und institutionelle Eigenständigkeit sicherte. Der Kindergarten wurde in dieser Zeit erheblich ausgebaut und zur Eingangsstufe in das Bildungswesen erklärt.

In den 80er Jahren dominierten frauen- bzw. familienpolitische Zielsetzungen die Debatten um den Ausbau von Tageseinrichtungen für Kinder. Gerade von kirchlicher und staatlicher Seite war die Erwerbstätigkeit der Mutter lange

Zeit lediglich als eine Notlösung akzeptiert worden. Demgegenüber forderten viele Frauen mit Nachdruck, Familie und Beruf miteinander zu verbinden. Solche Forderungen wurden unterstützt durch die zunehmende Problematisierung der Geschlechterhierarchie. Dazu kam eine wachsende Zahl von Alleinerziehenden. Außerdem gab es auch von Seiten der Wirtschaft Vorstöße, Erwerbstätigkeit und Familienarbeit durch unterschiedliche Arbeitszeitmodelle besser aufeinander abzustimmen (vgl. Hagemann et al., 1999). Entsprechend spielten Forderungen nach Flexibilisierung und Verlängerung der Öffnungszeiten von Einrichtungen eine zentrale Rolle.

Seit Beginn der 90er Jahre wird zunehmend die öffentliche bzw. gemeinsame Verantwortung von Familie *und Gesellschaft* für das Aufwachsen von Kindern hervorgehoben. Zunehmend werden Kindertageseinrichtungen für alle Altersgruppen nicht mehr als Institutionen gesehen, die Defizite von Familien ausgleichen sollen, sondern als Einrichtungen, welche die „strukturelle Rücksichtslosigkeit" der Gesellschaft gegenüber Familien mindern und die Gesellschaft familien- und kinderfreundlicher machen.[2] Mit ein Grund für diese neue Orientierung ist die Tatsache, dass das Aufziehen von Kindern für eine wachsende Gruppe von Frauen und Männern offensichtlich nicht mehr zum selbstverständlichen Bestandteil ihrer Biographie zählt, was sich in der Bevölkerungsentwicklung an der ständig sinkenden Quote von Kindern und Jugendlichen an der Gesamtbevölkerung zeigt. Markiert wird diese Sichtweise etwa durch die Forderung eines bedarfsgerechten Ausbaus der öffentlichen Tagesbetreuung als Teil der sozialen Infrastruktur, wie sie im 8. Jugendbericht der Bundesregierung, im Kinder- und Jugendhilfegesetz (KJHG) von 1990, im Fünften Familienbericht und im Zehnten Kinder- und Jugendbericht der Bundesregierung sowie im Gutachten des Wissenschaftlichen Beirats für Familienfragen (1998) zu finden ist. Dazu gehört auch der Rechtsanspruch auf einen (allerdings immer noch nicht ganztägigen) Kindergartenplatz, der seit 1996 gilt. Damit ist zumindest der Kindergarten endgültig vom Image einer Ausfallbürgschaft befreit und als Regeleinrichtung anerkannt, die von der großen Mehrzahl der Kinder besucht wird.

Dabei wird die besondere Bedeutung von Familien für das Aufwachsen von Kindern keineswegs geleugnet. „Allerdings können Betreuung und Erziehung nicht als Einzelleistungen von Müttern und Vätern, sie müssen vielmehr als kollektive Kulturleistungen betrachtet werden, die durch soziale Netzwerke im Verwandtschaftssystem, in der Nachbarschaft und im gesamten Gemeinwesen erbracht werden müssen. Zu diesem Netzwerk gehören auch die Einrichtungen der familienergänzenden Betreuung und Erziehung ..." (Wissenschaftlicher Beirat, 1998: 143).

---

2   Für einen vor allem quantitativen Überblick über die verschiedenen Angebotsformen vgl. Deutsches Jugendinstitut, 1998; zur wachsenden Pluralisierung von Angeboten in den letzten zehn Jahren vgl. Leu und Preissing, 2000. Eine ausführlichere Darstellung von Krippe, Kindergarten, Hort, Tagespflege und Selbsthilfe-Initiativen und deren Entstehung findet sich bei Becker-Textor und Textor, 1993.

Ansätze zu einer „institutionenkritischen Institutionalisierung"

Die Kindheitsforschung reflektiert solche Prozesse der Institutionalisierung von Kindheit kritisch als Formen der Konstruktion von Kindheit, die von Erwachseneninteressen geleitet sind. Dabei stellt Helga Zeiher zwei Formen der Wahrnehmung der gesellschaftlichen Situierung und Bedeutung von Kindern gegenüber: „Im Blick auf kindliche Entwicklung und Sozialisation erscheinen Kinder als Werdende; sie sind noch nicht erwachsen, sondern dabei, es zu werden. ... In dieser individuell-lebenszeitlichen Perspektive wird die Lebensphase Kindheit ... zeitlich vor der Erwachsenenphase angesiedelt und deshalb auch vor und außerhalb der Gesellschaft der Erwachsenen. Kinder erscheinen dann aufgrund der Entwicklungstatsache als gesellschaftliche Außenseiter, die erst allmählich zu Mitgliedern der Gesellschaft werden" (1996: 10). Dieser „Binnenperspektive" des Schutz- und Vorbereitungsraums stellt sie eine „Außenperspektive" auf Kindheit gegenüber, in der „es um die Art und Weise der gesellschaftlichen Konstruktion von Abhängigkeiten der Generationen voneinander" geht (a.a.O.: 11). Sie vertritt die These, dass „die an der Entwicklungstatsache orientierte Wahrnehmung von Kindheit" „zu einer übermäßig starken Asymmetrie des Generationenverhältnisses geführt hat, nämlich zu einem sehr hohen Maß an Erwachsenenzentriertheit unserer Gesellschaft" (ebd.). „Die besondere Akzentuierung der Entwicklungstatsache in der Wahrnehmung des defizitären Kindes führt dazu, dass Definitionen von immer spezifischeren Defiziten entstehen ... und die daran arbeitenden Experten profitieren davon. Denn deren Interessen sind nicht zu übersehen: Die gesellschaftliche Konstruktion der Kindheit als Schutz- und Vorbereitungsraum wird zu einem beachtlichen Teil in einem Dienstleistungssektor realisiert, der einer großen Zahl Erwachsener Erwerbsarbeit gibt" (a.a.O.: 14; vgl. auch Qvortrup, 1996).

Bemerkenswert ist, dass gleichzeitig mit der Anerkennung des Vorschulbereichs als Eingangsstufe zum Bildungssystem in den 70er Jahren des letzten Jahrhunderts mit dem Situationsansatz für den Vorschulbereich eine Konzeption entwickelt wurde, indem eine beinahe identische Kritik an Tendenzen zur Institutionalisierung von Kindheit formuliert wurde. Problematisiert wurde, dass Tageseinrichtungen dazu führen können, dass ein abgesondertes Kinderleben entsteht, dass Kinder es durch ihren Ausschluss aus wichtigen Erfahrungsfeldern zunehmend schwerer haben, sich die Wirklichkeit anzueignen, dass sie „nicht das erfahren, was sie für ihr Leben und für ihre Zukunftsgestaltung brauchen, dass sie statt dessen mit vermehrtem Leistungsdruck viel Unnützes und Disziplinierendes lernen müssen" (Colberg-Schrader & Krug, 1980: 16). Gefordert wurde eine Öffnung der Kindertageseinrichtungen zum kommunalen Umfeld. Dazu gehörte ein Bild vom Kind, das wichtige Kompetenzen durch die Bewältigung von Alltagssituationen erwirbt. Beide Aspekte, die Öffnung zum kommunalen Umfeld der Einrichtung und das Bild vom Kind, hängen einerseits zusammen. Andererseits sind sie mit unterschiedlichen Diskursen verwoben und werden deshalb im folgenden getrennt dargestellt.

Die Öffnung der Tageseinrichtung zum kommunalen Umfeld

Den Bedenken, dass mit dem Ausbau von Kindertageseinrichtungen Kinder aus der Gesellschaft ausgegrenzt werden, begegnete der Situationsansatz mit einem Curriculum, das sich an den Lebenssituationen der Kinder orientiert, ihre Alltagserfahrungen zum Ausgang von Lernprozessen nimmt und Bezüge zum kommunalen Umfeld herstellt, Gruppen altersgemischt organisiert und die Mitwirkung der Eltern am Geschehen in der Kindertagesstätte vorsieht. Die Alltagserfahrungen von Kindern als Akteure wurden zum zentralen Ausgangs- und Ansatzpunkt für Lern- und Bildungsprozesse erklärt.

Ziele waren die Überwindung von „atomisiertem Lernen", das Weltverständnis behindert, und die Förderung von kritischem Denken und von Hinterfragen von Normen. Eine unreflektierte Anpassung an vorgegebene Strukturen und Traditionen sollte verhindert und Menschen befähigt werden, die gesellschaftlichen Bedingungen, unter denen sie lebten, selbst zu gestalten und ihre berechtigten Interessen zu realisieren. Damit stellte sich der Situationsansatz in die Tradition der lateinamerikanischen educación popular bzw. community education (vgl. Zimmer, 1997). Gleichzeitig war er ein Kind der optimistischen Zeit von Bildungsreform und -expansion, geprägt von der Hoffnung, durch wissenschaftlich begründete Einsichten Menschen zur Demokratisierung ihrer Gesellschaft zu bewegen.

Damit wurden Ideen aufgegriffen, die zur Zeit der Bildungsreform und -expansion in den 70er Jahren in der Luft lagen. „Der Ansatz schien geeignet, behavioristische Lernprogramme abzuwehren, und bot ein Gegenkonzept zum Vorschlag, die 5-Jährigen, um der besseren Lernförderung willen, in eine Schuleingangsstufe zu überführen" (Krappmann, 1995: 111). Allerdings war das nicht Grund genug für den Erfolg, den der Situationsansatz in dieser Zeit erlebte. Mindestens ebenso wichtig war, dass ein solcher Ausbau der Vorschule auf der einen Seite den Interessen der Träger von Einrichtungen widersprach, die dadurch einen guten Teil ihrer Kindergartenkinder verloren hätten, auf der anderen Seite aber auch den Interessen der für Schule zuständigen Länderministerien, auf die dadurch erhebliche Kosten zugekommen wären. Es war wohl dieser „Gleichklang der Interessen" (ebd.), der entscheidend zur Entwicklung und Verbreitung des Situationsansatzes in den 70er Jahren beitrug.

Das Ziel, Kindertageseinrichtungen zum kommunalen Umfeld hin zu öffnen und Eltern mit ihren Bedürfnissen und Interessen in die Arbeit einzubeziehen, erwies sich als Aufgabe, die nicht leicht zu erfüllen war. Die Kooperation mit den Eltern ebenso wie Öffnungszeiten, die eine Erwerbstätigkeit beider Eltern ermöglichten, blieben in den 70er und 80er Jahren selten. Das war mit ein Grund dafür, dass als Träger von Tageseinrichtungen, beginnend Anfang der 70er Jahre mit den Kinderläden in Berlin, Elterninitiativen eine zunehmende Rolle spielten. Die wichtigsten Motive der Eltern, die sich in solchen Initiativen zusammentaten, waren das Interesse, auf die pädagogische Konzeption und Arbeit mit den Kindern Einfluss zu nehmen und der Wunsch, selber einen intensiveren Kontakt mit den eigenen Kindern, mit der Erzieherin und nicht zuletzt mit anderen Eltern zu pflegen. Einen besonderen Stellenwert hatte dabei aber auch das unbefriedigende Angebot vor allem für Kinder von Eltern, die beide berufstätig sein wollten. Die Zahl dieser Eltern nahm in den 70er Jahren zu, auch infolge der Bildungsexpansion, die dazu geführt hatte, dass erheblich mehr Frauen als früher Qualifikationen erworben hatten, die sie nun auch im Berufsleben praktizieren wollten. Die Zahl der Plätze, die von Elterninitiativen angeboten werden, war nie sehr hoch. Seit den 90er Jahren stellen sie einen Anteil von rund 3 Prozent aller Plätze in Kindertageseinrichtungen. Größer als der zahlenmäßige Anteil war aber der Einfluss, den Elterninitiativen als Vorbilder für spätere Reformen hatten.

Während diese praktische Kritik von Eltern an dem traditionellen Angebot noch in den 80er Jahren nur wenig Auswirkungen auf die Arbeit in der Großzahl von Kindertageseinrichtungen hatte, gibt es seit Anfang der 90er Jahre eine zunehmende Ausdifferenzierung von Angeboten, die auch den von den Elterninitiativen schon lange vorgebrachten Anliegen Rechnung tragen. Dabei spielten die Einführung des Kinder- und Jugendhilfegesetzes (KJHG) und die wachsende Bedeutung neuer Steuerungsmodelle eine bedeutsame Rolle. Dazu kommt, dass sich angesichts sinkender Kinderzahlen eine Konkurrenz auf dem Markt von Anbietern von Betreuungsplätzen abzeichnet.

Mit dem 1990/91 in Kraft getretenen KJHG werden die Kommunen aufgefordert, ein bedarfsgerechtes Angebot an Kinderbetreuung sicherzustellen. Dabei sind sowohl Eltern als auch Kinder an der Ausgestaltung dieses Angebotes zu beteiligen. Damit hat das KJHG die Position der Eltern und der Kinder bei der Festlegung und Ausgestaltung von Leistungen der Kinder- und Jugendhilfe, zu denen auch die Kindertageseinrichtungen gehören, gestärkt. Das führt dazu, dass je nach regionalen Besonderheiten und Interessen und Bedürfnisse der Eltern unterschiedliche Angebote zu entwickeln sind.

Vor diesem Hintergrund wurde auch die im Situationsansatz geforderte Öffnung von Einrichtungen weiterentwickelt. Kindertageseinrichtungen sollten zu Zentren gemacht werden, welche verschiedene Dienstleistungen für Familien und Kinder entsprechend den regional besonderen Bedürfnissen zusammenführen, um so „über die Grenzen bisheriger Institutionen hinaus neue Formen einer angemessenen Infrastruktur für Kinder zu entwickeln" (Deutsches Jugendinstitut, 1994: 5). Ein wichtiges Projekt, in dem unterschiedliche Formen einer solchen Zusammenarbeit entwickelt und erprobt wurden, war das Projekt „Orte für Kinder". Über die Adressatenorientierung hinaus ging es darum, Verknüpfungen zwischen professionellen Dienstleistungen und nachbarschaftlichen Hilfeleistungen anzubahnen, wie das besonders in „Mütterzentren" geschieht. Solche Zentren haben u.a. die Aufgabe, auf der Ebene der Region bzw. des Stadtteils Vernetzungsprozesse anzuregen und institutionelle Angebote mit Formen von Selbsthilfe zu mischen. Durch die Schaffung neuer, selbstbestimmter nachbarschaftlicher Unterstützungs- und Kommunikationsnetze versuchen sie, „der zunehmenden Trennung von privaten und öffentlichen Lebensbereichen entgegenzuwirken. ... Leitlinien für das Betreuungskonzept sind dabei nicht pädagogisch ausgearbeitete Curricula, sondern die alltäglichen Sozialisationserfahrungen. Insgesamt zielt der Mütterzentrumsansatz mehr auf die Öffnung der Kleinfamilie ab, und zwar hin zu einem größeren Kontakt- und Beziehungsnetz, und weniger auf eine Erziehung, die sich an einer regelmäßigen Betreuung orientiert und einem längerfristigen Lern- und Entwicklungskonzept folgt" (Gerzer-Sass, 1998: 107f.).

Institutionenkritisch sind diese Ansätze nicht zuletzt dadurch, dass „Laien" sich pädagogische Kompetenzen zuschrieben und pädagogische Zielsetzungen und pädagogisches Handeln (mit)bestimmen. Die Zusammenarbeit zwischen Laien und Erzieherinnen ist dabei eine besondere Herausforderung. Sie ist berufspolitisch brisant, weil die Qualität der Arbeit in solchen Einrichtungen mit der beruflichen Qualifikation der Mitarbeiterinnen verbunden ist und natürlich auch Aspekte von Konkurrenz zwischen Laien und Professionellen mitspielen. Andererseits gibt die mit der Öffnung von Einrichtungen erforderliche Gestaltung der Zusammenarbeit zwischen diesen beiden Personengruppen Ansatzpunkte für eine neue Definition der Aufgaben und der Berufsrolle von Erzieherinnen (vgl. Colberg-Schrader & Krug, 1999).

Angaben darüber, wie viele Einrichtungen tatsächlich nach den Prinzipien des Situationsansatzes arbeiten, gibt es leider keine.[3] Hingegen fand im Zusammenhang mit dem Projekt „Kindersituationen", in dem der Situationsansatz nach der Vereinigung von West- und Ostdeutschland in einer Reihe von Kindertageseinrichtungen in den neuen Bundesländern eingeführt wurde, erstmals eine empirische Evaluation von Wirkungen des Situationsansatzes statt. Dabei zeigten sich in mehrerlei Hinsicht Effekte, die dem pädagogischen Konzept des Situationsansatz entsprechen. So zeigten Erzieherinnen in Modelleinrichtungen ein ausgeprägteres partnerschaftliches Verhalten gegenüber Kindern. Die Kinder aus diesen Einrichtungen ihrerseits trafen häufiger selbständige Entscheidungen und verweilten länger bei bestimmten Beschäftigungen. Kaum Unterschiede zeigten sich hingegen beispielsweise bei einer aktiven Mitarbeit der Eltern. Eltern „wol-

---

3   Für eine Einschätzung der Konsequenzen des Situationsansatzes für die Entwicklung von Einrichtungen von Bedeutung ist das Projekt „Zur Evaluation des Erprobungsprogrammes", in dem Anfang der 90er Jahre in 39 Kindertagesstätten untersucht wurde, welche „Spuren" der 15 Jahre zuvor in diesen Einrichtungen eingeführte Situationsansatz hinterlassen hatte. Dabei zeigte sich, dass in 16 der 39 Kindergärten die intendierten Reformziele weiterentwickelt wurden. Diese Kindergärten präsentierten sich als vielfältige Erlebnis- und Erfahrungsräume für Kinder, die einen engen Kontakt mit den Eltern pflegen. 14 Einrichtungen wiesen noch „Elemente des reformorientierten Kindergartens auf, ohne jedoch über ein schlüssiges, auf Entwicklung angelegtes Konzept zu verfügen" (Zimmer et al., 1997: 12). In den restlichen neun Einrichtungen waren erhebliche Mängel nicht nur gemessen am Konzept des Situationsansatzes festzustellen (vgl. Zimmer et al., 1997, wo auch Erklärungen für diese unterschiedlichen Entwicklungen gegeben werden).

len sich scheinbar in geringerem Ausmaß als vorher angenommen in den verschiedenen Bereichen der Arbeit in Kindertagesstätten beteiligen. Das Bild der eigenverantwortlichen und aktiven Elternschaft, die die Kindereinrichtung tatkräftig unterstützt, muß ... aufgrund der vorliegenden Daten relativiert werden" (Becker, 1999: 113). Dass gerade die Arbeit mit Eltern traditionellerweise von Erzieherinnen als schwierige Aufgabe und die Öffnung zum weiteren Umfeld als zusätzliche Belastung wahrgenommen wird, berichtet Dippelhofer-Stiem (1999) in ihrem Literaturüberblick zur Rolle der Erzieherin.

Dabei scheint die Bedeutung von Tageseinrichtungen als „Impulsgeber für den Aufbau inszenierter sozialer Netzwerke" (BMFSFJ, 1998: 193) weiter zu wachsen. Gründe dafür sind die weitere Erosion von stabilen Verwandtschafts- und Nachbarschaftssystemen und die Vielfalt und Variabilität von Lebensformen, die zu einem „Verschwinden des Sozialen in seiner alten Form" (Rauschenbach, 1997: 66) führen. Die Nachbarschaftszentren zugedachte Aufgabe geht dabei über die Kompensation solcher Beziehungen weit hinaus. Miteinander in Kontakt zu bringen sind mobile Menschen mit Beziehungen unterschiedlicher Dauer und Intensität und zunehmend auch Menschen mit unterschiedlichem kulturellem Hintergrund. Mit Blick auf Kinder sollten die Mitarbeiterinnen solcher Zentren auch eine politische Anwaltsfunktion übernehmen, indem sie sich für eine kinderfreundliche Gestaltung des kommunalen Umfeldes einsetzen und dafür sorgen, dass Kinder trotz ihrer abnehmenden Zahl in der Gesellschaft sichtbar und erfahrbar bleiben. Seitens der Sozialpolitik verspricht man sich von einer Vernetzung und Sozialraumorientierung eine größere Wirksamkeit der Kinder- und Jugendhilfe. Das sind enorme Erwartungen, die nicht ohne weiteres erfüllt werden können.

In welche Richtung sich das Ganze weiterentwickelt, ist schwer vorherzusagen. Dazu gibt es widersprüchliche Tendenzen. In der abnehmenden Kinderzahl kann man die Chance sehen, dass es finanziell eher möglich wird, einige der erwarteten zusätzlichen Leistungen zu erbringen. Allerdings wird zunächst noch die Einrichtung einer genügenden Zahl von Krippen- und Hortplätzen und der weitere Ausbau von Ganztagsplätzen für Kindergartenkinder einen erheblichen Einsatz erfordern. Der Rückgang der Kinderzahlen kann aber auch zu einer Konkurrenz mit schulischen Einrichtungen führen. Schon jetzt ist eine Tendenz zu beobachten, Kinder früher einzuschulen. Dabei treffen sich die Präferenzen mancher Eltern mit Änderungen von Einschulungsbestimmungen und Angeboten von Schulen, wie z.B. der Einrichtung von „Vorklassen" für unter 6-Jährige, deren Besuch im Unterschied zu dem von Tageseinrichtungen für die Eltern kostenlos ist. In einer solchen Neuauflage des „Kampfes um die 5-Jährigen" aus den 70er Jahren könnten die Schulen diesmal in einer günstigeren Position sein, weil die frühere Einschulung kaum zusätzliche Investitionen erfordert und das Engagement der freien Träger im Kindertagesstätten-Bereich aufgrund knapper Mittel nicht mehr so zweifelsfrei gilt.

Widersprüchliche Tendenzen sind auch mit den Anstrengungen um eine Qualitätssteigerung verbunden. Sie hatten in den letzten Jahren im Kindertagesstätten-Bereich einen Schwerpunkt auf Qualitätsmanagement und Kundenorientierung. Das hatte einerseits eine Professionalisierung zur Folge. Das gleiche gilt für Verfahren, mit denen die pädagogische Qualität erhoben wird und die mit guten Gründen eingefordert werden, weil es diesbezüglich in der Bundesrepublik sehr große Unterschiede gibt, die den Eltern nicht bekannt und bewusst sind (vgl. Tietze, 1998). Andererseits drohen bei solchen Professionalisierungsprozessen Laien in den Hintergrund zu rücken. Sie erscheinen als Kunden, deren Bedürfnisse, die zu einem großen Teil Folgen wachsender Arbeitsanforderungen sind, befriedigt werden sollen. Diese Form der Inanspruchnahme entspricht in vielen Fällen sicherlich der gegenwärtigen Situation, aber nicht dem, was oben an Erwartungen an eine aktive Mitwirkung formuliert wurde.

Was bedeutet diese Darstellung mit Blick auf die These, dass die zunehmende Institutionalisierung von Kindheit mit Ausgrenzung und dominanter Erwachsenenorientierung zusammenhängt? – Es hat sich gezeigt, dass die Institutionalisierung kein linearer Prozess der Spezialisierung und Eingrenzung von Lebenswelten ist. Ursächlich für die beschriebenen Öffnungsprozesse waren aber nicht Anliegen der Kinder, auch wenn dieser Aspekt gerade bei der Begründung des Situationsansatzes in den Vordergrund gerückt wurde. Ursachen waren veränderte Rahmenbedingungen von Familienleben, die ihrerseits auf politische bzw. ökonomische Entwicklungen zurückzuführen sind. Zwar kann man davon ausgehen, dass auch die Kinder von der Überwindung enger institutioneller Schranken profitieren können. Wie weit die „übermäßig starke Asymmetrie des Generationenverhältnisses" dabei überwunden werden kann, bleibt fraglich. Das hängt u.a. damit zusammen, inwiefern es gelingt, Kindern Räume für ihr Sozialleben, ihr Spielen, Konstruieren und Lernen zur Verfügung zu stellen. Die Chancen dafür scheinen in Formen der Öffnung von Kindertageseinrichtungen günstiger zu sein als in schulischen Einrichtungen.

Der Bildungsauftrag

Neben der Ausgrenzung von Kindern als Folge der Institutionalisierung von Kindheit kritisiert die Kindheitsforschung, dass im Zuge solcher Entwicklungen die Inkompetenzen der Kinder in den Vordergrund gerückt und ihre besonderen Fähigkeiten unterschlagen werden. Auch bezüglich dieser Kritik markierte der Situationsansatz einen wichtigen Schritt. Er stellt die Verknüpfung von Bildungsprozessen mit Alltagshandeln in den Vordergrund und versteht das Kind als Akteur seiner Entwicklung.

Allerdings ist das Bild vom Kind als aktivem Subjekt keineswegs neu. Der Eigenanteil der Kinder an ihrem Bildungsprozess wurde in der Pädagogik seit jeher hoch eingeschätzt. Dahinter steckte in der Regel die Vorstellung von einer Natur des Kindes, die es freizulegen gilt bzw. die im spontanen Handeln der Kinder zum Ausdruck kommt. Die Aufgabe der Erwachsenen besteht dann darin, „auf verständnisvolle Weise, durch Einsicht in die Psychogenese des Aufwachsens, dem heranwachsenden Kind zu assistieren und die ‚Natur' durch ‚Konvergenz' mit einer sympathetischen Umwelt zu ihrer Entfaltung kommen zu lassen" (Zinnecker, 1999: 73).

Neuere Ansätze verzichten auf solche Annahmen über das „natürliche Wesen" des Kindes. Das gilt auch bereits für den „Situationsansatz", wie er in den 70er Jahren entwickelt wurde. Er stellte Alltagssituationen in den Mittelpunkt, die für Kinder wichtig sind und deren erfolgreiche Bewältigung ihre Kompetenzen stärken sollen. Selbstbildungsprozesse wurden nicht als Entfaltung natürlicher Anlagen in pädagogisch geschützten Räumen verstanden, sondern als Ergebnis der Auseinandersetzung mit Alltagssituationen. Betont wurde der Subjektstatus des Kindes. Entwicklungstheorien und pädagogische Ansätze standen in Verdacht, die Anpassung der Kinder zu betreiben, statt ihnen die Veränderbarkeit und Gestaltbarkeit von Gesellschaft nahezubringen. Allerdings blieben etliche Fragen offen, wie vor allem Krappmann (1995) deutlich herausgearbeitet hat, namentlich die Beachtung kindspezifischer Erklärungs- und Verstehensmuster, die Bedeutung von Beziehungen in der Gruppe der Gleichaltrigen, die Gesetzmäßigkeiten, nach denen Lernprozesse bei Kindern ablaufen und die Rolle, die erwachsene Bezugspersonen bei diesen Prozessen spielen.

Zu diesen Fragen liegen inzwischen Forschungsergebnisse vor, die eine differenziertere Sicht erlauben und die hier in aller Knappheit skizziert werden. Zu erwähnen ist zunächst die Kindheitsforschung, die herausgearbeitet hat, dass Kindheit, ähnlich wie Geschlecht, in vielerlei Hinsicht eine gesellschaftliche Konstruktion ist. Die Tendenz, Kindheit als Ausdruck von biologischen und psychosozialen Prozessen zu verstehen, führt leicht dazu, kindliche Entwicklungen an Erwachsenenkompetenzen zu messen und so einen defizitären Blick auf Kinder zu pflegen, statt die besonderen Kompetenzen wahrzunehmen, über die Kinder verfügen. Ähnlich wie die Frauenforschung die gesellschaftliche Dominanz männlicher Deutungs- und Herrschaftsmuster kritisiert, weist die Kindheitsforschung auf die vorherrschende Erwachsenenorientierung hin. Das sind Einsichten, welche die im Situationsansatz geforderte Orientierung an Alltagssituationen und die Beteiligung von Kindern bestätigen.

Ein weiterer wichtiger Gegenstand der Kindheits- bzw. Kinderforschung war der Kinderalltag und die Interaktionen zwischen Kindern. Ein frühes Beispiel dafür sind ethnographische Studien der Interaktionen von Vorschulkindern, in denen Corsaro (1997: 18ff.) zeigte, wie Kinder in ihrem Handeln nicht einfach Vorgaben der Erwachsenen übernehmen, sondern in Interaktionen mit Gleichaltrigen gemeinsam Bedeutungen und Regeln aushandeln. Corsaro spricht von einem Prozess „interpretativer Reproduktion" kultureller Vorgaben, durch den die Kinder aktiv und gestaltend an gesellschaftlichen Entwicklungen teilhaben. In Deutschland erhielten Kinderalltag und Kinderkultur in den 90er Jahren zunehmend Beachtung als Forschungsgegenstand. Die Untersuchungen von

Krappmann und Oswald (1995) zeigten, wie solche Kinderkulturen auch im Rahmen der Institution Schule gepflegt werden und u.a. für die Entwicklung der Selbst- und Fremdwahrnehmung wichtig sind.

So finden in Kindergruppen „ebenso elementare wie notwendige Bildungsprozesse statt. Es sind soziale, aber auch kognitive und moralische Fähigkeiten, und zwar in ihrer gegenseitigen Verschränkung, die die Kinder im Umgang miteinander erwerben. In der Auseinandersetzung um gemeinsame Spielvorhaben nämlich lernen sie überhaupt erst, was es heißt, einen Partner zu gewinnen und für die eigene Idee zu begeistern, ohne ihn zu brüskieren; sie lernen, wie man zu einem gemeinsamen Verständnis einer Situation kommt, wie sie Konflikte konstruktiv lösen können, ohne das Zusammensein endgültig zu gefährden, und dabei Kompromisse einzugehen, ohne sich und andere zu verraten. Sie lernen Argumente auszutauschen, um dadurch zu regeln, was gelten soll und was nicht. Sie lernen den Sinn von sozialen Regeln verstehen und wie es fair und gerecht zugehen kann" (Peukert, 1995: 80).

Solche Untersuchungen zur Wahrnehmung und Aushandlung von Sachverhalten zeigen Auffassungen und Deutungsmuster von Kindern, die von denen Erwachsener abweichen mögen, die aber in ihrer Sozialwelt wichtig und gültig und Grundlage weiterer Entwicklungsschritte sind. Dazu gehören beispielsweise auch Arbeiten, in denen der Frage nachgegangen wird, wie Kinder Kulturenvielfalt und Mehrsprachigkeit erleben und damit umgehen (vgl. DJI, 2000). Das sind Beiträge, um die Lücke zu füllen, die Krappmann mit Blick auf den Situationsansatz in seiner Forderung anmahnte, die spezifische Weltsicht von Kindern nicht nur als Ausdruck von mangelnden Informationen und Erfahrungen zu verstehen, sondern deren jeweils eigene Logik und Bedeutung zu würdigen (vgl. Krappmann, 1995: 118).

Im Hinblick darauf, wie Erwachsene mit solchen eigensinnigen Deutungen umgehen sollen, sind Ergebnisse der neueren Lernforschung wichtig, wie sie in den Kognitionswissenschaften gewonnen wurden und die das erhellen, was mit dem viel gebrauchten Begriff „Selbst-Bildung" gemeint ist. Konstitutiv für Bildungsprozesse in diesem Sinne ist, dass das Kind in seiner Auseinandersetzung mit der Welt Sinn und Bedeutung sucht. Es versucht, seine je aktuellen Erfahrungen und Handlungsweisen mit Erfahrungen und Ergebnissen zu verknüpfen, die es bereits früher als bedeutsam erlebt hat. So setzt sich das Kind in immer komplexerer Weise mit seiner Umwelt auseinander und entwickelt in seinem Bewusstsein zunehmend komplexere Vorstellungen von diesen Bezügen (vgl. Schäfer, 1999). Das ist ein Prozess, der spätestens mit der Geburt beginnt und über den es heute dank Videotechnik und raffinierten Versuchsanordnungen eine Vielzahl von Informationen gibt, die auch zu einem neuen Bild vom Kind geführt haben. Es ist bei der Geburt weder eine „tabula rasa", ein unbeschriebenes Blatt, wie John Locke im 17. Jahrhundert vermutete, noch eine Verkörperung des Guten, wie die Romantik das sah, noch ein zügelloser Gierhals oder ein Triebbündel. Eher werden sie in der gegenwärtigen Diskussion als Forscher gesehen: „Babys und Kleinkinder denken, beobachten und urteilen. Sie wägen Beweise ab, ziehen Schlüsse, experimentieren, lösen Probleme und suchen nach der Wahrheit" (Gopnik et al., 2000: 30).

Für die Praxis ist der Umgang mit dem Zusammentreffen der Forderung, Kinder als eigenständige Subjekte zu achten und der Betonung der Bedeutung von Selbstbildungsprozessen und von Gleichaltrigen als wichtige Partner in diesem Prozess nicht einfach. Sie tragen zu einer erheblichen Verunsicherung bei mit Blick auf die Frage, welche Rolle dem Erwachsenen, der Erzieherin überhaupt noch zukommt angesichts dieser aktiven, selbstgesteuerten Kompetenz schon von Kleinkindern. Zum Teil wird daraus der Schluss gezogen, dem Erwachsenen im Wesentlichen die Rolle eines Arrangeurs von Requisiten von Selbstbildungsprozessen zuzuschreiben. So geht Hoppe (1998) davon aus, dass die lernenden Kinder selbst „die Lernmethoden, den Prozess, die Mittel und das Ziel [bestimmen]. ... Der Pädagoge ist eher ein Begleiter, Moderator des Lernprozesses, reflektiert den Prozess, gibt keine Antworten auf nicht gestellte Fragen" (S. 17). Erwachsene sollten sich mit ihren eigenen Vorstellungen und Erwartungen aus diesem Prozess möglichst heraushalten. Erziehung erscheint problematisch, weil sie „aktuell und perspektivisch auf gewünschtes Verhalten bzw. das Einhalten gesellschaftlicher Normen, weniger auf Erkenntnisse" zielt (Lill, 2000: 8). Dabei verfügt das Kind doch schon von Geburt an über eine Grundausstattung, die ausreicht, um „sich den Herausforderungen zu stellen und sich alles anzueignen, was notwendig ist" (ebd.).

Ergiebiger scheint ein Weg zu sein, bei dem der Begriff Erziehung nicht auf die Vermittlung von erwünschtem Verhalten und Normen eingeengt wird. So spricht Liegle (1999) von „Erziehung als Reaktion auf die Entwicklung des Kindes und als Entwicklungshilfe" und versteht Erziehung sowohl als Werk-Zeug der Gesellschaft als auch als Werk-Zeug der werdenden Person (vgl. auch Laewen, 2000). Auf diese Weise ist es möglich, die unvermeidliche wechselseitige Bezogenheit von Kind und Erwachsenem im Blick zu behalten.

Es sind besonders drei Aufgaben, die Erwachsenen in ihrem Umgang mit Kindern zukommen, wenn sie Selbstbildungsprozesse fördern sollen. Die psychologische Forschung hat gezeigt, wie wichtig *wohlwollende und verlässliche Beziehungen* für das Lernen von Kindern und den Erwerb von Orientierungsmustern, aber auch für die Entwicklung einer eigenen Identität sind. Während man in den 70er Jahren in der Behauptung von Unabhängigkeit und Autonomie gegenüber Erwartungen von außen die entscheidende Grundlage für Identitätsentwicklung sah, geht man heute von einer Dialektik aus, „die die Genese eines autonomen Subjekts an Einbindung knüpft und die Einbindung an die Anerkennung von Eigenständigkeit und Verschiedenheit" (Leu & Krappmann, 1999: 17). Gerade die „Offenheit und begrenzte Kontrollierbarkeit der Entwicklungs- und Sozialisationsprozesse [verlangen] als Gegengewicht nach dem sicheren Fundament vertrauensvoller Beziehungen der Kinder und Jugendlichen zu Personen ..., mit denen sie unklare, unerwartete und verwirrende Erfahrungen aufarbeiten können, die ihnen aber auch die ... innere Freiheit der eigenen Wahrnehmung und Urteilsbildung zugestehen" (Krappmann, 2000: 2).

Wenn es darum geht, auf dieser Basis Aktivitäten von Kindern nicht nur zu arrangieren und zu moderieren, sondern Selbstbildungsprozesse gezielt zu fördern, dann müssen Erwachsene auch *Experten für die Unterstützung von Selbstbildungsprozessen* sein. Die Verschiebung im Verständnis von Bildungsprozessen als Entfaltung natürlicher Anlagen zur situationsbezogenen Konstruktion von Bedeutungen hat zur Folge, dass die Förderung von Bildungsprozessen auf die empirische Beobachtung und das Bemühen angewiesen ist, die Logik und den Eigensinn kindlichen Handelns zu verstehen. Für solche Beobachtungen sind Videoaufnahmen der Aktivitäten von Kindern besonders günstig. Dadurch wird es möglich, ausgewählte Tätigkeitsabfolgen von Kindern wiederholt zu betrachten und auf diese Weise Kompetenzen und kindspezifische Bedeutungen der Tätigkeiten wesentlich besser zu studieren, als dies beispielsweise mit schriftlichen Beobachtungsinstrumenten möglich ist. In der Arbeit mit Erzieherinnen ist diese Arbeit geeignet, eine differenziertere und genauere Sicht auf Kinder, ihre Kompetenzen, ihre Strategien und Deutungen und Selbstbildungsprozesse zu entwickeln (vgl. Dittrich et al., 2001; Völkel, 2000).

Neben einer sorgfältigen Beobachtung setzt die Förderung von Selbstbildungsprozessen Kenntnisse über die „Architektonik des Kompetenzerwerbs" (Peukert) voraus, eine Vorstellung von möglichen Abfolgen, die Kinder dabei durchlaufen und eine Vorstellung von Randbedingungen, die solchen Bildungsprozessen entgegenstehen oder sie befördern. Dabei geht es in der Praxis weder darum, sich an einer einzigen richtigen Theorie zu orientieren, noch darum, Kindern Entwicklungsstufen zuzuordnen und Defizite oder besondere Kompetenzen zu diagnostizieren. Es geht darum, sich ein Bild vom Verlauf der Selbstbildungsprozesse beim einzelnen Kind zu machen. Dafür geeignet ist beispielsweise das Konzept der „Zone nächster Entwicklung" des sowjetischen Psychologen Lew Wygotski. Er bezeichnet damit einen Bereich von Aktivitäten, in dem Kinder herausgefordert sind durch Lernziele, die in ihrer Reichweite liegen, die sie aber noch nicht vollständig erreicht haben. Ziel ist es deshalb, den Alltag der Kinder so zu gestalten, dass sie Dinge tun können, die sie im Sinne der „Zone nächster Entwicklung" herausfordern.

In dieser Weise die Bildungsprozesse der Kinder ernstzunehmen und sie als Erwachsene mitzugestalten, widerspricht in keiner Weise dem Konzept der Selbstbildung. Vielmehr wird dadurch der darin enthaltene Anspruch erst ernst genommen.

Schließlich ist nicht zu übersehen, dass Zuwendung, Empathie und kompetente Beobachtung und Begleitung von Selbstbildungsprozessen noch nicht die Frage nach dem *Bildungsauftrag* von Kindertageseinrichtungen beantworten. Dabei spielt gerade er in der aktuellen Debatte eine zentrale Rolle. Dass entscheidende Bildungsprozesse schon im Vorschulalter stattfinden, scheint inzwischen in breiten Kreisen akzeptiert zu sein. Bemerkenswert ist, wie dabei unmittelbare Verknüpfungen mit Qualifikationen für das Erwerbsleben von Erwachsenen hergestellt werden. In Darstellungen des Bildungsauftrags des Kindergartens ist die Rede von lerntechnischen und methodischen Kompetenzen, von der Fähigkeit, Komplexität zu reduzieren und sich in „unbekanntem Gelände" orientieren zu können, von Anpassungsfähigkeit im Umgang mit Belastungen oder übermäßigen Reizen, von sachbezogenem Engagement und intrinsischer Motivation (vgl. Fthenakis, 1999). Bildungspolitisch hat eine solche Orientierung am Wirtschaftsleben natürlich ihre Vorzüge. Damit lassen sich Investitionen in diesen Bereich leichter begründen, als wenn man malen, sich bewegen, spielen, musizieren, o.ä. in den Mittelpunkt stellt.

Nun soll in keiner Weise bestritten werden, dass im Vorschulalter und in Kindertageseinrichtungen entscheidende Grundlagen für die Entwicklung von sozialen und fachlichen Kompetenzen gelegt werden (vgl. Peukert, 1997). Die mehr oder weniger unmittelbare Verknüpfung von Anforderungen der Berufswelt mit vorschulischen Bildungsprozessen erscheint aber leicht als eine der zahlreichen Varianten, das Kinderleben letztlich im wesentlichen als Vorbereitung auf die Erwachsenenwelt zu sehen, und die Besonderheiten kindlicher Lern- und Bildungsprozesse auszublenden. Überdies ist fraglich, inwiefern die Formulierung solcher abstrakter Kompetenzen für die pädagogische Arbeit ergiebig ist.

Für eine angemessene Auseinandersetzung mit dieser Aufgabe der Präzisierung eines Bildungsauftrags ist hier nicht der Ort. Ein guter Ansatzpunkt für die Bearbeitung dieser Frage scheint mir aber immer noch das Konzept der Darstellung und Behauptung einer eigenen Identität (vgl. Krappmann, 1971) zu sein. Es hat seinen Kern in der Balance zwischen äußeren Erwartungen und der Darstellung der eigenen Besonderheit, zwischen Autonomie und Verbundenheit, wie sie auch mit dem Auftrag zur Förderung einer eigenverantwortlichen und gemeinschaftsfähigen Persönlichkeit angesprochen ist (§22 KJHG). Daraus lassen sich eine Reihe von Anforderungen ableiten, die grundlegend sind für jede Form der Interaktion in jedem Alter, wenn auch in jeweils unterschiedlichen Ausprägungen. Das ist die Fähigkeit, sich Erwartungen anderer gegenüber abwägend zu verhalten und sich reflektierend mit Vorgaben auseinanderzusetzen; die Fähigkeit zu verstehen, wie andere eine bestimmte Situation sehen und welche Handlungsmöglichkeiten sie haben bzw. welchen Zwängen sie unterliegen; die Fähigkeit, die eigene Position und seine Handlungsziele darzustellen und zu begründen und die Fähigkeit, Sachverhalte unverzerrt wahrzunehmen, auch wenn sie widersprüchlich erscheinen oder den eigenen Vorstellungen widersprechen.

Ganz im Sinne der skizzierten Sicht auf Selbstbildungsprozesse ist davon auszugehen, dass diese Fähigkeiten nicht einfach übernommen oder nachgeahmt, sondern in interaktiven Auseinandersetzungen ausgebildet werden, dass dafür eigene Erfahrungen, aber auch die sichere Basis vertrauensvoller Beziehungen ebenso notwendig sind wie die Erfahrung, mit eigenem Handeln etwas bewirken zu können und dafür Anerkennung zu erhalten. Solche Formen wechselseitiger Anerkennung sind zudem aufgrund ihrer reziproken Grundstruktur nicht nur grundlegende für die Entwicklung einer eigenen Identität, sondern auch eine wichtige Grundlage für die Bildung von „sozialem Kapital" in einer pluralen Gesellschaft (vgl. Leu, 1997).

Vorschläge dafür, wie der Erwerb solcher Kompetenzen in den bunten Alltag in Kindertageseinrichtungen zu übersetzen ist, finden sich in zwölf Praxisbänden (Zimmer [Hrsg.], 1998), die im Rahmen des Praxisforschungsprojektes „Kindersituationen" entwickelt wurden und die auf einer praktischen Ebene auch eine Antwort auf die Frage nach dem Bildungsauftrag geben. Es geht dabei um Themen, die nicht nur unmittelbar für die Alltagswelt von Kindern wichtig sind, sondern in denen auch gesellschaftlich bedeutsame Fragen aufgegriffen werden. Auf diese Weise soll neben der sozialen Seite auch der sachbezogenen Seite von Lern- und Erfahrungsprozessen Rechnung getragen werden (vgl. Preissing, 1999). Das Spektrum reicht von interkulturellem Zusammenleben über ökologische Lebensgestaltung bis zu Fragen der Mitbestimmung.

Sowohl beim Postulat der Öffnung von Kindertageseinrichtungen als auch bei der Frage der Identitätsbehauptung ist im Vergleich zu den 70er Jahren eine Akzentverschiebung festzustellen. Während damals der Aufbruch aus verkrusteten Strukturen im Vordergrund stand, spielt heute die Sicherung von sozialer Integration eine größere Rolle. Das wirft auch ein neues Licht auf die Bedeutung von Traditionen, wobei die konstruktivistische Sicht auf Kinder und ihre Selbstbildungsprozesse eine Vorstellung von Überlieferung erfordert, die der aktiven Rolle der Kinder Rechnung trägt. In diesem Sinne formuliert Krappmann als Teil einer „Kultur des Aufwachsens", für die der Zehnte Kinder- und Jugendbericht plädiert, dass die für Kinder wichtigen Menschen für sie Zeit und Kraft haben und Kinder „den Platz und die Anregungen finden, um aufzunehmen, zu verstehen und mit Bedeutung zu füllen, was ihnen die Generationen vor ihnen an Wissen, Können, Werten anbieten, aber auch noch an zu lösenden Problemen hinterlassen" (Krappmann, 1999: 336). In die gleiche Richtung zielt das Umkreisen von möglichem und wünschbarem „Weltwissen der Siebenjährigen", mit dem Elschenbroich (2001) Bildungsmöglichkeiten für Kinder fordert.

Was bedeutet diese Sicht auf Bildung mit Blick auf die Kritik, dass mit der zunehmenden Institutionalisierung von Kindheit eine Fokussierung auf Kompetenzdefizite der Kinder verbunden ist, hinter der unter anderem die (vielleicht nicht bewusste) Absicht steht, auf diese Weise ein pädagogisches Arbeitsfeld zu bestellen? Kennzeichen der aktuellen Diskussion ist es gerade, dass nicht Defizite, sondern die besonderen Fähigkeiten der Kinder hervorgehoben werden. Die Rede ist vom „kompetenten Säugling" und von Selbstbildungsprozessen. Das bedeutet aber offensichtlich nicht, dass erwachsene Experten überflüssig werden. Die Anforderungen an sie scheinen eher zu steigen. Die Beobachtung und Förderung solcher Selbstbildungsprozesse ist ein ernsthaftes Geschäft, für das man auch entsprechend qualifiziert sein muss. Das und das Stehen für Bildungsziele gehen auf jeden Fall über eine wohlwollende und zugewandte Beziehung hinaus, wie sie als wünschenswerte Haltung von Erwachsenen gegenüber Kindern wohl unbestritten ist.

Dabei kann die Forderung nach einer sorgsamen Beobachtung von kindlichen Selbstbildungsprozessen zwiespältige Assoziationen auslösen: Handelt es sich hier um eine Perfektionierung der Überwachung von Aktivitäten der Kinder durch Erwachsene oder geht es darum, die Bedeutsamkeit dessen, was Kinder machen und erfahren, angemessen zu würdigen und anzuerkennen? Die entscheidende Frage ist sicher, in welche Formen von Praxis diese Sicht auf Kinder mündet und welche Effekte sie hat. Forschungsergebnisse zu Konsequenzen eines solchen intensiven Bemühens um Verstehen stehen noch aus. Aus Untersuchungen zu Erziehung und Sozialisation wissen wir aber immerhin, dass das Bemühen um Verstehen und um gleichberechtigte „Ko-Konstruktionen" sozialer Realität durch Eltern und Kinder im Hinblick auf die Entwicklung einer eigenständigen und sozial kompetenten Persönlichkeit günstige Auswirkungen hat, ebenso aber auch, dass nur eine Minderheit von Eltern einen solchen partnerschaftlichen Umgang mit ihren Kindern zuwege bringen (vgl. Zinnecker, 1997). Man kann hoffen, dass eine intensive Auseinandersetzung mit Selbstbildungsprozessen dazu beiträgt, zusammen mit einem neuen Blick auf Kinder auch ein partnerschaftliches Verhältnis zwischen den Generationen zu befördern, ganz im Sinne eines Verständnisses von „Bildung" und „Entwicklung" als „Sache gelebter Generationenbeziehungen, in der Ältere und Jüngere lediglich differente, aber keine hierarchischen Perspektiven vertreten" (Honig, 1999: 200).

Literatur

Becker, P.: Ergebnisse der externen empirischen Evaluation: Eltern. In: Becker, P./Conrad, S./Wolf, B. (Hrsg.): Kindersituationen im Diskurs. Landau: Verlag Empirische Pädagogik, 1999, S. 103-113

Becker-Textor, I.: Kindergarten. In: Becker-Textor, I./Textor, M. (Hrsg.): Handbuch der Kinder- und Jugendbetreuung. Neuwied: Luchterhand, 1993, S. 47-77

Becker-Textor, I./Textor, M. (Hrsg.): Handbuch der Kinder- und Jugendbetreuung. Neuwied: Luchterhand, 1993

Bundesministerium für Familie, Senioren, Frauen und Jugend (Hrsg.): Zehnter Kinder- und Jugendbericht. Bericht über die Lebenssituation von Kindern und die Leistungen der Kinderhilfen in Deutschland. Bonn: Bundestagsdrucksache 13/11368; 1998

Colberg-Schrader, H./Krug, M.: Lebensnahes Lernen im Kindergarten. Zur Umsetzung des Curriculum Soziales Lernen. München: Kösel, 1980

Colberg-Schrader, H./Krug, M.: Arbeitsfeld Kindergarten. Pädagogische Wege, Zukunftsentwürfe und berufliche Perspektiven. Weinheim und München: Juventa, 1999

Corsaro, W.A.: The Sociology of Childhood. Thousand Oaks: Pine Forge Press, 1997

Deutsches Jugendinstitut (Hrsg.): Orte für Kinder. Auf der Suche nach neuen Wegen in der Kinderbetreuung. München: DJI, 1994

Deutsches Jugendinstitut (Hrsg.): Tageseinrichtungen für Kinder – Pluralisierung von Angeboten. Zahlenspiegel. München: DJI 1998

Deutsches Jugendinstitut: Projekt Multikulturelles Kinderleben. Wie Kinder multikulturellen Alltag erleben. Projektheft 4, München: DJI 2000

Dippelhofer-Stiem, B.: Die Rolle der Erzieherin in der Kinderbetreuung. In: Becker, P./Conrad, S./Wolf, B. (Hrsg.): Kindersituationen im Diskurs. Landau: Verlag Empirische Pädagogik, 1999, S. 38-50

Dittrich, G./Dörfler, M./Schneider, K.: Wenn Kinder in Konflikt geraten. Neuwied: Luchterhand, 2001

Elschenbroich, D.: Weltwissen der Siebenjährigen. Wie Kinder die Welt entdecken können. München: Kunstmann, 2001

Erning, G./Neumann, K./Reyer, J. (Hrsg.): Geschichte des Kindergartens. 2 Bände. Freiburg: Lambertus, 1987

Fthenakis, W.E.: Die Qualität von Bildung und Erziehung von Kleinkindern. Anregungen zu einer Reform. In: Evangelische Bundesarbeitsgemeinschaft für Sozialpädagogik im Kindesalter e.V. (Hrsg.): Zwischen Markt und Menschlichkeit – Qualität für Kinder. Analysen, Bedingungen, Konzepte. Seelze-Velber: Kallmeyer'sche Verlagsbuchhandlung, 1999, S. 47-59

Gerzer-Sass, A.: Die Qualität in den Betreuungsansätzen von Mütterzentren – dargestellt anhand von Ergebnissen des Modellversuchs „Orte für Kinder". In: Fthenakis, W.E./Textor, M.R. (Hrsg.): Qualität von Kinderbetreuung. Konzepte, Forschungsergebnisse, internationaler Vergleich. Weinheim und Basel: Beltz, 1998, S. 107-116

Gopnik, A./Kuhl, P./Meltzoff, A.: Forschergeist in Windeln. Wie Ihr Kind die Welt begreift. Kreuzlingen, München: Hugendubel, 2000

Hagemann, U./Kreß, U./Seehausen, H.: Betrieb und Kinderbetreuung. Kooperation zwischen Jugendhilfe und Wirtschaft. Opladen: Leske+Budrich, 1999

Honig, M.-S.: Entwurf einer Theorie der Kindheit. Frankfurt am Main: Suhrkamp, 1999

Hoppe, J.R.: Wie Kinder und Erwachsene (besser) lernen. Von der Selbstwahrnehmung zur Selbsterkenntnis. In: Theorie und Praxis der Sozialpädagogik 106(1998)6, S. 16-19

Krappmann, L.: Soziologische Dimensionen der Identität. Stuttgart: Klett, 1971

Krappmann, L.: Reicht der Situationsansatz? Nachträgliche und vorbereitende Gedanken zu Förderkonzepten im Elementarbereich. In: Neue Sammlung 35(1995), S. 109-124

Krappmann, L.: Der Zehnte Kinder- und Jugendbericht – der erste Kinderbericht. Befunde und Empfehlungen. In: Neue Sammlung 39(1999), S. 331-342

Krappmann, L.: Überlegungen zu einem Projekt „Demokratie Lernen im Elementarbereich". Ms. (unveröff.) 2000

Krappmann, L./Oswald, H.: Alltag der Schulkinder. Beobachtungen und Analysen von Interaktionen und Sozialbeziehungen. Weinheim und München: Juventa, 1995

Laewen, H.-J.: Zur Förderung von Chancengleichheit in Kindertageseinrichtungen. Ms. (unveröff.) 2000

Laewen, H.-J./Neumann, K./Zimmer, J. (Hrsg.): Der Situationsansatz – Vergangenheit und Zukunft. Seelze-Velber: Kallmeyer'sche Verlagsbuchhandlung, 1997

Leu, H.R.: Anerkennungsmuster als „soziales Kapital" von Familien. In: Diskurs: Studien zu Kindheit, Jugend, Familie und Gesellschaft 7(1997)1, S. 32-39

Leu, H.R./Krappmann, L.: Subjektorientierte Sozialisationsforschung im Wandel. In: dies. (Hrsg.): Zwischen Autonomie und Verbundenheit. Bedingungen und Formen der Behauptung von Subjektivität, Frankfurt am Main: Suhrkamp, 1999, S. 11-21

Leu, H.R./Preissing, Ch.: Bedingungen und Formen der Pluralisierung des Angebots von Kindertageseinrichtungen. In: Zeitschrift für Soziologie der Erziehung und Sozialisation 20(2000)2, S. 132-148

Liegle, L.: Erziehung als Reaktion auf die Entwicklung des Kindes und als Entwicklungshilfe. In: Neue Sammlung 39(1999)2, S. 199-212

Lill, G.: Bildung im Kindergarten – neue Mode oder alter Hut? In: klein & groß 53(2000)2, S. 6-12

Oberhuemer, P.: Zur Qualitätsdiskussion in Europa: Ziele – Projekte – Trends. In: KiTa aktuell BY 12(2000)9, S. 173-176

Peukert, U.: Sinnvolle Alternative oder Notbehelf? Pädagogische Überlegungen zu altersgemischten Gruppen in Kindertagesstätten. In: Krappmann, L./Peukert, U. (Hrsg.): Altersgemischte Gruppen in Kindertagesstätten. Reflexionen und Praxisberichte zu einer neuen Betreuungsform. Freiburg im Breisgau: Lambertus, 1995, S. 74-89

Peukert, U.: Der demokratische Gesellschaftsvertrag und das Verhältnis zur nächsten Generation. Zur kulturellen Neubestimmung und zur gesellschaftlichen Sicherung frühkindlicher Bildungsprozesse. In: Neue Sammlung 37(1997)2, S. 277-293

Preissing, Ch.: Neuere Tendenzen des Situationsansatzes und ihre Realisierung im Projekt Kindersituationen. In: Becker, P./Conrad, S./Wolf, B. et al. (Hrsg.): Kindersituationen im Diskurs. Landau: Verlag Empirische Pädagogik, 1999, S. 14-22

Qvortrup, J.: Zwischen „fürsorglicher Belagerung" und ökonomischen Interessen. Zur Wahrnehmung von Kindern und Kindheit in den nordischen Ländern. In: Zeiher, H./Büchner, P./Zinnecker, J. (Hrsg.): Kinder als Außenseiter? Umbrüche in der gesellschaftlichen Wahrnehmung von Kindern und Kindheit. Weinheim und München: Juventa, 1996, S. 57-73

Rauschenbach, Th.: Soziale Arbeit und soziales Risiko. In: Erziehen in der Risikogesellschaft. Sozialpädagogische Blätter, Jahrbuch 1 des Pestalozzi-Fröbel-Verbands. Weinheim und Basel: Beltz, 1997, S. 36-85

Schäfer, G.E.: Frühkindliche Bildungsprozesse. Herausforderungen einer Pädagogik der Frühen Kindheit. In: Neue Sammlung 39(1999)2, S. 213-226

Tietze, W. (Hrsg.): Wie gut sind unsere Kindergärten? Eine Untersuchung zur Qualität in deutschen Kindergärten. Neuwied, Kriftel, Berlin: Luchterhand, 1998

Völkel, P.: Geteilte Bedeutung – Soziale Konstruktion. In: INFANS: Dokumentation zur 5. Sitzung des Beirats des Modellprojekts „Zum Bildungsauftrag von Kindertageseinrichtungen". Berlin, Ms. (unveröff.) 2000, S. 54-86

Wissenschaftlicher Beirat für Familienfragen: Kinder und ihre Kindheit in Deutschland. Eine Politik für Kinder im Kontext von Familienpolitik. Band 154 der Schriftenreihe des Bundesministeriums für Familie, Senioren, Frauen und Jugend. Stuttgart, Berlin, Köln: Kohlhammer, 1998

Zeiher, H.: Von Natur aus Außenseiter oder gesellschaftlich marginalisiert? In: Zeiher, H./Büchner, P./Zinnecker, J. (Hrsg.): Kinder als Außenseiter? Umbrüche in der gesellschaftlichen Wahrnehmung von Kindern und Kindheit. Weinheim und München: Juventa, 1996, S. 7-27

Zimmer, J.: Vom Aufbruch und Abbruch. Über einige Desiderata der westdeutschen Kindergartenreform und des Situationsansatzes. In: Laewen, H.-J./Neumann, K./Zimmer, J. (Hrsg.): Der Situationsansatz – Vergangenheit und Zukunft. Seelze-Velber: Kallmeyer'sche Verlagsbuchhandlung, 1997, S. 27-61

Zimmer, J. (Hrsg.): Die Praxisreihe zum Situationsansatz, 12 Bände, Ravensburg: Ravensburger Buchverlag, 1998

Zimmer, J./Preissing, Ch./Thiel, Th./Heck, A./Krappmann, L.: Kindergärten auf dem Prüfstand. Dem Situationsansatz auf der Spur. Seelze-Velber: Kallmeyer'sche Verlagsbuchhandlung, 1997

Zinnecker, J.: Streßkinder und Glückskinder. Eltern als soziale Umwelt von Kindern. In: Zeitschrift für Pädagogik 43(1997)1, S. 7-34

Zinnecker, J.: Forschen für Kinder – Forschen mit Kindern – Kinderforschung. Über die Verbindung von Kindheits- und Methodendiskurs in der neuen Kindheitsforschung zu Beginn und am Ende des 20. Jahrhunderts. In: Honig, M.-S./Lange, A./Leu, H.R. (Hrsg.): Aus der Perspektive von Kindern? – Zur Methodologie der Kindheitsforschung. Weinheim und München: Juventa, 1999, S. 69-80

Kinderpolitik: Mit Ambivalenzen verantwortungsbewusst umgehen[1]

Kurt Lüscher

Einleitung

Der Schlüsselbegriff im Titel dieses Aufsatzes verweist auf ein Thema, zu dem Lothar Krappmann in den letzten Jahren wichtige Beiträge geleistet hat. Im Vordergrund steht dabei der „Kinderbericht", genauer: die von einer Sachverständigenkommission erstellte erste gesamtdeutsche Analyse „über die Lebenssituation und die Leistungen der Kinderhilfe". Dieser „Kinderbericht" steht in einem komplementären Verhältnis zum Gutachten des Wissenschaftlichen Beirats beim Familienministerium „Kinder und ihre Kindheit in Deutschland", an dessen Konzipierung und Redaktion Lothar Krappmann gemeinsam mit Ludwig Liegle (der in der Folge als Vorsitzender des Beirates die Hauptverantwortung trug) und mit mir ebenfalls beteiligt gewesen ist. Beide Berichte fanden einzeln und in ihrer gegenseitigen Bezogenheit[2] in einer breiteren Öffentlichkeit ebenso wie in den Fachgremien Aufmerksamkeit. Der „Kinderbericht" rief bereits schon vor seiner Veröffentlichung ein großes Medienecho hervor, als erste Daten über die Armut von Kindern bekannt wurden (hierzu: Krappmann, 1999).[3] Für Lothar Krappmann handelt es sich zweifelsohne um die bis dahin wichtigste Tätigkeit in

---

1 Ich danke Matthias Grundmann, Andreas Lange und Frank Lettke für kritische Kommentare zum Entwurf dieses Textes und Ruth Nieffer für ihre Mithilfe bei den Abschlussarbeiten am Text.

2 Besonders deutlich kam dies beim Simultanreferat von Lothar Krappmann und Ludwig Liegle auf der Jahrestagung 2000 des Pestalozzi-Fröbel-Verbandes zum Ausdruck (Krappmann & Liegle, 2001). – Weitere mir bekannte Beispiele sind die Referate und Diskussion über beide Berichte auf der Jahresversammlung der Evangelischen Aktionsgemeinschaft der Familienverbände 1998 und im Rahmen der Ringvorlesung „Kindsein und Kindheit heute" an der Eberhard-Karls-Universität Tübingen (dokumentiert in Heft 3/1999 der „Neuen Sammlung").

3 Ungeachtet dieser Begleitumstände, die damit zusammenhängen, dass das zuständige Bundesministerium den Bericht noch nicht freigeben wollte, bleibt festzuhalten, dass die duale Grundstruktur der deutschen Sozialberichterstattung, bei der dem Bericht einer unabhängigen Sachverständigenkommission eine Stellungnahme beigefügt und beides dem Parlament unterbreitet wird, eine auch international herausragende und wegen ihres grundsätzlich diskursiven Charakters bewahrenswerte Form darstellt (siehe hierzu Lüscher, 1999).

diesem Feld, jedoch nicht die erste. So hat er in der Kommission mitgewirkt, die einen der ersten Kinderberichte in Deutschland überhaupt erstellt hat, denjenigen über „Kinder in Nordrhein-Westfalen" (Ministerium für Arbeit, Gesundheit und Soziales, 1980).[4] Auf diese Weise hat die anfänglich als „Sozialpolitik für das Kind" (Lüscher, 1977; Kaufmann & Lüscher, 1979) skizzierte Aufgabe zusehends an Gestalt gewonnen. Mittlerweile gibt es zahlreiche informative Dokumentationen über die Lebenssituation von Kindern und viele wichtige Programme. Darüber hinaus stellen sich aus sozialwissenschaftlicher Sicht immer wieder grundsätzliche Fragen zum Verständnis von Kinderpolitik. Auch darüber hat sich Lothar Krappmann mündlich und schriftlich geäußert (siehe z.B. Krappmann, 1993a; 1999; 2001), und ich möchte hier mit einigen Überlegungen den kollegialen und freundschaftlichen Dialog fortsetzen, den wir schon oft und aus vielerlei Anlässen geführt haben.

Kinderpolitik und Ambivalenz

Die Stoßrichtung meiner Argumentation wird im zweiten Teil der Überschrift angesprochen: Kinderpolitik erfordert den Umgang mit Ambivalenzen. Gemeint sind in erster Linie jene Ambivalenzen, die in der sozialen Rolle des Kindes, d.h. in der Gestaltung der Beziehungen zu Kindern und mit Kindern, angelegt sind. Ich bin der Meinung und stelle dementsprechend zur Diskussion, dass unterschiedliche Typen der Kinderpolitik als „Strategien" im Umgang mit eben diesen Ambivalenzen interpretiert werden können. Zu bedenken sind aber auch Zwiespältigkeiten, die ein Kennzeichen professioneller Arbeit im Bereich der Politikberatung darstellen. Darauf verweist in der Überschrift die Attribuierung, dass der Umgang ein verantwortungsbewusster sein soll.

Auf den ersten Blick mag dies allerdings befremden. Was haben „Ambivalenzen" mit Kinderpolitik zu tun? Geht es nicht um eine gute Sache, um den Einsatz für Kinder, unser aller höchstes Gut, für unsere Zukunft, mithin für Mitmenschlichkeit schlechthin? Doch bereits ein zweiter Blick verweist auf die Problematik, die Aufgabe auszuloten. Was genau ist Kinderpolitik? Der Begriff ist in der Tat in mehr als einer Hinsicht offen. Er kann sowohl Politik *für* Kinder als auch Politik *von* Kindern beinhalten. Die ebenfalls mögliche Umschreibung als Politik *mit* Kindern ist abermals doppeldeutig, denn sie kann Politik unter Beteiligung von Kindern meinen oder eine Politik, die Kindern angetan wird, sie also instrumentalisiert. Auch diese gab es und gibt es.

Offensichtlich ist es notwendig, zwischen einer Kinderpolitik in einem sehr allgemeinen und einem spezifischen Sinne zu unterscheiden. Zur ersteren

---

4 Noch weiter zurück reicht eine ausführliche Beschäftigung mit der Thematik im Rahmen eines Besprechungsaufsatzes über „Urie Bronfenbrenners Beitrag zur Sozialisationsforschung und Sozialpolitik" in Bildung und Erziehung (Krappmann, 1977).

kann man alle Tätigkeiten im Bereich der Gesellschaftspolitik zählen, die in irgendeiner Weise für das Leben und Überleben, für die widrigen und die fördernden Lebensumstände und -verhältnisse, für das Wohlergehen und das Leiden von Kindern von Belang sind, denn all dies ist heutzutage die Folge gesellschaftspolitischen Handelns. Dazu gehört auch, was man in Analogie zu einer pädagogischen Terminologie „schwarze Kinderpolitik" nennen muss: die Rücksichtslosigkeit, strukturell und persönlich, gegenüber den Belangen von Kindern, die Gleichgültigkeit ihnen gegenüber und ihre Instrumentalisierung für andere Zwecke.

Erst vor der Folie, was mit Kindern alles *auch* geschehen ist und geschieht, d.h. der Einsicht, dass sie wie alle Menschen immer auch Objekte der Politik sind, lässt sich verstehen, worauf Kinderpolitik in einem engeren Sinne zielt, nämlich die Konzipierung, Planung von Programmen, Maßnahmen und Einrichtungen zur Realisierung des „Kindeswohles" unter Einbezug ihrer aktiven Mitwirkung. Die Einsicht und das Eingeständnis, dass mit Kindern immer auch und immer noch rücksichtslos umgegangen wird, oft sogar unbeabsichtigt und persönlich unbewusst, öffnet die Klammer für jene Überlegungen, die mit dem im Folgenden noch näher zu erläuternden und zu begründenden Konzept der „Ambivalenz" angesprochen werden sollen.

Soziologisch gesprochen geht es bei der Kinderpolitik um die gesellschaftliche Gestaltung der sozialen Rolle des Kindes. Dazu gehören Vorstellungen darüber, was Kinder sind, was sie brauchen und was ihnen zukommt und welche soziale Stellung ihnen gebührt. Dies konkretisiert sich in den Lebenswelten und den Objekten, die für Kinder und von ihnen geschaffen werden, vor allem aber in den sozialen Beziehungen der Kinder zu den Erwachsenen und namentlich den Eltern, aber auch zu anderen „Älteren", mit denen sie Kontakt haben. Ebenso gehören dazu die Beziehungen, die Kinder unter sich haben können. Das ist besonders wichtig im Hinblick auf die Entfaltung der Handlungsbefähigung („agency"), wie Lothar Krappmann in vielen seinen Arbeiten theoretisch und empirisch dargelegt hat (siehe z.B. Krappmann, 1985; 1994; 1995; Krappmann & Kleineidam, 1999; den Beitrag von Grundmann, in diesem Band). Kinderpolitik als Manifestation der sozialen Rollen und Beziehungen geschieht somit in sozialen Räumen, in denen Kinder sich bewegen und leben, die ihnen vorbehalten sind, die für sie geschaffen werden und die sie sich selber schaffen sowie denjenigen, von denen sie ausgeschlossen sind und die sie sich erobern. Im Blick auf die modernen Medien fällt darunter auch die Grenzziehung zwischen den sozialen Räumen, eingeschlossen die Durchlässigkeit, wie das Meyrowitz (1987) in seiner Darstellung der „Fernsehgesellschaft" eindrücklich zeigt.

Dies alles bedingt ein soziales Bewusstsein der Besonderheit der Kinder und des einzelnen Kindes. Wie immer sie umschrieben wird, letztlich geht es um die „Differenz" zu den Erwachsenen. Diese weist im Gegensatz zu anderen fundamentalen sozialen Unterscheidungen, so derjenigen zwischen den Geschlechtern, eine Besonderheit auf. Sie zeigt sich auf vielfache Weise und ist dementsprechend schwierig zu fassen. Sie ergibt sich aus dem Umstand, dass jeder Erwachsene selbst einmal Kind gewesen ist. Folglich liegt es nahe, anzunehmen, seine innere Repräsentation des Kindseins wirke nach und beeinflusse seinen Umgang mit Kindern, aber eben aus dem Bewusstsein, eine erwachsene Person zu sein. Diese wiederum weiß, dass ein (und „ihr") Kind dereinst das werden wird, was sie heute selbst ist, eben erwachsen. Es wird dann in gewisser Weise ihresgleichen, aber bleibt doch immer auch anders, nämlich jünger. Die gesellschaftliche Rolle des Kindes verweist solchermaßen auf die anthropologisch fundierte Gegebenheit der Generationendifferenz. Diese ihrerseits manifestiert sich in der Art und Weise, wie die sozialen Beziehungen zwischen Erwachsenen und Kindern gelebt werden – in Wechselwirkung zu den jeweiligen sozialen Kontexten und den sich stellenden Aufgaben.

Die Frage, welche spezifischen Anforderungen die gesellschaftliche und die individuelle Gestaltung der Beziehungen stellt, ist Thema zahlreicher Deutungen. Darunter findet sich die Auffassung, das Verhältnis zwischen dem Erwachsenen und dem Kind, oder – unter Verzicht auf die Hypostasierung realistischer formuliert – zwischen Erwachsenen und Kindern erfordere pragmatisch den Umgang mit nie endgültig auflösbaren und dementsprechend stets mehr oder weniger spannungsvollen Zwiespältigkeiten, zu denen das Bewusstsein um das dynamische Spannungsfeld von Verschiedenheit und Gleichheit sowie die Erfahrung wechselseitiger Angewiesenheit Anlass bietet. Um eben diesen Sachverhalt zu benennen, kann man das Konzept der Ambivalenz beiziehen.[5]

Das mag etwas befremdlich scheinen, wenn man an den alltäglichen Sprachgebrauch denkt, den der Duden umschreibt als Zwiespältigkeit, Spannungszustand, Zerrissenheit insbesondere der Gefühle und Bestrebungen – einem Verständnis also, wonach als ambivalent gilt, wer zwiespältige Gefühle hat oder Beziehungen so erfährt. Meistens geschieht dies mit einem negativen Unterton. Rekurriert man allerdings auf die Begriffsgeschichte, was hier nur kurz getan werden kann, lässt sich indessen ein offenes, pragmatisches Verständnis begründen, die Ambivalenzen als eine – empirisch in unterschiedlichem Ausmaß und in unterschiedlicher Ausprägung auftretende – Bedingung menschlicher Selbst- und Fremderfahrung, mithin auch der Beziehungs- und Kontextgestaltung betrachtet. Zwar hatte Bleuler, der anscheinend den Begriff in den wissenschaftlichen Diskurs einführte (und möglicherweise sogar Erfinder des Wortes ist), ihn erstmals im Zusammenhang mit der Diagnose des sogenannten „Negativismus" verwendet (Bleuler, 1910). Damit ist das bei psychisch kranken Menschen beobachtbare Verhalten gemeint, wenn sie das, was sie tun möchten, nicht tun können. Doch

---

5 Ich paraphrasiere hier die an anderer Stelle formulierte und begründete heuristische Hypothese, die Gestaltung von Generationenbeziehungen erfordere den Umgang mit Ambivalenzen (Lüscher & Lettke, 2000). Zu betonen ist, dass es sich nicht um eine Seins-Aussage handelt, sondern um eine erkenntnisleitende Annahme, obgleich dies im Folgenden aus Gründen einer flüssigeren Redeweise nicht immer ausdrücklich so umschrieben wird.

schon kurze Zeit danach haben er (Bleuler, 1914) und später sein Sohn M. Bleuler (1972: 607ff.) darauf hingewiesen, dass es sich um eine Erfahrung handelt, die auch außerhalb des offensichtlich Pathologischen beobachtet werden kann, mithin also eine „Bedingung" ist, mit der Menschen ganz allgemein umgehen müssen. Den meisten gelingt dies mehr oder weniger erfolgreich.

Sehr schnell griff Freud den Begriff auf und verwendete ihn in mindestens dreierlei Hinsicht, nämlich zur Kennzeichnung der Eltern-Kind-Beziehungen, zur Beschreibung der Beziehungen zwischen Therapeut und Patient sowie im Rahmen seiner kulturkritischen Analysen. Das Konzept wurde somit nicht nur auf der Ebene der Beschreibung innerpsychischer Haltungen und Prozesse eingesetzt. In der Tat setzte Mitte der 60er Jahre eine soziologische Rezeption ein, für die in erster Linie ein Kreis um Merton und Barber (1963; Merton, 1976) und die Cosers (Coser L., 1965; Coser R., 1966) verantwortlich war. Im Zentrum ihrer Interessen stand die Nützlichkeit des Konzeptes für die Rollen- und Organisationsanalyse. Im Fall von Lewis Coser wird dabei die Affinität zur konflikttheoretischen Orientierung der Soziologie erkennbar.[6] – In den 1990er Jahren wurde das Konzept insbesondere auch für gesamtgesellschaftliche Analysen aufgegriffen (hierzu ausführlich Junge, 2000). Unter diesen Gesichtspunkten sind die Thesen zur ambivalenten Struktur der Kategorie des Geschlechts im Feminismus wichtig. Smelser (1998) wiederum hat das Postulat der Ambivalenz demjenigen von „rational choice" gegenübergestellt und damit auf die sozialwissenschaftlichen Forschungen zugrunde liegenden Menschenbilder verwiesen. Beachtung findet das Konzept neuerdings auch im pädagogischen Schrifttum, so bei Bilstein (1999; 2000), bei Liegle (1997), Scholz (1994) und bei Winterhager-Schmid (1996; 2000). Honig (1999: 208 ff.) macht dies überdies unter ausdrücklichem Einbezug der Theorie der Perspektivik.

Vor diesem Hintergrund und im Blick auf eine sowohl theoretische als auch empirische Nutzbarmachung des Konzeptes kann man von „Ambivalenz" sprechen, wenn polare Gegensätze gemeint sind, die als solche in einem Zeitraum oder dauernd als nicht vollständig auflösbar interpretiert werden und die relevant für die Konstitution von personalen und kollektiven Identitäten sind (Lüscher & Lettke, 2000: 15). Der letzte Teilsatz ist im Rahmen unserer Thematik besonders wichtig, weil er den Brückenschlag zur Sozialisationstheorie herstellt. Von personalen *und* kollektiven Identitäten ist die Rede, weil das Konzept eben auf mikro- und makrosoziale Sachverhalte angewendet werden kann. Das macht auch bei seiner Übertragung auf den Kontext der Kinderpolitik Sinn, richtet sich diese doch sowohl an Kinder in alltäglichen Lebensverhältnissen als auch an das Kind als „Modalpersönlichkeit". Anzufügen ist, dass eine Verwandtschaft zum Begriff der Ambiguität in der Bedeutung von Mehrdeutigkeit und Offenheit besteht. Mit dem Begriff der Ambivalenz soll betont werden, dass sich

---

6 Für ausführlichere Darstellungen der Begriffsgeschichte siehe Lüscher und Pillemer (1998) und Lüscher und Lettke (2000).

diese Mehrdeutigkeit nicht abschließend klären lässt. Sie mündet aus eben diesem Grunde schließlich in die Polarität von Mehrdeutigkeit vs. Eindeutigkeit ein.[7]

Historische Reminiszenzen

Die Umschreibung von Kinderpolitik als gesellschaftliche Gestaltung der sozialen Rolle des Kindes kann sich auf die – im Laufe der Rezeption zu einer eigentlichen „Geschichte der Kindheit" hochstilisierten – Untersuchung von Ariès „L'enfant et la vie familiale sous l'ancien régime" (1960) stützen. Auch wenn seither begründete Kritik an einzelnen seiner historischen Beschreibungen vorgetragen worden ist, bleibt es dabei, dass es ihm gelungen war, grundlegende Einsichten zur Institutionalisierung der sozialen Beziehungen von Kindern zu formulieren. Besonders wichtig ist dabei seine These, dass parallel zum Aufkommen und zur allgemeinen Verbreitung der Schule auch ein neues, leistungsbezogenes Verständnis der Familie entstanden ist. Beide Institutionen bildeten Kontexte, in denen ein pragmatisch realisiertes Verständnis des Kindes umgesetzt wurde. Die Ausbeutung der Kinder in der protoindustriellen und der industriellen Kinderarbeit ist ebenfalls in diesem Zusammenhang zu sehen. Sie bildete nämlich die Folie, vor der sich eine Politik des Schutzes der Kinder gegen Diskriminierung und gegen die Missachtung spezifischer Bedürfnisse von Kindern herausbildete, wie immer diese im Einzelnen umschrieben wurden.

Etwas weniger populär, aber in der Aussagekraft ebenfalls bedeutsam, sind in diesem Zusammenhang die Erkenntnisse, die sich bei Pinchbeck und Hewitt (1969; 1973) in einer umfassenden Analyse der Situation der Kinder in England finden. Sie zeigen darin insbesondere, dass am Anfang die Befassung mit den Belangen von Kindern in unterprivilegierten Positionen stand, dann aber die dabei aufgestellten Postulate allmählich auf alle Kinder übertragen wurden.

Schon fast in Vergessenheit geraten sind die zu ihrer Zeit überaus innovativen und wegen ihres dokumentarischen Gehaltes wertvollen dreibändigen Kompendien, die Bremner (1970; 1971; 1974) über die Sozialgeschichte des amerikanischen Kindes zusammengestellt hat. – Stärker der Aktualität verpflichtet, machte ebenfalls anfangs der 1970er Jahre Hobbs (1975) in Zusammenarbeit mit Sachverständigenkommissionen darauf aufmerksam, dass das Engagement für Kinder notwendigerweise auch Klassifikationen erfordere. Seine Argumentation ist bereits im Titel seiner zentralen Publikation ablesbar: „The Futures of Children. Categories, Labels and their Consequences. Report of the Project of

---

7 Die Verwendung des Konzeptes auf den unterschiedlichen Ebenen des Sozialen beinhaltet die zusätzliche Annahme, dass zwischen den Phänomenen, die jeweils gemeint sind, Entsprechungen bestehen können. Sie im Einzelnen nachzuweisen, ließe sich als wissenschaftliches Programm einer „konzeptuellen Mehrebenenanalyse" konzipieren.

Exceptional Children". Sich darum zu bemühen, Kindern eine Zukunft zu schaffen, genauer, Kindern, die auffällig sind, eine ihnen *gemäße* Zukunft zu schaffen, kommt nicht ohne Systeme der Klassifikation aus. Diese aber – so heißt es sinngemäß in der Einleitung – können das Leben eines Kindes verbessern, indem sie ihm die Türen zu Dienstleistungen und Erfahrungen öffnen, indem sie die Art und Weise, wie es sich selbst einschätzt und wie andere dies tun, fördern und indem sie ihm so zu einem zielstrebigen und freudvollen Leben verhelfen. Die Klassifikationen können aber auch das Leben eines Kindes verdunkeln, seine Möglichkeiten zur Entwicklung einengen, sein Selbstvertrauen vermindern und es von anderen entfremden. Hier ist bereits erkennbar, dass Kinderpolitik geprägt ist von zahlreichen Zwiespältigkeiten im Verständnis des Kindes und in der Art und Weise des Umgangs mit ihm. Mit einem skeptischen Unterton angesichts der Vieldeutigkeit kommentierte in diesem Feld Steiner (1976) den Einsatz für „Die Sache der Kinder".

Unter den Publikationen, die in den 70er Jahren das Feld strukturiert haben, nimmt der von DeMause (1974) herausgegebene Sammelband eine Sonderstellung ein, die indessen für meine Argumentation wichtig ist. Nicht nur vertritt er darin im einleitenden Kapitel die These, die Evolution der Eltern-Kind-Beziehungen sei eine eigenständige Quelle geschichtlichen Wandels. Er stellt darüber hinaus auch die dunklen Seiten und namentlich die Ängste der Erwachsenen im Umgang mit den Kindern dar. Allerdings geschieht dies eingebunden in eine recht rigorose Auffassung einer schrittweisen „Evolution" als Fortschritt, gemäß der die Eltern sich im Laufe der Zeit zusehends besser um Kinder gekümmert haben (a.a.O.: 53). Dadurch vergibt er sich indessen die Chance, die ebenfalls erwähnte These auszuloten, wonach in jeder Epoche immer wieder neue Ängste und Unsicherheiten zu meistern waren (a.a.O.: 3). In unmittelbarem Zusammenhang mit der hier verfolgten Idee interessiert insbesondere Walzers (1974) Analyse von Kindheit im kolonialen 18. Jahrhundert als eine „Periode der Ambivalenz": „Two opposing conditions (colonial) parents wished to impose upon their children: independence and dependence" (a.a.O.: 362). – Diese Feststellung wird in den Schlussfolgerungen ergänzt: „It is now time to argue that children are motivated by a basic ambivalence which is complementary to their parents' ambivalence toward them, namely, to be rejected and to be retained. Or, to put it more precisely, children, as they are raised by their parents and become adults, want both to become independent and remain dependent" (a.a.O.: 374). Hier wird auf eine zunächst etwas befremdliche Weise den Kindern eine Art „Handlungsbefähigung" zugeschrieben. Außerdem kann man sagen, dass Ambivalenz auch aus der Perspektive der Kinder als wesentliches Element der Beziehungsgestaltung postuliert wird (hierzu auch: Wintersberger, 1998).

Eine wichtige Facette für die hier zu entwickelnde Konzeption von Kinderpolitik sind die im Gefolge von 1968 entstandenen Vorstellungen der Befreiung des Kindes. Kennzeichnend dafür ist – um ein anschauliches Beispiel herauszugreifen – der Titel der bezeichnenderweise aus Schweden stammenden, erstmals 1969 veröffentlichten Schrift von Vestin (deutsch 1971) „Alle Macht den Kindern", angekündigt als „Handbuch in positiver Kinderindoktrination". Diese läuft durchgängig darauf hinaus, die Eigenständigkeit des Kindes zu überhöhen und zu forcieren. Allerdings beinhaltet dies das Paradox, dass es sich dabei um eine Intention und Aktion der Erwachsenen handelt.

Im Kontext dieser Ideen entwickelte sich ein Verständnis von Kinderpolitik, das die institutionellen Bindungen der Kinder, namentlich im Rahmen der Familie, als Ausdruck der Unterdrückung interpretierte. Diese Sichtweise erhielt zusätzlichen Auftrieb durch die Bemühungen, eine eigentliche „Kindheitsforschung" zu etablieren (federführend: Qvortrup, 1994 – kritisch bilanzierend: Lange, 1999). Dabei kam es zu mannigfachen, teils naheliegenden, jedoch nicht unproblematischen Verbindungen mit der Frauenpolitik (federführend hierbei: Alanen, 1988). Unbestreitbar ist indessen, dass das bürgerliche Familienmodell in dem Ausmaß, in dem es den Mann zum „Oberhaupt" der Familie hochstilisierte, Frau und Kind gleichermaßen einen untergeordneten Status zuschrieb und so einander gleichsetzte. Problematisch hingegen ist, dass sich mit dieser Kritik eine tiefgreifende Skepsis gegenüber der Familie insgesamt verband, etikettiert als „Familialismus". Ebenfalls problematisch ist, dass die spezifischen Belange der *Entwicklung* der Heranwachsenden vernachlässigt wurden und gerade in diesem Punkt der Unterschied zur Frau außer Acht blieb. Dadurch verbaute sich dieser Ansatz lange Zeit die Möglichkeit, die Einsichten einer sich von den ursprünglichen Einseitigkeiten zusehends lösenden Sozialisationsforschung zu rezipieren (siehe hierzu auch den Rückblick: Krappmann, 2000a). Die Gleichsetzung von Kinder- und Frauenpolitik wird allerdings zusehends zurückgenommen. Dafür sind wiederum jene Entwicklungen im Feminismus von Belang, die – unter dem Einfluss eines elaborierten Postmodernismus – „Differenz" als grundsätzliche soziale Gestaltungsaufgabe herausarbeiten. Dies kommt theoretisch in der Hinwendung zum Konzept „Gender" und politisch-programmatisch zur Leitidee des „Mainstreaming" zum Ausdruck.[8]

Annäherungen an Ambivalenzen im Verständnis des Kindes

Versuche, Aufgaben der Kinderpolitik mittels der Idee, beziehungsweise des Konzeptes der Ambivalenz zu umschreiben, finden sich in der Literatur verschiedentlich. Ich konzentriere mich auf einige Beispiele, die je unterschiedliche Facetten beleuchten:

- Die These, wonach das Verständnis des Kindes von Ambiguität geprägt ist, ein Begriff, der häufig synonym zu Ambivalenz verwendet wird, taucht in

---

[8] Das Konzept des „mainstreaming" ist in den letzten Jahren zur Leitlinie der Geschlechterpolitik in der Europäischen Union geworden. Siehe hierzu z.B. Pollack und Hafner-Burton (2000) und Expertengruppe Mainstreaming (1999).

den Diskursen über das Kind schon seit einiger Zeit auf. Christensen (1998: 188) erinnert daran, dass Jenks von einem steten Paradox spricht, das in der Vorstellung der Differenz angelegt ist. „The ambiguity in the relationship between the child and the adult is encapsulated in the notion of ‚difference'. This perception of ‚difference'; Jenks suggests, may be attributes to a theoretical focus on the social processes of overcoming it – that is, socialization. It is an underlying western premise that ‚people are made not born' (Riesman)."

- Diese Auffassung verbindet sich mit der Gegenüberstellung von „Sein und Werden". Diese wiederum ist für Wilk und Wintersberger (1996: 70ff.) ein Zeichen des Paradigmenwechsels in der Kindheitsforschung. Hier ist nun allerdings kritisch auf die Gefahr hinzuweisen, das Spannungsfeld zu verneinen, in dem von einer Soziologie der Kindheit und nicht des Kindes gesprochen wird, also der Subjektbezug gewissermaßen wegdiskutiert wird. Ich will mich hier nicht näher auf eine Polemik gegen die „*Kindheits*"-Forschung einlassen, umso mehr als sich die Gegensätze abzubauen scheinen.

- Smith (1997) geht im Kontext des juristischen Diskurses über die neue Kinderschutzgesetzgebung in Großbritannien von der Frage aus, wie Kinder Entscheidungen in ihrem eigenen besten Interesse treffen können, wo sie doch in vielen Bereichen über weniger Erfahrungen und Kenntnisse verfügen als Erwachsene (a.a.O.: 105). Dabei ist allerdings festzustellen, wie die Autorin meint, dass die Erwachsenen, selbst wenn sie über bessere Einsichten verfügen, nicht immer optimal damit umzugehen wissen. Smith kommt zum Schluss, dass unter diesen Umständen diejenigen, die Kinderpolitik und Kinderrechte unter dem Gesichtspunkt der Befreiung verstehen, notwendigerweise an Grenzen stoßen. Sie liegen ganz trivial in der Unmöglichkeit, das Wohlergehen von Kindern ohne Regress auf die Vorstellung von Verantwortung zu denken.

- Kränzl-Nagl et al. (1998) stützen sich auf eine andere Variante des alltäglichen Sprachgebrauchs von Ambivalenz. Sie sehen „die ambivalente Natur moderner Kindheit" widergespiegelt in Bildern, die einerseits erwachsenenzentriert sind, andererseits durch die implizite Gleichsetzung von minderjährig und minderwertig. Hier wird Ambivalenz einer Abwehrhaltung, sogar einer gewissen Angst vor dem Kind gleichgesetzt.

- Im Kontext der Pädagogik geht Scholz (1994) seine Überlegungen zur „Konstruktion des Kindes" unter der Prämisse an, die Ambivalenz des Erwachsenen gegenüber dem Kind sei den ambivalenten Projektionen der Entdecker und Eroberer gegenüber traditionellen Kulturen ähnlich (a.a.O.: 10). – Liegle (1997) stellt in einem Satz von Thesen über „Kinderpolitik durch Erziehung" zunächst fest, dass Maßnahmen und Einrichtungen der Erziehung zu den frühesten und wichtigsten Ausdrucksformen einer Politik für Kinder gehören. Nach der Antike hat im Aufklärungszeitalter eine Institutionalisierung der Kindheit in Form der Pädagogisierung eingesetzt, und zwar in der doppelten Gestalt der „Familialisierung" und der „Scolarisation". Bereits darin ist ein Spannungsfeld angelegt. Hinzu kommt, dass mit der Aufklärung sowohl eine Universalisierung als auch eine Individualisierung der Rolle des Kindes angestrebt wurde. Dabei sind nun „die faktischen Formen der Pädagogisierung der Kindheit ... immer auch im Hinblick auf ihre inneren Widersprüche/Ambivalenzen thematisiert worden, z.B.

- Erziehung/Bildung will zur Entwicklung von Autonomie beitragen, tut dies aber unter Bedingungen, die weithin durch Heteronomie gekennzeichnet sind;
- Erziehung/Bildung tritt mit universalistischem Anspruch auf, erfüllt aber gleichzeitig gegenüber der je gegebenen Gesellschaft eine konservative Funktion;
- Erziehung/Bildung soll Kinder auf das Leben in der Erwachsenengesellschaft vorbereiten, tut dies aber unter Bedingungen der weitgehenden sozialen Isolation:
- ‚Der Mensch kann entweder bloß dressiert, abgerichtet, mechanisch unterwiesen oder wirklich aufgeklärt werden' (Kant)."

Erwähnenswert ist schließlich der Entwurf zur Systematisierung der theoretischen Diskurse über das Kind von James et al. (1998: 195-218). Zwar arbeiten diese Autoren nicht mit dem Konzept der Ambivalenz. Doch sie stützen sich auf etablierte fundamentale Dichotomien in den Sozialwissenschaften, nämlich „Voluntarismus vs. Determinismus" und „Partikularismus und Universalismus". In diesem Rahmen leiten sie vier Grundtypen von Vorstellungen des Kindes ab, die in einzelnen Aspekten der im Folgenden entwickelten Typologie verwandt sind.

Vorschlag einer Typologie

Zieht man an dieser Stelle Bilanz, wird offensichtlich, dass die Zuschreibung von Ambivalenzen ausgesprochen oder unausgesprochen ein Element zahlreicher Bemühungen um das Verständnis der sozialen Rolle des Kindes ist. Allerdings geschieht dies mit unterschiedlichen Akzentsetzungen und Attribuierungen. Man gewinnt den Eindruck, es gehe um eine Sichtweise, deren Systematisierung noch offen ist. Eine Möglichkeit dazu bietet sich mit einem Versuch der Typisierung an, ein Verfahren, das in den Sozialwissenschaften auf eine lange Tradition zurückgreifen kann, das jedoch auch mit guten Gründen kritisiert werden kann. Weitgehend unbestritten ist das heuristische Potenzial, das Typologien dazu prädestiniert, Diskurse anzuregen und voranzutreiben. In diesem Sinn ist der folgende Versuch gemeint.

Er stützt sich auf Überlegungen, die wir im Rahmen von Analysen über die Gestaltung von Generationenbeziehungen unter Erwachsenen erarbeitet haben (insbesondere Lüscher & Pillemer, 1998; Lüscher & Pajung-Bilger, 1998;

zuletzt Lüscher & Lettke, 2000). Das bietet sich auch insofern an, als die Gestaltung der Rolle des Kindes als eine spezielle Thematik im Rahmen der Generationenforschung verstanden werden kann, wobei allerdings einige Modifikationen bzw. Weiterentwicklungen notwendig sind.

Gemäß den dort vorgenommenen Analysen des Konzeptes der sozialen Beziehung lautet der Vorschlag, zwei Dimensionen ihrer Gestaltung zu unterscheiden. Die erste betrifft die „Subjektivität", die in sozialen Beziehungen erfahrbar und dementsprechend gestaltbar ist. Sie beinhaltet den Umgang mit letztlich polaren Gegensätzen, die mit Attributen wie sympathisch vs. unsympathisch oder nah vs. fern gekennzeichnet werden können. In Bezug auf das Rollenverständnis des Kindes bietet sich die Gegenüberstellung von vertraut vs. fremd an. Sie thematisiert das Verständnis der Differenz. Diese kann auf der Dimension des Erlebens der Personhaftigkeit subjektiv „partikularisiert" oder objektiv „generalisiert" werden – um ein in der soziologischen Handlungstheorie etabliertes Begriffspaar zu paraphrasieren.

Die zweite Dimension trägt dem Umstand Rechnung, dass soziale Beziehungen auf der mikrosozialen ebenso wie auf der makrosozialen Ebene auf Interaktionen beruhen, die über ihre Dauerhaftigkeit und über die Konstitution von Sinn ein institutionelles Gepräge haben. Dieses ist auf der einen Seite dem Bisherigen verpflichtet. Auf der anderen Seite beinhaltet es die Chance des Wandels. Zur Attribuierung dieses polaren Gegensatzes kann man Gegensatzpaare wie „konservativ vs. progressiv", „reproduktiv vs. innovativ" beiziehen. Im Blick auf die Rolle des Kindes kann man darin die institutionelle Komponente des immer wieder angesprochenen allgemeinen Gegensatzpaares von „Abhängigkeit vs. Unabhängigkeit" oder „Verbundenheit vs. Autonomie" sehen.[9]

Diese Dimensionierung und die ihr zugehörige, zugeschriebene polare Attribuierung lässt sich unter Inkaufnahme der Vereinfachungen, die schemati-

---

[9] Zu diesem Begriffspaar siehe die Einleitung in Leu und Krappmann (1999). Eine große Nähe zu den hier angestellten Überlegungen weist – zumindest implizit – m.E. auch die Darstellung von Baltes und Silverberg (1994) auf. Die dort dargestellten Überlegungen zum Spannungsfeld zwischen den beiden Polen lassen sich durchaus in das Konstanzer Ambivalenzmodell überführen, wozu Frieder Lang (pers. Mitt.) Überlegungen angestellt hat. Er schlägt ein Modell vor, in dem in einem Koordinatenfeld die Dimension der Autonomie als aufsteigende und Verbundenheit als absteigende Dimension dargestellt werden. Der so sich ergebende Eckpunkt, z.B. hohe Verbundenheit mit niedriger Autonomie, entspricht beispielsweise der Ausprägung „Solidarität" des Ambivalenzmodelles, hier umschrieben als das Feld von „Fürsorge". – Der Aufsatz von Baltes/Silverberg provoziert im übrigen die Frage des Verhältnisses zwischen dem Verständnis der Gegenüberstellung von Autonomie und Verbundenheit einerseits, Ambivalenz andererseits. Mir scheint, der Unterschied liegt in der stärkeren Betonung der *gleichzeitigen* Erfahrung und Interpretation der Gegensätzlichkeit, d.h. des Verzichtes auf Vorstellungen des Gleichgewichtes. Bestenfalls ist dieses prekär, eine Auffassung, die möglicherweise der Vorstellung einer Balance entspricht.

schen Modellen eigen sind, zu einer Typologie zusammenfassen, die folgende Grundstruktur hat:

	Zugehörigkeit	vs. Eigenständigkeit
Vertrautheit	*1*	*2*
vs.		
Fremdheit	*4*	*3*

Verwendet man diese Schematik nun als Rahmen für eine – ungeachtet der hier nicht bestrittenen Vorläufigkeit – „idealtypische" Umschreibung von Verständnissen der Gestaltung der sozialen Rolle des Kindes, kann man sie verwenden, um Ansätze der Kinderpolitik zu systematisieren. Damit begebe ich mich in ein noch kaum ausgemessenes und dementsprechend wenig beackertes Feld. Selbst in den Schriften zur Kindheitsforschung i.e.S., so sehr darin bisweilen recht militante Töne angeschlagen werden, finden sich selten explizite Definitionen von Kinderpolitik und Versuche einer theoretisch fundierten Systematisierung. Ansätze finden sich in den beiden deutschen Dokumenten zur Sozialberichterstattung über Kinder.[10]

Im „Kinderbericht" wird zunächst im einleitenden Kapitel die grundsätzliche Notwendigkeit einer übergreifenden Konzeption betont, und sie wird umschrieben als die Etablierung „einer Kultur des Aufwachsens, die dafür sorgt, dass Kinder und die Aufgabe, für sie zu sorgen und Begleiter in ihrer Entwicklung zu sein, als eine primäre gesellschaftliche Verpflichtung" gilt (a.a.O.: 20). Im Kapitel „Die Gesellschaft und ihre Kinder" wird festgehalten, dass die „Notwendigkeit einer Politik für Kinder nicht mehr bestritten" (a.a.O.: 281), über angemessene Konzepte und über geeignete Maßnahmen jedoch teilweise heftig gestritten wird. Die Debatte polarisiert sich „zwischen Ansätzen, die entweder eher emanzipatorische oder dann ordnungspolitische Funktionen hervorheben" (a.a.O.: 282 unter Bezug auf W. Berger). Rezipiert wird auch die Idee, dass Kinderpolitik die in diesen Polen angelegten Spannungen aushalten und mit den darin angelegten Ambivalenzen umgehen muss. – In der Folge wird eine organisatorische Konzeption entfaltet, die den Rahmen bildet, um die reichhaltigen inhaltlichen Empfehlungen des Berichtes zu bündeln und um darzulegen, wie ihnen auf der Ebene des staatlichen bzw. öffentlichen Handelns zur Geltung und zum Durchbruch verholfen werden kann. Wesentlich daran ist, dass zwei grundsätzliche Aspekte der Kinderpolitik systematisch aufeinander bezogen und nicht

---

10 Im Vergleich zu den meist induktiv abgeleiteten Typologien liegt hier die Stoßrichtung beim Bemühen um eine theoretisch begründete Ableitung, die – akzeptiert man die Überlegung zu Ambivalenz – letztlich anthropologische Prämissen beinhaltet.

gegeneinander ausgespielt werden, nämlich die generelle Förderung aller Kinder und diejenige spezifischer Gruppen von Kindern, die zeitweise oder dauernd besonderer Hilfen und Unterstützungen bedürfen.

Das „Kindergutachten" stellt in einer knappen Darstellung von „Konzeptionen einer Politik für Kinder" (a.a.O.: 27) zunächst zwei Typen einander gegenüber, nämlich „Politik für Kinder als Kinderschutz und als anwaltschaftliche Politik" und „emanzipatorische Kinderpolitik". Das ist eine Zweiteilung, die an die Entwicklungen in der Kinder- und Kindheitsforschung anknüpft. Vorgeschlagen wird dann ein dritter Typ, nämlich Kinderpolitik als „Sozialökologie menschlicher Entwicklung".

Die im „Kindergutachten" und im „Kinderbericht" gemachten Vorschläge der Systematisierung sind sich ähnlich, jedoch nicht völlig deckungsgleich. Offensichtlich ist es notwendig, bereits auf dieser Stufe der allgemeinen Konzeptualisierung mehrdimensional vorzugehen. Um die in den beiden Berichten vorgenommenen Überlegungen weiterzuführen, greife ich auf die oben entwickelte Typologie zurück. Zur Anreicherung – und aus Gründen der Veranschaulichung und der Konkretisierung – ziehe ich zusätzlich eine etablierte mikrosoziale Typisierung im Umgang mit dem Kind heran, nämlich die im wesentlichen auf Baumrind (1966) zurückgehende, von ihr weiterentwickelte (insbesondere Baumrind, 1996)[11] und von anderen rezipierte und abgewandelte Typologie von Erziehungsstilen (vgl. z.B. Bronfenbrenner, 1985[12] sowie Schneewind, 2000: 197f.). Diese beziehen sich zwar in der Regel auf das elterliche Verhalten. Der Rekurs darauf scheint aber angemessen. Erstens ist die Rolle der Eltern komplementär zur jener des Kindes und definiert diese weitgehend. Zweitens kann man die Beeinflussung der elterlichen Erziehungsstile, Versuche ihrer Anerkennung und ihrer Verbesserung, unter Umständen auch ihrer Substitution, als mehr oder weniger offenliegendes Thema von Kinderpolitik betrachten.

---

11 In diesem Aufsatz bekräftigt Baumrind ihre Ablehnung der extremen Modelle elterlicher Erziehung, die sie als autoritär und permissiv gekennzeichnet hat. Insbesondere beanstandet sie auch die gegenseitige Verketzerung, die in diesen Modellen zu finden ist. Sie wendet sich indessen auch und vor allem gegen eine unzulässige liberalistische Interpretation des autoritativen Leitbildes: „In contrast with the authoritative model, Swedish and Norwegian educators have adopted what I view as a neo-Rousseauin romantication of children as rightfully self-absorbed and self-gratifying" (Baumrind, 1996: 412). Auch wenn man die Stoßrichtung dieser Kritik in der inneramerikanischen Debatte über die Familie berücksichtigt und überdies in Rechnung stellt, dass es um den Umgang mit kleinen Kindern und um die Methoden der Disziplinierung geht, stützt diese Charakterisierung doch im folgenden Modell die Verknüpfung des permissiven Erziehungsstils mit der kinderpolitischen Position der „Befreiung".

12 Vgl. in diesem Zusammenhang auch Bronfenbrenners Feststellung im Blick auf die elterlichen Erziehungsauffassungen: „The contents of ‚knowledge and beliefs' have always been characterized by ambiguity and ambivalence ... " (Bronfenbrenner, 1985: 330). – Siehe hierzu auch den Zugang zur Thematik über die Analyse des elterlichen Erziehungswissens in Lüscher (1995) (Festschrift Bronfenbrenner).

Schließlich liegt der Typologie der in den vorherigen Abschnitten entwickelte Gedanke zugrunde, die Gestaltung der sozialen Rolle des Kindes beinhalte das Eingeständnis von Ambivalenzen und den Umgang mit denselben. Damit soll auch gesagt sein, dass es sich um Aufgaben handelt, die nicht ein für allemal feststehen, sondern entsprechend der Dynamik privater Lebensformen, insbesondere der Familien und der historischen Entwicklungen, anzugehen sind. Im Blick ist somit heuristisch die makrosoziale Ebene der Institutionalisierung gesellschaftlichen Handelns ebenso wie die mikrosoziale Ebene der alltäglichen Lebensführung.

Unter ausdrücklicher Inanspruchnahme der Kautelen, die für „work in progress" in Anspruch genommen werden müssen, auch und gerade dann, wenn es sich um konzeptuelle Bemühungen handelt, ergibt sich auf diese Weise folgende Typologie:

	Zugehörigkeit	Eigenständigkeit
Vertrautheit	1 *Autoritär schützen*	2 *Autoritativ fördern*
Fremdheit	4 *(Instrumental missachten)*	3 *Permissiv befreien*

Unter teilweisem Beizug der im „Kindergutachten" vorgenommenen Charakterisierungen lassen sich die vier Typen folgendermaßen umschreiben:

Autoritär schützen: Diese Art von Kinderpolitik reicht am weitesten zurück, nämlich bis zu den Hilfen für Kinder in Notlagen (namentlich Waisen), dem Schutz der Kinder vor Ausbeutung (Kinderarbeit) und Misshandlung und dem Abbau von Diskriminierungen bestimmter Gruppen von Kindern (namentlich der so genannten „unehelichen Kinder"). Die Geschichte der politischen Leitidee dieser Entwicklungen und ihrer Beweggründe zeigt, dass Maßnahmen und Einrichtungen zunächst für bestimmte Kategorien von Kindern mit besonderen Bedürfnissen oder Benachteiligungen geschaffen, dann aber sinngemäß auf größere Kreise von Kindern ausgeweitet werden. Eine derartige allgemeine Tendenz kann man auch in der Rechtsprechung für Kinder erkennen. Das Bild vom Kind betont die spezifischen Bedürfnisse nach Pflege und Erziehung. Kinder, namentlich solche in bestimmten Lebenslagen und gesellschaftlichen Gruppierungen, werden als physisch und psychisch verletzlich – unter Umständen als „verwahrlost" – gesehen und bedürfen darum eines besonderen Schutzes. Was die wissenschaftliche Fundierung dieses Typs von Kinderpolitik betrifft, so stützt sie sich vor allem auf Untersuchungen über die Bedürfnisse von Kindern, auf Fahrpläne einer normalen Entwicklung und auf die Ermittlung von Risiken. Die

Ambivalenzen im Verständnis der Rolle des Kindes manifestieren sich spezifisch in Widersprüchen wie den Folgenden: Autoritär schützende Kinderpolitik setzt mit ihrer Betonung von Tradition und Solidarität auf die Familie. Diese wird aber auch als Quelle von Defiziten geortet. Offensichtlich ist diese Doppeldeutigkeit im Falle der Pflegekindschaft, wo eine „defizitär" durch eine „kompensatorische" Familie abgelöst wird.[13] Das Grundmuster der „Solidarität" beinhaltet – was häufig übersehen wird – zum einen enge Binnenverpflichtungen, zum andern aber Abgrenzung.

Permissiv befreien: In kritischer Auseinandersetzung mit der historischen Fürsorgepolitik artikulierte sich insbesondere seit den 1980er Jahren ein Verständnis der Kinderpolitik, in dessen Zentrum die Anerkennung der politischen Rechte von Kindern ohne prinzipiellen Unterschied zu den Erwachsenen steht. Dieses Plädoyer stützt sich auch auf die Argumente, dass Kinder besonders sensibel auf zivilisatorische Entwicklungen reagieren und in ihrem Schicksal die gesellschaftliche Zukunft eingeschlossen ist. Ferner wird geltend gemacht, Kinder seien die letzte gesellschaftliche Gruppe, die noch „im Status der Unmündigkeit" belassen wird. Ihre Emanzipation stelle somit den letzten Punkt des menschenrechtlichen Programms der Moderne dar, dessen Erfüllung sich mit einer inneren Logik aufdränge. Unter wissenschaftlichen Gesichtspunkten geht es um die Auffassung, die Kindheit lasse sich als eine Art „Klassenlage" begreifen. Hier ergibt sich ein grundlegendes Dilemma, weil die „Subjekthaftigkeit" des Kindes generalisiert wird. Sie setzt sich in der relativen Vernachlässigung von Entwicklungsprozessen fort. Die hohe Wertschätzung der Autonomie des Kindes drängt seine Abhängigkeit und Verbundenheit zurück und kann auf der Ebene der alltäglichen Lebensführung Überforderungen zur Folge haben. Die Annahme, dass Kinder grundsätzlich ihre Rechte und Interessen selbst wahrzunehmen vermögen, führt zur Forderung fort, das Alter für das Stimm- und Wahlrecht möglichst niedrig anzusetzen. Diesem Leitbild entspricht weiterhin, dass die „Leistungen", die Kinder erbringen, gesellschaftlich anerkannt und sogar finanziell entschädigt werden sollen. Man verspricht sich davon eine Verbesserung der politischen Stellung der Kinder im Sinne eines Machtausgleiches gegenüber den Erwachsenen, der indessen nur von diesen selbst hergestellt werden kann. Eine spezifische Quelle von Ambivalenzen dieses Verständnisses von Kinderpolitik liegt darin, dass sie, entgegen ihrer „Philosophie", advokatorisches Agieren von Erwachsenen erfordert.

Autoritativ fördern: Dieser Ansatz orientiert sich an den Prämissen der sozialökologischen Sozialisationsforschung. Im Blick auf das Leitbild vom Kind heißt das: Das genetische Potenzial des einzelnen Menschen entfaltet sich in

---

13 Zum Thema der Pflegefamilie und den dabei auftretenden Spannungen für die Kinder, die beteiligten Eltern, das Fachpersonal in den Jugendämtern und unter Umständen auch für die Richter siehe die Berichte des in Konstanz durchgeführten Projektes von Eckert-Schirmer, Hoch und Ziegler (alle 1997).

Prozessen der Auseinandersetzung mit der physischen und der sozialen Umwelt, wobei sich das Individuum von Anfang an, nach Maßgabe seiner Fähigkeiten und seiner Reifung, daran aktiv beteiligt. Soziale Beziehungen zu Personen, die sich sowohl differenziert als auch verlässlich dem Individuum zuwenden, begünstigen die personale Entwicklung, eingeschlossen das Selbstbild. Das Kind verfügt somit sehr früh über „Handlungsbefähigung" („agency"), die durch die Beziehungen zu den Mitmenschen maßgeblich gefördert wird. Dabei spielen, empirisch betrachtet, in unserer Gesellschaft die Familienbeziehungen eine wichtige Rolle, doch auch die Beziehungen zu den Gleichaltrigen, die Beziehungen zu anderen Erwachsenen als den Eltern und die Medien sind von Belang. Bezüglich der theoretischen Prämissen kann man sagen: Die sozialökologische Perspektive entspricht einer wissenschaftlichen Denkweise, die den Prozessen der sprachgebundenen Interpretation und ihrer handlungspraktischen Umsetzung grundlegende Bedeutung zumisst. Die in der grundlegenden Differenz zwischen Kind und Erwachsenen angelegten Ambivalenzen gelten auch für diesen Ansatz, doch sie werden durch die Betonung der Entwicklungsprozesse in Verbindung mit der grundsätzlichen Anerkennung von Handlungsbefähigung pragmatisch entschärft.

(Instrumental missachten): Die Klammern in der Kennzeichnung dieses Typs sollen darauf aufmerksam machen, dass er im Kontext des eingangs erwähnten weiten Verständnisses die „schwarze" Kinderpolitik kennzeichnet, d.h. also Maßnahmen und Verhaltensweisen, welche das Kind ignorieren, und der Lebensphase der Kindheit keinen besonderen Status zuschreiben. Ebenso fallen darunter die Formen der Instrumentalisierung und schließlich auch jene des Missbrauches der Kinder. Sie sind leider Realität und müssen darum in einer auf empirische Anwendung ausgerichteten Typologie enthalten sein. Die Doppeldeutigkeit in der Kennzeichnung „missachten" ist somit beabsichtigt. In verschiedener Hinsicht ist dieser Typ „negativ" konnotiert. Man kann historisch darunter auch die Phasen rechnen, in denen Kindern, jedenfalls der Masse der Kinder, keine besondere Wertschätzung zuteil wurde. Aktuell fallen darunter die individuellen Misshandlungen ebenso wie der Einsatz von Kindern als Soldaten und die Unwilligkeit, ihnen humane Lebensbedingungen zu schaffen. Auch die Inkaufnahme, dass Kinder in (hoch-)entwickelten Ländern Opfer von Armut und Verelendung sind, namentlich solche in minoritären Gruppen, fällt unter diesen Typ. Subtile Formen der Missachtung finden sich in der Instrumentalisierung der Kinder in der Werbung. Man zögert, von Erziehungsstil zu sprechen. Doch in systematischer Hinsicht handelt es sich offensichtlich um eine, sich in verschiedenen Verhaltensweisen immer wieder manifestierende Form. Ihr liegen Feindseligkeit, Hass und Ablehnung gegenüber dem Kinde zugrunde, aber auch – wie man aus der einschlägigen Literatur weiß – für Außenstehende bisweilen kaum nachvollziehbare Bindungen von beiden Seiten. Dass im klinischen Einzelfall Misshandlung von affektiver Überschwänglichkeit abgelöst wird, ist ein Indikator der Unfähigkeit, mit den Ambivalenzen der Beziehung zum Kind umzugehen. Weitaus häufiger geschieht dies allerdings über schlichtes Ignorieren.

Ausblick

In diesem Text stelle ich zwei miteinander verwobene Thesen zur Diskussion. Die erste besagt, die Gestaltung der sozialen Rolle des Kindes erfordere den Umgang mit spezifischen Ambivalenzen. Daran knüpft sich als zweite These an, Typen von Kinderpolitiken seien als Strategien des Umganges mit mikro- und makrosozialen Ambivalenzen der Beziehungen zwischen Erwachsenen und Kindern interpretierbar und folglich auch konzipierbar. Zumindest gegenüber der ersten These kann man geltend machen, sie umschreibe lediglich eine allgemein bekannte, somit triviale Einsicht. Im Grunde genommen seien alle sozialen Beziehungen ambivalent, jedenfalls gälte dies für die Beziehungen zwischen den Generationen und folglich ganz besonders zwischen Erwachsenen und Kindern.

Dieser Kritik ist mehreres entgegenzuhalten. Zwar ist nicht zu bestreiten, dass in alltäglichen Redeweisen immer wieder Zwiespältigkeiten im Verhältnis zu Kindern und Erwachsenen zur Sprache kommen. Das zeigt auch die „Kindheitsrhetorik".[14] Doch sie bleiben angesichts dieser Alltäglichkeit häufig in einer Sphäre des Vorbewussten, des Nichtreflektierten. Oft werden sie durch die Idealisierungen im Bild des Kindes überdeckt, ebenso wie umgekehrt die „Disziplinierung" von Kindern sich aus einer eindeutigen Interpretation des Andersseins rechtfertigt. Insofern wird mit der These ausgesprochen und als denkenswert ins individuelle und gesellschaftliche Bewusstsein gehoben, was faktisch eben nicht schlicht als selbstverständlich gilt. Man könnte auch sagen, die These versuche einen Brückenschlag zwischen alltäglichen Aufgaben und allgemeinen theoretischen Überlegungen. Diese lassen sich anthropologisch begründen und bilden so einen immer wieder neu zu interpretierenden Ausgangspunkt differenzierter Analysen. Als eine thematische Kennzeichnung bietet sich die Polarität zwischen „Autonomie und Verbundenheit" an, wie – um ein Beispiel unter vielen zu nennen – der von Leu und Krappmann (1999) herausgegebene Band in facettenreichen Beiträge zeigt.[15] Dort wird auch deutlich, dass es letztlich eben

---

14 Der Begriff der „Kindheitsrhetorik" bezeichnet „Texte, Bilder und Reden über Kinder, Kindheit und spezifische Phänomene des Kinderlebens, welche in expliziter oder impliziter Form Kindheit bewerten, indem sie darstellen, wie Kinder leben, leben sollten und leben könnten und damit direkt oder indirekt zu Interventionen aufrufen" (Lange, 1995: 14). Das Konzept und seine Definition sind im Rahmen der Konstanzer Familien- und Generationenforschung, der Lothar Krappmann über seine Tätigkeit im Wissenschaftlichen Beirat verbunden ist) in Analogie zu jenem der „Familienrhetorik" entwickelt worden.

15 Leu und Krappmann (1999: 18) plädieren dafür, „das Verhältnis von Individuation und Vergesellschaftung, von Autonomie und Verbundenheit neu zu reflektieren". Dabei „scheint die Qualität der Beziehungen, in denen Sinn ausgehandelt wird – und sei es im Widerstreit – eine besonders wichtige Rolle zu spielen" (a.a.O.: 17). Es zeichnet sich eine Dialektik ab, „die die Genese eines autonomen Subjektes an die Einbindung knüpft und die Einbindung an die Anerkennung von Eigenständigkeit und Verschiedenheit (ebd.)". Diese Sichtweise, die als Programmatik der Sozialisationsforschung formuliert ist, scheint mir mit den hier vorgetragenen Einsichten – ungeachtet der anderen Wortwahl – über

doch auch um ein Menschenbild geht, dessen Möglichkeit mit der wissenschaftlichen Arbeit ergründet werden soll. Es kreist um die Vorstellung einer – wie man sie nennen könnte – „kooperativen Subjektivität", die mich dem anderen Menschen, mithin auch einem Kind, stets in jener einmaligen Personhaftigkeit begegnen lässt, die ich für mich selbst beanspruche und wiederum im kommunikativen Angewiesensein mit dem anderen erfahren kann. Dafür kann man sich an außerwissenschaftlichen Überzeugungen orientieren (Krappmann, 1993b), und es lassen sich starke wissenschaftliche Begründungen aus den im Werk von G.H. Mead angelegten Prämissen zur Sozialisationsforschung ableiten (Krappmann, 1985).

Stets im Spiel – darauf verweist die These der Ambivalenz – bleibt dabei ein Moment des Andersseins, auch gegenüber mir selbst. Ich bin auch mir selbst gegenüber nicht ganz „Herr im eigenen Hause". Wie sollte ich dann beanspruchen, dies gegenüber dem Mitmenschen und dem Kind sein zu dürfen. Die Gestaltung der Beziehungen beinhaltet somit Optionen. Besonders offensichtlich wird dies in den makrosozialen Räumen, die ihrerseits – sozialökologisch betrachtet – die mikrosozialen Situationen umschließen. Dabei sind die verschiedenen Optionen ganz offensichtlich nicht schlicht gleichwertig, sondern Ausdruck eines unterschiedlichen Bewusstseins der Verantwortung gegenüber Kindern insgesamt und gegenüber einem jedem einzelnen Kind. Weitgehend in Übereinstimmung mit dieser Auffassung sieht Honig (2000) die „Schlüsselbedeutung des Ambivalenzkonzeptes" darin, dass es der „genuin advokatorischen Struktur von Kinderpolitik eine kindheitstheoretische Begründung ermöglicht, weil es im Konzept der ‚eigenen Stimme' die Selbst-Entwicklung von Kindern zur Sprache bringt ... und weil es im Emanzipationsideal der gesellschaftlichen Teilhabe ... auch die Subsumtion der Kindheit unter die Erwachsenenordnung wahrzunehmen vermag" (a.a.O.: 280).

Die zweite These, wonach Kinderpolitiken in ihren Programmen, Maßnahmen und Aktivitäten Optionen des Umganges mit der Einsicht in die Ambivalenzen des Verhältnisses zwischen Kindern und Erwachsenen beinhalten, lässt sich somit als Versuch rechtfertigen, ihre anthropologische Tragweite und Relevanz angesichts der den Prozessen der Modernisierung eigenen widersprüchlichen Mannigfaltigkeit zu umschreiben. In Verbindung mit der ersten These wiederum werden die Verantwortlichkeit[16] sowie das besondere Verantwortungsbewusstsein deutlich, welches diese Aufgabe erfordert. Es bedingt Empathie und Reflexion, Praxis und Wissenschaft sowie Hochachtung der Handlungsbefähigung von Kindern, und es entspricht darum einer inneren Logik von Lothar

---

weite Strecken kompatibel. Allerdings wird mit Ambivalenz – an Stelle von Dialektik – der Akzent etwas anders gesetzt, insofern das Gelingen und das Misslingen stärker ins Auge gefasst werden. Man könnte auch sagen, die Betonung von „Ambivalenz" stehe zeitdiagnostisch dem Postmodernismus näher.

16 Zu den verschiedenen Aspekten der Diskurse über Verantwortung siehe Kaufmann (1992).

Krappmanns wissenschaftlichem Arbeiten, dass er sich dieser Thematik in wachsendem Maße zuwendet.

Literatur

Alanen, L.: Rethinking Childhood. In: Acta Sociologica 31(1988), S. 53-67

Ariès, P.: L'enfant et la vie familiale sous l'ancien régime. Paris: Seuil, 1973; zuerst 1960

Baltes, M.M./Silverberg, S.: The dynamics between dependency and autonomy: Illustrations across the life span. In: Featherman, D.L./Lerner, R.M./Perlmutter, M. (Eds.): Life-span development and behavior. Hillsdale, NJ: Erlbaum, 1994, pp. 41-90

Baumrind, D.: Effects of authoritative parental control on child behavior. In: Child Development 37(1966), pp. 887-907

Baumrind, D.: Parenting. The discipline controversy revisited. In: Family Relations 45(1996), pp. 405-414

Bilstein, J.: Verkehrte Verhältnisse. In: Neue Sammlung 39(1999)2, S. 437-456

Bilstein, J.: Bilder generationaler Verkehrung. In: Winterhager-Schmid, L. (Hrsg.): Erfahrung mit Generationendifferenz. Weinheim: Beltz – Deutscher Studienverlag, 2000, S. 38-67

Bleuler, E.: Zur Theorie des schizophrenen Negativismus. In: Psychiatrisch-Neurologische Wochenschrift 171-176, 184-187, 189-191(1910), S. 195-198

Bleuler, E.: Die Ambivalenz. In: Universität Zürich (Hrsg.): Festgabe zur Einweihung der Neubauten. Zürich: Schulthess & Co., 1914, S. 95-106

Bleuler, M.: Die schizophrenen Geistesstörungen im Lichte langjähriger Kranken- und Familiengeschichten. Stuttgart: Thieme, 1972

Bremner, R. (Ed.): Children and youth in America – A documentory history. Cambridge, MA: Harvard University Press, 1970, 1971, 1974

Bronfenbrenner, U.: Freedom and discipline across the decades. In: Becker, G./Becker, H./Huber, L. (Hrsg.): Ordnung und Unordnung. Weinheim: Beltz, 1985, S. 326-337

Christensen, P.H.: Difference and similarity: How children's competence is constituted in illness and its treatment. In: Hutchby, I./Moran-Ellis, J. (Eds.): Children and social competence: Arenas of action. London: Falmer Press, 1998, pp. 187-201

Coser, L.A.: Theorie sozialer Konflikte. Neuwied: Luchterhand, 1965

Coser, R.L.: Role distance, sociological ambivalence and transitional status systems. In: American Journal of Sociology 72(1966)1, pp. 173-187

DeMause, L. (Ed.): The history of childhood. New York: Psychohistory Press, 1974

Eckert-Schirmer, J.: Einbahnstraße Pflegefamilie? Zur (Un)Bedeutung fachlicher Konzepte in der Pflegekinderarbeit. Universität Konstanz: Forschungsschwerpunkt Gesellschaft und Familie, Arbeitspapier 25.1., 1997

Expertengruppe Mainstreaming: Gender Mainstreaming. Begriffsschema, Methodologie und Darstellung nachahmenswerter Praktiken. Wien: Bundesministerium für Soziale Sicherheit und Generationen, 1999

Hobbs, N.: The futures of children. San Francisco, CA: Jossey-Bass, 1975

Hoch, H.J.: Vormundschaftsgericht und Pflegekindschaft (§ 33 KJHG). Die richterliche Regulation von Pflegekindschaftsverhältnissen und ihre Verknüpfung mit dem jugendamtlichen Verfahren. Universität Konstanz: Forschungsschwerpunkt Gesellschaft und Familie, Arbeitspapier 25.3., 1997

Honig, M.-S.: Entwurf einer Theorie der Kindheit. Frankfurt am Main: Suhrkamp, 1999

Honig, M.-S.: Muss Kinderpolitik advokatorisch sein? Aspekte generationaler Ordnung. In: Lange, A./Lauterbach, W. (Hrsg.): Kinder in Familie und Gesellschaft zu Beginn des 21sten Jahrhunderts. Stuttgart: Lucius & Lucius, 2000, S. 265-288

James, A./Jenks, C./et al.: Theorizing Childhood. Oxford: Polity, 1998.

Junge, M.: Ambivalente Gesellschaftlichkeit. Die Modernisierung der Vergesellschaftung und die Ordnungen der Ambivalenzbewältigung. Opladen: Leske + Budrich, 2000

Kaufmann, F.-X.: Der Ruf nach Verantwortung. Freiburg: Herder, 1992

Kaufmann, F.-X./Lüscher, K.: Thesen zu einer Sozialpolitik für das Kind. In: Neue Sammlung 33(1979), S. 222-233

Kränzl-Nagl, R./Riepl, B./et al. (Hrsg.): Kindheit in Gesellschaft und Politik. Eine multidisziplinäre Analyse am Beispiel Österreichs. Frankfurt am Main: Campus, 1998

Krappmann, L.: Zurück zur Familie – voraus zur Familie. Urie Bronfenbrenners Beitrag zur Sozialisationsforschung und Sozialpolitik. In: Bildung und Erziehung 30 (1977)4, S. 327-332

Krappmann, L.: Mead und die Sozialisationsforschung. In: Jonas, H. (Hrsg.): Das Problem der Intersubjektivität. Frankfurt am Main: Suhrkamp, 1985, S. 156-178

Krappmann, L.: Kinderkultur als institutionalisierte Entwicklungsaufgabe. In: Markefka, M./Nauck, B. (Hrsg.): Handbuch der Kindheitsforschung. Neuwied: Luchterhand, 1993a, S. 365-376

Krappmann, L.: Der Einfluß des Christentums auf die Erziehung in Schule und Familie. Beitrag zur Konferenz „Islam und Christentum", Kuala Lumpur, 1993b

Krappmann, L.: Mißlingende Aushandlungen. Gewalt und andere Rücksichtslosigkeiten unter Kindern im Grundschulalter. In: Zeitschrift für Erziehungssoziologie und Sozialisationsforschung 14(1994)2, S. 102-117

Krappmann, L.: Der Zehnte Kinder- und Jugendbericht – der erste Kinderbericht. In: Neue Sammlung 39(1999)2, S. 331-342

Krappmann, L.: Über die wechselseitige Anregung von Sozialisationsforschung und Entwicklungspsychologie. In: Grundmann, M./Lüscher, K. (Hrsg.): Sozialökologische Sozialisationsforschung. Konstanz: Universitätsverlag, 2000a, S. 121-136

Krappmann, L.: Children's living conditions in Germany: A report from the intersection of science and politics. Colloquia Series of the Max Planck Institute of Human Development, Berlin (unpubl.) 2000b

Krappmann, L.: Chancen und Risiken der Kinder im 21sten Jahrhundert. In: Lange, A./Lauterbach, W. (Hrsg.): Kinder in Familie und Gesellschaft zu Beginn des 21sten Jahrhunderts. Stuttgart: Lucius & Lucius, 2000c, S. 345-356

Krappmann L.: Bindungsforschung: Implikationen für die Kinder- und Jugendhilfe. Kolloquium aus Anlass des 60. Geburtstages von Ludwig Liegle, Tübingen. Ms. (unveröff.) 2001

Krappmann, L./Kleineidam, V.: Interaktionspragmatische Herausforderungen des Subjekts. Beobachtungen der Interaktionen zehnjähriger Kinder. In: Leu, H.R./Krappmann, L. (Hrsg.): Zwischen Autonomie und Verbundenheit. Bedingungen und Formen der Behauptung von Subjektivität. Frankfurt am Main: Suhrkamp, 1999, S. 241-265

Krappmann, L./Liegle, L.: Was erwarten Kinder von Erwachsenen? Herausforderungen für die Gestaltung von Generationenbeziehungen. Dokumentation der Jahresversammlung 2000. Pestalozzi-Fröbel-Verband, Berlin: Pestalozzi-Fröbel-Verband, 2001

Krappmann, L./Oswald, H.: Alltag der Schulkinder. Beobachtungen und Analysen von Interaktionen und Sozialbeziehungen. Weinheim: Juventa, 1995

Lange, A.: Kindheitsrhetorik und die Befunde der empirischen Forschung. Universität Konstanz: Forschungsschwerpunkt Gesellschaft und Familie, Arbeitspapier 19, 1995

Lange, A.: Der Diskurs der neuen Kindheitsforschung. Argumentationstypen, Argumentationsfiguren und methodologische Implikationen. In: Honig, M.-S./Lange, A./Leu, H.R. (Hrsg.): Aus der Perspektive von Kindern? Zur Methodologie der Kindheitsforschung. Weinheim: Juventa, 1999, S. 51-68

Lange, A./Lauterbach, W. (Hrsg.): Kinder in Familie und Gesellschaft zu Beginn des 21sten Jahrhunderts. Stuttgart: Lucius & Lucius, 2000

Leu, H.R./Krappmann, L. (Hrsg.): Zwischen Autonomie und Verbundenheit. Bedingungen und Formen der Behauptung von Subjektivität. Frankfurt am Main: Suhrkamp, 1999

Liegle, L.: Kinderpolitik durch Erziehung. Das Wohl des Kindes aus pädagogischer Sicht. In: Protokolldienst Evangelische Akademie Bad Boll 17/97(1997), S. 33-45

Lüscher, K.: Sozialpolitik für das Kind. In: Kölner Zeitschrift für Soziologie und Sozialpsychologie. Sonderheft Soziologie und Sozialpolitik 19(1977), S. 591-628

Lüscher, K.: Homo interpretans. On the relevance of perspectives, knowledge, and beliefs in the ecology of human development. In: Moen, P./Elder, G.H./Lüscher, K. (Eds.): Examining lives in context. Perspectives on the ecology of human development. Washington, DC: American Psychological Association, 1995, pp. 563-597

Lüscher, K.: Familienberichte: Aufgaben, Probleme und Lösungsversuche der Sozialberichterstattung über die Familie. In: Bien, W./Rathgeber, R. (Hrsg.): Die Familie in der Sozialberichterstattung. Opladen: Leske + Budrich, 1999, S. 17-48

Lüscher, K./Lettke, F.: Keyword: Intergenerational ambivalences. Part 1: Dealing with ambivalences: Toward a new perspective for the study of intergenerational relations among adults. Universität Konstanz: Forschungsschwerpunkt Gesellschaft und Familie, Arbeitspapier 36, 2000

Lüscher, K./Pajung-Bilger, B.: Forcierte Ambivalenzen. Ehescheidung als Herausforderung an die Generationenbeziehungen unter Erwachsenen. Konstanz: Universitätsverlag, 1998

Lüscher, K./Pillemer, K.: Intergenerational ambivalence. A new approach to the study of parent-child-relations in later life. In: Journal of Marriage and the Family 60(1998), pp. 413-425

Merton, R.K.: Sociological ambivalence and other essays. New York: The Free Press, 1976

Merton, R.K./Barber, E.: Sociological ambivalence. In: Tiryakian, E.A. (Ed.): Sociological theory, values, and sociocultural change. Essays in honor of Pitirim A. Sorokin. London: The Free Press of Glencoe, 1963, pp. 91-120

Meyrowitz, J.: Die Fernsehgesellschaft. Wirklichkeit und Identität im Medienzeitalter. Weinheim: Beltz, 1987

Ministerium für Arbeit, Gesundheit und Soziales des Landes Nordrhein-Westfalen: Kinder in Nordrhein-Westfalen. Düsseldorf: MAGS, 1980

Pinchbeck, I./Hewitt, M.: Children in English society. London: Routledge, 1969, 1973

Pollack, M.A./Hafner-Burton, E.: Mainstreaming gender in the European Union. Cambridge: Harvard Law School (working paper) 2000

Qvortrup, J.: Childhood matters. An introduction. In: Qvortrup, J./Bardy, M./Sgritta, G./Wintersberger, H. (Eds.): Childhood matters. Social theory, practice and politics. Aldershot: Avebury, 1994, pp. 1-23

Schneewind, K.: Kinder und elterliche Erziehung. In: Lange, A./Lauterbach, W. (Hrsg.): Kinder in Familie und Gesellschaft zu Beginn des 21sten Jahrhunderts. Stuttgart: Lucius & Lucius, 2000, S. 187-208

Scholz, G.: Die Konstruktion des Kindes. Über Kinder und Kindheit. Opladen: Westdeutscher Verlag, 1994

Smelser, N.J.: The rational and the ambivalent in the social sciences. In: American Sociological Review 63(1998), pp. 1-16

Smith, C.: Children's rights. Judicial ambivalence and social resistance. In: International Journal of Law, Policy and the Family 11(1997), pp. 103-139

Steiner, G.Y.: The children's cause. Washington, D.C.: The Brookings Institution, 1976

Vestin, F.: Alle Macht den Kindern. Berlin: Gerhardt, 1971

Walzer, J.F.: A period of ambivalence. Eightheenth-century American childhood. In: deMause, L. (Ed.): The history of childhood. New York: Psychohistory Press, 1974, pp. 351-382

Wilk, L./Wintersberger, H.: Paradigmenwechsel in Kindheitsforschung und -politik. Das Beispiel Österreich. In: Zeiher, H./Büchner, P./Zinnecker, J. (Hrsg.): Kinder als Außenseiter? Umbrüche in der gesellschaftlichen Wahrnehmung von Kindern und Kindheit. München: Juventa, 1996, S. 29-55

Winterhager-Schmid, L.: Die Dialektik des Generationenverhältnisses. Pädagogische und psychoanalytische Variationen. In: Liebau, E./Wulf, C. (Hrsg.): Generation. Versuch über eine pädagogisch-anthropologische Grundbedingung. Weinheim: Deutscher Studienverlag, 1996, S. 222-244

Winterhager-Schmid, L.: „Groß" und „klein". Zur Bedeutung der Erfahrung mit Generationendifferenz im Prozeß des Heranwachsens. In: Winterhager-Schmid, L. (Hrsg.): Erfahrung mit Generationendifferenz. Weinheim: Deutscher Studienverlag, 2000, S. 15-37

Wintersberger, H.: Kindheit als soziales Phänomen – Zur Ambivalenz der modernen Kindheit. In: Fthenakis, W.F./Textor, M.R. (Hrsg.): Qualität von Kinderbetreuung. Weinheim: Beltz, 1998, S. 12-26

Ziegler, F.: Jugendamtliche Handlungsmuster und das Zustandekommen von Besuchskontakten in Pflegekindschaftsverhältnissen. Universität Konstanz: Forschungsschwerpunkt Gesellschaft und Familie, Arbeitspapier 25.2., 1997

Autorinnen und Autoren

Prof. *Margarita Azmitia*, Ph. D., Psychology Department, University of California, 1156 High St., Santa Cruz, CA 95064, USA

Prof. Dr. *Rainer Benkmann*, Institut für Sonder- und Sozialpädagogik, Pädagogische Hochschule Erfurt, Nordhäuser Str. 63, 99089 Erfurt

Prof. Dr. *Mara Brendgen*, Université du Québec à Montréal, Département de Psychologie, CP 8888, succ. centre-ville, Montreal, QC, H3C 3P8, Canada

Prof. *William M. Bukowski*, Ph.D., Centre for Research in Human Development, Concordia University, 7141 Sherbrooke St. W., Montreal, QC, H4B 1R6, Canada

Prof. Dr. *Peter Fauser*, Lehrstuhl für Schulpädagogik und Schulentwicklung, Friedrich-Schiller-Universität Jena, Otto-Schott-Str. 41, 07749 Jena

Prof. Dr. *Matthias Grundmann*, Institut für Soziologie, Westfälische Wilhelms-Universität, Scharnhorststraße 121, 48151 Münster

Prof. Dr. *Michael-Sebastian Honig*, Fachbereich I/Pädagogik, Universität Trier, Universitätsring 15, 54286 Trier

Angela Ittel, Ph.D., Allgemeine Pädagogik, Empirische Erziehungswissenschaften, Freie Universität Berlin, Kaiserswerther Str. 16-18, 14195 Berlin

Dr. *Hans Rudolf Leu*, Deutsches Jugendinstitut e.V., Nockherstr. 2, 81541 München

Prof. Dr. *Ludwig Liegle*, Institut für Erziehungswissenschaft, Eberhard-Karls-Universität Tübingen, Münzgasse 22-30, 72070 Tübingen

Prof. em. Dr. *Kurt Lüscher*, Geisteswissenschaftliche Sektion, Universität Konstanz, Universitätsstr. 10, 78434 Konstanz

Caroline Oppl, Dipl. Psych., Freie Universität Berlin, Fachbereich Erziehungswissenschaft und Psychologie, Arbeitsbereich Entwicklungspsychologie, Habelschwerdter Allee 38-45, 14195 Berlin

Prof. Dr. Dr. h.c. *Fritz Oser*, Departement Erziehungswissenschaften, Universität Fribourg Schweiz, Rue Faucigny 2, CH – 1700 Fribourg

Prof. Dr. *Hans Oswald*, Institut für Pädagogik, Universität Potsdam, Postfach 601553, 14415 Potsdam

Dr. *Olaf Reis*, Department of Psychology, University of California, Santa Cruz, CA 95060, USA

PD Dr. *Maria von Salisch*, Freie Universität Berlin, Fachbereich Erziehungswissenschaft und Psychologie, Arbeitsbereich Entwicklungspsychologie, Habelschwerdter Allee 38-45, 14195 Berlin

Prof. Dr. *Gerd E. Schäfer*, Seminar für Pädagogik, Gronewaldstr. 2, 50931 Köln

Dr. *Beate Schuster*, Institut für Pädagogik, Universität Potsdam, Postfach 601553, 14415 Potsdam

PD Dr. *Harald Uhlendorff*, Institut für Pädagogik, Universität Potsdam, Postfach 601553, 14415 Potsdam

Jens Vogelgesang, Student der Publizistik und Psychologie, Freie Universität Berlin, Fachbereich Erziehungswissenschaft und Psychologie, Arbeitsbereich Entwicklungspsychologie, Habelschwerdter Allee 38-45, 14195 Berlin

Brigitte Wanner, Dipl. Psych., cand. dr. phil., Research Unit on Children's Psychosocial Maladjustment, University of Montreal, 3050 Edouard Montpetit Blvd., Montreal, QC, H3T 1J7, Canada

Prof. *James Youniss*, Ph. D., Lifecycle Institute, Catholic University of America, Washington DC 20064, USA

Der Mensch als soziales und personales Wesen
hrsg. von L. Krappmann · K. A. Schneewind · L. A. Vaskovics

Übergang zur Elternschaft
Aktuelle Studien zur Bewältigung eines unterschätzten Lebensereignisses
Herausgegeben von Dr. Barbara Reichle und Dr. Harald Werneck
1999. VIII/240 S., 36 Abb., 20 Tab., kt.
DM 49,80 /sFr 44,40 /€ 24,90 (ISBN 3-8282-4573-0)
(Der Mensch als soziales und personales Wesen, Bd. 16)

Menschen verändern sich nach einschneidenden Ereignissen zum Positiven wie zum Negativen. Zwölf aktuelle Forschungsprojekte untersuchen, was sich verändert, wenn aus einem Paar eine Familie wird – in Deutschland, Österreich, der Schweiz, Südkorea, Georgia und im Jemen. Die Befunde zeigen Chancen und Risiken dieser Übergangsphase auf und tragen so zu einem vertieften Verständnis der Probleme bei, mit denen junge Familien zu kämpfen haben, und bieten Ansatzpunkte für hilfreiche psychologische, pädagogische und politische Interventionsmaßnahmen.

Biographische Sozialisation
Herausgegeben von PD Dr. Erika M. Hoerning
Mit Beiträgen zahlreicher Fachautoren
2000. IX/346 S., kt.
DM 59,–/sFr 52,50/€ 29,50. (ISBN 3-8282-0134-2)
(Der Mensch als soziales und personales Wesen, Bd. 17)

Biographie entsteht aus der subjektiven Verarbeitung von gesellschaftlichen Gelegenheiten und Anforderungen in verschiedenen Lebensphasen. In diesem Prozess wird die Biographie zur Sozialisationsinstanz. In diesem Buch wird die Frage der biographischen Sozialisation aus soziologischer, psychologischer und psychoanalytischer Sicht diskutiert.

Kinder in Familie und Gesellschaft zu Beginn des 21sten Jahrhunderts
Herausgegeben von Dr. A. Lange und PD Dr. W. Lauterbach
Mit Beiträgen zahlreicher Fachautoren.
2000. VI/358 S., kt.
DM 62,- /sFr 55,10 /€ 31,-. (ISBN 3-8282-0136-9)
(Der Mensch als soziales und personales Wesen, Bd. 18)

Die vorliegenden Beiträge geben differenzierte Antworten auf Fragen zu den Sozialisationsprozessen, den Familienformen und sozialen Lebenswelten heutiger Kinder und zeichnen so ein facettenreiches Bild von den Chancen und Risiken des Aufwachsens zu Beginn des 21. Jahrhunderts. Vieles hat sich im Leben von Kindern verbessert, manches jedoch gibt immer noch Anlass zu kritischem Nachdenken.

  Stuttgart

Der Mensch als soziales und personales Wesen
hrsg. von L. Krappmann · K. A. Schneewind · L. A. Vaskovics

Menschenbilder in der modernen Gesellschaft
Konzeptionen des Menschen in Wissenschaft, Bildung, Kunst, Wirtschaft und Politik
Herausgegeben von Prof. Dr. R. Oerter
1999. IV, 202 S., 19 Abb., kt.
DM 39,80 /sFr 36,- /€ 19,90 (ISBN 3-8282-4566-8)
(Der Mensch als soziales und personales Wesen, Bd. 15)
Menschenbilder sind Konstrukte, die entworfen werden, um eine Gesamtorientierung des Urteilens und Handelns zu ermöglichen. Versteht man sie als unverrückbar, ewig gültig und absolut, ist eine Verständigung zwischen unterschiedlichen gesellschaftlichen Gruppen und individuellen Positionen nicht möglich. Die Darstellung der in den unterschiedlichen Bereichen verbreiteten Menschenbilder zeigt exemplarisch auf, welche Unterschiede bestehen und welche Konsequenzen für Urteilen und Handeln daraus resultieren.

Verwandtschaft
Sozialwissenschaftliche Beiträge zu einem vernachlässigten Thema
Von Prof. Dr. M. Wagner und Prof. Dr. Y. Schütze
1998. 284 S., 20 Abb., 20 Tab., kt.
DM 62,- /sFr 55,10 /€ 31,- (ISBN 3-8282-4597-8)
(Der Mensch als soziales und personales Wesen, Bd. 14)
Obwohl Verwandtschaft eine grundlegende Institution in jeder Gesellschaft ist, beschäftigt sich die deutsche Familiensoziologie kaum noch mit diesem Thema. Die Kern- oder Kleinfamilie hat in unserer Gesellschaft eine derart herausragende Bedeutung, dass andere Formen der Verwandtschaft in den Hintergurnd getreten sind. Die Beiträge dieses Bandes widmen sich aber gerade diesem Teil der Verwandtschaft, also den "entfernten Verwandten" und untersuchen aus einer soziologischen, historischen, soziobiologischen und psychologischen Perspektive, inwieweit das Konzept der Verwandtschaft einer Revitalisierung bedarf.

Familien in verschiedenen Kulturen
Herausgegeben von Prof. Dr. B. Nauck und PD Dr. U. Schönpflug
Mit Beiträgen zahlreicher Fachautoren.
1997. 356 S., 41 Abb., 86 Tab., kt.
DM 72,- /sFr 63,80 /€ 36,- (ISBN 3-8282-4559-5)
(Der Mensch als soziales und personales Wesen, Bd. 13)

  Stuttgart

Bei Fragen zur Produktsicherheit wenden Sie sich bitte an:
If you have any questions regarding product safety,
please contact:

Walter de Gruyter GmbH
Genthiner Straße 13
10785 Berlin
productsafety@degruyterbrill.com